Wirtschafts- und Sozialkunde (IHK)

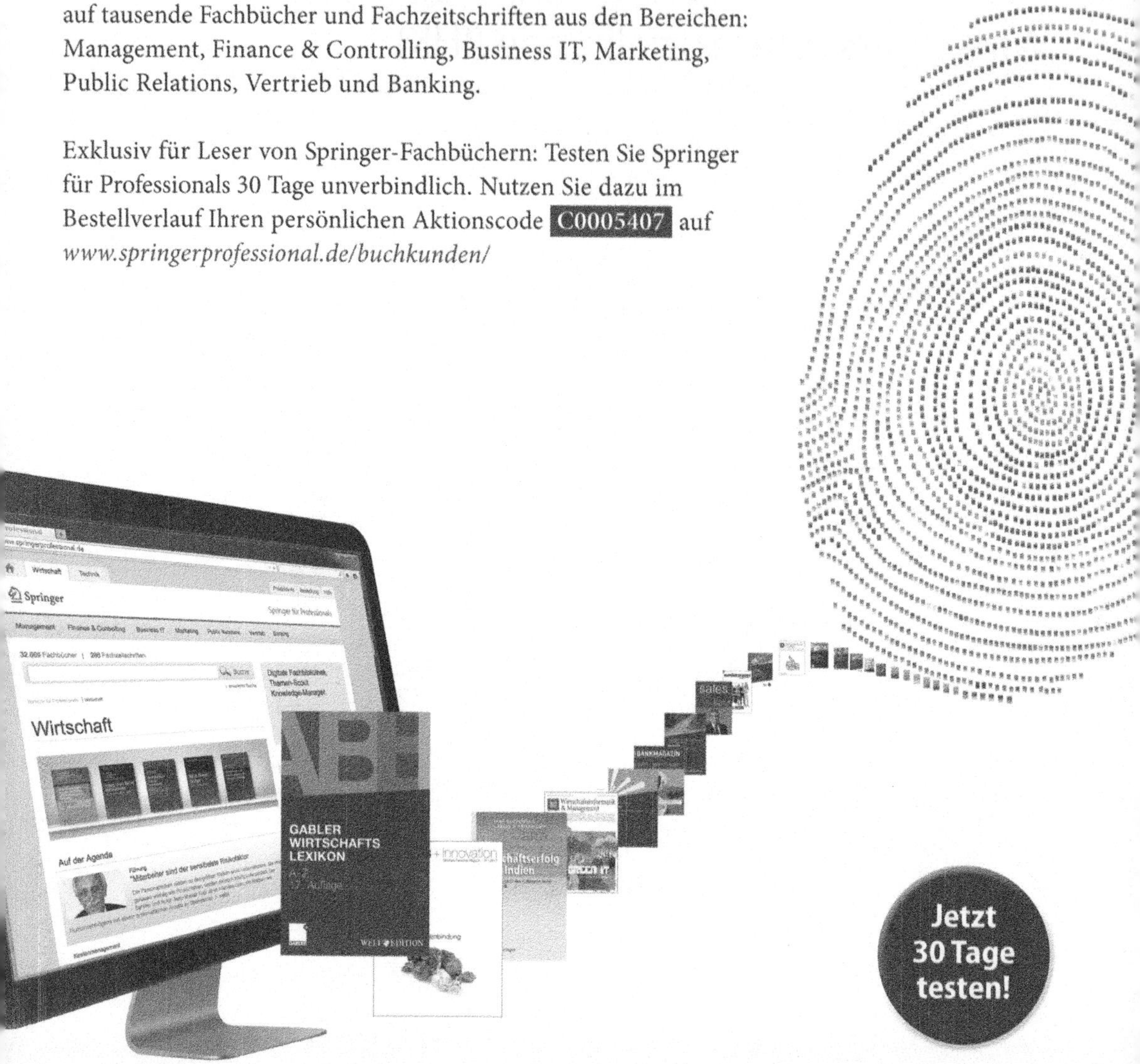

Manfred Wünsche

Wirtschafts- und Sozialkunde (IHK)

Prüfungstraining für kaufmännische und kaufmannsnahe Berufe

2., überarbeitete und aktualisierte Auflage

 Springer Gabler

Manfred Wünsche
Büffelcoach
Berlin
Deutschland

ISBN 978-3-658-06754-0   ISBN 978-3-658-06755-7 (eBook)
DOI 10.1007/978-3-658-06755-7

Die Deutsche Nationalbibliothek verzeichnet diese Publikation in der Deutschen Nationalbibliografie; detaillierte bibliografische Daten sind im Internet über http://dnb.d-nb.de abrufbar.

Springer Gabler
© Springer Fachmedien Wiesbaden 2014, 2015

Gedruckt auf säurefreiem und chlorfrei gebleichtem Papier

Springer Fachmedien Wiesbaden ist Teil der Fachverlagsgruppe Springer Science+Business Media
(www.springer.com)

Vorwort

In allen *kaufmännischen und kaufmannsnahen Berufen* wird als letzter Prüfungsteil der schriftlichen Abschlussprüfung das Prüfungsfach *Wirtschafts- und Sozialkunde* in Multiple-Choice-Form gestellt. Geprüft werden *juristische und volkswirtschaftliche Kenntnisse*, aber auch *kaufmännisches Grundlagenwissen*. Diese Lerninhalte sind *für alle* kaufmännischen und kaufmannsnahen Prüfungen *dieselben*.

Die Wirtschafts- und Sozialkundeprüfung ist eine *ungeliebte Prüfung*, da der *Stoffumfang sehr groß* erscheint und die *Lernzeit* angesichts der als wichtiger empfundenen berufsspezifischen Prüfungsteile *sehr beschränkt* wird. Dies führt dann leider oft dazu, dass eine sonst gute Prüfungsleistung durch eine schlechte Note in der WiSo-Prüfung „versaut" wird.

Das Ihnen nunmehr in der *zweiten Auflage* vorliegende Buch grenzt den Lernstoff auf die *für die Prüfung wirklich wichtigen Themen und Kenntnisse* ein und ermöglicht es Ihnen, sich *schnell und einfach* das notwendige Wissen anzueignen und sich mit der besonderen Art der Prüfungsfragen vertraut zu machen.

Sie finden in diesem Buch *alle wichtigen Themen kurz und einfach erläutert*. Anhand von *ausführlich kommentierten Musteraufgaben* können Sie sich die Lerninhalte schnell und effizient erarbeiten. *Übersichten* fassen dazu die wichtigsten Lerninhalte zusammen. Zu jedem Themengebiet gibt es *Übungsaufgaben mit kommentierten Lösungen*, die Varianten des Themas vorstellen und anhand derer Sie Ihr Wissen überprüfen und vertiefen können. Anhand des *Aufgabenverzeichnisses* (direkt hinter dem Inhaltsverzeichnis) können Sie schnell auf einzelne Prüfungsthemen zugreifen. *Weitere Übungsaufgaben* mit kurz kommentierten Lösungen finden Sie im *Online-Service* unter www.bueffelcoach.de.

Meinen zahlreichen Schülerinnen und Schülern der letzten Jahre bin ich zu Dank verpflichtet, weil sie mich durch ihre Fragen, ihre Verständnisprobleme und ihren Lerneifer mit der Nase auf die Probleme gestoßen haben, auf die es ankommt. Die guten Prüfungserfolge bestätigen mein Prüfungsvorbereitungskonzept, das Ihnen nun in Buchform vorliegt. So wünsche ich Ihnen beim Lesen und Lernen viel Spaß – Lernen soll auch Spaß machen – und vor allem eine erfolgreiche Prüfung.

Berlin, im August 2014   Manfred Wünsche

Berlin, im August 2014

Inhaltsverzeichnis

Aufgabenverzeichnis

4 Organisation und EDV

5   Rechnungswesen

Teil II   Volkswirtschaftslehre

6   Grundlagen

7   Angebot und Nachfrage

12 Außenwirtschaft

Teil III Recht

13 Rechtsgrundlagen

14 Verträge

15 Kaufvertrag

16 Gesellschaftsrecht

17 Individuelles Arbeitsrecht

18 Kollektives Arbeitsrecht

Teil IV   Steuern und Sozialversicherung

19 Steuern allgemein

20 Einkommensteuer

21 Sozialversicherung

Tabellenverzeichnis

Einleitung

Die Prüfung Wirtschafts- und Sozialkunde dauert *60 min* und besteht je nach Aus-
bildungsberuf aus ca. *20 bis 30 Multiple-Choice-Aufgaben.* Sie wird eingeleitet
durch eine *Ausgangssituation*, in der ein *branchentypisches Unternehmen* vorgestellt wird, auf das sich alle Aufgaben beziehen sollen. Für Immobilienkaufleute
ist dies ein Wohnungswirtschaftsunternehmen, für Industriekaufleute ein Indust-
rieunternehmen, für Bankkaufleute eine Bank, etc. Nach Art und Inhalt der in der
WiSo-Prüfung gefragten Themen *wirkt* der Bezug zur jeweiligen Branche jedoch
meist *konstruiert* und ist oft auch gar nicht möglich, wie z. B. bei Aufgaben zur
Geldpolitik der Europäischen Zentralbank.

Die in diesem Buch dargestellten Aufgaben und Inhalte gelten für alle kaufmännischen und kaufmannsnahen Berufe. Gelegentlich werden in der WiSo-Prüfung
auch *berufsspezifische Aufgaben* gestellt. Diese Aufgaben können Sie mit dem
Fachwissen aus Ihrer Berufsausbildung beantworten. Der Stil solcher Aufgaben
entspricht dem Stil der hier vorgestellten Aufgaben, d. h. Ihre *methodische Heran-
gehensweise ist dieselbe.*

1.1 Struktur und Inhalt des Buches

Das Buch ist in *vier Teile* gegliedert: *Betriebswirtschaftslehre, Volkswirtschaftslehre,
Recht* sowie *Steuern und Sozialversicherung.* Jeder Teil hat *mehrere Kapitel*, in denen die
Prüfungsthemen vorgestellt und anhand von *Musteraufgaben* erläutert werden. Am Ende
eines jeden Kapitels finden Sie *Übungsaufgaben*, anhand derer Sie Ihr Wissen und Ihre
methodischen Fähigkeiten trainieren können.

© Springer Fachmedien Wiesbaden 2015
M. Wünsche, *Wirtschafts- und Sozialkunde (IHK)*,
DOI 10.1007/978-3-658-06755-7_1

Im *ersten Teil* finden Sie *Aufgaben* zur Betriebswirtschaftslehre, die auch Ihr kaufmännisches Grundlagenwissen für die berufsspezifischen Prüfungsteile auffrischen. Unternehmen verfolgen in einer Marktwirtschaft das Ziel der Gewinnmaximierung und kombinieren Produktionsfaktoren, um Güter und Dienstleistungen zu produzieren. Der dispositive Faktor (Unternehmensführung) ist dabei der Schlüssel zum Erfolg, da er im Unternehmen die Entscheidungen trifft, welche Güter und Dienstleistungen wie produziert werden sollen. Dazu gehören auch Marketing-Entscheidungen, die systematisch anhand des Marketing-Management-Prozesses, von der Marktforschung bis hin zum Marketing-Controlling, entwickelt und umgesetzt werden können. Damit das Unternehmen möglichst reibungslos die Leistungen erbringen kann, ist eine Organisation erforderlich. Dazu ist eine Unternehmensstruktur zu entwickeln (Aufbauorganisation) und die einzelnen Arbeitsabläufe sind möglichst effizient zu gestalten (Ablauforganisation). In modernen Unternehmen spielt dabei die elektronische *Datenverarbeitung* (EDV) eine wichtige Rolle. Dazu muss der Schutz der Daten vor missbräuchlicher Verwendung (*Datenschutz*) und der Schutz der Daten vor Verlust (*Datensicherheit*) beachtet werden. Ferner sind Vorschriften zu *Arbeitssicherheit* (Unfallverhütung) und *Ergonomie* (Bildschirmarbeitsplatz) zu beachten. Alle *Geschäftsvorfälle* werden im betrieblichen *Rechnungswesen* erfasst. Dies dient im Rahmen der *Bilanzierung* dazu, Kapitalgeber über die Lage des Unternehmens zu informieren. Für das *Controlling*, das auf der *Kostenrechnung* aufbaut, werden aus dem Zahlenwerk Informationen für die Unternehmensführung gewonnen und zu *Kennzahlen* aufbereitet. Dazu gehören auch Informationen über die bestmögliche Beschaffung von Finanzmitteln (*Finanzierung*).

Im *zweiten Teil* finden Sie *Aufgaben zur Volkswirtschaftslehre*. Wichtig ist, dass Sie das Modell einer *modernen, arbeitsteiligen Marktwirtschaft* verstanden haben, in der von den *Unternehmen* Produktionsfaktoren kombiniert werden, um *Güter* zu produzieren, die von den *Haushalten* zur Befriedigung von *Bedürfnissen* eingesetzt werden. Unternehmen und Haushalte verfolgen dabei das *ökonomische Prinzip* (rationales Verhalten). Der *Preis* für die Güter bildet sich durch *Angebot und Nachfrage*. Verlauf und Verschiebung von Angebots- und Nachfragekurve zeigen die ökonomischen Gegebenheiten auf den Märkten an. Es werden verschiedene *Marktformen* unterschieden, wie z. B. das *Oligopol*, und die Volkswirtschaftslehre vergleicht die Märkte der Praxis mit einem theoretischen Idealmodell, dem *Vollkommenen Markt*. Die wirtschaftliche Situation unterliegt *konjunkturellen Schwankungen*, auf die der Staat durch *Konjunkturpolitik* Einfluss zu nehmen sucht. Die Informationen dazu zieht er aus der *Volkswirtschaftlichen Gesamtrechnung* (VGR). Weitere Bereiche staatlicher Eingriffe in die Wirtschaft stellen *Ordnungspolitik, Prozesspolitik, Stabilitätspolitik* und *Wettbewerbspolitik* dar. Der *Europäischen Zentralbank* kommt die Aufgabe zu, mittels *Geldpolitik* für die Stabilität des Preisniveaus zu sorgen. Grenzüberschreitende Wirtschaftsbeziehungen werden in der *Zahlungsbilanz* erfasst.

Im *dritten Teil* finden Sie *Aufgaben zum Thema Recht*. Wichtiger Bestandteil einer kaufmännischen Ausbildung sind *juristische Grundkenntnisse*. Dies beginnt mit der Struktur des *Rechtssystems der Bundesrepublik Deutschland* und wesentlicher *Rechtsbegriffe* des Bürgerlichen Gesetzbuches (BGB): *Rechtsfähigkeit, Geschäftsfähigkeit, Rechtsgeschäfte,*

Eigentum und Besitz. *Verträge* sind zweiseitige Rechtsgeschäfte, die durch *Antrag und Annahme* zustande kommen. Der für die kaufmännische Ausbildung wichtigste Vertrag ist der *Kaufvertrag*, und dazu gehören auch die gesetzlichen Regelungen, wie mit *Kaufvertragsstörungen* umzugehen ist. Ein weiteres wichtiges Gebiet sind die *Rechtsformen* von Unternehmen und die gesetzliche Regelung der Vertretungsbefugnisse, insbesondere die *Prokura*. Schließlich sind für Ihre Ausbildung und Arbeitstätigkeit Grundkenntnisse im *Arbeitsrecht* erforderlich: *Ausbildungs- und Arbeitsvertrag, Kündigung*, die Möglichkeiten der betrieblichen *Mitbestimmung* und das Thema *Tarifauseinandersetzungen*.

Im *vierten Teil* finden Sie *Aufgaben zum Thema Steuern und Sozialversicherung*. Dieser Teil hat Bezüge zur Volkswirtschaftslehre und auch zum Arbeitsrecht. Wichtig ist ein *Grundverständnis des deutschen Steuersystems*, insbesondere der *Umsatzsteuer* und der *Einkommensteuer*. Das Thema Einkommensteuer betrifft auch Ihre eigene *Einkommensteuererklärung*. Dazu unterscheiden Sie vor allem *Werbungskosten* und *Sonderausgaben*. Das System der *Sozialversicherung* mit seinen fünf Säulen, insbesondere *Krankenversicherung, Pflegeversicherung* und *Unfallversicherung*, rundet Ihre Kenntnisse für die Prüfung im Fach Wirtschafts- und Sozialkunde ab.

1.2   Fünf Arten von Aufgaben

Die Prüfungsaufgaben lassen sich unterscheiden in Auswahlaufgaben, Zuordnungsaufgaben, Reihenfolgeaufgaben, Rechenaufgaben und Datumsaufgaben.

Die häufigste Aufgabenart sind Auswahlaufgaben, bei denen Sie zu einem Sachverhalt mehrere Aussagen gegeben haben und eine oder mehrere richtige Aussagen finden müssen. Es gibt Aufgaben, bei denen konkretes Wissen abgefragt wird, z. B. eine gesetzliche Regelung, und Aufgaben, bei denen Ihr gesunder Menschenverstand und Ihre Konzentrationsfähigkeit getestet werden.

Lesen Sie alle Aussagen mit Ruhe durch. Wenn Sie nicht auf Anhieb die richtige Aussage finden, schließen Sie zunächst die Aussagen aus, die offensichtlich falsch sind. Oft können Sie dies an Formulierungen mit „stets", „immer", „auf keinen Fall" oder ähnlichen erkennen. Gefährlich sind solche Aussagen, die fast richtig sind, bei denen der Fehler gut versteckt ist: Z. B. ist die Aussage „Der Bildschirm muss unverstellbar sein." zu den Kriterien des Bildschirmarbeitsplatzes falsch wegen der zwei Buchstaben „un", die man gerne überliest. Lesen Sie daher genau und mit Ruhe. Finden Sie keine eindeutig richtige Aussage, so wählen Sie die Aussage, die Ihnen am wenigsten falsch erscheint.

Gelegentlich werden zu Auswahlaufgaben Zeitungsartikel, Gesetzestexte, Grafiken oder Statistiken mit abgedruckt. Bei umfangreichen Aufgaben muss Ihr Zeitmanagement im Vordergrund stehen. Es ist nicht immer unbedingt erforderlich, den gesamten Text durchzulesen. Wenn Sie nicht auf Anhieb die richtige Aussage finden, markieren Sie die Aufgabe, um später zu ihr zurückzukehren, und gehen Sie zur nächsten Aufgabe über. Bei Aufgaben mit umfangreichen statistischen Angaben, bei denen Sie Berechnungen durchführen müssen, um die richtige Aussage zu finden, ist meist die erste oder zweite Aussage richtig.

Anhand der Anzahl der Kästchen auf dem Lösungsbogen können Sie erkennen, ob bei einer Auswahlaufgabe eine oder mehrere Aussagen richtig sind. Im Text der Aufgabenstellung überliest man dies leicht. Ferner gibt es Auswahlaufgaben, bei denen die Aussage gefunden werden soll, die nicht richtig ist. Schnell überliest man das „nicht". Lesen Sie daher genau und mit Ruhe.

Bei Zuordnungsaufgaben ordnen Sie Fachbegriffe zu Sachverhalten zu. Lesen Sie alle Sachverhalte durch und ordnen Sie zunächst die einfachen Begriffe zu, um die Auswahlmöglichkeiten für die schwierigeren Begriffe einzugrenzen. Ist Ihnen ein Fachbegriff nicht bekannt, z. B. Diversifikation, versuchen Sie ihn zu übersetzen, z. B. divers = verschieden, und dann finden Sie den zugehörigen Sachverhalt.

Bei *Reihenfolgeaufgaben* haben Sie z. B. mehrere *Arbeitsschritte* gegeben, die Sie *in die richtige Reihenfolge bringen* müssen. Suchen Sie zunächst nach dem *ersten oder* dem *letzten Arbeitsschritt*, dann lassen sich die anderen Arbeitsschritte leichter in die richtige Reihenfolge bringen.

Bei *Rechenaufgaben* haben Sie die Hilfestellung, dass Ihr Berechnungsergebnis in die vorgegebenen *Kästchen auf dem Lösungsbogen* passen muss. Üben Sie *Prozentrechnung* und den Umgang mit dem *Dreisatz*. Beliebt sind Aufgaben, bei denen Sie *auf das Hundert hochrechnen* (z. B. in der Preiskalkulation) oder einen *Wert aus einer Formel* ermitteln müssen, der nicht links vor dem Gleichheitszeichen steht (z. B. die Kredithöhe in der Zinsberechnungsformel). Setzen Sie alle gegebenen Werte in die Formel ein und lösen Sie die Formel dann nach dem gesuchten Wert auf.

Oft sind die Zahlen in Rechenaufgaben so gewählt, dass Sie *ohne Taschenrechner* schneller zum Ergebnis kommen, sofern Sie gut im *Kopfrechnen* sind. Denken Sie auch bei Rechenaufgaben an Ihr *Zeitmanagement*.

Bei *Datumsaufgaben* müssen Sie eine *Frist berechnen* und in die Lösungskästchen das *Ergebnis als Datum* eintragen. Achten Sie auf das geforderte *Datumsformat*: TT-MM-JJJJ oder JJJJ-MM-TT, und darauf, ob Sie mit 30 Tagen pro Monat oder tagegenau rechnen sollen. Eine Frist beginnt immer *mit Ablauf des* ersten Tages und endet mit Ablauf des letzten Tages. *Zählen Sie ab dem nächsten Tag* und rechnen Sie die Woche mit sieben Tagen. *Vier Wochen sind 28 Tage.* Die regelmäßige *dreijährige Verjährungsfrist* beginnt *mit Ablauf des Jahres.*

1.3   Tipps und Tricks für die Prüfung

Da die WiSo-Prüfung i. d. R *die letzte schriftliche Prüfung* ist, wird zu diesem Zeitpunkt, wenn Sie die berufsspezifischen Prüfungen hinter sich gebracht haben, Ihre *Konzentration* schon nachlassen. Wichtig ist daher, dass Sie *intuitiv* an die Prüfung herangehen können. Nutzen Sie zum Lernen für die WiSo-Prüfung daher Zeiten, in denen Ihre Konzentration nicht mehr so gut ist, und *trainieren Sie* die Prüfungsaufgaben immer und immer wieder.

Versuchen Sie bei den Aufgaben in diesem Buch *immer zuerst* die Musteraufgabe und die Übungsaufgaben *selbst* zu *lösen*, bevor Sie die kommentierte Lösung nachlesen. Sie erhöhen dadurch deutlich den *Trainingseffekt*. Gerade wenn Sie mit Ihrem Lösungsansatz völlig falsch liegen, ist der Lerneffekt am höchsten. *Lassen Sie sich nicht frustrieren.* Die Übungsaufgaben sind so ausgewählt, dass sie den im Kapitel vorgestellten Stoff immer auf eine etwas andere Art und Weise abfragen und erweitern. Weitere Übungsaufgaben stehen im *Online-Service* unter http://www.bueffelcoach.de zur Verfügung. Üben Sie auch anhand von *alten WiSo-Prüfungen*.

Wichtig in der Prüfung ist Ihr *Zeitmanagement*. Sie haben für jede Aufgabe *zwei bis drei Minuten* Zeit. Es gibt *einfache, schwierigere und schwere Aufgaben*. Wenn Sie mit einer Aufgaben nicht auf Anhieb klarkommen, *überspringen* Sie sie und arbeiten die Prüfung erst einmal vollständig durch. Damit haben Sie *genügend Punkte für das Bestehen* gesichert und können sich in der verbleibenden Zeit mit mehr Ruhe mit den schwierigeren Aufgaben auseinandersetzen.

Die *Musteraufgaben und Übungsaufgaben* in diesem Buch sind zum größten Teil als *eher schwierig* einzustufen. Manche Musteraufgaben gehen im *Umfang* über das hinaus, was in der Prüfung auf Sie zukommen kann, zeigen das *Prüfungsthema* dafür *in verschiedenen Varianten*.

Die *wichtigste Erfolgsregel für die Prüfungsvorbereitung*, und das gilt auch für Ihre berufsspezifischen Prüfungen, lautet: anhand von Prüfungsaufgaben *trainieren, trainieren und immer wieder trainieren*.

Teil I
Betriebswirtschaftslehre

Grundlagen

2

Allgemeine Prüfungsaufgaben zur *Betriebswirtschaftslehre* beziehen sich auf die *Führung* des Unternehmens, vor allem auf *Unternehmensziele* und die betriebswirtschaftlichen *Produktionsfaktoren* Betriebsmittel, Werkstoffe, menschliche Arbeit und insbesondere den *dispositiven Faktor*.

2.1 Unternehmensziele

Betriebswirtschaftslehre ist die *Lehre vom Wirtschaften in Betrieben*. Im alltäglichen betrieblichen Prozess muss eine Vielzahl von *Entscheidungen* getroffen werden, die ganz unterschiedliche Bereiche im Unternehmen betreffen können. Daher beschäftigt sich die kaufmännische Lehre mit den Entscheidungen, die in Betrieben zu treffen sind. Um eine Entscheidung zu treffen, muss ein *Entscheidungsziel* definiert werden, das es zu erreichen gilt.

Prüfungsaufgaben richten sich daher auf die verschiedenartigen *Ziele*, die in Unternehmen formuliert werden können, von der *Gründung*, der *Rechtsformwahl*, der *Standortwahl*, über die Art der herzustellenden *Produkte*, wie viele und welche *Mitarbeiter* eingestellt werden sollen, wie die *Organisation* gestaltet werden soll, etc. Im Vordergrund steht dabei i. d. R das Ziel der *Gewinnmaximierung*.

© Springer Fachmedien Wiesbaden 2015
M. Wünsche, *Wirtschafts- und Sozialkunde (IHK)*,
DOI 10.1007/978-3-658-06755-7_2

Musteraufgabe Erwerbswirtschaftliches Prinzip

Unternehmen in einer Marktwirtschaft handeln nach dem erwerbswirtschaftlichen Prinzip. Welche der folgenden Aussagen stellt das diesem Prinzip zugrunde liegende Ziel richtig dar?

1. Gewinnmaximierung ist das vorrangige Ziel eines erwerbswirtschaftlichen Unternehmens, damit die Zufriedenheit der Gesellschafter und Kapitalgeber gefördert wird.
2. Die Produkte sollten zu möglichst niedrigen, aber kostendeckenden Preisen, angeboten werden, damit ein möglichst hoher Absatz erzielt werden kann.
3. Die Produktionskapazitäten sollten aus Kostengründen stets voll ausgelastet sein. Um die Produkte dann am Markt unterzubringen, muss das Marketing besonders ausgefeilt sein.
4. Es gilt, den Umsatz zu maximieren, weil so möglichst viele Arbeitsplätze geschaffen werden können, denn die soziale Aufgabe der Unternehmen steht stets im Vordergrund.
5. Wichtig ist, über ein besonders breites und tiefes Sortiment den Kunden alles zu bieten, was er erwarten könnte, um die bestmögliche Kundenzufriedenheit zu erreichen.

Richtig ist *Aussage 1*. Kapitalgeber investieren ihr *Kapital* in solche Unternehmen, die *am Markt erfolgreich* sind und so *gute Kapitalerträge* erwirtschaften. Der Aktienkurs eines börsennotierten Unternehmens ist ein guter Indikator dafür, wie erfolgreich ein Unternehmen ist, und danach richtet sich die Bereitschaft von Kapitalgebern, zusätzliches Kapital, z. B. für Erweiterungsinvestitionen, zur Verfügung zu stellen.

Vom erwerbswirtschaftlichen Prinzip zu unterscheiden sind das *gemeinwirtschaftliche Prinzip* und das genossenschaftliche Prinzip.

- Gemeinwirtschaftlich orientierte Unternehmen bieten ihre Leistungen *kostendeckend* an und versuchen einen gegebenen *Bedarf* zu *decken*. Es ist die Zielsetzung staatlicher Unternehmen wie z. B. des öffentlichen Personennahverkehrs (ÖPNV).
- Das *Genossenschaftsprinzip* beinhaltet die *gegenseitige Förderung der Mitglieder* und hat sich in der Landwirtschaft entwickelt.

Musteraufgabe Umweltschutz

Da die Verbraucher immer mehr Wert auf die Umweltverträglichkeit der von ihnen erworbenen Produkte legen, hat sich die Bergthaler Büromaschinen GmbH dazu entschlossen, die ökologische Zielsetzung in Zukunft stärker zu beachten. Welche der folgenden Maßnahmen entsprechen der ökologischen Zielsetzung?

1. Selbstgestaltetes grünes Ökosiegel und verstärkte Markenwerbung
2. Einsatz recyclingfähiger Kunststoffe und Senkung des Energieverbrauchs der Geräte

3. Kartonverpackungen und Wahl eines natürlicheren Designs für die Geräte
4. Rücknahmegarantie für die Altgeräte und deutliche Senkung der Verkaufspreise
5. Verlängerung der Gewährleistungsfrist und kürzere Lieferzeiten

Das Umweltschutzziel ist häufig Inhalt von Prüfungsaufgaben. *Aussage 2* ist richtig. Die Bedeutung des Begriffs *Recycling* (Wiederverwertung) muss Ihnen bekannt sein. In den anderen Aussagen finden Sie auch *ökologische Maßnahmen*, wie z. B. die *Rücknahmegarantie* oder die verlängerte *Gewährleistungsfrist*, sofern dahinter tatsächlich Maßnahmen der Produktverbesserung und nicht nur verkaufsfördernde Werbebotschaften stehen.

Musteraufgabe Ziele von Unternehmenszusammenschlüssen

Die Bergthaler Büromaschinen GmbH erwägt, mit einem anderen Unternehmen der gleichen Branche zu fusionieren. Welche zwei der nachfolgenden Ziele können damit verfolgt werden?
1. Erlangung von Marktbereinigungsprämien der Bundesregierung
   1. Erleichterung des Wettbewerbs durch eine größere Zahl von Mitbewerbern
   2. Verbreiterung der Kapitalbasis und bessere Finanzierungsmöglichkeiten
   3. Reduzierung der Umsatzsteuerbelastung
   4. Rationalisierungs- und Einsparungseffekte, z. B. beim Personal und im Einkauf

Bei dieser Aufgabe können Sie durch *Negativauswahl* die beiden gesuchten Lösungen finden.

- *Marktbereinigungsprämien* (Aussage 1) gibt es nicht, im Gegenteil ist es das Ziel des Staates, die Entstehung von *Marktmacht* aufgrund einer zu geringen Zahl von Anbietern zu verhindern.
- Aussage 2 ist falsch, weil die *Zahl der Mitbewerber* abnimmt.
- Aussage 4 ist falsch, weil die *Umsatzsteuer* für Unternehmen ein durchlaufender Posten ist (Vorsteuerabzugsberechtigung) und daher keine Belastung darstellt.

Damit sind *Aussage 3 und Aussage 5 richtig*. Durch den Zusammenschluss entsteht ein größeres Unternehmen, das z. B. durch Umwandlung in eine Aktiengesellschaft und Börsengang *bessere Finanzierungsmöglichkeiten* erhält. Ferner können die unterschiedlichen Erfahrungen beider Unternehmen zur *Verbesserung der Arbeitsabläufe* genutzt werden. Aufgrund größerer Bestellungen können *beim Einkauf bessere Konditionen* erzielt werden.

In Bezug auf die *Art des Zusammenschlusses* müssen Sie Fusion, Konzern und Kartell unterscheiden können. (Tab. 2.1)

Bei *Kartellen* wird in dem *Bereich der Zusammenarbeit* die wirtschaftliche Eigenständigkeit aufgegeben. Preiskartelle und Gebietskartelle sind verboten. Beim *Konzern* gibt das *Tochterunternehmen* seine wirtschaftliche Selbstständigkeit auf, es *bleibt* aber

Tab. 2.1 Übersicht Arten von Unternehmenszusammenschlüssen

	Rechtliche Selbstständigkeit	Wirtschaftliche Selbstständigkeit
Kartell	Bleibt erhalten	Wird teilweise aufgegeben
Konzern	Bleibt erhalten	Wird vollständig aufgegeben
Fusion	Wird aufgegeben	Wird vollständig aufgegeben

als *eigene Rechtsperson* im Handelsregister eingetragen. Konzerne werden gebildet durch Beherrschungsvertrag, Beteiligung (über 50 %) oder/und personelle Verflechtung. Bei der *Fusion* wird auch die *Rechtsperson* zumindest eines Unternehmens *aufgelöst* (Fusion durch Aufnahme), oder beide Unternehmen geben ihre alte Identität auf und es entsteht ein gemeinsames *neues Unternehmen* (Fusion durch Neugründung).

2.2 Betriebswirtschaftliche Produktionsfaktoren

Produktionsfaktoren sind *Güter und Arbeitsleistungen*, die zur Produktion von anderen Gütern und Dienstleistungen *miteinander kombiniert* werden (Faktorkombination). Die *Betriebswirtschaftslehre* unterscheidet *Betriebsmittel*, *Werkstoffe*, menschliche (ausführende) *Arbeit* und den *dispositiven Faktor*. Beachten Sie den Unterschied zur *Volkswirtschaftslehre*, die von *Arbeit, Boden und Kapital* spricht.

Betriebsmittel sind Gebrauchsgüter: Maschinen, Werkzeuge, Schreibtische, PCs, etc. *Werkstoffe* sind Verbrauchsgüter: Roh-, Hilfs- und Betriebsstoffe, Vorprodukte. Die *menschliche Arbeitsleistung* wird in rein *ausführende Arbeit* und in das *Treffen von Entscheidungen* (dispositiver Faktor) unterschieden.

Musteraufgabe Dispositiver Faktor

Zur Herstellung von Gütern und Erbringung von Dienstleistungen sind verschiedene Produktionsfaktoren notwendig. Welche Bedeutung hat der dispositive Faktor in einem Unternehmen?

1. Der dispositive Faktor spielt ausschließlich in marktwirtschaftlichen Betrieben eine Rolle, in Staatsunternehmen ist er nicht erforderlich.
   1. Der dispositive Faktor ist ausschließlich der Führungstätigkeit der obersten Geschäftsleitung zuzuordnen. Auf unteren Hierarchieebenen kommt er nicht vor.
   2. Der dispositive Faktor stellt ausschließlich die Kapitalbeschaffung (Disposition) dar.
   3. Der dispositive Faktor sorgt für den optimalen Einsatz der anderen Produktionsfaktoren Betriebsmittel, Werkstoffe und menschliche Arbeit (ausführende Arbeit).
   4. Der dispositive Faktor entspricht der Tätigkeit des Einkaufs, weil dabei die Preise und die zu beschaffenden Mengen disponiert werden müssen.

Richtig ist *Aussage 4*. Disponieren muss hier umfassender verstanden werden als jede Management-Tätigkeit im Unternehmen. Dies betrifft *nicht nur die Geschäftsleitung* (Aussage 2), sondern *jede Abteilungsleitertätigkeit* ist mit dispositiven Arbeiten verbunden. Auch in *Staatsunternehmen* (Aussage 1) müssen Entscheidungen getroffen werden. Oft wird der dispositive Faktor gleichgesetzt mit *Controlling* (Planung, Steuerung und Kontrolle). Die *Tätigkeit eines Controllers* umfasst jedoch nicht nur das Treffen von Entscheidungen, sondern *auch ausführende Arbeit*: die *Entscheidungsvorbereitung*, z. B. durch Analyse der Umsatzentwicklung, und die *Kontrolle* der Ergebnisse von Entscheidungen (Vergleich der Planwerte mit den Istwerten).

Musteraufgabe Betriebswirtschaftliche Produktionsfaktoren

Ordnen Sie die betriebswirtschaftlichen Produktionsfaktoren den Sachverhalten zu.

Produktionsfaktoren	Sachverhalte
1. Betriebsmittel 2. Werkstoffe 3. ausführende Arbeit 4. dispositive Arbeit	a) In der Entwicklungsabteilung sind mehrere PCs miteinander vernetzt, an denen neue Produkte entwickelt werden.
	b) Die Sekretärin schreibt nach Diktat einen Brief an einen wichtigen Kunden, in dem ihm ein neues Angebot unterbreitet wird.
	c) Für die Produkti on von Büromaschinen werden Bauteile bei einem Zulieferer beschafft.
	d) Der Verkaufsleiter entscheidet sich, einem besonders guten Kunden ein sehr günstiges Angebot zu unterbreiten.

a. 1. Die vernetzten *PCs* sind *Betriebsmittel*. Sie werden dazu gebraucht, um z. B. mit Hilfe von CAD-Software neue Produktdesigns am Computer zu entwickeln. Wenn das Gut *im Produktionsprozess nicht verbraucht* wird, handelt es sich um ein Betriebsmittel.

b. 3. Die Tätigkeit der *Sekretärin* ist eine *ausführende Tätigkeit*, die auf Anweisung ihres Vorgesetzen erfolgt. Es gibt keine Prüfungsaufgaben, bei denen die *Abgrenzung zwischen ausführender und dispositiver Arbeit* schwierig ist. Wenn z. B. die Sekretärin sich entscheidet, den Brief erst später zu schreiben und dafür andere Arbeiten vorzuziehen, ist dies keine dispositive Tätigkeit.

c. 2. Die *Bauteile* sind *Werkstoffe*. Dadurch, dass sie in die Büromaschinen eingebaut werden, werden sie *bei der Produktion verbraucht*.

d. 4. Die *Entscheidung des Verkaufsleiters* kann eine wichtige Bedeutung für das Unternehmen haben. Er hat die *Kompetenz*, das Angebot zu unterbreiten und trägt die *Verantwortung* für seine Entscheidung. Alle Tätigkeiten der *Geschäftsleitung, Planung und Organisation* sind dispositiv.

2.3 Unternehmensführung

Zur *Führung eines Unternehmens* gehört die *Führung der Mitarbeiter*. In der Betriebswirtschaftslehre werden dazu verschiedene *Führungskonzepte* und *Führungsstile* diskutiert, die vereinfacht auch Inhalte von Prüfungsfragen sein können. Wichtig ist vor allem
die Unterscheidung des *kooperativen* vom *autoritären Führungsstil*.

Musteraufgabe Führungskonzepte

In der Bergthaler Büromaschinen GmbH werden unterschiedliche Führungskonzepte
diskutiert. Ordnen Sie den dargestellten Sachverhalten die Führungskonzepte zu.

Führung durch ...   Sachverhalte

1. Eingriff im   a) Der Verkaufsleiter gibt den Außendienstmitarbeitern
    Ausnahmefall   monatliche Umsatzvorgaben, die diese erreichen
2. Anweisung und   sollen.
    Kontrolle   b) Die Geschäftsführung überträgt die Verantwortung für
3. Zielvereinbarung   die Personalpolitik dem Personalleiter.
4. Aufgabendelegation   c) Die Mitarbeiter in der Abteilung Einkauf dürfen
                                   Bestellungen bis zum Wert von 10.000 Euro ohne
                                   vorherige Genehmigung des Abteilungsleiters
                                   ausführen.

                               d) Es wird im gesamten Verwaltungsgebäude ein
                                   Rauchverbot ausgesprochen und die Einhaltung wird
                                   kontrolliert.

---

a. 3. *Führung durch Zielvereinbarung* bedeutet, dass dem Mitarbeiter ein zu erreichendes
   Ziel vorgegeben wird, es ihm aber überlassen wird, wie er dieses Ziel erreicht. Dies
   erhöht zum einen *die Motivation* des Mitarbeiters, *entlastet* zum anderen *die Führungs-
   kraft*, da ihr nur noch die Kontrolle über die Zielerreichung als Aufgabe bleibt. Dadurch
   kann auch die Hierarchie „verschlankt", d. h. die Anzahl der Vorgesetzten vermindert
   werden: eine gute Möglichkeit, Personalkosten zu senken.
b. 4. *Führung durch Aufgabendelegation* hat eine ähnliche Wirkung wie die Führung
   durch Zielvereinbarung. Der Personalleiter darf selbst entscheiden, wen er einstellt.
   Er ist damit auch verantwortlich für die *Personalbedarfsplanung* und muss sich *mit
   den anderen Abteilungsleitern abstimmen*, in welchen Bereichen neue Mitarbeiter mit
   welchen Qualifikationen benötigt werden.
c. 1. *Führung durch Eingriff im Ausnahmefall* bedeutet, dass die *Mitarbeiter* bis zu einer
   bestimmten Grenze *eigene Entscheidungskompetenz* haben und nur im Ausnahmefall
   der Vorgesetzte hinzugezogen werden muss. Dieses Führungskonzept *entlastet* das
   Management *von Routine-Entscheidungen*.
d. 2. *Führung durch Anweisung und Kontrolle* ist im Vergleich zu den anderen Füh-
   rungskonzepten *traditionell* und noch sehr weit verbreitet. Der Mitarbeiter erhält eine
   Anweisung und wird kontrolliert, ob er die Anweisung auch ausgeführt hat.

Musteraufgabe Führungsstil

Seit einigen Jahren schon ist in der Bergthaler Büromaschinen GmbH der kooperative Führungsstil beim Umgang mit den Mitarbeitern üblich. Welche der folgenden Aussagen stellt den kooperativen Führungsstil richtig dar?

1. Der Vorgesetzte entscheidet und setzt durch, notfalls mit Zwang.
2. Der Vorgesetzte manipuliert die Mitarbeiter so, dass sie das tun, was er möchte.
3. Der Vorgesetzte lässt sich von seinen Mitarbeitern beraten und fällt daraufhin selber die Entscheidung, ohne sie jedoch mit den Mitarbeitern zu diskutieren.
4. Gemeinsam mit den Mitarbeitern erarbeitet der Vorgesetzte die Entscheidungsgrundlagen und so wird durch die Zusammenarbeit die optimale Lösung gefunden.
5. Der Vorgesetzte überlässt die Entscheidungen vollständig seinen Mitarbeitern.

Aussage 4 ist richtig. Der Vorgesetzte *kooperiert* mit seinen Mitarbeitern, d. h. er *arbeitet mit ihnen zusammen* und trifft gemeinsam mit ihnen die Entscheidung. Dadurch erhöht sich die *Mitarbeitermotivation*, allerdings muss der Vorgesetze für diesen Führungsstil auch über eine gute *Sozialkompetenz* verfügen.

Aussage 1 stellt den *autoritären Führungsstil* dar. Sie können von Aussage 1 bis Aussage 5 eine *kontinuierliche Verlagerung* der Entscheidung (Willensbildung) vom Vorgesetzen hin zu den Mitarbeitern bemerken. *Aussage 5* beschreibt den *demokratischen Führungsstil*. Hier ist der Vorgesetzte nur noch Koordinator und hat seine Entscheidungskompetenz vollständig an seine Mitarbeiter abgegeben.

2.4 Übungsaufgaben

Aufgabe 1: Standortwahl

Bei der Gründung und auch bei der Erweiterung von Unternehmen ist die Wahl des richtigen Standorts eine wichtige betriebswirtschaftliche Entscheidung. Welche der folgenden Aussagen zur Standortwahl ist nicht richtig?

1. Für Produktionsunternehmen ist bei der Standortwahl die Verkehrsanbindung wichtig für die schnelle Verfügbarkeit der Vorprodukte und den Abtransport der gefertigten Waren.
2. Für Handelsunternehmen ist bei der Standortwahl die Nähe zum Kunden wichtig, vor allem aber auch die Kaufkraft und die Konkurrenzlage.
3. Ein Kriterium der Standortwahl sind die Hebesätze der Gemeinden für die Grund- und die Gewerbesteuer, und ob es sich um staatlich geförderte Gebiete handelt.
4. Bei der internationalen Standortwahl spielen die Arbeitskosten und die Vorschriften zum Umweltschutz eine wichtige Rolle.
5. Die Beschaffbarkeit von Arbeitskräften ist für die Standortwahl von untergeordneter Bedeutung, da angesichts der Arbeitslosigkeit überall gute Arbeitskräfte zur Verfügung stehen.

Aufgabe 2: Umweltschutz

Die Bergthaler Büromaschinen GmbH will bei der Materialbeschaffung ökologische
Aspekte stärker berücksichtigen. Dadurch kann es zu Zielkonflikten mit ökonomischen
Zielen kommen. Bei welchen drei der folgenden Maßnahmen stehen ökologische As-
pekte im Vordergrund?

1. Installation einer Photovoltaik-Anlage
2. Grundsätzliche Verschrottung älterer Kunden-Geräte, weil sich die Reparatur nicht
   lohnt.
3. Einsatz vom Mehrwegverpackungen
4. Entsorgung leerer Tonerkartuschen mit dem Hausmüll
5. Vermeidung von zusätzlichen Verpackungen
6. Senkung der Lagerkosten durch Anlieferung just in time

Aufgabe 3: Dispositive Arbeit

Der Vertriebsleiter der Bergthaler Büromaschinen GmbH hat in seiner leitenden Position vorwiegend dispositive Aufgaben zu erfüllen. Welche der folgenden Tätigkeiten
gehört nicht zur dispositiven Arbeit?

1. Aufgrund einer Umsatzanalyse entwickelt er neue, verbesserte Werbemaßnahmen.
2. Er legt die Fahrtrouten für die Kundendienstbesuche seiner Mitarbeiter fest.
3. Er organisiert den zeitlichen Einsatz der Außendienstmitarbeiter.
4. Er gibt jedem Außendienstmitarbeiter einen zu erreichenden Mindestumsatzes vor.
5. Er ermittelt den monatlichen Umsatz je Außendienstmitarbeiter.

Aufgabe 4: Produktionsfaktoren

Ordnen Sie die betriebswirtschaftlichen Produktionsfaktoren den Sachverhalten zu.

Produktionsfaktoren	Sachverhalte
1. Dispositive Arbeit	a) Für die Produktion von Büromaschinen wird ein neues
2. Werkstoffe	Spezialwerkzeug angeschafft.
3. Betriebsmittel	b) Ein Lagerarbeiter stapelt Kisten um, weil er den Auftrag
4. Ausführende Arbeit	bekommen hat, Platz für eine neue Lieferung zu
	schaffen.
	c) Der Vorrat an Schmieröl geht zur Neige und muss
	ergänzt werden.
	d) Die Geschäftsleitung entschließt sich, mit einem
	anderen Unternehmen der gleichen Branche zu
	kooperieren.

Aufgabe 5: Führungskonzepte

In der Bergthaler Büromaschinen GmbH werden unterschiedliche Führungskonzepte diskutiert. Ordnen Sie den dargestellten Sachverhalten die Führungskonzepte zu.

Führung durch ...	Sachverhalte
1. Aufgabendelegation 2. Zielvereinbarung 3. Eingriff im Ausnahmefall 4. MitarbeiterPartizipation	a) In einer Bank dürfen die Kreditsachbearbeiter die Kreditentscheidung bis zu einer festgelegten Höhe selbst treffen. b) Der Produktionsleiter diskutiert wichtige Entscheidungen mit seinen Vorarbeitern und lässt sich von ihnen beraten. c) Die Mitarbeiter in der Abteilung Einkauf haben die Vorgabe, die Einkäufe möglichst günstig zu tätigen. d) Die Mitarbeiter der Abteilung Forschung und Entwicklung dürfen selbst entscheiden, an welchem Projekt sie jeweils arbeiten.

Aufgabe 6: Mitarbeitermotivation

Der Zusammenhang zwischen dem Verhalten der Unternehmensleitung und der Motivation der Mitarbeiter ist seit langem bekannt. Welche der folgenden Maßnahmen ist nicht geeignet die Mitarbeitermotivation zu steigern?

1. Zusätzliche betriebliche Sozialleistung wie z. B. die Zusage einer betrieblichen Altersrente
   1. Vom Unternehmen gewährte und finanzierte Weiterbildungsmaßnahmen
   2. Zuweisung von interessanten Aufgaben mit Eigenverantwortung
   3. Exakte Kontrolle der Einhaltung der Pausenzeiten durch Überwachungskameras
   4. Gewährung individueller Mitentscheidungsrechte

2.5   Lösungen zu den Übungsaufgaben

Lösung zu Aufgabe 1: Standortwahl

Aussage 5 ist nicht richtig. Auch die Verfügbarkeit der geeigneten Arbeitskräfte ist ein wichtiges Kriterium. *„Untergeordnete Bedeutung"* ist meist falsch.

Lösung zu Aufgabe 2: Umweltschutz

Aussage 1, die Photovoltaik-Anlage (Solarenergie), *Aussage 3*, die Mehrwegverpackungen und *Aussage 5*, die Vermeidung von Verpackung, sind richtig.

Lösung zu Aufgabe 3: Dispositive Arbeit

Die *Aussagen 1 bis 4* stellen Tätigkeiten dar, bei denen der Verkaufsleiter *Entscheidungen treffen* (disponieren) muss. Einzig *Aussage 5* stellt ausführende Arbeit dar.

Lösung zu Aufgabe 4: Produktionsfaktoren

a. *3.* Das Spezialwerkzeug ist ein Betriebsmittel.
b. *4.* Der Lagerarbeiter folgt den Anweisungen seines Vorgesetzten.
c. *2.* Schmieröl ist ein Hilfsstoff, gehört damit zu den Werkstoffen.
d. *1.* Die Entscheidung für die Kooperation ist dispositiv.

Lösung zu Aufgabe 5: Führungskonzepte

a. *3.* Eingriff im Ausnahmefall.
b. *4.* Mitarbeiter-Partizipation.
c. *2.* Zielvereinbarung.
d. *1.* Aufgabendelegation.

Beachten Sie den Unterschied zwischen Delegation und Partizipation. Bei der *Delegation* (Verlagerung) werden Aufgaben auf die Mitarbeiter übertragen, die diese dann selbstständig bewältigen können. Bei der *Partizipation* (Teilnahme) können die Mitarbeiter selbst entscheiden, an welchen Aufgaben sie vorrangig arbeiten.

Lösung zu Aufgabe 6: Mitarbeitermotivation

Aussage 4 ist die gesuchte Lösung. Statistische Untersuchungen haben ergeben, dass Unternehmen allgemein erfolgreicher sind, wenn sie ihren Mitarbeitern relativ viele Freiheiten lassen. Wichtig ist die *Identifikation des Mitarbeiters mit seinem Unternehmen,* weil dadurch die Leistungsbereitschaft höher ist.

Marketing

3

Prüfungsaufgaben zum Thema *Marketing* beziehen sich auf *Marktforschung*, seltener *Marketing-Strategien*, vor allem aber auf *Marketing-Maßnahmen*. Diese drei Gebiete können durch den *Marketing-Management-Prozess* systematisch eingeordnet werden.

3.1 Der Marketing-Management-Prozess

Marketing ist die *bewusst kundenorientierte Führung des Unternehmens*, marktorientiertes Entscheidungsverhalten. Der *Marketing-Management-Prozess* ist ein hilfreiches *Instrument*, um auf Grundlage einer eingehenden Analyse die richtigen *Entscheidungen zu treffen* (Tab. 3.1).

Musteraufgabe Marketing

Der Vertriebsleiter der Bergthaler Büromaschinen GmbH wendet gemeinsam mit seinen Mitarbeitern bei der Gestaltung des Marketings den Marketing-Management-Prozess an. Bringen Sie die für ein erfolgreiches Marketing notwendigen Tätigkeiten in die richtige Reihenfolge.

© Springer Fachmedien Wiesbaden 2015

M. Wünsche, *Wirtschafts- und Sozialkunde (IHK)*,

DOI 10.1007/978-3-658-06755-7_3

Der Vertriebsleiter entscheidet, dass die Sortimentsbreite zu erhöhen ist und bei der Qualität der Produkte Nachbesserungen vorzunehmen sind.	
Mittels einer schriftlichen Kundenbefragung wird ermittelt, inwieweit die Werbebotschaft angekommen ist und ob sich die Zufriedenheit der Kunden gebessert hat.	
Auf Grundlage der Umsatzstatistiken wird eine Umsatzvorschau für die nächsten Monate vorgenommen. Dabei werden verschiedene Einflussfaktoren berücksichtigt.	
Der Vertrieb startet eine Werbekampagne mittels Anzeigen in Fachzeitschriften, um die Kunden auf das verbreitete Sortiment und die verbesserte Qualität hinzuweisen.	
Der Vertriebsleiter wertet die Umsatzstatistiken der vergangenen Monate aus und zieht die Ergebnisse einer schriftlichen Kundenbefragung hinzu.	

Lesen Sie bei *Reihenfolgeaufgaben* zunächst alle Schritte in Ruhe durch und versuchen Sie, *den ersten oder letzten Schritt* zu *erkennen*. Daraus erschließt sich Ihnen die Verbindung zu den anderen Schritten.

Die Lösung ist: *3, 5, 2, 4, 1.* Aufgrund der *Analyse* der Umsatzstatistiken wird eine *Prognose* vorgenommen, eine *Strategie* entwickelt und mittels *Maßnahmen* umgesetzt. Am Ende steht die *Kontrolle*, ob die gesetzten Ziele erreicht worden sind.

1. Die *Analyse-Phase* dient der *Informationsbeschaffung*. Hier setzt die *Marktforschung* an. Dazu wertet der Vertriebsleiter Umsatzstatistiken aus. Die wichtigste Methode der Marktforschung ist die *Kundenbefragung*.
2. In der *Prognose-Phase* geht es darum, auf Grundlage der Analyse-Ergebnisse Aussagen über die *zukünftige Entwicklung* zu machen. Dabei können die unterschiedlichsten *Einflussfaktoren* in die Überlegungen mit einbezogen werden. Letztlich ist eine Prognose immer unsicher. Wichtig ist, *möglichst früh* auf veränderte Marktbedingungen *reagieren* zu können.
3. In der *Strategie-Phase* wird eine *neue Marschrichtung* festgelegt. Hat sich aus der Analyse z. B. ergeben, dass die Kunden mit bestimmten Produktmerkmalen unzufrieden sind, kann eine *Qualitätsverbesserungsstrategie* gewählt werden.
4. In der *Maßnahmen-Phase* werden Maßnahmen ergriffen, um die gewählte Strategie umzusetzen. Dabei steht ein sehr reichhaltiges Instrumentarium, der sogenannte *Marketing-Mix* zur Verfügung, aus dem Maßnahmen *in der richtigen Kombination* ausgewählt werden können, z. B. Werbung im Kommunikations-Mix.

Tab. 3.1 Übersicht Marketing-Management-Prozess

Analysephase	Wo stehen wir?
Prognosephase	Wohin geht die Entwicklung?
Strategiephase	Was wollen wir erreichen?
Maßnahmenphase	Welche Maßnahmen ergreifen wir?
Kontrollphase	Haben wir unser Ziel erreicht?

5. In der *Kontroll-Phase* wird versucht, die *Wirkung der Maßnahmen* zu ermitteln, z. B. durch eine erneute Kundenbefragung. Hier *schließt sich der Kreis* zur Analyse-Phase, denn die gewonnenen Informationen werden analysiert und können wieder zu Veränderungen der Vorgehensweise führen.

Musteraufgabe Werbeerfolgskontrolle

In der Bergthaler Büromaschinen GmbH wurde im letzten Quartal eine Werbeaktion durchgeführt. Warum ist der Erfolg einer Werbeaktion nicht genau feststellbar?

1. Umsatzsteigerungen lassen sich nicht eindeutig auf eine bestimmte Werbemaßnahme zurückführen, da verschiedene Einflussfaktoren eine Umsatzsteigerung bewirken können.
2. Da die eingesetzten Werbeträger nicht genau bestimmbar sind, ist auch der Erfolg nicht eindeutig zuzuordnen.
3. Da die eingesetzten Werbemittel nicht genau bestimmbar sind, ist auch der Erfolg nicht eindeutig zuzuordnen.
4. Die Kosten der Werbemittel und Werbeträger sind nicht eindeutig zuzuordnen.
5. Die Umsatzsteigerung des Quartals ist nicht feststellbar.

Aussage 1 ist richtig. Ein Versuch, genauer zu ermitteln, wie Marketing-Maßnahmen wirken, ist die *Kundenbefragung*, vor allem die Frage: „Wie sind Sie auf unser Angebot aufmerksam geworden?".

Werbeträger sind Fernseh- und Radiosender, Zeitschriften, Plakatwände, Websites im Internet, etc. Sie werden so ausgewählt, dass die *Zielgruppe* möglichst effizient erreicht werden kann. Dabei spielen auch die *Kosten* eine wichtige Rolle.

Werbemittel sind der Fernsehspot, die Anzeige oder Beilagen in der Zeitung, das Plakat, Werbebanner im Internet, etc. Wichtig ist, das Werbemittel so zu gestalten, dass der Kunde sich angesprochen fühlt (*Aufmerksamkeit* und *Interesse* erzeugen) und möglichst zur Kaufentscheidung gebracht wird (*Kaufwunsch* und Umsetzung des Kaufwunsches durch *Kauf*).

3.2 Marktforschung

Unter *Marktforschung* versteht man die *systematische Sammlung, Verarbeitung und Bereitstellung von Marktinformationen*. Unterscheiden Sie die *Marktanalyse* als *zeitpunktbezogen*, z. B. Ermittlung des aktuellen Marktanteils, von der *Marktbeobachtung* als *zeitraumbezogen*, z. B. die Beobachtung des Käuferverhaltens über einen längeren Zeitraum hinweg.

Unterscheiden Sie ferner die Primärforschung von der Sekundärforschung. Unter *Sekundärmaterial* versteht man Daten, die z. B. von Wirtschaftsforschungsinstituten oder statistischen Ämtern allgemein erhoben wurden. *Primärforschung* findet statt, wenn die

Marketing-Abteilung selbst Daten beschafft, durch *Beobachtung*, *Tests* und vor allem durch *Befragung*. Gibt die Marketing-Abteilung bei einem Forschungsinstitut eine konkrete Studie in Auftrag, handelt es sich auch um Primärforschung.

Musteraufgabe Marktforschung

Die Bergthaler Büromaschinen GmbH möchte ihren Marktanteil im Bereich Privatkunden erhöhen. Wie lässt sich unmittelbar in Erfahrung bringen, welchen Bedarf diese Zielgruppe hat?

1. Mitbewerber beobachten, wie diese sich auf die Zielgruppe einstellen
   1. Mitarbeiter befragen, welchen Bedarf an Büromaschinen sie im privaten Bereich haben
   2. Eine schriftliche Befragung von Privatkunden, mit attraktivem Gewinnspiel, durchführen
   3. Geschäftskunden befragen, welche Vorstellungen diese von Privatkunden haben
   4. Bundesweit erstellte Statistiken auswerten

Aussage 3 ist die richtige Lösung. Beachten Sie in der Aufgabe das „*unmittelbar*". Das Gewinnspiel dient dazu, die Kunden zur Beantwortung der Fragebogen zu motivieren. Die *Aussagen 1 bis 4* stellen *Primärforschung* (Beobachtung und Befragung) dar, einzig bei *Aussage 5* handelt es sich um *Sekundärforschung*.

Musteraufgabe Marktbeobachtung

Um besser planen zu können, möchte die Bergthaler Büromaschinen GmbH in Erfahrung bringen, ob sich die Entwicklung auf dem Markt für Büromaschinen zukünftig wie bisher fortsetzen wird. Welcher erste Schritt ist in dieser Situation zu veranlassen?

1. Die Durchführung einer Liquiditätsanalyse
2. Die Durchführung einer Marktbeobachtung
3. Die Durchführung einer Marktprognose
4. Die Durchführung einer Marktsegmentierung
5. Die Durchführung einer Rentabilitätsanalyse

Zu beachten bei dieser Aufgabe ist die *Abgrenzung zwischen Marktbeobachtung und Marktprognose*. Um eine Prognose durchführen zu können, muss zuvor der Markt beobachtet worden sein, damit Datenmaterial für die Prognose zur Verfügung steht. Der *erste Schritt* ist daher die *Marktbeobachtung*; *Aussage 2* ist richtig.

Marktsegmentierung (Aussage 4) ist die Aufteilung des Marktes in *Zielgruppen*.

3.3 Marketing-Strategien

Zur *bewusst kundenorientierten Führung* des Unternehmens ist eine *systematisch geplante Vorgehensweise* erforderlich. Der Begriff *Strategie* lässt sich daher mit *Vorgehensweise grundsätzlicher Art* kennzeichnen. Sie besteht aus festgelegten *Zielen und Mitteln*, mit denen diese Ziele erreicht werden sollen.

In der Marketing-Literatur gibt es viele verschiedene Strategie-Formulierungen. In Prüfungsaufgaben werden wenige grundlegende Strategiebegriffe so abgefragt, dass Sie aus der Formulierung der Aussage auf den richtigen Strategiebegriff schließen können. Die folgende Übersicht nennt Ihnen wichtige Marketing-Strategien (Tab. 3.2):

Qualität wird definiert als *die vom Kunden wahrgenommenen Eigenschaften* eines Produkts. Bei der Qualitätsführerschaft muss daher in der Werbung und Verkaufsförderung besonderer Wert auf die *Betonung der hohen Qualität* der Produkte gelegt werden. Dazu eignet sich eine *Markenstrategie*. Markenprodukte werden allgemein als qualitativ hochwertig angesehen.

Die *Segmentierung* des Gesamtmarktes in verschiedene, *möglichst gleichartige Zielgruppen* ist Voraussetzung für die *Entscheidung*, welche dieser Zielgruppen zur *weiteren Bearbeitung* ausgewählt werden soll. So kann ein Unternehmen sich z. B. entschließen, vorwiegend Angebote für *Familien mit höherem Einkommen im ländlichen Bereich* zu entwickeln.

Die *Strategien* können *miteinander kombiniert* werden. Z. B. kann auf die mit der *Segmentierung* ausgewählte Zielgruppe eine *Qualitätsführerstrategie* angewandt werden.

Tab. 3.2 Übersicht Marketing-Strategien

Segmentierung	Aufteilung des Marktes in *Zielgruppen* (Segmente) nach bestimmten *Kriterien*: Alter, Geschlecht, Familienstand, Haushaltsgröße, Lebensstil, Bildung, Religion, etc. *Ziel* ist eine genauere, erfolgreichere Marktbearbeitung
Diversifikation	*Neu* entwickelte *Produkte* sollen auf *neuen Märkten* (neuen Zielgruppen) angeboten werden
Marktentwicklung	Die *bisherigen Produkte* sollen auf *neuen Märkten* (neuen Zielgruppen) angeboten werden
Produktentwicklung	Auf den *bisherigen Märkten* sollen zusätzlich *neu* entwickelte *Produkte* angeboten werden
Marktdurchdringung	Die *bisherigen Produkte* sollen auf den *bisherigen Märkten* intensiver angeboten werden
Kostenführerschaft	Durch eine *große Produktionsmenge* sollen Kostenvorteile dazu genutzt werden, mit einem *niedrigeren Preis* als die Konkurrenz in den Markt zu gehen
Qualitätsführerschaft	Qualitativ hochwertige Produkte sollen zu einem *hohen Preis* (mit *geringerer Verkaufsmenge*) verkauft werden

Musteraufgabe Marktsegmentierung

Die Bergthaler Büromaschinen GmbH wendet verschiedene Marketingstrategien an. In welchem der folgenden Sachverhalte liegt eine Marktsegmentierung vor?

1. Um geeignete Marketingstrategien zu entwickeln, wird zu einem bestimmten Zeitpunkt eine Bestandsaufnahme der aktuellen Marktsituation vorgenommen.
2. Um erfolgsorientiert Marketing-Maßnahmen festlegen zu können, werden über einen längeren Zeitraum fortlaufende Marktbeobachtungen vorgenommen.
3. Um eine neue Werbekampagne über Zeitungsanzeigen zu starten, werden Angebote von verschiedenen Zeitungsverlagen eingeholt.
4. Um die Werbemaßnahmen zielgerichtet durchführen zu können, wird der Gesamtmarkt in verschiedene, in sich homogene Gruppen aufgeteilt.
5. Um auf Aktionen der Konkurrenzunternehmen geeignet reagieren zu können, werden die Werbeaktivitäten der Mitbewerber beobachtet.

In *Sachverhalt 4* finden Sie die *Aufteilung des Gesamtmarktes in* verschiedene, möglichst gleichartige (homogene) *Gruppen*. Die übrigen Sachverhalte sind der Marktforschung oder den Marketing-Maßnahmen zuzuordnen.

3.4 Marketing-Maßnahmen

Zur Umsetzung der gewählten Marktbearbeitungsstrategie steht eine *Vielzahl von Maßnahmen* zur Verfügung, die in geeigneter Form *kombiniert* werden können. Daher spricht man von einem *Marketing-Mix* (Tab. 3.3).

Bei einer hohen *Produktqualität* z. B. wird der *Preis* höher angesetzt und im Kommunikations-Mix wird die *Werbung* und *Verkaufsförderung* entsprechend gestaltet. Meist wird eine *Marke* gestaltet durch einen besonders gut zu merkenden Produktnamen und entsprechendes Design. Bei langlebigen Konsumgütern besteht die Möglichkeit, den Kunden beim Kauf eine Finanzierung anzubieten (*Kredite*). Der *Direktvertrieb* (Vertreter an der Haustür oder Ähnliches) ist eine mögliche Wahl des *Absatzkanals*. Unter *Public Relations* versteht man *Öffentlichkeitsarbeit*, die für ein gutes *Image* des Unternehmens sorgen soll.

Prüfungsaufgaben zum Marketing-Mix beziehen sich schwerpunktmäßig auf den *Kommunikations-Mix.*

Tab. 3.3 Übersicht Marketing-Mix

Produkt-Mix	Kontrahierungs-Mix	Distributions-Mix	Kommunikations-Mix
Marktgerechte Gestaltung der Produkte	Gestaltung von Produktpreis und Zahlungsbedingungen	Gestaltung des Produktwegs vom Hersteller zum Endnehmer	Gestaltung der auf den Markt gerichteten Informationen
Produktqualität Sortiment Marke Kundendienst	Preis Kredite Rabatt Skonto	Absatzkanal Logistik	Public Relations Kundenberatung Verkaufsförderung Werbung

Musteraufgabe Marketing-Mix

Im Marketing-Mix steht eine Vielzahl von Instrumenten zur optimalen Umsetzung der gewählten Marketing-Strategien zur Verfügung. Ordnen Sie die Begriffe den Beschreibungen zu.

01. Absatzkanal	06. Marke	11. Sortiment
02. Kredite	07. Produktqualität	12. Verkaufsförderung
03. Kundenberatung	08. Public Relations	13. Werbung
04. Kundendienst	09. Rabatt	
05. Logistik	10. Skonto	

a. absichtliche und zwangfreie Beeinflussung mit Hilfe spezifischer Kommunikationsinstrumente zur Erhöhung der Kaufbereitschaft

b. Dem Käufer wird zusätzlich ein Finanzierungsangebot gemacht.

c. Gesamtheit aller Produkte, die den Kunden angeboten werden

d. Gestaltung und Pflege der Beziehungen zur Öffentlichkeit zwecks Erhaltung und Verbesserung des Unternehmensbildes

e. Güte eines Produkts im Hinblick auf seine Eignung für den Verwender

f. Kontaktaufnahme zum Kunden durch ein direktes Gespräch

g. Name, Bezeichnung, Zeichen, Design, Symbol zur Identifikation eines Produkts und zur Unterscheidung von der Konkurrenz

h. Preisnachlass aufgrund schneller Begleichung der Rechnung

i. Preisnachlass aufgrund von Menge, Treue des Kunden o. ä.

j. Sammelbegriff für verschiedene Tätigkeiten, die in Verbindung mit Transport- und Lagervorgängen durchgeführt werden

k. Weg des Produkts zum Kunden, mit Hilfe von Absatzmitteln (Handel, Makler) und Absatzhelfern (Transport, Versicherung, etc.)

l. zeitlich begrenzte Aktionen zur Steigerung des Absatzes durch zusätzliche Kaufanreize

m. zusätzliche Dienste, die den Abnehmern vor dem Kauf, kaufbegleitend oder nach dem Kauf angeboten werden

Eine Aufgabe dieses Umfangs kann in der Prüfung nicht kommen, aber sie gibt Ihnen die Möglichkeit, *alle Marketing-Maßnahmen* (bis auf den Preis) *den Definitionen richtig zuzuordnen*. Die richtigen Lösungen entnehmen Sie der folgenden Liste:

a) 13. Werbung   f) 03. Kundenberatung   k) 01. Absatzkanal
b) 02. Kredite   g) 06. Marke   l) 12. Verkaufsförderung
c) 11. Sortiment   h) 10. Skonto   m) 04. Kundendienst
d) 08. Public Relations i) 09. Rabatt
e) 07. Produktqualität j) 05. Logistik

Gelegentlich werden Marketing-Aufgaben *mit Volkswirtschaftsaufgaben* zu Angebot und Nachfrage, Preisbildung, Käufermarkt und Verkäufermarkt *kombiniert*. Diese Themen werden in *Abschnitt B. 2* behandelt.

3.5   Übungsaufgaben

Aufgabe 1: Sekundärmaterial

Im Rahmen der Marktforschung wird bei der Erschließung von Informationsquellen zwischen Primärmaterial und Sekundärmaterial unterschieden. Bei welcher der folgenden Informationsquellen handelt es sich um Sekundärmaterial?

1. Branchenkennzahlen des Bundesverbandes Deutscher Büromaschinenhersteller
2. Ausgewertete Fragebögen von selbst durchgeführten Kundeninterviews
3. Aufstellung und systematische Auswertung der Gemeinkosten nichtproduktiver Bereiche
4. Testberichte aus einer gezielten Platzierung von Produkten in Testgebieten
5. Schriftliches Ergebnis einer bei einem Marktforschungsinstitut in Auftrag gegebenen Studie über die Verwendung von Büromaschinen in privaten Bereichen

Aufgabe 2: Marketing-Planung

Der Vertriebsleiter der Bergthaler Büromaschinen GmbH hat im Rahmen seiner Marketing-Planung verschiedene Maßnahmen eingesetzt. Ordnen Sie den Maßnahmen die Begriffe zu.

Begriffe

1. Marktanalyse
2. Marktprognose
3. Public Relations
4. Verkaufsplanung
5. Marktbeobachtung
6. Marktsegmentierung

Maßnahmen

a) Festlegung des angestrebten Interessentenkreises
b) Einschätzung der möglichen Verkaufspreise
c) Untersuchung von Teilmärkten im Zeitablauf
d) Auswertung der Werbemaßnahmen der Konkurrenz
e) Schaltung von Anzeigen zur Imagepflege
f) Umsatzvorgaben für die Außendienstmitarbeiter

Aufgabe 3: Diversifikation

Die Bergthaler Büromaschinen GmbH stellt aufgrund rückläufiger Umsatzentwicklung auch Überlegungen zur Diversifikation an. Mit welcher Maßnahme betreibt sie Diversifikation?

1. Aufnahme neuer Produkte in das Leistungsspektrum, um neue Märkte zu erschließen
    1. Einführung verbesserter Zahlungsbedingungen
    2. Herausnahme unwirtschaftlicher Produkte aus dem Angebot
    3. Preissenkung bei Angeboten an mittelständische Unternehmen
    4. Verbesserung der Distributionswege
    5. Verstärkte Verkaufsförderung durch Schulung der Mitarbeiter von Handelsunternehmen

Aufgabe 4: Marketing-Begriffe

Die Bergthaler Büromaschinen GmbH versucht sich durch gezielte Marketing-Maßnahmen erfolgreicher am Markt zu platzieren. Ordnen Sie die Marketing-Begriffe den betrieblichen Maßnahmen zu.

Betriebliche Maßnahmen	Marketing-Begriffe
1. Durchführung von Kundenbefragungen	a) Public Relations
1. Hausinterne Fortbildung und Schulung der Verkäufer	b) Marktanalyse
2. Kontaktaufnahme zu Behörden und zur Presse	c) Verkaufsförderung
3. Mitarbeitermotivation durch übertarifliche Lohnzahlungen	
4. Vergrößerung des Unternehmens durch einen Anbau	

Aufgabe 5: Marktforschung

Die Bergner Büroservice GmbH plant, als neue Kundengruppe verstärkt Bürodienstleistungen für Kleingewerbetreibende anzubieten. Da dies für das Unternehmen eine neue Zielgruppe ist, sollen in Erfahrung gebracht werden, welchen Bedarf diese Zielgruppe hat. Welche der folgenden Maßnahmen ist dazu am wenigsten geeignet?

1. Bei verschiedenen Institutionen Informationen über spezifische Probleme von Kleingewerbetreibenden einholen.
2. Kleingewerbetreibende einladen und mit ihnen über die geplanten Aktivitäten diskutieren.
3. Sich in Zeitschriften informieren, die diese Zielgruppe ansprechen.
4. Sich im Internet über die besonderen Probleme von Kleingewerbetreibenden informieren.
5. Allgemeine bundesweite Statistiken über Kleingewerbetreibende auswerten.

3.6   Lösungen zu den Übungsaufgaben

Lösung zu Aufgabe 1: Sekundärmaterial

Die *Branchenkennzahlen* stellen nicht selbst erhobenes Datenmaterial dar. Daher ist *Aussage 1* richtig. Bei Aussage 3 handelt es sich nicht um Marktforschung. Alle anderen Aussagen stellen Primärforschung (Primärmaterial) dar. Bei *Aussage 5* beachten Sie, dass die *Studie speziell in Auftrag gegeben* wurde. Eine von einem Marktforschungsinstitut ohne Auftrag erstellte allgemeine Studie stellt Sekundärmaterial dar.

Lösung zu Aufgabe 2: Marketing-Planung

a. 6. *Marktsegmentierung* ist Bildung von Zielgruppen.

b. 2. Die *Preise* werden prognostiziert.

c. 5. *Marktbeobachtung* ist zeitraumbezogen.

d. 1. *Marktanalyse* ist zeitpunktbezogen.

e. 3. Imagepflege ist *Öffentlichkeitsarbeit* (Public Relations), die Abgrenzung zu Werbung ist nicht immer eindeutig.

f. 4. Umsatzvorgaben dienen der *Verkaufsplanung*.

Lösung zu Aufgabe 3: Diversifikation

Diversifikation bedeutet: *neue Produkte auf neuen Märkten*. *Aussage 1* ist richtig. *Aussage 3* stellt eine *Sortimentsbereinigungsstrategie* dar. In *Aussage 4* können Sie die *Segmentierung* erkennen: mittelständische Unternehmen als Zielgruppe.

Lösung zu Aufgabe 4: Marketing-Begriffe

a. 3. Vorteilhafte *Presseberichte* über das Unternehmen verbessern das *Image*. Gute *Öffentlichkeitsarbeit* (Public Relations) fördert auch den Absatz der Produkte.

b. 1. Die *Marktanalyse* als Bestandteil der *Marktforschung* dient der Informationsbeschaffung, am effektivsten durch direkte *Kundenbefragung*.

c. 2. Unter *Verkaufsförderung* (Sales Promotion) sind alle Maßnahmen zu verstehen, die die direkte *Ansprache und Beratung des* (potentiellen) *Kunden* verbessern.

Lösung zu Aufgabe 5: Marktforschung

Die ersten vier Aussagen stellen *Primärforschung* dar und sind geeignet, Informationen über die neue Kundengruppe zu beschaffen. Aussage 5 ist *Sekundärforschung*, und am wenigsten geeignet, den Bedarf der Zielgruppe wiederzugeben.

Organisation und EDV

4

Prüfungsaufgaben zu den Themen Organisation und EDV betreffen organisatorische Grundbegriffe wie Organigramm, Stelle, Datenschutz, Datensicherheit, Bildschirmarbeitsplatz, Arbeitssicherheit und die richtige Gestaltung von Betriebsabläufen in der Unternehmenspraxis.

4.1 Aufbauorganisation

Unter *Organisation* versteht man das Festlegen von *allgemeinen Regeln*, um das Zusammenwirken von Personen und Sachmitteln *im Betriebsablauf* erfolgsorientiert zu gestalten. Dazu ist zunächst ein Grundgerüst, eine *Gliederung in Abteilungen* und das Festlegen von *Arbeitsinhalten* für einzelne *Stellen* (Arbeitsplätze) erforderlich. Die Mitarbeiter müssen zu ihren Arbeitsaufträgen passende *Kompetenzen* und *Verantwortlichkeiten* zugewiesen bekommen und es müssen die *Weisungsbefugnisse* geregelt werden, d. h. eine *Hierarchie* der Mitarbeiter. Folgende Begriffe zur Aufbauorganisation sollten Sie kennen (Tab. 4.1):

Musteraufgabe Einliniensystem

Die Betriebshierarchie der Bergthaler Büromaschinen GmbH ist nach dem Einliniensystem aufgebaut. Welche zwei der folgenden Merkmale treffen auf das Einliniensystem zu?

1. Alle Instanzen werden durch beratende Stellen entlastet.
2. Die Unterstellungsverhältnisse sind eindeutig geregelt.
3. Die Beziehungsstruktur ist kaum überschaubar.
4. Die jeweiligen Stelleninhaber besitzen ein hohes Maß an Entscheidungsfreiheit.

© Springer Fachmedien Wiesbaden 2015
M. Wünsche, *Wirtschafts- und Sozialkunde (IHK)*,
DOI 10.1007/978-3-658-06755-7_4

Tab. 4.1 Übersicht Begriffe zur Aufbauorganisation

Stelle	Kleinste organisatorische Einheit, charakterisiert durch *Aufgabe, Aufgabenträger* und *Sachmittel*; ortsbezogen = Arbeitsplatz
Instanz	Stelle mit *Leitungsbefugnis* (Weisungsbefugnis), vorgesetzte Stelle, z. B. Abteilungsleiter
Stabsstelle	Person, Gruppe oder Abteilung, die *einer Instanz zugeordnet* ist, Informationen beschafft und auswertet und damit der Instanz zur *Entscheidungsvorbereitung* dient, z. B. Controlling-Abteilung
Abteilung	*Mehrere* unter einer Instanz zusammengefasste *Stellen*, z. B. Marketing-Abteilung. Ferner gibt es: Arbeitsgruppen, Workshops, Ausschüsse, Teams, Konferenzen
Projekt	*Zeitlich begrenzte Zusammenarbeit* von Mitarbeitern mehrerer Abteilungen, z. B. Projektteam zur Einführung neuer Software
Organigramm	*Grafische Darstellung* der Struktur des Unternehmens, der Aufbauorganisation, beginnend mit der obersten Hierarchieebene
Einliniensystem	Jeder Mitarbeiter hat nur *einen direkten Vorgesetzten* (Einheit der Auftragserteilung). Führt zu starker Belastung der Instanzen
Mehrliniensystem	Mitarbeiter haben *mehrere direkte Vorgesetzte*, z. B. IT-Support. Koordination wird auf die Mitarbeiter verlagert, Instanz entlastet

5. Die Kompetenzen der Stellen sind genau abgegrenzt.
6. Sämtliche Entscheidungen werden von der obersten Instanz getroffen.

In einem *Einliniensystem* hat jeder Mitarbeiter nur *einen direkten Vorgesetzten*. Daher sind die *Unterstellungsverhältnisse* eindeutig geregelt, *Aussage 2* ist richtig. Und jede Stelle hat genau abgegrenzte *Kompetenzen, Aussage 5* ist richtig. In dieser Situation hat der einzelne Stelleninhaber nur soviel *Entscheidungsfreiheit,* wie ihm von seinem direkten Vorgesetzten gewährt wird, *Aussage 4* ist falsch. Die *Beziehungsstruktur* ist gut überschaubar, *Aussage 3* ist falsch. *Aussage 1* beschreibt ein *Stabliniensystem,* denn Stäbe haben beratende Funktion. *Aussage 6* stellt einen praktisch unmöglichen Fall dar.

Musteraufgabe Organigramm

In der nebenstehenden Abbildung sehen Sie
das Organigramm der Müller Heiztechnik
GmbH für die ersten drei Hierarchieebenen in
einer schematischen Darstellung. Welche der
folgenden Aussagen dazu ist nicht richtig.

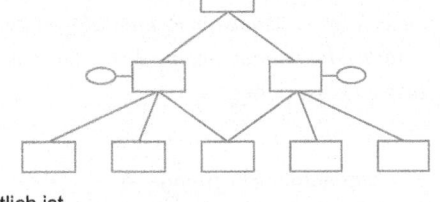

1. Das Organigramm stellt ein
    Mehrliniensystem dar, da es eine Stelle
    gibt, die zwei Instanzen gegenüber verantwortlich ist.

2. Das Organigramm stellt ein Stabliniensystem dar, da auf der zweiten
    Hierarchieebene die Instanzen mit Stäben ausgestattet sind, die sie bei der
    Entscheidungsfindung unterstützen.

3. Für vier der fünf Stellen auf der dritten Hierarchieebene gilt das Prinzip der Einheit
    der Auftragserteilung. Nur eine der fünf Stellen hat zwei Auftraggeber.

4. Aus dem Organigramm ist nicht zu erkennen, welches Führungskonzept in dem
    dargestellten Unternehmen angewandt wird, da es nur die Struktur des
    Unternehmens darstellt.

5. Bei dem dargestellten Organigramm handelt es sich um eine Matrix-Organisation, da
    jede Stelle zwei Instanzen hat, eine funktionsorientierte und eine objektorientierte.

Die *Aussagen 1 bis 4* beschreiben das dargestellte Organigramm *richtig*. Beachten Sie,
dass das Organigramm *nur bis zur dritten Hierarchieebene* dargestellt ist. Vorstellbar ist,
dass auf der zweiten Ebene eine *Regionalaufteilung* (z. B. Nord und Süd), und auf der
dritten Ebene eine *funktionale Aufteilung* (Beschaffung, Produktion, Absatz) vorliegt. Die
mittlere Abteilung mit zwei Verbindungen nach oben könnte die *Beschaffungs-Abteilung*
sein, die für beide Regionen zuständig ist.

Aussage 5 ist falsch. Bei der in der Praxis seltenen *Matrix-Organisation* hat jede Stelle
der dritten Hierarchieebene zwei vorgesetzte Stellen.

4.2   Ablauforganisation

Prüfungsaufgaben zur Ablauforganisation fordern *kein* theoretisches *Begriffswissen*, sondern ein *Verständnis für die praktischen Abläufe* in einem Betrieb.

Musteraufgabe Ablauforganisation

Welches der folgenden Ziele verfolgt die Ablauforganisation? Die Ablauforganisation ...
1. dient dazu, die einzelnen Stellen im Betrieb zu beschreiben.
2. dient dazu, die Produktivität des Unternehmens zu erhöhen.
3. legt die Betriebshierarchie und die Weisungsbeziehungen fest.
4. regelt die täglichen Arbeitszeiten und die zeitliche Verteilung der Urlaubstage.
5. organisiert die Weisungsbefugnisse der Vorgesetzten gegenüber ihren Mitarbeitern.

Die Ablauforganisation hat zum Ziel, alle *Arbeitsabläufe* im Unternehmen *effizient zu gestalten*: Die einzelnen Arbeitsschritte sollen in der bestmöglichen, d. h. *kostengünstigsten und erfolgswirksamsten Reihenfolge* angeordnet werden. Wichtig ist dabei das sogenannte *Schnittstellenmanagement*, d. h. die Zusammenarbeit der Mitarbeiter und Abteilungen. *Aussage 2* ist richtig.

Musteraufgabe Posteingang

Bei der Bergthaler Büromaschinen GmbH geht ein Brief mit der nebenstehenden Anschrift ein. Herr Feldt ist zurzeit in Urlaub. Wie ist mit dem Brief zu verfahren?

> Bergthaler Büromaschinen GmbH
> z. Hd. Herrn Ewald Feldt
> Talstraße 17

1. Der Brief muss mit einem Eingangsstempel versehen und ungeöffnet an die Geschäftsleitung weitergeleitet werden.
2. Der Brief ist mit einem Eingangsstempel zu versehen, ungeöffnet aufzuheben und nach Rückkehr von Herrn Feldt an diesen weiterzuleiten.
3. Der Brief muss ungeöffnet aufgehoben und nach Rückkehr von Herrn Feldt an diesen weitergeleitet werden.
4. Der Brief muss mit der Privatanschrift oder Urlaubsanschrift von Herrn Feldt versehen und sofort an ihn weitergeleitet werden.
5. Der Brief ist zu öffnen, mit einem Eingangsstempel zu versehen und an die zuständige Abteilung bzw. an den Vertreter von Herrn Feldt weiterzuleiten.

Richtig ist *Aussage 5*. Die Regel ist, dass alle Briefe, die als erste Zeile in der Anschrift den *Firmennamen* haben, sofort zu *öffnen* und mit einem *Eingangsstempel* zu versehen sind.
Lautet die *Anschrift* aber z. B. *wie nebenstehend*, so ist der Brief grundsätzlich ungeöffnet an Herrn Feldt weiterzuleiten, weil es sich um einen *privaten Brief* handelt.

> Herrn Ewald Feldt
> i. H. Bergthaler Büromaschinen GmbH
> Talstraße 17
> 12345 Bergthal

Musteraufgabe Vordrucke

Im Verwaltungsbereich der Bergthaler Büromaschinen GmbH werden vielfach Vordrucke eingesetzt, um Arbeitsabläufe zu vereinfachen. Welche der im Folgenden genannten Eigenschaften von Vordrucken ist nicht zutreffend?

1. Berichte werden durch Vordrucke klarer strukturiert und damit leichter zu lesen.
2. Durch Verwendung von Vordrucken wird die elektronische Datenerfassung erleichtert.
3. Vordrucke enthalten vorgefertigte Formulierungen, so dass Schreibarbeit gespart wird.
4. Vordrucke können in Ausnahmefällen leicht angepasst werden.
5. Vordrucken helfen, alle notwendigen Daten zu erfassen und vermeiden so Rückfragen.

Die Verwendung von Vordrucken oder Formularen *erhöht die Effizienz* von *standardisierten Arbeitsabläufen* und damit tragen Vordrucke zur *Verbesserung der Ablauforganisa-*

tion bei. Nur in *Ausnahmefällen* stößt die Verwendung von Vordrucken an ihre Grenzen. *Aussage 4* war hier die nicht zutreffende Eigenschaft. Im *Zeitalter der EDV* werden die Papiervordrucke mehr und mehr durch *Online-Formulare, Dokumentvorlagen* in der Textverarbeitung und *Eingabemasken* bei Datenbankprogrammen ersetzt.

Musteraufgabe Verbesserung von Arbeitsabläufen

In der Bergthaler Büromaschinen GmbH sollen die Arbeitsabläufe einer eingehenden Überprüfung unterzogen werden, um Verbesserungspotentiale aufzudecken. Bringen Sie die folgenden Schritte zur Verbesserung von Arbeitsabläufen in die richtige Reihenfolge.

Auswertung und kritische Analyse der Ist-Situation	
Erarbeitung einer Sollkonzeption mit Zielen und notwendigen Maßnahmen	
Erfassung der Ist-Situation	
Kontrolle, ob die Neugestaltung zu der angestrebten Verbesserung geführt hat	
Umsetzung der Sollkonzeption	

Lösung: *2, 3, 1, 5, 4.* Die folgende *Übersicht* stellt das Ablaufschema zur Verbesserung von Arbeitsabläufen (Geschäftsprozessen) systematisch dar (Tab. 4.2).

Organisatorisch wird die Verbesserung von Arbeitsabläufen oft als *Projekt* durchgeführt. Im *Projektteam* müssen dazu Mitarbeiter aus allen betroffenen Bereichen sein, damit alle für das Projekt erforderlichen Informationen verfügbar sind und sich bei den betroffenen Mitarbeitern kein *Widerstand* aufgrund der Einführung einer Neuerung „von oben" bildet.

Tab. 4.2 Übersicht Verbesserung von Arbeitsabläufen

Ist-Analyse	*Zerlegung* des Ablaufs in einzelne Schritte und *Analyse* der Schritte und der Schnittstellen zwischen ihnen, um die *Probleme* (Zeit- und Informationsverluste) *aufzuspüren*
Soll-Konzeption	Festlegung von *Zielen* zur Verbesserung des Ablaufs *Grobplanung* des verbesserten Arbeitsablaufs
Durchführungsplanung	*Feinplanung* des verbesserten Arbeitsablaufs und der Umsetzung in die Praxis
Durchführung	*Umsetzung* des verbesserten Arbeitsablaufs in die Praxis, *Schulung* der Mitarbeiter am neuen Ablauf
Ergebnis	*Kontrolle*: Wurden die angestrebten Verbesserungen erreicht? Evtl. neuen Verbesserungsprozess starten

4.3   Datenschutz und Datensicherheit

Unterscheiden Sie zwischen Datenschutz und Datensicherheit. *Datenschutz* ist der Schutz von Daten gegen *missbräuchliche Verwendung*. *Datensicherheit* ist der Schutz von Daten vor *Verlust*.

Der *Datenschutz* ist gesetzlich geregelt im *Bundesdatenschutzgesetz* (BDSG). Die beiden wichtigsten Regelungen sind, dass ein *Kunde*, dessen Daten gespeichert werden, darüber *informiert werden muss*, und dass Unternehmen einen betrieblichen *Datenschutzbeauftragten* ernennen müssen. Die *Anlage zu § 9 BDSG* enthält eine Liste von *Kontrollen*, die dem Datenschutz dienen: Zugangskontrolle, Zugriffskontrolle, Übermittlungskontrolle, etc.

Datensicherheit wird zum einen durch *Mehrfachspeicherung von Daten* erreicht, z. B. über *Backup-Software*, die von wichtigen Daten Sicherungskopien auf anderen Datenträgern (z. B. Bandlaufwerken) erstellt, oder durch *Spiegelung von Festplatten*, d. h. auf mehreren Festplatten werden die Daten so gespeichert, dass bei Ausfall einer Festplatte die Daten zu retten sind. *Hardware-Defekte* können zu Datenverlust führen, aber auch das *versehentliche Überschreiben* einer Datei. Dazu gibt es die Möglichkeit, in den Eigenschaften der Datei den *Schreibschutz* einzuschalten. Bei bestimmten USB-Sticks kann ein Schieberegler vor dem Überschreiben schützen, die Sicherung der Dateien auf CD-ROM oder DVD (je nach Umfang) ist eine weitere Möglichkeit, jedoch sollte überprüft werden, ob beim Brennen kein Schreibfehler aufgetreten ist (burn proof). Bei der Datensicherung in der Cloud muss sichergestellt sein, dass der Anbieter vertrauenswürdig und wirtschaftlich stabil ist sowie eine Verschlüsselung bereitstellt.

Eine weitere Möglichkeit in Unternehmensnetzwerken stellen streng definierte *Benutzerrechte* dar. Dazu wird anhand der Stellenbeschreibung des Mitarbeiters festgelegt, welche Software er benutzen darf und auf welche Dateien er „Nur-Lesen"-Zugriff oder „Lesen-und-Schreiben"-Zugriff erhält. Schließlich lassen sich wichtige Daten auch bei Internet Providern hinterlegen, dabei muss jedoch der Datenschutz sichergestellt sein.

Eine weitere Gefahr für die Datensicherheit sind *Viren* (Malware) aus dem Internet, die Software und Daten zerstören können. Unter *kaufmännischen Gesichtspunkten* kann ein Datenverlust *sehr hohe Kosten* verursachen, z. B. wenn durch einen Virus die komplette Kundendatenbank zerstört wird und keine Sicherungskopie verfügbar ist.

Die folgende *Musteraufgabe* enthält *alle wichtigen Informationen* zu den Themen Datenschutz und Datensicherheit.

Musteraufgabe Datenschutz und Datensicherheit

Nach den Vorschriften des Bundesdatenschutzgesetzes hat auch die Bergthaler Büromaschinen GmbH einen betrieblichen Datenschutzbeauftragten bestellt.

a. Welche der folgenden Aussagen zum Datenschutzbeauftragen ist nicht richtig?

  1. In Unternehmen, in denen fünf Mitarbeiter oder mehr mit der Verarbeitung personenbezogener Daten beschäftigt sind, ist ein Datenschutzbeauftragter zu ernennen.

2. Besteht der Geschäftszweck des Unternehmens in der Verarbeitung und Übermittlung personenbezogenen Daten, so ist unabhängig von der Mitarbeiterzahl
ein Datenschutzbeauftragter zu ernennen.

3. Der Datenschutzbeauftragte wirkt auf die Einhaltung der Datenschutzbestim-
mungen hin. Er hat dabei allen Mitarbeitern gegenüber Weisungsrecht.

4. Der Datenschutzbeauftragte ist in seinem Gebiet weisungsfrei und unabhängig
von Vorgesetzten. Er darf wegen Erfüllung seiner Aufgaben nicht benachteiligt
werden.

5. Zum Datenschutzbeauftragten darf nur bestellt werden, wer die notwendige
Fachkunde und Zuverlässigkeit besitzt. Der Datenschutzbeauftragte ist schriftlich zu bestellen.

b. Welche Aufgabe gehört nicht in die Zuständigkeit des Datenschutzbeauftragten?

1. Er hat zu überwachen, dass die betriebliche Organisation an die Anforderungen
des Datenschutzgesetzes angepasst wird.

2. Er hat zu kontrollieren, dass Datenträger nicht von Unbefugten gelesen, verändert oder entfernt werden können.

3. Er hat sicherzustellen, dass Daten nicht unbefugt gespeichert werden.

4. Er hat die Zugriffsberechtigung auf gespeicherte Daten zu überwachen.

5. Er hat zu gewährleisten, dass die Daten regelmäßig auf externen Speichermedien
gesichert werden.

c. Der Datenschutzbeauftragte der Bergthaler Büromaschinen GmbH hat in einem
Rundschreiben an alle Mitarbeiter an PC-Arbeitsplätzen die folgenden Regeln aufgestellt. Welche zwei der folgenden Regeln dienen dem Datenschutz?

1. Erstellen Sie von wichtigen Daten jeden Tag eine Sicherungskopie auf dem Server. Nutzen Sie dazu ausschließlich den Ihnen zugewiesenen Pfad.

2. Notieren Sie nie Ihr Passwort und geben Sie es nie telefonisch, schriftlich, mündlich oder per E-Mail weiter, damit Unbefugte sich keinen Zugriff verschaffen
können.

3. Bewahren Sie alle Daten so lange auf Ihrem Rechner auf, bis sichergestellt ist,
dass veränderte Daten fehlerfrei sind oder dass die Daten nicht mehr benötigt
werden.

4. Installieren Sie keine mitgebrachte Software auf Ihrem PC. Die Verwendung privater USB-Sticks ist verboten, da sie Viren enthalten könnten.

5. Verständigen Sie bei ungewöhnlichen Ereignissen, z. B. ungewöhnlichem Verhalten von Programmen sofort den Administrator. Es könnte ein Virus auf Ihrem
Rechner sein.

6. Ändern Sie regelmäßig Ihr Passwort. Verwenden Sie dabei Kombinationen aus
Buchstaben und Zahlen, die nur für Sie persönlich nachvollziehbar sind.

d. Bei welchem Vorgang besteht bei der Verarbeitung personenbezogener Daten eine
Benachrichtigungspflicht gegenüber den betroffenen Personen durch die Bergthaler
Büromaschinen GmbH?

1. Daten sind fehlerhaft gespeichert worden.

2. Daten sollen erstmalig gespeichert werden.

3. Die Daten sind unzulässig gespeichert worden.
4. Nicht mehr benötigte Daten sollen gelöscht werden.
5. Die Richtigkeit der gespeicherten Daten wird bestritten.

a. Personenbezogene Daten sind z. B. *Arbeitnehmerdaten* in der Personalabteilung, *Kunden- und Interessentendaten*. Das Datenschutzgesetz versucht, die *missbräuchliche Verwendung* solcher Daten zu *verhindern*. Der betriebliche Datenschutzbeauftragte soll *direkt der Geschäftsleitung unterstellt* werden, er hat aber *keine Weisungsbefugnis* gegenüber den Mitarbeitern. *Aussage 3 ist falsch*. Oft wird in Unternehmen eine externe Person zum Datenschutzbeauftragten bestellt, insbesondere, wenn kein Mitarbeiter die erforderliche fachliche Qualifikation hat.

b. Die *Aussagen 1 bis 4* stellen Aufgaben des *Datenschutzes* dar. *Aussage 5* betrifft die *Datensicherheit*, d. h. den *Schutz vor Datenverlust*. Dies fällt nicht in die Zuständigkeit des Datenschutzbeauftragten, er ist für den *Missbrauchsschutz* zuständig.

c. Datenschutz erfordert, dass *kein Unbefugter* sich *Zugang* zu personenbezogenen Daten verschaffen kann. *Aussage 2 und Aussage 6* enthalten Regeln zum Umgang mit *Passwörtern* und dienen daher dem *Datenschutz*. Alle anderen genannten Regeln dienen der *Datensicherheit*. Zwar ist davon auszugehen, dass bei einem Unternehmen mit mehreren vernetzten Rechnern die *Internet-Verbindung* über einen zentralen *Server* mit *Firewall* und *Virenschutz* geleitet wird, aber trotzdem besteht gerade durch *mitgebrachte Software* die Gefahr einer *Vireninfektion*. Auf *USB-Sticks* können komplette, unabhängig lauffähige Betriebssysteme installiert sein, die von den Sicherheits-Einrichtungen des Netzwerks nicht bemerkt werden.

In *E-Mail-Anhängen* können Viren versteckt sein, insbesondere bei Office-Dateien. Im Internet lauern Websites, die unbemerkt kostenpflichtige Programme auf Ihrem Rechner installieren (*Dialer*) oder sensible Daten, wie z. B. Kreditkarteninformationen ausspionieren (*Spyware, Phishing*). Wichtig ist daher, dass *Schutzprogramme* (Anti-Viren-Software, Dialer-Schutz, Anti-Spyware) installiert und aktuell gehalten werden. *Viren* können Daten auf Ihrem Rechner zerstören; sich gegen sie zu schützen, ist dem Thema *Datensicherheit* zuzuordnen. Sich gegen *Spionage-Programme* zu schützen betrifft hingegen den *Datenschutz*.

d. *Aussage 2* ist richtig. Oft findet man auf *Vertragsformularen* den Hinweis dazu oder es wird sogar das Einverständnis abgefragt. Bemerkt ein Kunde, dass über ihn gespeicherte *Daten fehlerhaft* sind, hat er Anspruch auf *Berichtigung* der Daten. Bis zur Klärung müssen die Daten *gesperrt*, dürfen nicht weiter verwendet werden.

4.4   Arbeitssicherheit

Prüfungsaufgaben zum Thema Arbeitssicherheit beziehen sich auf die *gesetzlichen Vorschriften* zur Arbeitssicherheit, auf das richtige *Verhalten in Unfallsituationen* und auf die Kenntnis von *Sicherheits- und Gesundheitsschutzzeichen*.

Musteraufgabe Arbeitsschutzmaßnahmen

Welche drei der folgenden Maßnahmen schreiben das Arbeitsschutzgesetz, die Arbeitsstättenverordnung bzw. die Unfallverhütungsvorschriften für die Büroarbeit vor?
1. Vorschriften über das Aufstellen von Grünpflanzen im Büro
2. Maßnahmen zum Schutz von Nichtrauchern im Pausenraum
3. Anbringen eines Feuerlöschers im Gebäude in vertretbarer Entfernung
4. Benennung von Beschäftigten, die die Aufgabe der ersten Hilfe übernehmen
5. Maßnahmen zur Verminderung von Belästigungen der Nichtraucher am Arbeitsplatz
6. Beteiligung der Mitarbeiter bei der Entscheidung über die Einrichtung ihres Arbeitsplatzes

Die Erreichbarkeit eines *Feuerlöschers* im Brandfall (*Aussage 3*) und die Benennung
eines *Mitarbeiters*, der zuständig *für die Erste Hilfe* ist (*Aussage 4*) sind eindeutig als
richtig zu erkennen. Vorschriften über *Grünpflanzen* (Aussage 1) oder die sonstige *Gestaltung des Arbeitsplatzes* (Aussage 6) haben mit Arbeitssicherheit weniger zu tun. Da an den
Arbeitsplätzen i. d. R nicht mehr geraucht wird (Aussage 5), bleibt als dritte Möglichkeit
nur *Aussage 2* übrig: Der *Schutz von Nichtrauchern* ist in der *Arbeitsstättenverordnung*
geregelt.

Musteraufgabe Erste Hilfe

Bei der unsachgemäßen Bedienung Verbrennungen zugezogen. Welche Maßnahme der
Ersten Hilfe ist angebracht?
1. Sie tragen Wundpuder auf die verbrannte Stelle auf.
2. Sie spülen die verbrannte Stelle lokal mit Kaltwasser.
3. Sie tragen eine Alkohollösung auf die verbannte Stelle auf.
4. Sie tragen eine Hautpflegecreme auf die verbrannte Stelle auf.
5. Sie besprühen die verbrannte Stelle mit einem Desinfektionsspray.

Der *gesunde Menschenverstand* und vielleicht auch Ihre eigene Erfahrung sagen Ihnen,
dass *Aussage 2* die richtige Lösung ist. *Aufgaben zur Ersten Hilfe* orientieren sich an im
Alltag möglichen Gegebenheiten, ohne dass von Ihnen eine Rettungssanitäterausbildung
erwartet wird.

Musteraufgabe Sicherheitszeichen

In der Berufsgenossenschaftlichen Vorschrift „Sicherheits- und Gesundheitsschutz-
kennzeichnung am Arbeitsplatz" (BGV A8) sind verschiedene Sicherheitszeichen festgelegt. Ordnen Sie die Art des Zeichens der Beschreibung zu.

| 1. Brandschutz-
zeichen | 2. Gebots-
zeichen | 3. Rettungs-
zeichen | 4. Verbots-
zeichen | 5. Warn-
zeichen |

a. Roter Kreis auf weißem Grund mit rotem Diagonalbalken. Im Kreis wird in schwarzer Farbe die Aussage symbolisch dargestellt, z. B. eine brennende Zigarette.

b. Rotes Quadrat mit symbolischer Darstellung des zur Verfügung stehenden Gerätes, z. B. einer Leiter, oder Richtungsangaben, in weißer Farbe.

c. Gelb unterlegtes Dreieck mit schwarzem Rand. Die Spitze des Dreiecks zeigt nach oben. Symbolische Darstellung der Information, z. B. eine Flamme, in schwarzer Farbe.

d. Grünes Quadrat mit symbolischer Darstellung der zur Verfügung stehenden Einrichtung, z. B. einer Tür, oder Richtungsangaben, in weißer Farbe.

e. Blauer Kreis mit symbolischer Darstellung der Information in weißer Farbe, z. B. Helm.

Prüfungsaufgaben zu Sicherheitszeichen sind häufig mit der *Abbildung* verschiedener *Zeichen* verbunden, die richtig zugeordnet werden müssen. Schauen Sie sich in Ihrem Umfeld Sicherheitszeichen an und ordnen Sie sie zu.

a. 4. *Verbotszeichen.* Eine *brennende Zigarette* mit einem diagonalen roten Balken zeigt ein *Rauchverbot* an. Weitere typische Verbotszeichen sind: Mobilfunk (Handy) verboten, Schalten verboten, Zutritt verboten, offenes Feuer verboten, etc.

b. 1. *Brandschutzzeichen.* Ein weißer Pfeil auf rotem Quadrat zeigt die Richtung an, in der *Brandbekämpfungsmittel*, z. B. Feuerlöscher, Löschdecken, ein Löschschlauch oder auch eine Leiter zu finden sind.

c. 5. *Warnzeichen.* Auf DVD-Brennern finden Sie eine Warnung vor *Laserstrahlen*, andere Zeichen warnen vor feuergefährlichen, giftigen, ätzenden, radioaktiven oder explosiven Stoffen, vor elektrischem Strom, elektromagnetischen Feldern oder Kälte.

d. 3. *Rettungszeichen.* Ein weißer Pfeil auf grünem Rechteck weist auf einen *Rettungsweg* hin. Beliebt in Prüfungsaufgaben ist das Zeichen für *Sammelstelle*. Ein weißes Rechteck weist auf einen *Notausgang* hin, ein weißes Kreuz auf *Erste Hilfe*.

e. 2. *Gebotszeichen.* Schutzkleidung, Gehörschutz, Schutzbrille, Schutzhelm, Schutzhandschuhe, etc. werden weiß auf blauem Kreis angezeigt. Wer Gebote nicht befolgt, handelt auf *eigenes Risiko*.

4.5   Bildschirmarbeitsplatz

Die *Berufsgenossenschaften* haben zudem *Sicherheitsregeln für Bildschirmarbeitsplätze* aufgestellt, um ein *ergonomisches Arbeiten* an PCs zu gewährleisten.

Musteraufgabe Bildschirmarbeitsplatz

Welche vier der folgenden Aussagen entsprechen den Vorschriften bzw. Richtlinien für einen ergonomisch gestalteten Bildschirmarbeitsplatz?

1. Ein Arbeitstisch muss eine abgerundete Vorderkante und ausreichend Fläche haben.
2. Ein Arbeitstisch muss mindestens 110 cm tief und 74 cm hoch sein.

3. Reflexe auf dem Bildschirm sind zu vermeiden.

4. Ein Drehstuhl muss ein Untergestell mit vier Rollen haben.

5. Ein Drehstuhl muss eine gepolsterte und verstellbare Rückenlehne mit Unterstützung im Lendenwirbelbereich haben.

6. Ein Drehstuhl muss im Sitzen erreichbare Bedienelemente haben.

7. Der Monitor muss möglichst unverstellbar sein.

8. Zwischen Zeichendarstellung und Hintergrund darf nur ein geringer Kontrast auf
   dem Bildschirm eingestellt sein.

Ergonomisch bedeutet an den Menschen und sein Arbeitsverhalten angepasst. Die *Aussagen 1, 3, 5 und 6* sind richtig. Wichtig ist z. B., dass der Bildschirm so steht, dass keine
Lichtreflexe von Tageslicht oder Lampen das Arbeiten behindern. Auch der früher übliche
Drehstuhl mit vier Rollen wurde angesichts der erhöhten Kippgefahr untersagt. Er muss
fünf Rollen haben, den *Rücken unterstützen* und die *Bedienhebel* müssen im Sitzen gut
erreichbar sein, um den Stuhl höher oder niedriger zu stellen. Der *Bildschirm* muss in der
Position veränderbar sein, um optimales Arbeiten zu ermöglichen. Der *Kontrast* ist am
Bildschirm selbst über das *On Screen Display* (OSD) einstellbar. Ziel dieser Regelungen
ist, dass das Arbeiten am Bildschirm entspannt möglich ist und nicht zu *gesundheitlichen
Schäden* führt.

Weitere Prüfungsaufgaben zum Thema Bildschirmarbeitsplatz können auch die Einrichtung und *Ausstattung* eines Bildschirmarbeitsplatzes *mit Hardware und Software* und
die *Anbindung ans Internet* betreffen. Sie richten sich auf Grundlagenwissen zu *Hardware
und Software*, insbesondere *Office-Programme*.

Musteraufgabe Hardware und Software

Die Außendienstmitarbeiter der Bergthaler Büromaschinen GmbH benötigen für ihre
Arbeit verschiedene Hardware und Software. Ordnen Sie geeignete Hardware bzw.
Software den vier angegebenen Sachverhalten sinnvoll zu.

Hardware und Software	Sachverhalte
1. Modem	a) Ein Außendienstmitarbeiter benötigt bei einem Kunden dringend Unterlagen mit Zeichnungen aus der Zentrale.
2. Beamer	
3. Faxgerät	
4. Flip-Chart	b) Die Auswertung der Umsatzentwicklung soll direkt vom PC aus an die Wand projiziert werden.
5. Kopiergerät	
6. Textverarbeitung	c) Die Provisionsabrechnungen der Außendienstmitarbeiter müssen erstellt und statistisch erfasst werden.
7. Overheadprojektor	
8. Tabellenkalkulation	d) Ein mit Notebook ausgestatteter Außendienstmitarbeiter möchte Kundendaten per E-mail an die Zentrale senden.

a. 3. *Faxgerät.* Es ist davon auszugehen, dass die Zeichnungen in DIN A4 vorliegen.

b. 2. *Beamer.* Es gibt auch Aufsätze für Overheadprojektoren. Die Präsentation selbst kann mit einer *Präsentationssoftware* vorgenommen werden.

c. 8. *Tabellenkalkulation.* Diese eignet sich auch, um *Angebote* zu *vergleichen.* Grafische Darstellungen der Umsatz- oder Provisionsentwicklung können ebenfalls in der Tabellenkalkulation erzeugt werden. Sollen *zwei Werte im Zeitablauf* dargestellt werden, empfiehlt sich das *Säulendiagramm.* Verschiedene Anteile an einem Ganzen werden mit dem *Kreis- oder Kuchendiagramm* dargestellt.

d. 1. *Modem.* Es ist davon auszugehen, dass das Notebook nicht bereits mit einem Modem ausgestattet ist. Da Sie eine Zuordnung vornehmen müssen, ist das Modem hier die einzige Möglichkeit.

4.6   Übungsaufgaben

Aufgabe 1: Begriffe Aufbauorganisation

Ordnen Sie die nachfolgenden Begriffe der Aufbauorganisation den Definitionen zu.

Begriffe

1. Arbeitsplatz
    1. Funktionalorganisation
    2. Vertretungsregelungen
    3. Stelle
    4. Dienstweg
    5. Stab
    6. Instanz

Definitionen

a) Kleinste Organisationseinheit der Aufbauorganisation
b) Kleinste organisatorische Einheit, bezogen auf den Ort
c) Verbindungslinie zwischen vorgesetzter und nachgeordneter Stelle
d) Stelle mit rein beratender Funktion
e) Bestandteil einer Stellenbeschreibung
f) Abteilungsgliederung nach der Art der Tätigkeit
g) Stelle mit Weisungsbefugnis

Aufgabe 2: Einführung EDV-Lösung

Ein in der Bergthaler Büromaschinen GmbH bisher mittels Vordrucken durchgeführter Arbeitsablauf soll auf EDV umgestellt werden. Welcher Arbeitsschritt muss als erster erfolgen?

1. 1. Die Software wird auf die Rechner aufgespielt.
2. 2. Es ist ein Sollkonzept zu entwickeln und zu dokumentieren.
3. 3. Es sind Angebote über die erforderliche Hardware einzuholen.
4. 4. Alle anfallenden Daten und Arbeitsabläufe müssen erfasst und analysiert werden.
5. 5. Der Arbeitsablauf ist mit Hilfe einer Programmiersprache in ein Programm umzuwandeln.

Aufgabe 3: Verteilung Zeitschrift

Ihr Unternehmen erhält ein Exemplar einer Fachzeitschrift, die mehreren Abteilungen zur Verfügung stehen soll. Wie organisieren Sie die Verteilung dieser Zeitschrift effizient?
1. Sie archivieren die Fachzeitschrift.
   1. Sie gestalten einen Vordruck für den Umlauf der Zeitschrift.
   2. Sie leiten die Zeitschrift persönlich an alle Interessierten weiter.
   3. Sie bestellen im nächsten Monat mehrere Exemplare der Fachzeitschrift.
   4. Sie schneiden die wichtigsten Informationen für die jeweilige Abteilung aus.

Aufgabe 4: Organisationsmittel

Für eine neue Werbekampagne muss der Vertriebsleiter der Bergthaler Büromaschinen GmbH verschiedene Maßnahmen in der zeitlich richtigen Reihenfolge und zu bestimmten Terminen veranlassen. Welche Organisationsmittel helfen ihm dabei?
1. Wiedervorlagemappe, Arbeitsplatzbeschreibung, Terminkalender
   1. Arbeitsanweisung, Arbeitsplatzbeschreibung, Terminkartei
   2. Ablageplan, Organigramm, Wiedervorlagemappe
   3. Unterschriftsmappe, Termindatei, Stellenbeschreibung
   4. Terminplaner, tägliche Prioritätenliste, Wochenarbeitsplan

Aufgabe 5: Ablauf Handwerkerrechnung

Im Verwaltungsgebäude der Bergthaler Büromaschinen GmbH ist die Heizungsanlage gewartet worden. Bringen Sie die Arbeitsschritte bei der Prüfung der Rechnung in die richtige Reihenfolge.

Den Brutto-Rechnungsbetrag prüfen	
Den vereinbarten Pauschalpreis für die Arbeitsleistung mit der Rechnung vergleichen	
Die auf der Arbeitskarte angegebenen Ersatzteile mit der Rechnung vergleichen	
Die rechnerische Richtigkeit bestätigen	
Die Stückzahl der Ersatzteile mit den Einzelpreisen multiplizieren	
Die Umsatzsteuer prüfen	
Von der Summe der Ersatzteilpreise den vereinbarten Rabatt abziehen	

Aufgabe 6: Rechte nach dem BDSG

Welches Recht genießen Sie im Rahmen des Bundesdatenschutzgesetzes, wenn über Sie personenbezogene Daten automatisch verarbeitet werden?

1. Recht auf Eigennutzung, wenn Sie die Daten selbst vermarkten können
   1. Recht auf Herausgabe, wenn die Daten ohne Ihre Einwilligung gespeichert wurden
   2. Recht auf Sperrung, wenn die Richtigkeit der Daten zweifelhaft ist
   3. Recht auf Veröffentlichung, wenn ein öffentliches Interesse an den Daten besteht
   4. Recht auf Vergütung, wenn die Daten zu Gewinnerzielungszwecken gespeichert wurden

Aufgabe 7: Passwortschutz

Sensible Dialogsysteme werden i. d. R nach drei fehlgeschlagenen Identifikationsversuchen für die weitere Benutzung gesperrt. Welche der folgenden Aussagen gibt den Grund dafür an?
1. Weitere Identifikationsversuche erhöhen die Betriebskosten des Systems.
2. Passwort und Benutzername müssen vom Administrator auf Fehler geprüft werden.
3. Durch spezielle Hacker-Software kann das Passwort systematisch ermittelt werden.
4. Weitere Versuche würden das Antwortzeitverhalten des Dialogsystems überlasten.
5. Der Benutzer soll gezwungen werden, sich Namen und Passwort besser zu merken.

Aufgabe 8: Arbeitssicherheitsvorschriften

Welche Stelle hat den gesetzlichen Auftrag, die Einhaltung der Arbeitssicherheitsvorschriften (Unfallverhütung) in den Betrieben zu überwachen?
1. Die zuständige Ortspolizei
   1. Die AOK (Allgemeine Ortskrankenkasse)
   2. Die IHK (Industrie- und Handelskammer)
   3. Der TÜV (Technischer Überwachungsverein)
   4. Das Amt für Arbeitsschutz und Sicherheitstechnik (Gewerbeaufsichtsamt)

Aufgabe 9: Stromunfall

Ein Mitarbeiter hat einen Stromunfall erlitten. Welche der folgenden Maßnahmen muss als erste ergriffen werden?
1. Verletzung feststellen
2. Spannung abschalten
3. Arzt oder Rettungsdienst rufen
4. Verunglückten in die stabile Seitenlage bringen
5. Verunglückten aus dem Gefahrenbereich bringen

Aufgabe 10: Sicherheitszeichen

In der Berufsgenossenschaftlichen Vorschrift „Sicherheits- und Gesundheitsschutz-kennzeichnung am Arbeitsplatz" (BGV A8) sind verschiedene Sicherheitszeichen fest-gelegt. Ordnen Sie die Art des Zeichens der Beschreibung zu.

| 1. Rettungs-weg | 1. Lösch-schlauch | 2. Mobilfunk verboten | 3. Absturz-gefahr | 4. Gehörschutz benutzen |

a)   b)   c)   d)   e)

 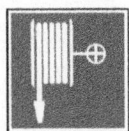 

Aufgabe 11: Löschmittel

Zur Erhöhung der Arbeitssicherheit wird bei der Bergthaler Büromaschinen GmbH regelmäßig eine Schulung der Mitarbeiter über Löschmittel durchgeführt.

a. Welche zwei der folgenden Löschmittel sind bei brennender Kleidung geeignet?

b. Welche zwei der folgenden Löschmittel dürfen nicht verwendet werden, wenn flüssige Stoffe (z. B. Öl) in Brand geraten sind?

1. Glutbrandpulver
2. Halon
3. Löschdecke
4. Sand
5. Schaum
6. Wasser

Aufgabe 12: Bildschirmarbeitsplatz

Für die Einrichtung eines neuen Bildschirmarbeitsplatzes sollen Sie mehrere Angebote einholen und auswerten. Welche Software ist für den Angebotsvergleich besonders geeignet?

1. Ein Statistikprogramm
2. Ein Datenbankprogramm
3. Ein Präsentationsprogramm
4. Ein Finanzbuchhaltungsprogramm
5. Ein Tabellenkalkulationsprogramm

4.7   Lösungen zu den Übungsaufgaben

Lösung zu Aufgabe 1: Begriffe Aufbauorganisation

a. 4. Stelle
b. 1. Arbeitsplatz
c. 5. Dienstweg
d. 6. Stab
e. 3. Vertretungsregelung
f. 2. Funktionalorganisation
g. 7. Instanz

Lösung zu Aufgabe 2: Einführung EDV-Lösung

Aussage 4 enthält den ersten Schritt. Am Anfang jeder Veränderung steht die *Erfassung und Analyse* der einzelnen Arbeitsschritte, daraufhin kann das *Sollkonzept* entwickelt und umgesetzt werden. Zur *Einführung* gehört die Mitarbeiterschulung.

Lösung zu Aufgabe 3: Verteilung Zeitschrift

Aussage 2 ist richtig. Durch den *Umlaufvordruck* wird das Ziel, dass jeder Mitarbeiter die Informationen erhält, schnell und kostengünstig erreicht.

Lösung zu Aufgabe 4: Organisationsmittel

Die Aufzählung in *Zeile 5* enthält ausschließlich Organisationsmittel für die *zeitliche Planung des Arbeitsablaufs*. Machen Sie sich die Bedeutung und Verwendung der anderen genannten Organisationsmittel klar.

Lösung zu Aufgabe 5: Ablauf Handwerkerrechnung

6, 1, 2, 7, 3, 5, 4.
Hier empfiehlt es sich, *mit dem letzten Schritt*, der Bestätigung der rechnerischen Richtigkeit zu *beginnen* und dann die Rechnung gedanklich von unten nach oben durchzugehen.

Lösung zu Aufgabe 6: Rechte nach dem BDSG

Aussage 3 ist richtig. Und Sie haben das Recht auf Berichtigung der Daten.

Lösung zu Aufgabe 7: Passwortschutz

Aussage 3 ist zutreffend. Da ein *Passwort* aus der Kombination von Buchstaben und Zahlen besteht, gibt es Software-Routinen, die *alle Kombinationen durchlaufen*.

Lösung zu Aufgabe 8: Arbeitssicherheitsvorschriften

Das *Gewerbeaufsichtsamt* oder auch *Amt für Arbeitsschutz* hat die Aufsicht und führt auch Kontrollen durch. *Aussage 5* ist richtig.

Lösung zu Aufgabe 9: Stromunfall

Bei dieser sehr kurzen Aufgabenstellung ist davon auszugehen, dass der verunglückte Mitarbeiter immer noch mit der Spannung in Verbindung steht. Daher ist *Aussage 2, Spannung abschalten*, der erste notwendige Schritt. *Sicherheit geht stets vor.*

Lösung zu Aufgabe 10: Sicherheitszeichen

a. 5. Gebotszeichen
b. 1. Rettungszeichen
c. 4. Warnzeichen
d. 2. Brandschutzzeichen
e. 3. Verbotszeichen

Lösung zu Aufgabe 11: Löschmittel

a. *3 und 6.* Hier ist davon auszugehen, dass in der Kleidung noch eine Person steckt.
b. *4 und 6.* Sand sickert durch und Wasser führt zu Stichflammen.

Lösung zu Aufgabe 12: Bildschirmarbeitsplatz

Aussage 5 ist richtig. In einem *Tabellenkalkulationsprogramm* können Sie die Merkmale der angebotenen Hardware und Software und die Lieferungs- und Zahlungsbedingungen gut auflisten und vergleichen.

Rechnungswesen

Unter dem *Thema Rechnungswesen* lassen sich Prüfungsaufgaben zu *Bilanzierung, Kostenrechnung, Controlling* und *Finanzierung* zusammenfassen. In der Wirtschafts- und Sozialkundeprüfung wird dazu gelegentlich *Grundlagenwissen* gefragt.

5.1 Bilanzierung

Eine *Bilanz* ist die *Gegenüberstellung von Vermögen und Kapital*. Auf der Aktivseite wird das *Vermögen*, gegliedert *nach Liquidierbarkeit*, auf der Passivseite das *Kapital*, gegliedert *nach Kapitalgebern*, dargestellt. Die folgende *Übersicht* zeigt eine vereinfachte Bilanzgliederung (Tab. 5.1).

Die Gliederung der Aktivseite nach *Liquidierbarkeit* bedeutet, dass es z. B. wesentlich schwieriger ist, Grundstücke zu verkaufen (in flüssige Mittel umzuwandeln) als Vorräte. Die *Rückstellungen* auf der Passivseite werden wie die *Verbindlichkeiten* dem *Fremdkapital* zugerechnet. Die Bilanz wird i. d. R *jährlich* aufgestellt. Vorgänge, die die Jahresgrenze überschreiten, können in der *Rechnungsabgrenzung* verbucht werden.

Die *Gewinn- und Verlustrechnung* stellt die Aufwendungen und Erträge des vergangenen Geschäftsjahres gegenüber. Der *Saldo* wird als *Jahresüberschuss* bezeichnet, wenn die Erträge größer sind als die Aufwendungen, oder als *Jahresfehlbetrag*, wenn die Erträge kleiner sind als die Aufwendungen. Die folgende *Übersicht* stellt eine vereinfachte Gewinn- und Verlustrechnung dar (Tab. 5.2).

Für Kaufleute besteht *Buchführungspflicht*. Am Ende eines jeden Geschäftsjahres werden die gesamten über das Jahr vorgenommenen Buchungen im *Jahresabschluss* zusammengefasst. Der Jahresabschluss besteht bei Kapitalgesellschaften (AG, GmbH) aus Bilanz, Gewinn- und Verlustrechnung (GuV), Anhang und Lagebericht (Tab. 5.3).

© Springer Fachmedien Wiesbaden 2015
M. Wünsche, *Wirtschafts- und Sozialkunde (IHK)*,
DOI 10.1007/978-3-658-06755-7_5

Tab. 5.1 Übersicht Bilanz

Aktiva	Passiva
Anlagevermögen	**Eigenkapital**
Immaterielle Vermögensgegenstände	gezeichnetes Kapital
Sachanlagen	Rücklagen
Grundstücke und Gebäude	Jahresüberschuss
Maschinen und Anlagen	**Rückstellungen**
Betriebs- und Geschäftsausstattung	Pensionsrückstellungen
Finanzanlagen	Aufwandsrückstellungen
Umlaufvermögen	Steuerrückstellungen
Vorräte	**Verbindlichkeiten**
Forderungen aus Lieferungen und Leistungen	Verbindlichkeiten ggü. Kreditinstituten
Kassenbestände und Bankguthaben	Verbindlichkeiten aus Lieferungen und Leistungen
	Sonstige Verbindlichkeiten
Rechnungsabgrenzungsposten	Rechnungsabgrenzungsposten

Tab. 5.2 Übersicht Gewinn- und Verlustrechnung

Soll	Haben
Materialaufwand	**Umsatzerlöse**
Personalaufwand	sonstige betriebliche Erträge
Abschreibungen	Zinserträge
Bildung von Rückstellungen	außerordentliche Erträge
sonstige betriebliche Aufwendungen	
Zinsaufwand	
außerordentlicher Aufwand	
Jahresüberschuss	

Tab. 5.3 Übersicht Bestandteile des Jahresabschlusses

Bilanz	Gegenüberstellung von Vermögen und Kapital
GuV	Gegenüberstellung von Aufwand und Ertrag
Anhang	Erläuterungen zu den Positionen von Bilanz und GuV
Lagebericht	Bericht zur Lage des Unternehmens

Musteraufgabe Handelsbücher

Grundvoraussetzung für die Erstellung von Bilanzen ist das Führen von Handelsbüchern. Welche der folgenden Aussagen zu Handelsbüchern entspricht nicht den gesetzlichen Vorschriften?

1. Jeder Kaufmann ist verpflichtet Bücher zu führen und in diesen seine Handelsgeschäfte und die Lage seines Vermögens ersichtlich zu machen.
2. Die Aufzeichnungen in Handelsbüchern müssen vollständig, richtig, zeitgerecht und geordnet in einer lebenden Sprache vorgenommen werden.
3. Die Handelsbücher können auch auf Datenträgern geführt werden, sofern dabei die Grundsätze ordnungsmäßiger Buchführung beachtet werden.
4. Jeder Kaufmann hat für den Schluss eines jeden Geschäftsjahres ein Inventar aufzustellen, in dem seine Grundstücke, Forderungen und Schulden, der Bargeldbestand und die sonstigen Vermögensgegenstände genau verzeichnet sind.
5. Handelsbücher, Inventare, Jahresabschlüsse, Lageberichte sowie Belege für Buchungen sind sechs Jahre, Handelsbriefe sind zehn Jahre aufzubewahren.

In *Aussage 5* sind die *Aufbewahrungsfristen vertauscht*. Handelsbücher, Inventare, Jahresabschlüsse, Lageberichte sowie Belege für Buchungen sind *zehn Jahre*, Handelsbriefe *sechs Jahre* aufzubewahren. Alle anderen Aussagen sind richtig.

Musteraufgabe Jahresabschlussanalyse

Aus einem Geschäftsbericht möchten Sie eine Aussage über den Verschuldungsgrad des betrachteten Unternehmens gewinnen. Auf welche Datenquelle greifen Sie zurück?

1. Auf die Aktivseite der Bilanz
2. Auf die Passivseite der Bilanz
3. Auf die Gewinn- und Verlustrechnung
4. Auf das Umlaufvermögen und die kurzfristigen Verbindlichkeiten
5. Auf das Anlagevermögen und das langfristig zur Verfügung stehende Kapital

Diese Aufgabe fragt Ihre Kenntnis des *Aufbaus einer Bilanz* ab. Auf der *Passivseite* finden Sie das Kapital gegliedert in Eigen- und Fremdkapital. *Aussage 2* ist richtig. Der *Verschuldungsgrad* ist das *Verhältnis von Fremdkapital zu Eigenkapital*. Weitere Kennzahlen finden Sie im Abschn. 4.3 Controlling.

Musteraufgabe Geschäftsbericht

Am Ende eines Geschäftsberichts lesen Sie: „Die Buchführung und der Jahresabschluss entsprechen nach unserer pflichtgemäßen Prüfung den gesetzlichen Vorschriften und der Satzung. Der Jahresabschluss vermittelt unter Beachtung der Grundsätze ordnungsmäßiger Buchführung ein den tatsächlichen Verhältnissen entsprechendes Bild der Vermögens-, Finanz- und Ertragslage der Gesellschaft. Der Lagebericht steht im Einklang mit dem Jahresabschluss." Wer hat diesen Vermerk verfasst?

1. Der Aufsichtsrat
2. Der Wirtschaftsprüfer
3. Die Geschäftsführung
4. Der Betriebsrat
5. Der Prüfer der Finanzbehörde
6. Die Hauptversammlung

Es handelt sich um das *Testat des Wirtschaftsprüfers*. *Aussage 2* ist richtig. Das Handelsgesetzbuch (HGB) schreibt vor, dass die *Handelsbücher* und der *Jahresabschluss* von Kapitalgesellschaften durch unabhängige Dritte geprüft werden müssen.

5.2 Kostenrechnung

Die Kostenrechnung wird *aus der Buchführung* des Unternehmens *abgeleitet*. Sie dient zur *Vorbereitung des Controllings*. Daher werden alle *nicht-betrieblichen Geschäftsvorfälle*, z. B. Mieteinnahmen aus einem Grundstück, das nicht betrieblich genutzt wird, oder Aufwendungen aufgrund eines Unfalls, aus dem Zahlenwerk der Buchführung *herausgerechnet* und *interne Kosten*, die nicht mit Zahlungen verbunden sind (Zusatzkosten), *hinzugerechnet*.

Die Kostenrechnung dient der *Information der Geschäftsführung*. Diese ist zum einen daran interessiert, ob die betriebliche Tätigkeit einen Überschuss erwirtschaftet (*Betriebsergebnisrechnung*), zum anderen, was die Herstellung eines bestimmten Produkts kostet (*Kalkulation*).

Die Kostenrechnung hat einen *dreistufigen Aufbau*. Bei der *Kostenerfassung* werden die angefallenen Kosten nach *Kostenarten* gegliedert erfasst. Bei der *Kostenverteilung* werden die Kosten auf *Kostenstellen* (z. B. ein Arbeitsplatz) verteilt. Im dritten Schritt wird zum einen monatlich das *Betriebsergebnis* (Umsatz minus Kosten) ermittelt, zum anderen werden die *Produkte kalkuliert*. Dies dient der Ermittlung des Verkaufspreises. In *Prüfungsaufgaben* werden die richtige *Zuordnung von Begriffen* der Kostenrechnung und verschiedene *Berechnungen* von Ihnen erwartet. Die folgende *Übersicht* nennt Ihnen die wichtigsten Begriffe der Kostenrechnung (Tab. 5.4):

Tab. 5.4 Übersicht Begriffe der Kostenrechnung

Einzelkosten	Einem Produkt/einer Leistung *direkt zurechenbare Kosten*, z. B. Materialverbrauch bei der Produktion von Gütern
Gemeinkosten	Alle den Produkten *nicht direkt zurechenbaren Kosten*, z. B. Büromiete, Gehälter. Gemeinkosten werden *geschlüsselt*
Variable Kosten	*Beschäftigungssabhängige Kosten*, z. B. Kosten für Kopierpapier und Tonerverbrauch hängen von der Anzahl Kopien ab
Fixe Kosten	*Nicht beschäftigungsabhängige Kosten*, z. B. ist die Büromiete unabhängig davon, wie viel in dem Büro gearbeitet wird
Grundkosten	*Aufwandsgleiche Kosten*, d. h. alle *betriebsbedingten Aufwendungen*, die in der Buchführung erfasst werden
Zusatzkosten	*In der Buchführung nicht erfasste Kosten*, z. B. kalkulatorische Zinsen für das Eigenkapital
Selbstkosten	Herstellungs-, Verwaltungs- und Vertriebskosten für ein Produkt
Bezugskosten	Kosten der Beschaffung eines Produktes

Musteraufgabe Kostenarten

In der Bürobedarf Klammer OHG fallen verschiedene Arten von Kosten an. Ordnen Sie die Kostenarten den Sachverhalten zu.

1. Gemeinkosten	a) Für den geschäftsführenden Gesellschafter der OHG wird ein Unternehmerlohn berechnet.
1. variable Kosten	b) Ein Lieferant schlägt auf den Einkaufspreis Transportkosten auf.
2. Zusatzkosten	
3. Selbstkosten	c) Für den Fuhrpark fallen monatliche Leasingraten an.
4. Bezugskosten	d) Aufgrund der guten Auftragslage steigen die Kopierkosten an.
	e) Bei der Kalkulation der Verkaufspreise wird ein Gewinnzuschlag von 20 Prozent aufgeschlagen.

a. 3. *Zusatzkosten*. Der Gesellschafter der OHG erhält kein Gehalt für seine geschäftsführende Tätigkeit, seine Entlohnung stellt der Gewinn dar. Daher wird in der Kostenrechnung ein kalkulatorischer Unternehmerlohn berechnet.

b. 5. *Bezugskosten*. Erfolgt die Lieferung frei Haus, fallen keine Bezugskosten an.

c. 1. *Gemeinkosten*. Sofern nicht jede Fahrt einem Auftrag konkret zugeordnet wird (Fahrtenbuch), können die Leasingkosten nur auf die Gesamtzahl der Aufträge geschlüsselt (verteilt) werden. Es handelt sich bei den Leasingkosten auch um fixe Kosten, da sie anfallen unabhängig davon, inwieweit die Fahrzeuge genutzt werden.

d. 2. *Variable Kosten*. Die Kopierkosten könnten als Einzelkosten den Aufträgen zugeordnet werden, werden aber wegen Geringfügigkeit als Gemeinkosten behandelt.

e. 4. *Selbstkosten*. Sie sind die Basis für den Gewinnaufschlag.

Musteraufgabe Anschaffung Kopiergerät

Sie erwerben für die Verwaltung ein neues Kopiergerät und überweisen nach Eingang
der Rechnung unter Abzug von 2 % Skonto 2873,52 €. Der Händler hatte Ihnen aufgrund guter Geschäftsbeziehungen einen Rabatt von 23 % gewährt. Wie viel Euro betrug der Listenpreis?

Der Listenpreis betrug *3.200 €*. Für die Berechnung spielt die *Reihenfolge*, in der Sie die
Umsatzsteuer herausrechnen und Skonto und Rabatt hinzurechnen, *keine Rolle*. Der ein-
fachste und schnellste Rechenweg ist:

$$\frac{2.873,52}{1,19 \times 0,98 \times 0,77}$$

Der überwiesene Betrag von 2.873,52 Euro enthält 19 %
Mehrwertsteuer, er entspricht 119 %. Dann sind 100 % gleich
2.414,72 Euro. Dies ist der *Barverkaufspreis*, er entspricht 98
% des Zielverkaufspreises (2 % Skonto). Damit ist der
Zielverkaufspreis 100 %, gleich 2.464 Euro. Dieser Betrag
entspricht 77 % des Listenverkaufspreises (23 % Rabatt).
Damit ist der *Listenverkaufspreis* 100 %, gleich 3.200 Euro.
Das nebenstehende *Kalkulationsschema* sollten Sie in beide
Richtungen gut beherrschen.

Selbstkosten
+ Gewinnaufschlag
= Barverkaufspreis
+ Skonto
= Zielverkaufspreis
+ Rabatt
= Listenverkaufspreis
+ Umsatzsteuer
= Bruttoverkaufspreis

Musteraufgabe Wartungsarbeiten an Büromaschinen

Die variablen Kosten für Wartungsarbeiten an Büromaschinen betragen 60 € je Leis-
tungseinheit. Die fixen Kosten betragen im Monat 350 €. Im Durchschnitt werden pro
Monat 5 Wartungen an Büromaschinen vorgenommen. In welcher Höhe müssen Sie
den Netto-Preis in Euro pro Wartung kalkulieren, wenn Sie mit einem Gewinnaufschlag von 20 % rechnen?

Der Preis pro Wartung sollte *156 €* betragen. Die *fixen Kosten pro Wartung* betragen
350/5 = *70 €*. Dazu die *variablen Kosten* von 60 € ergibt *Gesamtkosten pro Wartung* von
130 €, plus 20 % Gewinnaufschlag (26 €) ergibt 156 €. Sie können auch 5 × 60 = 300 + 350
= 650/5 = 130 rechnen. Oft sind die Zahlen so gewählt, dass Sie, sofern Sie etwas Training
im Kopfrechnen haben, Ihren Taschenrechner nicht bemühen müssen und *Zeit gewinnen*.

Musteraufgabe Anschaffungskosten Fuhrpark

Die Bergthaler Büromaschinen GmbH hat vor drei Jahren einen Pkw für den Fuhrpark angeschafft. Die Nutzungsdauer beträgt fünf Jahre. Der aktuelle Buchwert am Ende des dritten Jahres beträgt 8.520 € (lineare AfA). Ermitteln Sie die Anschaffungskosten.

Die Anschaffungskosten betragen *21.300 €*. Am Ende des dritten Jahres verbleiben bei einer *Nutzungsdauer* von fünf Jahren noch *zwei Abschreibungsbeträge*. Damit beträgt die jährliche Abschreibung *8.520/2 = 4.260 €*. Diesen Betrag multiplizieren Sie mit fünf und erhalten die Anschaffungskosten.

Die *steuerrechtliche Definition* der linearen Abschreibung (Absetzung für Abnutzung – AfA) ist: *Verteilung der Anschaffungskosten über die Nutzungsdauer*. Bei der degressiven AfA wird jährlich ein fester Prozentsatz vom Buchwert abgezogen. Bei der leistungsabhängigen AfA erfolgt eine Schlüsselung, z. B. nach Kilometerleistung.

5.3 Controlling

Controlling wird definiert als *Führung durch Kennzahlen*. Die Geschäftsführung kann anhand der verschiedenen Kennzahlen, die aus dem Rechnungswesen des Unternehmens gewonnen werden, die Lage des Unternehmens erkennen und dementsprechend Maßnahmen für Verbesserungen ergreifen. Daher wird Controlling auch als *Planung, Steuerung und Kontrolle* definiert. In der Praxis des Controllings gibt es eine Vielzahl von Kennzahlen. *Prüfungsaufgaben* richten sich auf die *Ermittlung von* wenigen üblichen *Kennzahlen*.

Musteraufgabe Kennzahlen

Die Müller Heiztechnik GmbH ist ein mittelständisches Unternehmen mit Sitz in Bergmannsthal. Herr Müller, der Geschäftsführer, zeigt Ihnen einen vereinfachten Jahresabschluss der Müller Heiztechnik GmbH für das vergangene Geschäftsjahr (Bilanz und Gewinn- und Verlustrechnung) mit der Bitte, für das Controlling betriebswirtschaftliche Kennzahlen zu ermitteln.

Aktiva	Bilanz der Müller Heiztechnik GmbH (in Euro)	Passiva

Aktiva		Passiva	
Anlagevermögen		**Eigenkapital**	
Immaterielle Vermögensgegenstände	45.560	gezeichnetes Kapital	200.000
Sachanlagen		Rücklagen	315.712
Grundstücke und Gebäude	650.000	Jahresüberschuss	41.232
Maschinen und Anlagen	125.230	**Rückstellungen**	
Betriebs- und Geschäftsausstattung	56.115	Pensionsrückstellungen	35.567
Finanzanlagen	283.145	Aufwandsrückstellungen	5.400
Umlaufvermögen		Steuerrückstellungen	1.230
Vorräte	15.230	**Verbindlichkeiten**	
Forderungen aus Lieferungen und Leistungen	45.125	Verbindlichkeiten ggü. Kreditinstituten	570.250
Kassenbestände und Bankguthaben	13.275	Verbindlichkeiten aus Lieferungen und Leistungen	63.789
		Sonstige Verbindlichkeiten	500
	1.233.680		**1.233.680**

Soll	Gewinn- und Verlustrechnung der Müller Heiztechnik GmbH (in Euro)	Haben

Soll		Haben	
Materialaufwand	175.912	Umsatzerlöse	370.450
Personalaufwand	110.453	sonstige betriebliche Erträge	12.897
Abschreibungen	32.523	Zinserträge	1.450
Bildung von Rückstellungen	12.566	a.o. Erträge	500
sonstiger betrieblicher Aufwand	8.755		
Zinsaufwand	1.736		
a.o. Aufwand	2.120		
Jahresüberschuss	41.232		
	385.297		**385.297**

Erläuterungen: Bei den Verbindlichkeiten gegenüber Kreditinstituten handelt es sich ausschließlich um Verbindlichkeiten mit einer Restlaufzeit von mehr als einem Jahr. Die sonstigen Verbindlichkeiten stammen aus einem Rahmenvertrag und sind in sechs Jahren fällig. Aufwandsrückstellungen und Steuerrückstellungen wurden für kurzfristig zu erwartende Belastungen gebildet. Die Müller Heiztechnik GmbH hat 70 Mitarbeiter.

Aufgabenstellung: Ermitteln Sie die folgenden Kennzahlen:

a. Eigenkapitalquote

b. Fremdkapitalquote

c. Verschuldungsgrad

d. Eigenkapitalrentabilität

e. Gesamtkapitalrentabilität

f. Umsatzrentabilität

g. Liquidität 1. Grades

h. Liquidität 2. Grades

i. Liquidität 3. Grades

j. Wirtschaftlichkeit

k. Produktivität

l. Anlagendeckungsgrad I

m. Anlagendeckungsgrad II

Diese Musteraufgabe fasst *alle gängigen betriebswirtschaftlichen Kennzahlen* in einer Aufgabe zusammen. Die folgende *Tabelle* zeigt Ihnen die richtigen *Lösungen*. In der anschließenden *Übersicht* finden Sie die *Berechnungsformeln*. Die zusätzliche Schwierigkeit bei dieser Aufgabe besteht darin, *die richtigen Zahlen* aus Bilanz und Gewinn- und Verlustrechnung herauszusuchen und *zusammenzurechnen*.

a)	Eigenkapitalquote	45,14 %
b)	Fremdkapitalquote	54,86 %
c)	Verschuldungsgrad	1,22
d)	Eigenkapitalrentabilität	7,40 %
e)	Gesamtkapitalrentabilität	3,48 %
f)	Umsatzrentabilität	11,13 %
g)	Liquidität 1. Grades	0,19
h)	Liquidität 2. Grades	0,83
i)	Liquidität 3. Grades	1,05
j)	Wirtschaftlichkeit	1,12
k)	Produktivität	5292,14
l)	Anlagendeckungsgrad I	0,48
m)	Anlagendeckungsgrad II	1,00

Quoten setzen eine *Teilgröße* ins Verhältnis zu einer *Gesamtgröße*. Für die *Eigenkapitalquote* addieren Sie alle Zahlen unter *Eigenkapital*. Für die *Fremdkapitalquote* addieren Sie alle Zahlen unter *Rückstellungen und Verbindlichkeiten*. Das *Gesamtkapital* ist die *Bilanzsumme*.

Rentabilitätskennzahlen stellen eine *Verzinsung* dar. Als Gewinn nehmen Sie hier den *Jahresüberschuss*, da keine andere Gewinngröße zur Verfügung steht. Die *Fremdkapitalzinsen* für die Gesamtkapitalrentabilität finden Sie auf der Aufwandsseite der GuV (*Zinsaufwand*).

Liquiditätskennzahlen zeigen an, wie weit die *liquiden Mittel* (1. Grades), die liquiden Mittel und die *Forderungen* (2. Grades) bzw. liquide Mittel, Forderungen und *Vorräte* (3.

Tab. 5.5 Übersicht Betriebswirtschaftliche Kennzahlen

Eigenkapitalquote	Eigenkapitalanteil am Gesamtkapital	$\dfrac{\text{Eigenkapital} \times 100}{\text{Gesamtkapital}}$
Fremdkapitalquote	Fremdkapitalanteil am Gesamtkapital	$\dfrac{\text{Fremdkapital} \times 100}{\text{Gesamtkapital}}$
Verschuldungsgrad	Verhältnis Fremdkapital zu Eigenkapital	$\dfrac{\text{Fremdkapital}}{\text{Eigenkapital}}$
Eigenkapitalrentabilität	Verzinsung des Eigenkapitals	$\dfrac{\text{Gewinn} \times 100}{\text{Eigenkapital}}$
Gesamtkapitalrentabilität	Verzinsung des gesamten Kapitals	$\dfrac{(\text{Gewinn} + \text{Fremdkapitalzinsen}) \times 100}{\text{Gesamtkapital}}$
Umsatzrentabilität	wie viel Euro Gewinn pro 100 € Umsatz	$\dfrac{\text{Gewinn} \times 100}{\text{Umsatz}}$
Arbeitsproduktivität	Output im Verhältnis zur eingesetzten Arbeit	$\dfrac{\text{Ausbringungsmenge oder Umsatz}}{\text{Zahlder der Arbeitsstunden oder Anzahl Arbeitskräfte}}$
Wirtschaftlichkeit	Umsatz im Verhältnis zu den Kosten	$\dfrac{\text{Leistung (Umsatz)}}{\text{Kosten}}$
Liquidität	Zahlungsfähigkeit	$\dfrac{\text{liquide Mittel (+Forderungen + Vorräte)}}{\text{kurzfristige Verbindlichkeiten}}$
Anlagendeckungsgrad	Deckung des Anlagevermögens	$\dfrac{\text{Eigenkapital (+langfristiges Fremdkapital)}}{\text{Anlagevermögen}}$

Grades) zur *Deckung der kurzfristigen Verbindlichkeiten* ausreichen. Dazu müssen Sie auf der Passivseite alle kurzfristigen Positionen der Rückstellungen und der Verbindlichkeiten addieren: *Aufwands- und Steuerrückstellungen* und die *Verbindlichkeiten aus Lieferungen und Leistungen* sind kurzfristig.

Die *Wirtschaftlichkeit* zeigt das *Verhältnis von Leistung zu Kosten* eines Unternehmens und damit die wirtschaftliche Leistungsfähigkeit. Hier wurden *die gesamten Erträge durch alle Aufwendungen* geteilt.

Die *Produktivität* wurde hier als *Umsatz pro Mitarbeiter* ermittelt. In den Erläuterungen finden Sie dazu die Angabe, dass das Unternehmen 70 Mitarbeiter hat. *Alternativ* hätten hier auch die *gesamten Erträge* genommen werden können. *In Prüfungsaufgaben* können Sie anhand der Angaben die Kennzahl *eindeutig* bilden.

Anlagendeckungsgrade geben an, inwieweit das *Anlagevermögen* durch langfristig gebundenes Kapital *gedeckt* ist. Bilden Sie die Summe des *Eigenkapitals* (Grad I) bzw. die Summe aus Eigenkapital *und langfristigem Fremdkapital* (Grad II) und teilen Sie diese durch die *Summe des Anlagevermögens* (Tab. 5.5).

Weitere Prüfungsaufgaben zum Controlling können einen *Vergleich von Kennzahlen,* z. B. der Wirtschaftlichkeit von mehreren Filialen eines Unternehmens betreffen oder auch die Möglichkeit, *Kennzahlen* durch betriebliche Maßnahmen zu *verbessern.* Beachten Sie, dass die Kennzahl größer wird, wenn der *Zähler zunimmt* und/oder der *Nenner abnimmt.*

Controlling ist *Führung durch Kennzahlen* und geht über die reine *Kontrolle* von Kennzahlen hinaus. Der *Soll-Ist-Vergleich* dient dazu, *Abweichungen* von der Planung zu *erkennen,* zu *analysieren,* und daraufhin betriebliche *Maßnahmen* auszuwählen und zu ergreifen, die zu einer *Verbesserung* führen können.

5.4 Finanzierung

Finanzierung lässt sich definieren als die *Beschaffung finanzieller Mittel* für Unternehmenszwecke. Dazu wird anhand einer *Finanzplanung* der *Finanzierungsbedarf* ermittelt. *Höhe und Dauer* des Bedarfs bestimmen dann die *Herkunft* der Finanzierungsmittel und damit auch die *Kosten* der Kapitalbeschaffung. Unterscheiden Sie *kurzfristigen und langfristigen Finanzierungsbedarf* und die Rechtsstellung der Kapitalgeber. Bei der *Eigenfinanzierung* haben die Kapitalgeber eine *Eigentümerposition,* bei der *Fremdfinanzierung* eine *Gläubigerposition.* Aus der Gläubigerposition ergibt sich der Anspruch auf *Verzinsung und Rückzahlung.*

Richtig ist *3. Liquiditätsplan.* In ihm werden die zu erwartenden *Zahlungsströme* erfasst und wenn die *Auszahlungen größer* sind *als* die *Einzahlungen,* entsteht Finanzierungsbedarf. Die Liquiditätsplanung und die Finanzplanung sind *in die Gesamtplanung* des Unternehmens *eingebunden,* zu der z. B. auch die Investitionsplanung gehört.

Musteraufgabe Finanzplanung

Welcher Bestandteil der Unternehmensplanung bietet die Grundlage für den zeitlichen Einsatz der vorhandenen Eigenmittel und der von den Banken zugesagten Darlehen?

1. Betriebsablaufplan
2. Erfolgsplan
3. Liquiditätsplan
4. Organisationsplan
5. Wirtschaftsplan

Die kostengünstigste Finanzierungsform ist die *Innenfinanzierung:* Aus den *Umsatzerlösen* werden *überschüssige Mittel* gewonnen und können für Unternehmenszwecke eingesetzt werden. Die folgende *Übersicht* fasst alle möglichen Finanzierungsformen zusammen (Tab. 5.6):

Tab. 5.6 Übersicht Finanzierungsformen

	Innenfinanzierung	Außenfinanzierung
Eigenfinanzierung	Einbehaltung von Gewinnen, Abschreibung	Beteiligungsfinanzierung, z. B. Ausgabe von Aktien
Fremdfinanzierung	Bildung von Rückstellungen	Kreditaufnahme (Darlehen)

Musteraufgabe Finanzierungsformen

In der Bergthaler Büromaschinen GmbH soll Kapital in Form von Innenfinanzierung aufgebracht werden. Welche Maßnahme fällt darunter?

1. Die Bergthaler Büromaschinen GmbH nimmt bei ihrer Hausbank ein Darlehen auf.
2. Es wird ein weiterer Gesellschafter mit der Einlage von 30.000 € aufgenommen.
3. Die Gesellschafterversammlung beschließt, den Gewinn des abgelaufenen Geschäftsjahres in der GmbH zu belassen und nicht an die Gesellschafter auszuschütten.
4. Die Bergthaler Büromaschinen GmbH verlängert die Zahlungsziele bei den an ihre Kunden ausgestellten Rechnungen.
5. Die Bergthaler Büromaschinen GmbH erwirbt Aktien der Paste AG.

Aussage 3 ist richtig. Die *Einbehaltung von Gewinnen* ist Innenfinanzierung. *Aussage 1* stellt eine *Außenfinanzierung* als *Fremdfinanzierung* (Darlehen) dar, *Aussage 2* eine Außenfinanzierung als *Eigenfinanzierung* (Beteiligungsfinanzierung). *Aussage 4* ist eine *Mittelverwendung* (Investition), d. h. wenn die Kunden später zahlen, entsteht erhöhter Finanzierungsbedarf für die Bergthaler Büromaschinen GmbH. Dies kann unter Marketinggesichtspunkten sinnvoll sein (Kundenkredite). *Aussage 5* ist ebenfalls eine *Mittelverwendung*; der Erwerb der Aktien kann zu dem Zweck erfolgen, Einfluss auf die Paste AG zu nehmen (Beteiligung).

Prüfungsaufgaben richten sich auch auf die verschiedenen Formen der Finanzierung, vor allem auf die verschiedenen *Darlehensarten*, auf die *Zinsberechnung* und die *Besicherung* von Krediten. Die folgende *Übersicht* erläutert Ihnen die wichtigsten *Darlehensformen* (Tab. 5.7).

Ist bei einem Darlehen der *Auszahlungsbetrag kleiner als* die vereinbarte *Darlehenshöhe*, so wird die Differenz als *Disagio oder Damnum* bezeichnet. Dies sind *vorwegbezahlte Zinsen* und der *Nominalzins* ist kleiner als bei einem Darlehen mit 100 % Auszahlung. Der

Tab. 5.7 Übersicht Darlehensformen

Annuitätendarlehen	Darlehen mit *jährlich gleichbleibender Zahlung* (= Annuität), die sich aus einem *sinkenden Zinsanteil* und einem *steigenden Tilgungsanteil* zusammensetzt
Tilgungsdarlehen	Darlehen mit *jährlich gleichbleibender Tilgung*, die Zinsen werden jeweils *auf die Restschuld* berechnet und *sinken* daher im Zeitablauf
Festdarlehen	Darlehen mit *Tilgung in einem Betrag* am Ende der Laufzeit Während der Laufzeit sind nur (gleichbleibende) *Zinszahlungen* zu leisten

Effektivzins, d. h. der tatsächlich zu zahlende Zins, ist dann höher als der Nominalzins. Ein Disagio kann in der Bilanz *aktiviert* und über die Laufzeit des Kredits *abgeschrieben* werden.

Ein *Disagio* kann durch ein *Tilgungsstreckungsdarlehen* finanziert werden, wenn der Kreditnehmer den *vollen Kreditbetrag* in Anspruch nehmen möchte. Das Tilgungsstreckungsdarlehen ist *vor Tilgung des Hauptdarlehens* zurückzuzahlen.

Musteraufgabe Darlehensformen

Was versteht man im Zusammenhang mit Finanzierung unter einer Annuität?

1. Ansparbetrag in eine Bausparkasse
2. Ansparbetrag in eine Lebensversicherung
3. Zins- und Tilgungszahlung zusammen in gleichen Raten
4. Zinszahlung in gleichen Raten, Tilgung in einem Betrag am Ende der Laufzeit
5. Tilgungszahlung in gleichen Raten, die Zinszahlung reduziert sich bei sinkendem Darlehensstand

Aussage 3 ist richtig. Der *Zinsanteil nimmt ab*, der *Tilgungsanteil nimmt zu*. Der Gesamtbetrag aus Zins und Tilgung bleibt gleich. *Aussage 5* stellt das *Tilgungsdarlehen* dar, das gerne mit dem Annuitätendarlehen verwechselt wird, *Aussage 4* das *Festdarlehen*. Die *Ansparbeträge* für Bausparkassen (Aussage 1) und Lebensversicherungen (Aussage 2) sind zwar i. d. R auch jährlich gleichbleibende Zahlungen, stellen aber zunächst *Mittelverwendung* und damit *keine Finanzierung* dar.

Kreditgeber (Gläubiger) sichern ihre Ansprüche durch *Kreditsicherheiten*. Der Kreditnehmer wird als *Sicherungsgeber*, der Kreditgeber als *Sicherungsnehmer* bezeichnet. Wichtig ist in diesem Zusammenhang die Unterscheidung zwischen Besitz und Eigentum. *Besitz* ist die *tatsächliche Verfügungsgewalt* über eine Sache, *Eigentum* die *rechtliche Verfügungsgewalt*. Die folgende *Übersicht* erläutert Ihnen die wichtigsten Kreditbesicherungsmöglichkeiten (Tab. 5.8).

Tab. 5.8 Übersicht Kreditsicherheiten

Sicherungsübereignung	Der *Sicherungsgeber* bleibt *Besitzer*, der *Sicherungsnehmer* wird *Eigentümer*, z. B. bei Pkw, Maschinen, Lagerbeständen
Verpfändung	Der *Sicherungsgeber* bleibt *Eigentümer*, der *Sicherungsnehmer* wird *Besitzer*, z. B. Wertpapiere, Schmuck, Kunstgegenstände
Grundpfandrechte	*Grundstücke*: Hypothek und Grundschuld werden ins *Grundbuch* (Abteilung III) eingetragen, beschränken die Verkaufsmöglichkeit
Zession	*Abtretung* von Forderungen an Dritte, z. B. Kundenforderungen oder Lebensversicherungen. Die Zession kann *offen* (dem Drittschuldner bekannt gemacht) *oder verdeckt* erfolgen
Bürgschaft	Ein Dritter (*Bürge*) *verspricht Zahlung*, wenn der Kreditnehmer nicht zahlt. Bei der *selbstschuldnerischen Bürgschaft* verzichtet der Bürge auf die *Einrede der Vorausklage*, d. h. darauf, dass vorher erfolglos zwangsvollstreckt wurde

Musteraufgabe Kreditsicherheiten

Im Zusammenhang mit einem Finanzierungsvorgang will die Bergthaler Büromaschinen GmbH eine Hypothek aufnehmen. Welche der folgenden Aussagen stellt den Begriff der Hypothek zutreffend dar?

1. Eine Hypothek ist ein Grundpfandrecht zur Sicherung einer bestehenden Forderung.
2. Eine Hypothek ist ein Darlehen, zu dessen Sicherung ein Grundpfandrecht im Grundbuch eingetragen wird.
3. Eine Hypothek ist die sicherungsweise Übereignung eines ungenutzten Grundstücks.
4. Um eine Hypothek zu erhalten, muss die Bergthaler Büromaschinen GmbH einen Bürgen stellen, der die volle Haftung für die Hypothek übernimmt.
5. Eine Hypothek bedeutet, dass Nutzungsrechte aus einem Grundstück an einen Kreditgeber abgetreten werden.

Richtig ist *Aussage 1*. Der Unterschied zwischen *Hypothek und Grundschuld* liegt darin, dass die Hypothek *an die* zugrunde liegende *Kreditforderung gebunden* ist. Ist der Kredit zurückgezahlt, erlischt die Hypothek automatisch. Eine Grundschuld ist unabhängig von der Kredithöhe.

Formulieren Sie sich zu den anderen Kreditsicherheiten zur Übung *richtige und falsche Aussagen* und prägen Sie sich die *Unterschiede* zwischen den verschiedenen Besicherungsformen, vor allem zu *Besitz und Eigentum*, ein.

Für *Zinsberechnungsaufgaben* müssen Sie die folgende *Formel* beherrschen:

$$\text{Zinsbetrag} = \frac{\text{Kreditbetrag} \times \text{Zinssatz} \times \text{Laufzeit in Tagen}}{100 \times 360}$$

Sie haben in solchen Aufgaben *drei* der vier genannten *Größen gegeben* und müssen die vierte ermitteln. Machen Sie sich anhand der folgenden drei *Umstellungen der Zinsberechnungsformel* klar, wie Sie die einzelnen Größen berechnen können.

$$\text{Kreditbetrag} = \frac{\text{Zinsbetrag} \times 100 \times 360}{\text{Zinssatz} \times \text{Laufzeit in Tagen}}$$

$$\text{Zinssatz} = \frac{\text{Zinsbetrag} \times 100 \times 360}{\text{Kreditbetrag} \times \text{Laufzeit in Tagen}}$$

$$\text{Laufzeit in Tagen} = \frac{\text{Zinsbetrag} \times 100 \times 360}{\text{Zinssatz} \times \text{Kreditbetrag}}$$

Musteraufgabe Zinsberechnung

Die Bergthaler Büromaschinen GmbH hat am 12.06.2014 für eine Investition kurzfristig 18.000,00 € bei ihrer Bank aufgenommen. Sie zahlt den Betrag am 27.09.2014 zurück. Die Bank berechnet Zinsen in Höhe von 293,25 €. Zu welchem Zinssatz (p. a.) hat die Hausbank den Kredit berechnet?

Der Zinssatz betrug *5,59 %*. Die Schwierigkeit ist hier, die *Anzahl der Tage* auszurechnen. Die Bank rechnet den *Monat mit 30 Tagen* und das Jahr entsprechend mit 360 Tagen. Vom 12.6. bis zum 27.9. sind es daher *105 Tage*. Zählen Sie bis zum 12.9. drei Monate, d. h. 90 Tage und addieren Sie dann die 15 verbleibenden Tage hinzu.

$$293,25 = \frac{18.000 \times 5,59 \times 105}{100 \times 360}$$

bzw.

$$\frac{293,25 \times 100 \times 360}{18.000 \times 105} = 5,59\%$$

5.5 Übungsaufgaben

Aufgabe 1: Rechnungsabgrenzungsposten

In einer Ihnen vorliegenden Bilanz ist auf der Aktivseite unter Rechnungsabgrenzungsposten ein Disagio (Damnum) ausgewiesen. Welche der folgenden Aussagen dazu ist richtig?
1. Es handelt sich um Geldbeschaffungskosten, die im Jahr der Kreditaufnahme in voller Höhe abgeschrieben wurden.
2. Es handelt es sich um im Voraus an uns gezahlte Erträge.
3. Es handelt sich um aktivierte Geldbeschaffungskosten, die über die Dauer der Kreditlaufzeit bzw. Zinsfestschreibung abgeschrieben werden.
4. Es handelt sich um einen antizipativen Posten der Jahresabgrenzung.
5. Es handelt sich um Zinsen, die ein Kreditnehmer im Voraus an uns bezahlt hat.

Aufgabe 2: Lagebericht

Wer ist für den Inhalt des Lageberichts verantwortlich und für wen wird er verfasst?
1. Er wird vom Aufsichtsrat verfasst und dient der Information der Kapitalgeber.
2. Er wird vom Aufsichtsrat verfasst und dient der Information der Geschäftsführung.
3. Er wird von der Geschäftsführung verfasst um die Wirtschaftsprüfer zu informieren.
4. Er wird von der Geschäftsführung verfasst und dient u. a. der Information der Kapitalgeber.
5. Er wird von der Geschäftsführung verfasst und dient der Information der Finanzbehörde.

Aufgabe 3: Jahresabschlussanalyse

Sie lesen den Geschäftsbericht eines Unternehmens. Bei den Passiva in der Bilanz taucht die Frage auf, wie die Rückstellungen einzuordnen sind. Welche Aussage dazu ist richtig?

1. Rückstellungen werden, da sie weder dem Eigenkapital noch dem Fremdkapital zuzurechnen sind, bei der Ermittlung von Bilanzkennzahlen grundsätzlich nicht berücksichtigt.
2. Rückstellungen werden beim Verschuldungsgrad als Eigenkapital berücksichtigt.
3. Rückstellungen werden beim Verschuldungsgrad als Fremdkapital berücksichtigt.
4. Rückstellungen werden, da sie zum Eigenkapital zählen, bei der Berechnung der Eigenkapitalrentabilität berücksichtigt.
5. Rückstellungen müssen bei der Berechnung der Umsatzrentabilität von den Umsätzen abgezogen werden, da sie zukünftige Belastungen darstellen.

Aufgabe 4: Kostenvergleich

Aus der abgebildeten Grafik können Sie die Kostenverteilung für 2014 entnehmen. Um wie viele Euro übersteigen 2005 die Sachkosten die Personalkosten, wenn die Kapitalkosten in diesem Jahr 356.218 € betrugen?

Aufgabe 5: Betreuung von Ferienwohnungen

Die gewerbliche Tätigkeit von Franz Zipper bezieht sich ausschließlich auf die Betreuung von Ferienwohnungen. Zipper hat pro Monat fixe Kosten von 14.600 €. Den Aufwand pro betreuter Wohnung schätzt Zipper auf 30 €. Wie viele Wohnungen muss Zipper betreuen, wenn er bei einem Betreuungsentgelt von 250 € pro Wohnung einen Gewinn von 3.000 € im Monat erwirtschaften will?

Aufgabe 6: Brutto-Verkaufspreis ermitteln

Die Müller Heiztechnik GmbH stellt u. a. Heizkesselanlagen für Fertighäuser her. Die Herstellungskosten für das Modell „smartheat 500" betragen 3.156,29 €. Die Müller Heiztechnik GmbH kalkuliert mit 30 % Gewinnaufschlag und gewährt ihren Kunden maximal 20 % Rabatt und bei Zahlung binnen zehn Tagen 3 % Skonto-Abzug. Ermitteln Sie den Brutto-Verkaufspreis für eine Heizkesselanlage „smartheat 500" (mit 19 % MwSt.).

Aufgabe 7: Definition Controlling

Für den Begriff Controlling gibt es unterschiedliche Definitionen. Welche der folgenden Definitionen von Controlling ist nicht zutreffend?

1. Controlling ist ein anderer Ausdruck für die betriebliche Kontrolle in Unternehmen.
2. Controlling umfasst alle organisatorischen Grundsätze und alle Verfahren, die der Verbesserung bzw. Optimierung von Entscheidungen dienen.
3. Controlling ist die Beherrschung, Lenkung, Steuerung, Regelung und Beeinflussung von betrieblichen Prozessen.
4. Controlling ist ein unterstützendes System der Führung, der Planung, Kontrolle und Informationsversorgung.
5. Controlling ist eine Funktion, die durch die Koordination von Planung und Kontrolle sowie durch Informationsversorgung die Führungsfähigkeit von Unternehmen verbessern soll.

Aufgabe 8: Gewinn und Wirtschaftlichkeit

Ihr Unternehmen hat das alleinige Recht zum Vertrieb eines neuartigen Gerätes erworben. Auf Grund einer Marktanalyse liegen Ihnen folgende Informationen über die Verkaufsmöglichkeiten des neuen Produkts vor:

Preis/Stück	mögliche Verkaufsmengen	dabei anfallende Gesamtkosten
46,00 Euro	1.500 Stück	63.000 Euro
30,00 Euro	3.000 Stück	72.000 Euro
23,00 Euro	5.000 Stück	95.000 Euro

Welche der folgenden Aussagen zu Gewinn und Wirtschaftlichkeit ist richtig?

1. Beim Preis von 46 € beträgt der Gewinn 7.000 € und die Wirtschaftlichkeit 1,10.
2. Beim Preis von 30 € ist die Wirtschaftlichkeit niedriger als bei einem Preis von 23 €.
3. Bei einem Preis von 23 € ist der Gewinn höher als bei einem Preis von 30 €.
4. Die Wirtschaftlichkeit ist bei allen drei Preisen gleich hoch.
5. Beim Preis von 23 € ist die Wirtschaftlichkeit höher als beim Preis von 30 €.

Aufgabe 9: Ablauf Controlling

Im Rahmen des abteilungsinternen Controllings sollen Sie feststellen, inwieweit die Verkaufsziele des letzten Geschäftsjahres erreicht wurden, oder ob gegebenenfalls weitere Maßnahmen ergriffen werden sollten, um den Absatz zu fördern. Bringen Sie dazu die folgenden Arbeitsschritte in die richtige Reihenfolge.

Ermittlung der Istwerte	
Definieren von möglichen Korrekturmaßnahmen	
Durchführen der Korrekturmaßnahmen	
Entscheidung für bestimmte Korrekturmaßnahmen	
Erkennen von Abweichungen zwischen Ist- und Sollwerten	
Ermittlung von Abweichungsursachen	

Aufgabe 10: Kennzahlen

Die Bürobedarf Klammer OHG verkaufte im vergangenen Geschäftsjahr Bürobedarf im Wert von 900.000 €. Der Bürobedarf wurde für 500.000 € eingekauft. Die Handlungskosten betrugen 280.000 €.

Die Bilanzsumme der Bürobedarf Klammer OHG beträgt am Jahresende 1.260.000 €. Der Verschuldungsgrad liegt bei 2. Ermitteln Sie.

a. den Gewinn,

b. die Eigenkapitalrentabilität in Prozent (auf zwei Stellen nach dem Komma runden),

c. die Umsatzrentabilität in Prozent (auf zwei Stellen nach dem Komma runden).

Aufgabe 11: Wirtschaftlichkeit

Die Bürobedarf Klammer OHG besitzt fünf Filialen, über die folgende Informationen vorliegen:

Filialen	1	2	3	4	5
Umsatz (in Euro)	360.000	192.000	100.000	62.000	52.000
Kosten (in Euro)	300.000	150.000	80.000	50.000	40.000

Welche der Filialen 1 bis 5 arbeitet am wirtschaftlichsten?

Aufgabe 12: Arbeitsproduktivität

Welche der folgenden Maßnahmen ist zur Steigerung der Arbeitsproduktivität in der Fertigung am ehesten geeignet?

1. Erhöhung der Verkaufspreise
2. Anordnung von Überstunden
3. Erhöhung des Tariflohns
4. Umstellung von Zeitlohn auf Leistungslohn
5. Einführung von Arbeitszeitkonten

Aufgabe 13: Kapitalbedarf

Welche drei der nachfolgenden Vorgänge erhöhen den Kapitalbedarf?

1. Die Zahlungsmoral der Kunden verbessert sich.
2. Großkunden wird ein längeres Zahlungsziel eingeräumt.
3. Gemäß Betriebsvereinbarung wird die flexible Arbeitszeit eingeführt.
4. Liefererrechnungen werden künftig unter Abzug von Skonto beglichen.
5. Die Baukosten einer neuen Produktionsanlage sind höher als erwartet.
6. Der Mindestbestand an für den Verkauf vorgesehenen Büromaschinen wird gesenkt.

Aufgabe 14: Zahlungsarten

Ordnen Sie den Geschäftsvorfällen die zutreffende Zahlungsart zu.

1. Electronic-Cash (POS)
2. Einzugsermächtigung
3. Barscheck
4. Elektronisches Lastschriftverfahren (POZ)
5. Dauerauftrag
6. Überweisung

    a. Die Hausbank erhält die Anweisung, einen Betrag bar auszuzahlen.

    b. Die Hausbank erhält den Auftrag, einem fremden Konto einen Betrag gutzuschreiben.

    c. Die Hausbank erhält den Auftrag, die monatliche Miete regelmäßig zu überweisen.

    d. Ein Mitarbeiter bezahlt eine Benzinrechnung mit EC-Karte unter Eingabe seiner PIN.

    e. Ein Mitarbeiter bezahlt eine Hotelrechnung mittels EC-Karte und Unterschrift.

    f. Die Telefongesellschaft hat die Berechtigung, die Telefonkosten abbuchen zu lassen.

Aufgabe 15: Wechseldiskont

Die Müller Heiztechnik GmbH reicht bei ihrer Bank einen Wechsel über 125.000 € zum Diskont ein. Die Restlaufzeit beträgt 95 Tage, der dem Kunden berechnete Diskontsatz beträgt 8,5 %. Welchen Betrag erhält der Kunde auf seinem Konto gutgeschrieben?

Aufgabe 16: Kreditwürdigkeit

Am Anfang jeder Kreditgewährung steht die Prüfung der Kreditwürdigkeit. Die Kreditwürdigkeit hängt ab von persönlichen Eigenschaften des Kreditnehmers und von sachlichen Voraussetzungen. Welches der folgenden Merkmale gehört nicht zur persönlichen Kreditwürdigkeit eines Kreditnehmers?

1. Charakterliche Eigenschaften, z. B. Fleiß, Zuverlässigkeit, Ehrlichkeit
2. Fachliche Qualifikation, z. B. Warenkenntnisse, Verkaufstalent, technische Begabung
3. Vermögenshintergrund, z. B. Grundbesitz, Kunstgegenstände, Wertpapierdepots
4. Unternehmerische Fähigkeiten, z. B. Menschenführung, Organisationsgabe, Weitblick
5. Persönliche Haftung, z. B. Einzelunternehmen, OHG

Aufgabe 17: Darlehenslaufzeit

Für eine Investition hat die Bergthaler Büromaschinen GmbH bei ihrer Hausbank kurzfristig 378.000 € zu einem Zinssatz von 4,55 % aufgenommen. Dieses Darlehen wurde einschließlich der aufgelaufenen Zinsen am 27.03.2014 mit insgesamt 381.344,25 € zurückgezahlt. An welchem Tag wurde das Darlehen aufgenommen?

5.6 Lösungen zu den Übungsaufgaben

Lösung zu Aufgabe 1: Rechnungsabgrenzungsposten

Aussage 3 ist richtig. *Vorwegbezahlte Zinsen* können aktiviert und abgeschrieben, d. h. *auf die Laufzeit verteilt* werden. *Antizipativ* bedeutet, dass die *Zahlung* erst *im neuen Jahr* stattfindet. Daher sind dies Forderungen oder Verbindlichkeiten.

Lösung zu Aufgabe 2: Lagebericht

Aussage 4 ist richtig. Im Lagebericht sind der *Geschäftsverlauf,* die *wirtschaftliche Lage* des Unternehmens und die *Risikosituation* darzulegen.

Lösung zu Aufgabe 3: Jahresabschlussanalyse

Rückstellungen sind Fremdkapital. *Aussage 3* ist richtig. Rückstellungen werden für *ungewisse Verbindlichkeiten und drohende Verluste,* z. B. für drohende Prozesskosten oder bisher unterlassene Instandhaltungsaufwendungen, gebildet.

Lösung zu Aufgabe 4: Kostenvergleich

20.954 €. Die Sachkosten liegen um 3 % über den Personalkosten. Wenden Sie den *Dreisatz* an. 356.218 € entsprechen 51 %. wie viel entsprechen 3 %.

Lösung zu Aufgabe 5: Betreuung von Ferienwohnungen

Er muss *80* Ferienwohnungen betreuen. Zipper will einen Gesamtbetrag von *17.600 €* aufbringen (14.600 + 3.000) und erhält netto für jede Wohnung *220 €*.

Lösung zu Aufgabe 6: Brutto-Verkaufspreis ermitteln

Der Brutto-Verkaufspreis für die „smartheat 500" beträgt *6.292,24 €*.

Schlagen Sie auf 3.156,29 € 30 % *Gewinnzuschlag* auf, ergibt 4.103,18 € *Barverkaufspreis*. Dieser entspricht 97 % des *Zielverkaufspreises*. Auf das Hundert hochgerechnet ergibt einen Zielverkaufspreis von 4.230,08 €. Dieser entspricht 80 % des *Listenverkaufspreises*, auf das Hundert hochgerechnet ergibt einen Listenverkaufspreis von 5.287,60 €. Darauf schlagen Sie 19 % *Umsatzsteuer* auf.

Lösung zu Aufgabe 7: Definition Controlling

Aussage 1 ist die gesuchte Lösung. Controlling ist *nicht Kontrolle*, es geht über die reine Kontrolltätigkeit weit hinaus: *Planung, Steuerung und Kontrolle*.

Lösung zu Aufgabe 8: Gewinn und Wirtschaftlichkeit

Aussage 3 ist richtig. Ermitteln Sie zunächst die *Umsätze* (Preis x Menge), die Differenz zu den Kosten ist der *Gewinn*, die *Wirtschaftlichkeit* ist Umsatz durch Kosten.

Lösung zu Aufgabe 9: Ablauf Controlling

Die richtige Reihenfolge ist: *1, 4, 6, 5, 2, 3*. Controlling bedeutet *Soll-Ist-Vergleich*, um daraus Verbesserungsmaßnahmen zu entwickeln (Führung durch Kennzahlen).

Lösung zu Aufgabe 10: Kennzahlen

a. Der Gewinn beträgt (900 – 500 – 280 =) *120.000 €*.
b. *28,57 %* Aus Bilanzsumme und Verschuldungsgrad ergibt sich ein Eigenkapital von 420.000 € (1260/3 = 420, zwei Teile FK, ein Teil EK).
c. *13,33 %* Gewinn durch Umsatz mal 100 %.

Lösung zu Aufgabe 11: Wirtschaftlichkeit

Filiale	1	2	3	4	5
Wirtschaftlichkeit	1,2	1,28	1,25	1,24	*1,3*

Filiale 5 ist am wirtschaftlichsten, auch wenn sie den geringsten Umsatz hat.

Lösung zu Aufgabe 12: Arbeitsproduktivität

Aussage 4 ist richtig. Die Umstellung auf Leistungslohn soll die *Leistungsmotivation* der Mitarbeiter erhöhen und damit die *Produktivität* steigern.

Lösung zu Aufgabe 13: Kapitalbedarf

Vorgang 2: Die Rechnungsentgelte der Großkunden gehen später ein.
Vorgang 4: Der Zahlungsmittelabfluss erfolgt früher.
Vorgang 5: Die Investitionskosten sind höher.

Lösung zu Aufgabe 14: Zahlungsarten

a. 3. Barscheck.
b. 6. Überweisung.
c. 5. Dauerauftrag.
d. 1. Electronic-Cash.
e. 4. Elektronisches Lastschriftverfahren.
f. 2. Einzugsermächtigung.

    POS steht für *Point of Sale* (mit PIN), *POZ* für Point of Sale *ohne Zahlungsgarantie* (mit Unterschrift).

Lösung zu Aufgabe 15: Wechseldiskont

Er erhält *122.196,18 €* gutgeschrieben. Hier müssen Sie den nach der Zinsberechnungs-formel ermittelten *Zinsbetrag* von der Wechselsumme *abziehen*.

Lösung zu Aufgabe 16: Kreditwürdigkeit

Aussage 3 ist richtig. Unterscheiden Sie die persönliche Kreditwürdigkeit von der sach-lichen: *Vermögensgegenstände* haben mit *Persönlichkeit* nichts direkt zu tun.

Lösung zu Aufgabe 17: Darlehenslaufzeit

Das Darlehen wurde am *17.01.2014* aufgenommen. Rechnen Sie zunächst den *Zins-betrag* aus (3344,25 €), verwenden Sie dann die *Zinsberechnungsformel* und ermitteln Sie die *Laufzeit in Tagen* (70 Tage), die Sie von dem 27.03.2014 zurückrechnen. Der Monat hat 30 Tage.

Teil II
Volkswirtschaftslehre

Grundlagen

6

Aufgaben zur Volkswirtschaftslehre prüfen Ihre Kenntnis der *Funktionsweise des Wirtschaftssystems* der Bundesrepublik Deutschland bzw. der Europäischen Union. Wichtig ist hierbei zum einen der *Marktmechanismus*, der für die Verteilung der Rohstoffe und Güter durch Angebot und Nachfrage sorgt, zum anderen der *wirtschaftspolitische Auftrag des Staates*, in das Marktgeschehen regelnd einzugreifen. Der dritte Schwerpunkt betrifft Ihre *Statistik-Kenntnisse*: Wirtschaftskreislauf, Volkswirtschaftliche Gesamtrechnung und Zahlungsbilanz.

6.1 Marktwirtschaft

Das Wirtschaftssystem der Bundesrepublik Deutschland ist eine *soziale Marktwirtschaft*. Marktwirtschaft bedeutet dabei, dass es keine zentrale Institution gibt, die für die *Verteilung der Rohstoffe und Güter* sorgt, sondern dass die Verteilung über den Marktmechanismus, d. h. *durch Angebot und Nachfrage* erfolgt. „*Sozial*" bedeutet, dass der Staat den Auftrag hat, dort in das Marktgeschehen einzugreifen, wo es zu unerwünschten, sozial unverträglichen Ergebnissen führt. Z. B. stellt der Staat für all diejenigen, die kein oder nicht genügend Einkommen aus dem Marktprozess zur Sicherung ihres Lebensunterhalts erwirtschaften können (Kinder, Rentner, Arbeitslose, Kranke), staatliche Hilfen bereit.

Musteraufgabe Marktwirtschaft

Das Wirtschaftssystem der Bundesrepublik Deutschland ist eine soziale Marktwirtschaft. Sie gründet auf dem Prinzip des Ordoliberalismus, der eine Weiterentwicklung

© Springer Fachmedien Wiesbaden 2015
M. Wünsche, *Wirtschafts- und Sozialkunde (IHK)*,
DOI 10.1007/978-3-658-06755-7_6

der freien Marktwirtschaft (Laissez-faire-Wirtschaft) darstellt. Welche der folgenden Aussagen widerspricht den Grundsätzen der freien Marktwirtschaft?

1. Der Staat tritt neben seiner Rolle als hoheitliche Gewalt auch als gleichberechtigter Marktteilnehmer auf.
2. Abhängig Beschäftigte können jederzeit gekündigt werden.
3. Das wirtschaftliche Risiko unternehmerischer Tätigkeiten liegt ausschließlich bei den Arbeitgebern.
4. Zum Schutz der Verbraucher sind für bestimmte gewerbliche Tätigkeiten staatliche Genehmigungen erforderlich.
5. Jeder Marktteilnehmer kann auf dem Markt beliebige Güter anbieten oder nachfragen.

Diese Aufgabe fragt etwas verdeckt den *Unterschied* zwischen der *freien* und der *sozialen Marktwirtschaft* ab. In beiden Systemen tritt der *Staat* auch *als* normaler *Marktteilnehmer* auf (Aussage 1), z. B. wenn das Finanzamt Büromaterial einkauft, als Nachfrager, oder wenn die Stadthalle Räume für Veranstaltungen vermietet, als Anbieter. *Aussage 2* zeigt einen klaren Unterschied, denn im Gegensatz zur freien Marktwirtschaft gibt es in der sozialen Marktwirtschaft *gesetzliche Regelungen zum Kündigungsschutz*, z. B. § 622 BGB. Aussage 2 wäre daher die richtige Antwort, wenn danach gefragt würde, welche Regelung mit der sozialen Marktwirtschaft nicht vereinbar wäre. *Aussage 3* stellt einen Unterschied der Marktwirtschaft zur Planwirtschaft dar, denn in einer *Planwirtschaft* liegt das wirtschaftliche Risiko bei der zentralen Planungsbehörde.

Aussage 4 ist die richtige Lösung: Das beste Beispiel hierzu ist, dass *Ärzte* eine staatliche Genehmigung, die Approbation, brauchen, um praktizieren zu können. Ein anderes Beispiel sind Lizenzen für *Taxi-Unternehmen*. Weitere „Erlaubnispflichten" finden Sie in der *Gewerbeordnung*, aber auch im Gaststättengesetz, im Güterkraftverkehrsgesetz usw. In dem Modell der freien Marktwirtschaft sind solche Regelungen nicht vorgesehen, dort dürfen auch, wie in *Aussage 5* formuliert, beliebige Güter ohne staatliche Kontrolle angeboten und nachgefragt werden, z. B. *Waffen oder Drogen*.

Prägen Sie sich ein, dass in der sozialen Marktwirtschaft der *Staat* mittels gesetzlicher Regelungen *zum Schutz der Verbraucher* in das Wirtschaftsgeschehen *eingreift* und suchen Sie in den Aussagen nach solchen *gesetzlichen Regelungen*.

6.2 Bedürfnisse, Güter und Produktionsfaktoren

Ein *Bedürfnis* ist das „Gefühl eines Mangels, verbunden mit dem Wunsch, diesen Mangel zu beseitigen". Unter *Bedarf* versteht man „mit Kaufkraft verbundene Bedürfnisse". Das Bedürfnis, Ferrari zu fahren, führt selten zu einem Bedarf, da den meisten Konsumenten die Kaufkraft dazu fehlt.

Konsumgüter werden unterschieden in *Gebrauchsgüter* und *Verbrauchsgüter*. Auf der betrieblichen Ebene ist dies die Unterscheidung in *Betriebsmittel* und *Werkstoffe*. Verbrauchsgüter bzw. Werkstoffe werden durch den Konsum, d. h. die Verwendung, verbraucht, Gebrauchsgüter bzw. Betriebsmittel bleiben für viele Verwendungen erhalten, auch wenn sie einem Gebrauchs- und Zeitverschleiß unterliegen.

Musteraufgabe Konsumgut

In welchem der nachfolgenden Sachverhalte wird das angegebene Gut als Konsumgut verwendet?
1. Ein Versicherungsunternehmen kauft Tische und Stühle für die neue Kantine.
2. Ein Taxifahrer fährt mit seinem Taxi zum Geburtstag seiner Tante.
3. Ein Spediteur kauft einen Lkw, um Waren zu den Kunden zu transportieren.
4. Ein Taxifahrer fährt mit seinem Taxi einen Fahrgast zum Flughafen.
5. Ein Maschinenbauunternehmen kauft Drehbänke für die Ausbildung.

Die Verwendung des Taxis für eine *private Fahrt* stellt ein Konsumgut als Gebrauchsgut dar, auch wenn das Taxi normalerweise Betriebsmittel ist. *Aussage 2* ist daher die richtige Lösung. Alle anderen Sachverhalte stellen *Betriebsmittel* dar.

Musteraufgabe Gebrauchsgut

In welchem der nachfolgenden Sachverhalte wird ein Konsumgut als Gebrauchsgut verwendet?
1. Eine Möbelhandlung erwirbt fünf PCs für die Abteilung Rechnungswesen.
2. Eine Hausverwaltung kauft Papier für den Laserdrucker.
3. Ein Arbeitnehmer kauft einen Pkw, um damit u. a. zur Arbeit zu fahren.
4. Ein Architekturbüro kauft Filtertüten für die Kaffeemaschine.
5. Ein Maschinenbauunternehmen kauft Lebensmittel für die Mitarbeiterkantine.

PCs für die betriebliche Verwendung (Aussage 1) sind *Betriebsmittel*, *Papier* wird verbraucht (Aussage 2), hier ist es *Werkstoff*, bei privater Nutzung ist es ein Verbrauchsgut. *Aussage 3 ist die zutreffende Aussage:* Ein Pkw ist ein Gebrauchsgut, auch wenn er u. a. dazu verwendet wird, den Arbeitsplatz zu erreichen. (Aussage 4) Filtertüten und Lebensmittel (Aussage 5) sind hier Werkstoffe.

Sie erkennen, wie schwierig in der Praxis oft die Abgrenzung der Begriffe ist. Daher gibt es *in der Prüfung eher selten* Aufgaben dazu. Auch zu den Begriffen Bedürfnis und Bedarf ist es nicht einfach, Aufgaben zu formulieren.

Eine weitere in der Praxis schwierige Unterscheidung ist die zwischen *Substitutionsgütern* (Ersatzgütern) und *Komplementärgütern* (Ergänzungsgütern). Die folgende *Übersicht* zeigt Ihnen alle wichtigen Begriffe mit Erläuterungen (Tab. 6.1):

Tab. 6.1 Übersicht Bedürfnisse, Bedarf und Güterarten

Begriff	Beispiel	Erläuterung
Bedürfnis	Schlaf	Gefühl eines Mangels, verbunden mit dem Wunsch, diesen Mangel zu beseitigen
Bedarf	Nahrung	Mit Kaufkraft verbundene Bedürfnisse
Konsumgut	Auto	Bleibt durch die Nutzung (den Konsum) erhalten, unterliegt dem Gebrauchs- und dem Zeitverschleiß
Verbrauchsgut	Gemüse	Geht durch die Nutzung (den Konsum) unter, wird verbraucht
Substitutionsgüter = Ersatzgüter	Fisch und Fleisch	Wenn der Preis von Fisch steigt, geht die Nachfrage nach Fisch zurück, und die Nachfrage nach Fleisch nimmt zu, weil Fisch durch Fleisch ersetzt (substituiert) wird
Komplementärgüter = Ergänzungsgüter	Autos und Benzin	Wenn der Preis für Autos steigt, geht die Nachfrage nach Autos zurück und die Nachfrage nach Benzin nimmt ebenfalls ab, weil weniger Benzin benötigt wird

Sie merken, dass die Beispiele für Ersatz- und Ergänzungsgüter mit der Praxis nicht viel zu tun haben. Machen Sie sich die *Begriffe* Bedürfnis, Bedarf, Gebrauchsgut, Verbrauchsgut, Ersatz- und Ergänzungsgut *an Ihrem eigenen Konsumverhalten* klar.

Betriebsmittel und *Werkstoffe* gehören zu den betriebswirtschaftlichen *Produktionsfaktoren*. Unterscheiden Sie davon die volkswirtschaftlichen Produktionsfaktoren (Tab. 6.2):

Tab. 6.2 Übersicht Produktionsfaktoren

Betriebswirtschaftliche Produktionsfaktoren	
Betriebsmittel	Einrichtungen und Anlagen, die zu betrieblichen Zwecken genutzt werden, z. B. PCs, Gabelstapler, Gebäude, Maschinen
Werkstoffe	Dienen als Material für die Produktion, z. B. Holz in der Möbelproduktion, auch Schmiermittel für Maschinen usw.
Ausführende Arbeit	Menschliche Arbeitstätigkeit nach Anweisung, keine grundlegenden Entscheidungen, z. B. Ausstellen einer Rechnung
Dispositiver Faktor	Management, Führen von Mitarbeitern, Planung, Überwachung, Treffen grundlegender Entscheidungen (Disponieren), z. B. Festlegen der Preise für die Produkte
Volkswirtschaftliche Produktionsfaktoren	
Arbeit	Einfache Tätigkeiten, die ohne Ausbildung möglich sind, z. B. Fließbandarbeit oder Erntehelfer, Faktorentgelt = Lohn
Boden	Grundstücke und Gebäude, Faktorentgelt = (Boden-)Rente
Kapital	Produzierte Produktionsmittel, insbesondere Maschinen, aber auch Humankapital, d. h. Tätigkeiten, zu denen eine Ausbildung erforderlich ist, Faktorentgelt = Zins

Muster- und Übungsaufgaben zu den betriebswirtschaftlichen Produktionsfaktoren finden Sie in *Abschnitt A.1*. Aufgaben zu den volkswirtschaftlichen Produktionsfaktoren kommen praktisch nicht vor.

6.3   Arbeitsteilung

Während in der urzeitlichen *Jäger- und Sammlergesellschaft* jedes Gesellschaftsmitglied noch alle zum Überleben notwendigen Tätigkeiten (Jagen und Sammeln) beherrschen musste, leben wir heute in einer *hochgradig spezialisierten, arbeitsteiligen Industriegesellschaft*, ohne die unser heutiger *Wohlstand* nicht denkbar wäre.

Die folgende *Musteraufgabe* zum Thema Arbeitsteilung zeigt Ihnen *alle wichtigen Begriffe*. Versuchen Sie, anhand der Formulierungen „beruflich, zwischenbetrieblich, international, volkswirtschaftlich" die richtigen Lösungen zu finden.

Musteraufgabe Arbeitsteilung

In welchen der nebenstehenden Fälle wird

1.   die berufliche Arbeitsteilung
2.   die zwischenbetriebliche Arbeitsteilung
3.   die internationale Arbeitsteilung
4.   die volkswirtschaftliche Arbeitsteilung
5.   keine der vorgenannten Formen der Arbeitsteilung

angesprochen?

Die Müller Möbel AG ...

a)   verkauft u. a. Büroschreibtische an Betriebe.

b)   bezieht Couchgarnituren aus Taiwan.

c)   lässt Küchentische bei der Tischbauer GmbH fertigen.

d)   stellt einen zusätzlichen Auslieferungsfahrer ein.

e)   stellt zwei neue Mitarbeiter ein, einen für das Controlling, den anderen für die Verkäuferschulung.

---

a.   Die Müller Möbel AG bezieht Holz von einer Schreinerei, die wiederum die Stämme von einem Forstwirtschaftsbetrieb erhält. Die gefertigten Tische werden z. B. an ein Unternehmen geliefert, das Lebensmittel herstellt und damit ein Verwaltungsbüro einrichtet, oder an eine Bank oder eine Versicherung. Unsere moderne Volkswirtschaft besteht aus einer Vielzahl auf bestimmte Tätigkeiten spezialisierter Unternehmen. Dies bezeichnet man als *volkswirtschaftliche Arbeitsteilung (4)*.

b.   Unsere Volkswirtschaft ist mit den Volkswirtschaften anderer Länder durch Außenhandel (Im- und Exporte) hochgradig verflechtet: *internationale Arbeitsteilung (3)*.

c.   Ein Teil der Produktion der Müller Möbel AG wird nicht im eigenen Hause gefertigt, sondern von Zulieferern bezogen: *zwischenbetriebliche Arbeitsteilung (2)*.

d.   stellt keine Form von Arbeitsteilung dar *(5)*.

e.   Während in überschaubaren kleinen und mittelständischen Unternehmen die Mitarbeiter vielfältige Aufgaben übernehmen, ist mit zunehmender Größe des Unternehmens eine Spezialisierung der Mitarbeiter auf bestimmte Tätigkeiten erforderlich. Daher spricht man hier von *beruflicher Arbeitsteilung (1)*.

Tab. 6.3 Übersicht Wirtschaftssektoren

Primärer Sektor	Urproduktion: Land- und Forstwirtschaft, Fischerei, Bergbau
Sekundärer Sektor	Produktion: Industrie, Handwerk, Energiewirtschaft usw.
Tertiärer Sektor	Dienstleitungen: Handel, Banken, Versicherungen, Gebäudereinigung usw.

Eine weitere Unterscheidung bei der *volkswirtschaftlichen Arbeitsteilung* ist die Einteilung der Wirtschaft in die *drei* aufeinander aufbauenden *Sektoren* Urproduktion, produzierendes Gewerbe und Dienstleistungen (Tab. 6.3):

Während um 1800 noch 80 % der gesamten Wirtschaftsleistung im primären Sektor erfolgte und der tertiäre Sektor keine 10 % ausmachte, haben sich die Verhältnisse *heute* umgekehrt. Über *70 %* unserer gesamten Wirtschaftsleistung wird im Bereich *Dienstleistungen* (tertiärer Sektor) erbracht, während die Urproduktion (primärer Sektor) nur etwa 10 % der Wirtschaftsleistung erbringt.

6.4 Ökonomisches Prinzip

Konsumenten und Produzenten handeln in einer Marktwirtschaft nach dem ökonomischen Prinzip. *Konsumenten* versuchen mit dem ihnen zur Verfügung stehenden Einkommen, eine bestmögliche Befriedigung ihrer Bedürfnisse zu erreichen; sie *maximieren* ihren *Nutzen*. *Produzenten* versuchen, mit der Produktion und dem Verkauf von Gütern und Dienstleitungen den *Gewinn* zu *maximieren* (erwerbswirtschaftliches Prinzip). Dabei wird unterschieden in das *Maximalprinzip* (mit gegebenen Mitteln ein Ziel möglichst gut erreichen) und das *Minimalprinzip* (ein vorgegebenes Ziel so günstig wie möglich erreichen). Die folgende Übersicht enthält den *Schlüssel zur Lösung aller Aufgaben* zum Maximal- oder Minimalprinzip (Tab. 6.4).

Suchen Sie in Aussagen zum Maximal- oder Minimalprinzip nach dem *Ziel* und den zu seiner Erreichung vorgegebenen *Mitteln*. Bei Aufgaben zum Minimalprinzip ist meist die Aussage mit „kostengünstigste" die richtige Lösung.

Musteraufgabe Ökonomisches Prinzip

Die Klammer Bürobedarf GmbH beabsichtigt, in Berlin eine neue Geschäftsfiliale zu eröffnen. Bei den dazu notwendigen Maßnahmen soll das ökonomische Prinzip beachtet werden. Prüfen Sie, welche der folgenden Maßnahmen dem Maximalprinzip entspricht.

Tab. 6.4 Übersicht Ökonomisches Prinzip

	Ziel	Mittel
Maximalprinzip	Maximieren	Gegeben
Minimalprinzip	Gegeben	Minimieren

1. Die Planungsabteilung erhält den Auftrag, die notwendige Geschäftseinrichtung so kostengünstig wie möglich zu beschaffen.
2. Zur Geschäftseröffnung stehen 10.000 € für die notwendige Werbung zur Verfügung. Die Werbeabteilung erhält den Auftrag, ein Konzept zum effektivsten Einsatz dieser Mittel zu erarbeiten.
3. Für die neue Geschäftsfiliale soll weiteres Verkaufspersonal eingestellt werden.
4. Am neuen Standort soll ein möglichst großes Sortiment mit minimalem Verkäufereinsatz angeboten werden.
5. Zur Geschäftseröffnung werden die Preise niedriger angesetzt als in den umliegenden Geschäften der Konkurrenz.

Gesucht ist das *Maximalprinzip*. Die richtige Lösung ist *Aussage 2*: gegebene *Mittel* sind 10.000 €; das *Ziel*, das maximiert werden soll, ist der Werbeerfolg. *Aussage 1* entspricht dem *Minimalprinzip*: gegebenes *Ziel* ist, die Geschäftseinrichtung zu beschaffen; die Kosten, d. h. die einzusetzenden *Mittel*, sollen dabei so niedrig wie möglich gehalten werden. *Aussage 3* stellt ein Ziel dar, aber über einen Mitteleinsatz ist hier nichts gesagt. Beachten Sie, dass – wie es in *Aussage 4* vorkommt – niemals eine Aussage mit „maximal" und „minimal" die richtige Lösung sein kann. *Aussage 5* stellt zwar ein Mittel dar, um möglichst schnell einen Geschäftserfolg zu erzielen, über das Ziel ist in dieser Aussage jedoch nichts gesagt.

6.5 Übungsaufgaben

Aufgabe 1: Tarifautonomie

Sie verfolgen in einer Talkshow eine Diskussion über Möglichkeiten, die Arbeitslosigkeit in der Bundesrepublik Deutschland deutlich zu reduzieren. Ein Arbeitgebervertreter beklagt sich insbesondere darüber, dass durch die Forderungen der Gewerkschaft in den Tarifverhandlungen die ständig steigenden Lohnkosten eine weltweit wettbewerbsfähige Produktion in Deutschland immer schwieriger machen würden. Ein Vertreter der Bundesregierung weist darauf hin, dass es dem Staat nicht möglich ist, auf Tarifverhandlungen direkt einzuwirken. Auf welches ordnungspolitische Prinzip der sozialen Marktwirtschaft kann er sich dabei berufen?
1. Schutz des Privateigentums an den Produktionsmitteln
2. Erhalt und Förderung des Wettbewerbs
3. Gewerbefreiheit
4. Tarifautonomie
5. Recht auf freie Meinungsäußerung

Aufgabe 2: Marktwirtschaft

Das Wirtschaftssystem der Bundesrepublik Deutschland ist eine soziale Marktwirtschaft. In welcher Zeile sind drei Merkmale des Wirtschaftssystems der Bundesrepublik Deutschland richtig dargestellt?

1. Tarifautonomie – Sozialbindung des Eigentums – Dezentrale Planung und Lenkung
2. Staatliche Preisfestsetzung – Staatliche Einkommensumverteilung – Koalitionsfreiheit
3. Zentrale Planung und Lenkung -Tarifautonomie – Privateigentum
4. Kollektiveigentum – Dezentrale Planung und Lenkung – Tarifautonomie
5. Privateigentum – Zentrale Planung und Lenkung – Freizügigkeit

Aufgabe 3: Soziale Marktwirtschaft

Welche der folgenden staatlichen Maßnahmen ist mit der sozialen Marktwirtschaft vereinbar?

1. Sozialverträgliche Preisfestsetzung bei Grundnahrungsmitteln
2. Zuteilung von Produktionshelfern in wirtschaftskritischen Bereichen
3. Einführung von Investitionskontrollen bei Risiko-Technologien
4. Verstaatlichung der Stromwirtschaft
5. Verbot von Herstellerpreisbindungen

Aufgabe 4: Stiftung Warentest

Welche der folgenden Aussagen zur Stiftung Warentest ist richtig?

1. Die Stiftung Warentest wurde von Mitgliedern des Einzelhandelsverbands gegründet, um bessere Werbung für gute Produkte machen zu können.
2. Die Stiftung Warentest wird hauptsächlich durch Spenden der deutschen Produktionswirtschaft finanziert, damit die Konsumenten heimische Produkte kaufen und so Arbeitsplätze im Inland sichern.
3. Die Stiftung Warentest ist eine staatliche Institution, die der Industrie Vorgaben für die herzustellenden Produkte macht und diese dann in ihren Publikationen vorstellt.
4. Die Stiftung Warentest wird staatlich gefördert, damit sie Waren objektiv untersuchen und die Verbraucher darüber unterrichten kann.
5. Die Stiftung Warentest ist eine Abteilung des Verbraucherschutzministeriums, die als hoheitliche Gewalt gegenüber Unternehmen auch Strafen bei schlechten Produkten verhängen kann.

Aufgabe 5: Güterarten

Welche der folgenden Aussagen zu Bedürfnissen, Bedarf und Güterarten ist richtig?

1. Als Bedürfnisse bezeichnet man die mit Kaufkraft verbundene Nachfrage nach Gütern.
2. Ein Bedarf führt stets auch dazu, dass die benötigten Güter erworben werden.

3. Gebrauchsgüter sind Konsumgüter, die dem Konsumenten zum einmaligen Gebrauch dienen, wie z. B. Einweg-Rasierer.

4. Komplementärgüter werden auch als Ergänzungsgüter bezeichnet. Geht die Nachfrage nach einem Gut zurück, so wird auch vom Ergänzungsgut weniger gekauft.

5. Substitutionsgüter werden auch als Ersatzgüter bezeichnet. Sinkt der Preis eines Gutes, so wird es vollständig durch sein Ersatzgut ersetzt.

Aufgabe 6: Erwerbswirtschaftliches Prinzip

Die Bergthaler Büromaschinen GmbH handelt wie jedes marktwirtschaftliche Unternehmen nach dem erwerbswirtschaftlichen Prinzip. Welche Aussage entspricht diesem Prinzip?

1. Möglichst hohe Produktionszahlen, um zahlreiche Arbeitsplätze schaffen zu können.

2. Eine möglichst hohe Auslastung der Produktionsanlagen, um stets im Kostenminimum produzieren zu können.

3. Kooperation mit anderen Herstellern, um den Bedarf am Markt stets decken zu können.

4. Ein breites Sortiment, um möglichst jeden Kundenwunsch befriedigen zu können.

5. Gewinnmaximierung, um das Einkommen und damit die Zufriedenheit der Gesellschafter bestmöglich zu gestalten.

Aufgabe 7: Minimalprinzip

Die Bergthaler Büromaschinen GmbH verwendet bei der Produktion von Büromaschinen für das Gehäuse i. d. R. Stahlblechverkleidungen. Welche betriebliche Zielsetzung entspricht dem Minimalprinzip?

1. Die Bergthaler Büromaschinen GmbH will einen möglichst hohen Marktanteil auf dem Büromaschinenmarkt erzielen und sieht den Einsatz von Stahlblechen als Qualitätsmerkmal.

2. Die Vermarktung der Büromaschinen soll mit einem möglichst hohen Stückdeckungsbeitrag erfolgen, damit innovative Unternehmensbereiche quersubventioniert werden können.

3. Mit einem minimalen Verbrauch an Stahlblech soll eine maximale Menge an Büromaschinen gefertigt werden.

4. Mit einem hohen Verbrauch an Stahlblech soll eine maximale Menge an Büromaschinen gefertigt werden.

5. Mit einem möglichst geringen Verbrauch an Stahlblech soll eine bestimmte Menge an Büromaschinen gefertigt werden.

Aufgabe 8: Strukturwandel

Die folgende Abbildung zeigt den Vergleich der Wirtschaftsstruktur in Deutschland zu Beginn der industriellen Revolution und heute. Welche der folgenden Aussagen lässt sich aus der Darstellung ableiten?

1. Die Darstellung zeigt, inwieweit sich der Wohlstand unserer Gesellschaft in 200 Jahren verändert hat.
2. Der Anteil des Primärsektors an der gesamten Wirtschaftsleistung (Bruttoinlandsprodukt) hat erheblich zugenommen.
3. Während der tertiäre Sektor vor 200 Jahren nur eine geringe Bedeutung hatte, macht er heute über 70 % unserer gesamten Wirtschaftsleistung aus.
4. Die industrielle Produktion hat über 200 Jahre kontinuierlich zugenommen.
5. Während Deutschland im 18. Jahrhundert ein noch sehr rohstoffreiches Land war, sind diese Rohstoffe heute weitgehend ausgebeutet.

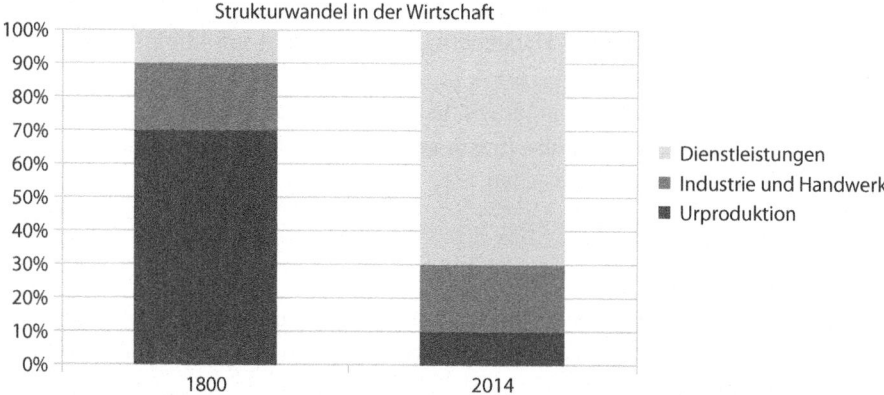

6.6   Lösungen zu den Übungsaufgaben

Lösung zu Aufgabe 1: Tarifautonomie

Antwort 4 ist richtig. Die *Tarifautonomie* beruht auf der Koalitionsfreiheit, die in Artikel 9 Grundgesetz als eines der Grundrechte festgeschrieben ist. Sie ist ferner im Tarifvertragsgesetz geregelt.

Lösung zu Aufgabe 2: Marktwirtschaft

Lesen Sie in *Artikel 14 Grundgesetz* die Sozialbindung des Eigentums nach. *Zeile 1* stellt die richtige Lösung dar. In Zeile 2 ist die *Staatliche Preisfestsetzung* falsch, in Zeile 3 und in Zeile 5 die *Zentrale Planung und Lenkung* und in Zeile 4 das *Kollektiveigentum.*

Lösung zu Aufgabe 3: Soziale Marktwirtschaft

Die *Bindung* des Handels an die Preisvorgaben des Herstellers ist, bis auf wenige Ausnahmen, z. B. bei Büchern zum Schutz der Autoren, verboten. *Aussage 5* ist hier die richtige Lösung. Auf vielen Produkten finden Sie die „unverbindliche Preisempfehlung des Herstellers", die für den Handel somit eine Preisobergrenze darstellt.

Lösung zu Aufgabe 4: Stiftung Warentest

Die *Stiftung Warentest* ist unabhängig von der Wirtschaft, kann aber keine staatliche Gewalt ausüben; damit ist *Aussage 4* richtig.

Lösung zu Aufgabe 5: Güterarten

Aussage 4 ist die *richtige Lösung. Bedürfnisse* (Aussage 1) müssen nicht mit Kaufkraft verbunden sein. Ein *Bedarf* (Aussage 2) führt nicht unbedingt auch zum Kauf. *Gebrauchsgüter* (Aussage 3) dienen dem Gebrauch. Das teurer werdende Gut (Aussage 5) wird mehr und mehr durch sein *Ersatzgut* (Substitutionsgut) ersetzt.

Lösung zu Aufgabe 6: Erwerbswirtschaftliches Prinzip

Das *erwerbswirtschaftliche Prinzip* ist grundlegend für die Marktwirtschaft, denn wenn die Unternehmer versuchen, ihre Gewinne zu maximieren, suchen sie nach der effizientesten Verwendung der Rohstoffe. Kapitalgeber investieren dort, wo sie hohe Gewinne erwarten können. Damit ist *Aussage 5* die richtige Lösung.

Lösung zu Aufgabe 7: Minimalprinzip

Das *gegebene Ziel* ist: Eine bestimmte Menge an Büromaschinen fertigen. Dabei soll möglichst wenig Stahlblech (*minimale Mittel*) verbraucht werden. *Aussage 5* ist die richtige Lösung.

Lösung zu Aufgabe 8: Strukturwandel

Wenn Sie die Urproduktion als *Primärsektor* und Dienstleistungen als *tertiären Sektor* identifizieren konnten, haben Sie in *Aussage 3* die richtige Lösung gefunden.

Angebot und Nachfrage 7

Aufgaben zum Thema Angebot und Nachfrage betreffen das Zusammenwirken von *Nachfragekurve* und *Angebotskurve*, die *Funktionen des Preises*, das Idealmodell des *vollkommenen Marktes* und das *Marktformenschema*.

7.1 Gleichgewicht

Der *Markt* wird allgemein definiert als das *Zusammentreffen von Angebot und Nachfrage*. *Nachfrager* befriedigen ihre *Bedürfnisse* durch den Kauf von Gütern und Dienstleistungen. Sie sind bereit, eine umso größere Menge zu kaufen, je niedriger der Preis ist. *Anbieter* maximieren ihren *Gewinn* durch den Verkauf von Gütern und Dienstleistungen. Je höher der Preis ist, umso größer ist die angebotene Menge.

> Der Preis bestimmt die Menge.

Da *Preis und Menge* die beiden Kriterien sind, an denen sich sowohl Anbieter als auch Nachfrager orientieren, lässt sich ein Markt in einem *Preis-Mengen-Diagramm* grafisch darstellen. Beachten Sie, dass der *Preis* immer auf der *senkrechten* und die *Menge* auf der *waagerechten* Achse dargestellt wird.

Gleichgewicht herrscht bei dem Preis, bei dem die angebotene Menge der nachgefragten Menge entspricht; der Markt wird geräumt (*Markträumung*), da alle *Nachfrager*, die bereit sind, den *Gleichgewichtspreis* zu zahlen, die von ihnen *gewünschte Menge erhalten*,

© Springer Fachmedien Wiesbaden 2015
M. Wünsche, *Wirtschafts- und Sozialkunde (IHK)*,
DOI 10.1007/978-3-658-06755-7_7

Tab. 7.1 Übersicht Preis-Mengen-Diagramm

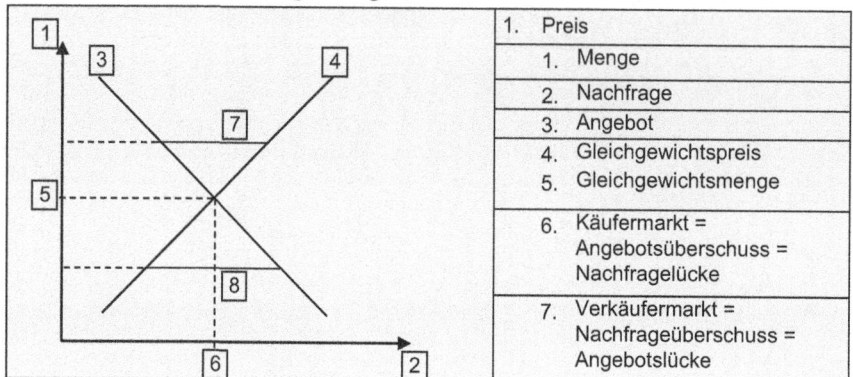

1.	Preis
1.	Menge
2.	Nachfrage
3.	Angebot
4.	Gleichgewichtspreis
5.	Gleichgewichtsmenge
6.	Käufermarkt = Angebotsüberschuss = Nachfragelücke
7.	Verkäufermarkt = Nachfrageüberschuss = Angebotslücke

und alle *Anbieter*, die bereit sind, zum Gleichgewichtspreis zu verkaufen, die Menge, die ihnen zum Verkauf zur Verfügung steht, *vollständig loswerden.* Die Menge, bei der der Markt geräumt wird, heißt *Gleichgewichtsmenge.*

Die wichtigste *Funktion* des Preises ist, den Ausgleich von Angebot und Nachfrage herbeizuführen (*Ausgleichsfunktion des Preises*).

Liegt der *Preis über dem Gleichgewichtspreis*, dann ist das Angebot größer als die Nachfrage. Man spricht von einem *Angebotsüberschuss* bzw. einer *Nachfragelücke* oder auch von einem *Käufermarkt*, da die Anbieter sich nun um die Gunst der Käufer bemühen und die Konkurrenz ausstechen müssen. Dies führt tendenziell dazu, dass der Preis sinkt.

Liegt der *Preis unter dem Gleichgewichtspreis*, dann ist das Angebot kleiner als die Nachfrage. Man spricht von einem *Nachfrageüberschuss* bzw. einer *Angebotslücke* oder auch von einem *Verkäufermarkt*, da die Anbieter sich nun aussuchen können, an wen sie verkaufen. Dies führt tendenziell dazu, dass der Preis steigt.

In einer Ungleichgewichtssituation (Käufermarkt oder Verkäufermarkt) ist die Tendenz zur Annäherung an das Gleichgewicht umso stärker, je näher der betreffende Markt am Idealmodell des vollkommenen Marktes liegt. Gibt es sehr viele Marktteilnehmer (Anbieter und Nachfrager), wird der Ausgleich zügig erfolgen.

Trainieren Sie anhand der nachfolgenden Übersicht die bisher genannten Fachbegriffe (Tab. 7.1).

Prüfungsaufgaben zum Preis-Mengen-Diagramm fordern von Ihnen die richtige *Benennung der Fachbegriffe* und richten sich auf den *Verlauf der Nachfragekurve.*

Musteraufgabe Verlauf der Nachfragekurve

Der Verlauf der Nachfragekurve zeigt das Verhalten der Nachfrager am Markt. Ordnen Sie die nachfolgend dargestellten Situationen den geschilderten Sachverhalten zu.

1. Situation 1
2. Situation 2
3. Situation 3
4. Keine der dargestellten Situationen

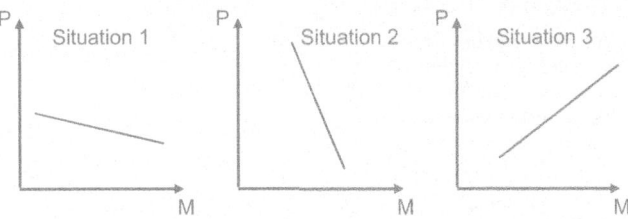

Sachverhalte

a. Die Nachfrage nach Benzin ist unelastisch: Bei steigenden Preisen geht die nachgefragte Menge nach Benzin nicht sehr stark zurück, da die meisten Autobesitzer auf ihr Fahrzeug angewiesen sind und wenig Ausweichmöglichkeiten zur Verfügung haben.

b. Für Nachfrager nach Luxus-Designer-Soundsystemen ist es aus Prestigegründen wichtig, einen besonders hohen Preis für die Anlage bezahlt zu haben.

c. Aufgrund des vielfältigen touristischen Angebots an Billigbadeurlauben ist für einzelne Ferienorte schon bei einer geringen Preissteigerung ein deutlicher Nachfragerückgang zu spüren.

d. Auf Wochenmärkten senken die Anbieter kurz vor Schluss die Preise verderblicher Waren erheblich, da es für sie günstiger ist, die Waren nicht wieder mitzunehmen.

Der *Verlauf der Nachfragekurve* zeigt, wie die Nachfrager auf eine Preisänderung reagieren. Sind sie auf das Gut sehr angewiesen, wie in *Sachverhalt a)* für den *Benzinmarkt* dargestellt, so wird die nachgefragte Menge nur wenig zurückgehen, die Nachfragekurve verläuft steil, *Situation 2* ist die richtige Lösung.

Haben die Nachfrager hingegen *gute Ausweichmöglichkeiten*, wie in *Sachverhalt c)* dargestellt, wird der Mengenrückgang aufgrund einer Preissteigerung deutlich höher sein, die Nachfragekurve verläuft flacher, wie in *Situation 1* dargestellt.

Der Sonderfall *Luxusgut* wird in *Sachverhalt b)* dargestellt: Je höher der Preis, umso höher die nachgefragte Menge, *Situation 3*. Beachten Sie, dass *Sachverhalt d)* keine Aussage über das Verhalten der Nachfrager macht, damit ist hier die *4* die richtige Lösungsziffer.

Musteraufgabe Verschiebung der Nachfragekurve

Die nebenstehende Grafik zeigt eine Verschiebung der Nachfragekurve von N1 nach N2 auf dem Markt für Staubsauger.

a) Welche der in der Grafik eingetragenen Ziffern gibt den Gleichgewichtspreis vor der Verschiebung der Nachfragekurve an?

b) Welche der in der Grafik eingetragenen Ziffern gibt die Gleichgewichtsmenge nach der Verschiebung der Nachfragekurve an?

c) Welche der folgenden Aussagen gibt die Ursache für die Verschiebung zutreffend an?

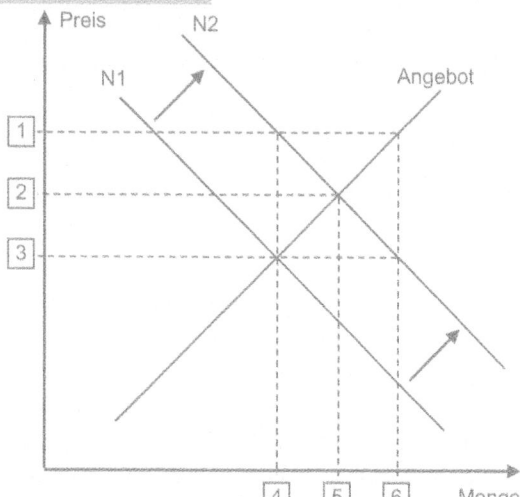

1. Aufgrund zunehmender Billigimporte aus ostasiatischen Ländern ist die Nachfrage im Inland zurückgegangen.

2. Aufgrund der zunehmenden Auslandsnachfrage nach Staubsaugern musste das Angebot im Inland verringert werden.

3. Aufgrund einer Erhöhung der Sparquote hat das verfügbare Einkommen der privaten Haushalte abgenommen.

4. Die allmähliche Sättigung des Marktes für Staubsauger zeigt sich im dargestellten Verhalten der Nachfrager.

5. Die Zunahme von Single-Haushalten führt zur Nachfragesteigerung.

Lenken Sie bei einer Aufgabe zur Verschiebung der Nachfragekurve Ihren Blick zunächst auf die *Richtung der Verschiebung*, damit Sie die *ursprüngliche und* die *neue Gleichgewichtssituation* genau unterscheiden können. Dann achten Sie in der Aufgabenstellung besonders darauf, ob nach dem *Gleichgewichtspreis oder* der *Gleichgewichtsmenge* gefragt ist, und ob *vor oder nach* der Verschiebung.

Ziffer 3 gibt den *Gleichgewichtspreis vor* der Verschiebung an und ist damit die richtige Lösung für *Aufgabenteil a)*. Ziffer 2 gibt den *Gleichgewichtspreis nach* der Verschiebung an. Ziffer 1 soll nur dazu dienen, Sie zu verwirren.

Ziffer 5 gibt die *Gleichgewichtsmenge nach* der Verschiebung an und ist damit für *Aufgabenteil b)* die richtige Lösung. Ziffer 4 gibt die *Gleichgewichtsmenge vor* der Verschiebung an. Ziffer 6 soll nur dazu dienen, Sie zu verwirren.

Aufgabenteil c) fragt nach der *Ursache für die Verschiebung* der Nachfragekurve. Sie sehen in der Grafik, dass die *Nachfrage zugenommen* hat: Bei den jeweiligen Preisen wird eine größere Menge als vorher nachgefragt bzw. die Nachfrager sind bereit, für die gleiche Menge einen höheren Preis zu zahlen. Ursachen für diese *Verhaltensänderung*

Tab. 7.2 Übersicht Verschiebung Angebots- und Nachfragekurve

Verschiebung der Nachfragekurve nach		Verschiebung der Angebotskurve nach	
rechts oben	*links unten*	*links oben*	*rechts unten*
0 Erhöhung des Einkommens oder Zunahme der Präferenzen (Vorlieben)	Senkung des Einkommens oder Abnahme der Präferenzen (Vorlieben)	Zunahme der Produktionskosten oder Abnahme des Wettbewerbs (weniger Anbieter auf dem Markt)	Abnahme der Produktionskosten oder Zunahme des Wettbewerbs (z. B. ostasiatische Billiganbieter)

bei den Nachfragern können sein, dass ihr *Einkommen* zugenommen hat oder dass sie stärkere *Vorlieben* (Präferenzen) bzw. einen höheren Bedarf für das Gut entwickelt haben. *Aussage 5* ist die richtige Lösung: Mehr *Single-Haushalte* bedeuten einen höheren Bedarf an Staubsaugern.

Beachten Sie zu *Aussage 2*, dass sich die *Angebotskurve* nicht verändert hat, daher muss Aussage 2 falsch sein. Die *Sparquote* (*Aussage 3*) ist der Anteil des verfügbaren Einkommens, der nicht für den Konsum verwendet wird. Eine *Sättigung* (*Aussage 4*) bedeutet, dass die Nachfrage zurückgeht.

Die folgende *Übersicht* gibt Ihnen *Richtung und Ursachen aller möglichen Verschiebungen* von Angebots- und Nachfragekurve an. Aufgaben zur Verschiebung der Angebotskurve kommen sehr selten vor (Tab. 7.2).

Eine *Erhöhung des Angebots* bedeutet, dass sich die *Angebotskurve nach unten* verschiebt: Nimmt z. B. die Zahl der Anbieter zu, verschärft sich der Wettbewerb, der Preis sinkt.

Musteraufgabe Gleichgewicht ermitteln

Einem Börsenmakler liegen für eine von ihm betreute Aktie folgende Kauf- und Verkaufsorder vor:

Kaufaufträge	Verkaufsaufträge
40 Stück zu maximal 3,00 Euro je Stück	30 Stück zu mindestens 3,00 Euro je Stück
30 Stück zu maximal 3,20 Euro je Stück	50 Stück zu mindestens 3,20 Euro je Stück
20 Stück zu maximal 3,40 Euro je Stück	20 Stück zu mindestens 3,40 Euro je Stück
20 Stück zu maximal 3,60 Euro je Stück	30 Stück zu mindestens 3,60 Euro je Stück
20 Stück billigst	10 Stück bestens
Insgesamt: 130 Stück	Insgesamt: 140 Stück

a. Ermitteln Sie den Gleichgewichtspreis.

b. Ermitteln Sie die Gleichgewichtsmenge.

c. Wie hoch ist der Umsatz bei einem Kurs von 3,60 €?

d. Wie hoch ist der Umsatz bei einem Kurs von 3,00 €?

Bei dieser Aufgabe ist das *Verhalten der Anbieter und Nachfrager* nicht grafisch darge-
stellt, sondern Sie erhalten konkrete Preise und Mengen als *Kaufwünsche der Nachfrager*
(Kaufaufträge) und *Verkaufswünsche der Anbieter* (Verkaufsaufträge) genannt. Zeichnen
Sie sich als *Lösungshilfe* zu einer solchen Aufgabe eine *Tabelle*, in der Sie zunächst *in der
Mitte die Preise* bzw. Kurse eintragen:

Käufe	Kurs	Verkäufe

Je niedriger der Preis (Kurs), umso größer ist die Nachfrage. Daher tragen Sie bei den
Käufen beim *niedrigsten Kurs* die *gesamte nachgefragte Menge* (alle Kauforder) ein und
ziehen für jede Preissteigerung die Anzahl der Kauforder ab, für die das *Maximal-Krite-
rium* nicht mehr erfüllt ist.

Je höher der Preis (Kurs), umso größer ist das Angebot. Daher tragen Sie bei den Ver-
käufen beim *höchsten Kurs* die *gesamte angebotene Menge* (alle Verkaufsorder) ein und
ziehen für jede Preissenkung die Anzahl der Verkaufsorder ab, für die das *Mindestens-Kri-
terium* nicht mehr erfüllt ist.

Käufe	Kurs	Verkäufe	Umsatz
130	3,00	40	120
90	3,20	90	288
60	3,40	110	204
40	3,60	140	144

Bei einem Kurs von 3,20 € entspricht die Zahl der Kauforder der der Verkaufsorder, das
ist die *Gleichgewichtssituation*.

a. Der Gleichgewichtspreis beträgt 3,20 €.
b. Die Gleichgewichtsmenge beträgt 90 Stück.
c. Beim Kurs von 3,60 € stehen 140 Verkaufsorder nur 40 Kauforder gegenüber, es handelt sich daher um einen Käufermarkt, das Angebot ist größer als die Nachfrage. Es
   können nur 40 Verkaufsorder ausgeführt werden, da nur für diese auch Kauforder vorliegen. Daher beträgt der Umsatz $40 \times 3,60 \text{ €} = 144 \text{ €}$.
d. Beim Kurs von 3,00 € stehen 130 Kauforder nur 40 Verkaufsorder gegenüber, es handelt sich daher um einen Verkäufermarkt, das Angebot ist kleiner als die Nachfrage.
   Es können nur 40 Kauforder ausgeführt werden, da nur für diese auch Verkaufsorder
   vorliegen. Daher beträgt der Umsatz $40 \times 3,00 \text{ €} = 120 \text{ €}$.

Tab. 7.3 Übersicht Wichtige Preisfunktionen

Ausgleichsfunktion	Der Preis gleicht Angebot und Nachfrage aus
Informationsfunktion	Preisänderungen informieren über veränderte Knappheit
Lenkungsfunktion	Der Preis lenkt die Güter in die bestmögliche Verwendung

Es gibt auch die *Aufgabenvariation*, dass die *Lösungstabelle* in der Aufgabenstellung bereits *gegeben* ist. Dann müssen Sie nur noch ablesen, bei welchem Preis angebotene und nachgefragte Menge übereinstimmen.

Musteraufgabe Preisfunktionen

Welche Funktion hat der Preis in der Marktwirtschaft?
1. Informationsfunktion – Er informiert über die Kosten der Herstellung eines Gutes.
2. Lenkungsfunktion – Er lenkt die Nachfrage zu den qualitativ besten Produkten.
3. Einordnungsfunktion – Er gibt die Marktstellung eines Anbieters an.
4. Wertermittlungsfunktion – Er gibt den objektiven Wert eines Gutes an.
5. Ausgleichsfunktion – Er sorgt für den Ausgleich zwischen Angebot und Nachfrage.

Die wichtigste Funktion des Preises ist die *Ausgleichsfunktion*: Er sorgt für den Ausgleich von Angebot und Nachfrage und damit für Markträumung. *Aussage 5* ist die richtige Lösung. Die folgende *Übersicht* nennt Ihnen die wichtigen Preisfunktionen (Tab. 7.3):

Die Informationsfunktion wird auch als *Signalfunktion* bezeichnet.

7.2 Vollkommener Markt

Das *Modell des vollkommenen Marktes* nennt eine Reihe von *Idealkriterien*, an denen gemessen werden kann, wie gut der *Preismechanismus* auf tatsächlich existierenden Märkten funktioniert. *Prüfungsaufgaben* zum vollkommenen Markt fragen diese Kriterien ab. Die folgende *Übersicht* zeigt Ihnen alle gängigen Kriterien, die in einer Prüfungsaufgabe vorkommen können (Tab. 7.4):

Prüfen Sie anhand von Märkten in der Praxis, inwieweit diese Idealkriterien verletzt sind und welche Wirkung dies hat. Z. B. gibt es auf dem *Markt für Gesundheitsdienstleistungen* Schranken für die Anbieter: Ärzte brauchen eine Zulassung und dürfen keine Werbung machen. *Banken* versuchen gegen die Gleichartigkeit ihrer Dienstleistungen anzukommen, indem sie in Kundenbindung (Schaffung von Präferenzen) investieren. *Anbieter von Handy-Verträgen* heben die Gleichartigkeit durch sehr differenzierte Tarifgestaltung auf.

Tab. 7.4 Übersicht Kriterien des vollkommenen Marktes

Vollkommene Konkurrenz	Vielen Nachfragern stehen viele Anbieter gegenüber; niemand kann alleine das Marktgeschehen beeinflussen (Polypol)
Gleichartigkeit der Güter	Weder Anbieter noch Nachfrager beachten Unterschiede bei den Gütern nach Qualität, Ausstattung, etc
Keine Vorlieben (Präferenzen)	Weder Anbieter noch Nachfrager ziehen bestimmte Marktpartner vor, z. B. wegen langjähriger Geschäftsbeziehungen
Hohe Reaktionsgeschwindigkeit	Neue Informationen werden sehr schnell (sofort) im Verhalten berücksichtigt
Punktmarkt	Angebot und Nachfrage treffen sich am selben Ort zur selben Zeit
Vollkommene Information	Jeder Marktteilnehmer verfügt über alle Informationen, die er für sein Verhalten benötigt (Markttransparenz)
Keine Marktzutrittsschranken	Jeder, der am Markt als Anbieter oder Nachfrager auftreten will, hat die Möglichkeit dazu

---

Musteraufgabe Vollkommener Markt

Der vollkommene Markt ist das Idealmodell eines Marktes in der Marktwirtschaft. Prüfen Sie, welche der folgenden Aussagen nicht zu den Bedingungen eines vollkommenen Marktes gehört.

1. Es gibt keine Marktzutrittsschranken.
2. Die Nachfrager bevorzugen keinen bestimmten Anbieter.
3. Alle Marktteilnehmer haben vollständige Marktübersicht.
4. Für die Nachfrager ist die unterschiedliche Qualität der Produkte wichtig.
5. Käufer und Verkäufer reagieren sofort auf veränderte Marktsituationen.

Aussage 4 entspricht nicht der Bedingung *Gleichartigkeit der Güter* und ist daher die gesuchte Lösung.

7.3 Marktformen

Das *Polypol* (viele Anbieter und viele Nachfrager) ist eine Bedingung des vollkommenen Marktes. In der wirklichen Welt gibt es – nach der Anzahl der Marktteilnehmer – verschiedene Marktformen. In der folgenden *Übersicht* sind die Fachbegriffe genannt, die in Prüfungsaufgaben richtig zugeordnet werden müssen (Tab. 7.5):

Die Begriffe sind nicht leicht zu lernen. *Mono* ist griechisch für *Einer* (wie in Monotonie). *Oligo* heißt *Wenige* (wie in Oligarchie) und *Poly* bedeutet *Viele* (wie in polyglott).

Tab. 7.5 Übersicht Marktformen

Marktsituationen		Nachfrager		
		Einer	Wenige	Viele
Anbieter	Einer	Zweiseitiges Monopol	Beschränktes Angebots-Monopol	Angebots-Monopol
	Wenige	Beschränktes Nachfrage-Monopol	Zweiseitiges Oligopol	Angebots-Oligopol
	Viele	Nachfrage-Monopol	Nachfrage-Oligopol	Polypol

Gehen Sie von der kleineren Seite aus: Z. B. liegt bei einem Anbieter ein Angebotsmonopol vor; sind es wenige Nachfrager, so ist das Angebotsmonopol beschränkt.

Achten Sie darauf, ob sich die Anbieter oder die Nachfrager in der *Kopfzeile* befinden und in welcher *Reihenfolge* „einer, wenige, viele" angegeben sind. Dies wird von Prüfung zu Prüfung häufig verändert.

Musteraufgabe Marktformen

Mit welcher Ziffer der folgenden Tabelle lässt sich der Markt für Benzin kennzeichnen?

Marktsituationen	Viele Anbieter	Wenige Anbieter	Ein Anbieter
Viele Nachfrager	1	2	3
Wenige Nachfrager	4	5	6
Ein Nachfrager	7	8	9

Es gibt *wenige Anbieter* von Benzin, die Mineralölkonzerne. *Nachfrager* sind alle Autobesitzer, und das sind *viele*. Damit ist *Ziffer 2* richtig. Es ist ein *Angebotsoligopol*.

Prüfungsaufgaben zu den Marktformen haben als Lösung meist das *Angebotsoligopol* oder das *Polypol* (viele – viele), weil es in der Praxis wenige wirklich eindeutige Beispiele für die anderen Marktformen gibt.

7.4 Übungsaufgaben

Aufgabe 1: Preisbildung

Prüfen Sie, welche der folgenden Aussagen zum Modell von Angebot und Nachfrage zutreffend ist.

1. Der Gleichgewichtspreis sinkt, wenn die Nachfrage bei unverändertem Angebot steigt.
2. Der Gleichgewichtspreis sinkt, wenn das Angebot bei unveränderter Nachfrage sinkt.
3. Der Gleichgewichtspreis sinkt, wenn das Angebot sinkt und die Nachfrage steigt.
4. Der Gleichgewichtspreis steigt, wenn die Nachfrage bei unverändertem Angebot sinkt.
5. Der Gleichgewichtspreis steigt, wenn das Angebot bei unveränderter Nachfrage steigt.
6. Der Gleichgewichtspreis steigt, wenn das Angebot sinkt und die Nachfrage steigt.

Aufgabe 2: Angebotsminderung

Welcher der folgenden Sachverhalte wirkt sich auf dem Markt für Laserdrucker angebotsvermindernd aus?
1. Durch Rationalisierungsmaßnahmen sinken die Stückkosten.
2. Die Auftragseingänge haben zugenommen.
3. Die Lohnabschlüsse lagen unter dem Produktivitätsfortschritt.
4. Die Absatzchancen auf den asiatischen Märkten verschlechtern sich.
5. Die Abschreibungsmöglichkeiten für Investitionsgüter wurden verbessert.

Aufgabe 3: Steigerung der Nachfrage

Welcher der folgenden Sachverhalte führt zu einer Steigerung der Nachfrage auf dem Markt für Fax-Geräte?
1. Wegfall von Sonderabschreibungsmöglichkeiten
2. Zunahme der Rohstoffkosten
3. Senkung der Einkommensteuersätze und sinkende Sparquote der privaten Haushalte
4. Sinkende Auftragseingänge
5. Festsetzung von Importkontingenten

Aufgabe 4: Sinkende Nachfrage

Durch welche Veränderung sinkt die nachgefragte Menge an Mikrowellengeräten?
1. Die Kreditzinsen werden gesenkt.
2. Die Sparquote der privaten Haushalte nimmt ab.
3. Die Einkommensteuer wird gesenkt.
4. Die Umsatzwertsteuer wird erhöht.
5. Es werden Mikrowellengeräte mit Zusatzfunktionen zum gleichen Preis angeboten.

Aufgabe 5: Preisfunktionen

Dem Preis werden in einer Marktwirtschaft die folgenden Funktionen zugeschrieben:

1. Lenkungsfunktion
2. Signalfunktion
3. Erziehungsfunktion
4. Ausgleichsfunktion

Ordnen Sie den folgenden Sachverhalten die jeweils beschriebene Preisfunktion richtig zu.

a. Ist die Nachfrage größer als das Angebot, so steigt der Preis. Dadurch wird der Markt für Anbieter attraktiver, während die Nachfrage zurückgeht, bis Angebot und Nachfrage etwa gleich groß sind.

b. Nachfrager, die nicht bereit sind, den auf dem Markt geltenden Preis zu zahlen, müssen auf den Konsum der gewünschten Güter verzichten.

c. Unternehmen planen für den Markt unter dem Gesichtspunkt der Gewinnmaximierung. Sie produzieren Güter, für die ein möglichst hoher Preis zu erzielen ist. Konsumenten verteilen ihr Einkommen auf dem Markt so, dass sie einen möglichst hohen Nutzen erzielen.

d. Der Marktpreis spiegelt die Knappheitsverhältnisse der Güter wider und gibt so Orientierungshilfen für Anbieter und Nachfrager. Ein steigender Preis signalisiert, dass das Gut knapper wird.

e. Ist das Angebot größer als die Nachfrage, so sinkt der Preis. Dadurch wird der Markt für Nachfrager attraktiver, während das Angebot eingeschränkt wird, bis Angebot und Nachfrage etwa gleich groß sind.

f. Anbieter, die mit zu hohen Kosten produzieren und deshalb zu hohe Preise verlangen, werden vom Markt verdrängt.

Aufgabe 6: Gleichgewicht ermitteln

Einem Makler an der Kaffeebörse liegen folgende Kauf- und Verkaufsaufträge vor:

Kaufaufträge		Verkaufsaufträge	
Säcke	Maximalpreis	Säcke	Mindestpreis
150.000	0,50 Euro/Sack	150.000	0,65 Euro/Sack
60.000	0,55 Euro/Sack	90.000	0,60 Euro/Sack
90.000	0,60 Euro/Sack	135.000	0,55 Euro/Sack
45.000	0,65 Euro/Sack	60.000	0,50 Euro/Sack

a. Ermitteln Sie den Gleichgewichtspreis für einen Sack Kaffee.

b. Wie viele Säcke Kaffee werden zum Gleichgewichtspreis abgesetzt?

c. Stellen Sie fest, welche Marktsituation bei einem Preis von 0,60 € je Sack Kaffee vorliegt.

    1. Verkäufermarkt – Nachfragelücke

    2. Käufermarkt – Angebotsüberhang

    3. Käufermarkt – Nachfrageüberhang

    4. Verkäufermarkt – Angebotslücke

    5. Gleichgewicht – Angebot = Nachfrage

d. Wie hoch ist der Umsatz bei einem Preis von 0,65 € je Sack Kaffee?

Aufgabe 7: Verschiebung der Nachfragekurve

Die nebenstehende Grafik zeigt eine Verschiebung der Nachfragekurve von N1 nach N2 auf dem Markt für Nudeln.

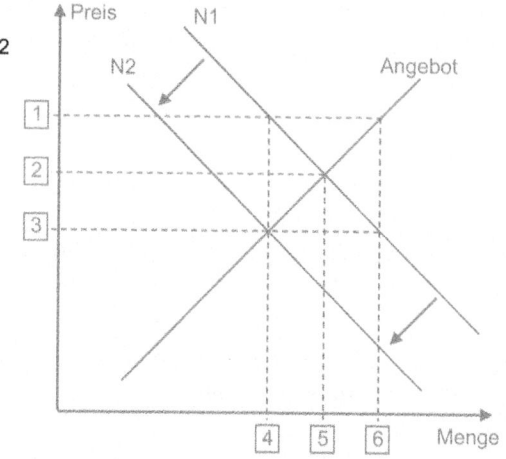

a) Welche der in der Grafik eingetragenen Ziffern gibt die Gleichgewichtsmenge vor der Verschiebung der Nachfragekurve an?

b) Welche der in der Grafik eingetragenen Ziffern gibt den Gleichgewichtspreis nach der Verschiebung der Nachfragekurve an?

c) Welche der folgenden Aussagen gibt die Ursache für die Verschiebung zutreffend an?

    1. Aufgrund der schlechten Wirtschaftslage sparen die privaten Haushalte einen größeren Teil ihres verfügbaren Einkommens. Ferner ist aufgrund der zunehmenden Auslaugung der Böden der Ernteertrag bei Weizen zurückgegangen, was zu einem deutlichen Anstieg der Preise für Nudeln geführt hat.

    2. Aufgrund sinkender Zinsen hat die Sparneigung der privaten Haushalte abgenommen. Unterstützt wird dies durch die Erhöhung der Einfuhr von Nudelprodukten aus südamerikanischem Anbau.

    3. Die Nudelproduzenten mussten aufgrund knapper Auftragslage die Preissteigerungen auf dem Markt für landwirtschaftliche Geräte an die Verbraucher weitergeben.

    4. Wegen der Diskussion um die gesundheitlichen Gefahren genmanipulierten Weizens, der zur Nudelproduktion eingesetzt wird, ist das Vertrauen der Verbraucher in das Konsumgut Nudeln gesunken.

    5. Der Preis für das Substitutionsgut Kartoffeln ist gestiegen.

Aufgabe 8: Vollkommener Markt

Sie lesen in der Wirtschaftspresse, dass auf einem Markt die Anpassung der Preise an die veränderte Marktsituation nur zögerlich stattfindet. Welche Bedingung des vollkommenen Marktes ist nicht erfüllt?

1. Weder Anbieter und Nachfrager haben Präferenzen (Vorzüge).
2. Alle Marktteilnehmer haben vollständige Marktübersicht.
3. Die angebotenen Güter werden als gleichartig wahrgenommen.
4. Angebot und Nachfrage treffen zur gleichen Zeit am selben Ort aufeinander.
5. Käufer und Verkäufer reagieren sofort auf veränderte Marktsituationen.

Aufgabe 9: Käufer- und Verkäufermarkt

Prüfen Sie, in welcher Zeile die Merkmale eines Käufermarktes und eines Verkäufermarktes richtig zugeordnet sind.

	Merkmale des Käufermarktes	Merkmale des Verkäufermarktes
1.	Es herrscht große Konkurrenz auf der Anbieterseite.	Das Angebot ist größer als die Nachfrage.
2.	Die Verkäufer bestimmen das Marktgeschehen.	Gut informierte, kritische und preisbewusste Konsumenten stehen den Anbietern gegenüber.
3.	Produktionsengpässe führen zu längeren Lieferfristen.	Es herrscht große Konkurrenz und harter Wettbewerb auf der Anbieterseite.
4.	Die Käufer bestimmen das Marktgeschehen.	Auf der Anbieterseite herrscht geringer Wettbewerb.
5.	Die Nachfrage ist größer als das Angebot.	Das Angebot ist kleiner als die Nachfrage.

Aufgabe 10: Marktformen

Je nach Zahl der Anbieter und Nachfrager, die sich auf einem Markt begegnen, unterscheidet man verschiedene Marktformen. Ordnen Sie zu, indem Sie die Kennziffern von 4 der insgesamt 7 Beispiele für Marktsituationen in die Kästchen bei den Marktformen eintragen.

Marktsituationen	Marktformen	
1. Fluggesellschaften kaufen Großraumpassagierflugzeuge.	Angebotsoligopol	
2. Auf Wochenmärkten wird Obst und Gemüse angeboten.	Nachfrageoligopol	
3. Der deutsche Staat kauft eigens für Reisepässe gefertigtes Spezialpapier.	Nachfragemonopol	
4. Wenige Molkereien kaufen die gesamte Milch der Landwirte einer Region auf.	Zweiseitiges Oligopol	
5. Wenige große Software-Unternehmen bieten professionelle Publishing-Software an.		
6. Ein Vertragshändler für Einbauküchen bezieht sein Sortiment ausschließlich von einem großen Möbelhersteller.		
7. Kaninchenzüchter bieten ihre Zuchterfolge auf überregionalen Messen an.		

Aufgabe 11: Angebotsmonopol

Ein Software-Unternehmen bringt ein neues Programm auf den Markt, für das es bisher keinerlei Konkurrenz gibt, das aber bei der Zielgruppe der Nachfrager auf sehr großes Interesse stößt. Welche der folgenden Aussagen über die Preispolitik des Software-Unternehmens in dieser Situation ist zutreffend?

1. Das Software-Unternehmen hat eine Monopolstellung inne und muss daher bei seiner Preispolitik auf die Nachfrager und ihre Preisvorstellungen keine Rücksicht nehmen.
2. Trotz seiner Monopolstellung muss das Software-Unternehmen bei seiner Preisfindung Preisvorstellungen und Zahlungsbereitschaft der Nachfrager in seine Überlegungen mit einbeziehen.
3. Das Software-Unternehmen kann die Absatzmenge beliebig und ohne Wirkung auf den Preis festlegen.
4. Je größer die verkaufte Anzahl Lizenzen, umso höher ist der Gewinn, auch wenn der Preis für höhere Verkaufszahlen gesenkt werden muss.
5. Das Software-Unternehmen kann den Preis beliebig hoch festsetzen, ohne Absatzprobleme zu bekommen.

Aufgabe 12: Marktformen

Der Eigentümer eines gebrauchten Mittelklasse-Pkws bietet sein Fahrzeug auf einem großen Gebrauchtfahrzeugmarkt zum Verkauf an. Prüfen Sie, um welche Marktform es sich im dargestellten Sachverhalt handelt.

1. Vollkommener Markt
2. Verbrauchsgütermarkt

3. Monopol
4. Oligopol
5. Polypol

7.5 Lösungen zu den Übungsaufgaben

Lösung zu Aufgabe 1: Preisbildung

Erstellen Sie sich zu jeder Aussage eine *Zeichnung* und überprüfen Sie die sich ergebenden *Veränderungen von Preis und Menge*. Richtig ist *Aussage 6*.

Lösung zu Aufgabe 2: Angebotsminderung

Angebotsminderung bedeutet, dass sich die Angebotskurve nach *links oben* verschiebt. Wenden Sie bei dieser Aufgabe die *Methode der Negativauswahl* an. Die Sachverhalte 1, 2, 3 und 5 stellen eine Verbesserung, d. h. Ausweitung des Angebots dar. Daher muss *Sachverhalt 4* die gesuchte Lösung sein.

Lösung zu Aufgabe 3: Steigerung der Nachfrage

Sowohl durch die *Senkung der Einkommensteuersätze* als auch durch die *verminderte Sparquote* haben die Haushalte mehr Einkommen zum Konsum zur Verfügung, damit steigt die Nachfrage; *Aussage 3* ist die richtige Lösung.

Lösung zu Aufgabe 4: Sinkende Nachfrage

Die Erhöhung der Umsatzsteuer *verteuert* die Produkte, bewirkt eine Verschiebung der *Angebotskurve* nach *links oben*. Die *nachgefragte Menge* geht zurück. *Aussage 4* ist die richtige Lösung. Alle anderen Aussagen erhöhen die Nachfrage.

Lösung zu Aufgabe 5: Preisfunktionen

a) und e)	Über den Preismechanismus kommt es zum Ausgleich von Angebot und Nachfrage: *4. Ausgleichsfunktion*
b) und f)	Der Preis wirkt auf das Verhalten der Marktteilnehmer, führt zu einem Lerneffekt: *3. Erziehungsfunktion*
c)	Der Preis lenkt die volkswirtschaftlichen Ressourcen und Güter in die bestmögliche Verwendung: *1. Lenkungsfunktion*
d)	Preisänderungen *signalisieren* bzw. informieren über veränderte Knappheit von Gütern: *2. Signalfunktion* (auch: Informationsfunktion)

Lösung zu Aufgabe 6: Gleichgewicht ermitteln

Mit Hilfe der *Lösungstabelle* finden Sie heraus, dass *(a)* bei *0,55 €* sowohl *(b)* die Kaufaufträge als auch die Verkaufsaufträge *195.000 Sack* betragen, damit haben Sie den *Gleichgewichtspunkt* gefunden.

Käufe	Kurs	Verkäufe	Umsatz
345.000	0,50	60.000	30.000
195.000	**0,55**	**195.000**	107.250
135.000	0,60	285.000	81.000
45.000	0,65	435.000	**29.250**

c) Bei *0,60 €* ist das Angebot größer als die Nachfrage: Angebotsüberhang, Käufermarkt, *Situation 2* ist richtig.

Beachten Sie bei *Aufgabenteil d)*, dass nur die kleinere Menge umgesetzt wird. Bei einem Preis von *0,65 €* werden 45.000 Sack nachgefragt und 435.000 Sack angeboten, der Umsatz beträgt *29.250 €*.

Lösung zu Aufgabe 7: Verschiebung der Nachfragekurve

Achten Sie auf die *Richtung der Verschiebung*. Die Gleichgewichts*menge vor* der Verschiebung *(a)* wird durch *Ziffer 5* bezeichnet, der Gleichgewichts*preis nach* der Verschiebung *(b)* durch *Ziffer 3*. Die *Ursache* für die Verschiebung *(c)* ist in *Ziffer 4* richtig dargestellt: Die Vorliebe für Nudeln geht zurück.

Lösung zu Aufgabe 8: Vollkommener Markt

Die *zögerliche* Anpassung bedeutet, dass die Marktteilnehmer *nicht sofort* auf die veränderte Marktsituation reagieren. Damit ist *Aussage 5* die richtige Lösung.

Lösung zu Aufgabe 9: Käufer- und Verkäufermarkt

Käufermarkt bedeutet, dass das Angebot größer ist als die Nachfrage. Damit haben die Käufer die Macht. Prüfen Sie zunächst die *linke Spalte*: Nur *Aussage 2* und *Aussage 4* stellen einen Käufermarkt dar. In der *rechten Spalte* bleibt *Aussage 4* als zum *Verkäufermarkt* passende Aussage übrig. Damit ist in *Zeile 4* die richtige Lösung.

Lösung zu Aufgabe 10: Marktformen

Lösung: 5, 4, 3, 1

1. Es gibt wenige Fluggesellschaften und wenige Anbieter von großen Passagierflugzeugen. Daher liegt ein zweiseitiges Oligopol vor.

2. Viele Anbieter und viele Nachfrager: Polypol. Beachten Sie, dass von Wochenmärkten (Mehrzahl) gesprochen wird. Auf einem kleinen Wochenmarkt gibt es hingegen nur wenige Anbieter.
3. Der deutsche Staat ist der einzige Nachfrager: Nachfragemonopol
4. Wenige Nachfrager nach Milch, viele Anbieter: ein Nachfrageoligopol
5. Wenige Anbieter und viele Nachfrager: ein Angebotsoligopol
6. Es gibt viele Möbelhändler und vielleicht wenige große, aber auch mittlere und kleine Möbelhersteller. Hier lässt sich keine eindeutige Zuordnung vornehmen.
7. Der Markt für Zuchtkaninchen ist ein Polypol: viele Anbieter, viele Nachfrager.

Lösung zu Aufgabe 11: Angebotsmonopol

Auch ein *Monopolist* muss sich bei der Preisbildung an dem Verhalten der Nachfrager, am Verlauf der Nachfragekurve orientieren; er betrachtet die Nachfragekurve als seine *Preis-Absatz-Funktion*, d. h. er kann an ihr ablesen, zu welchem Preis er welche Menge verkaufen kann. *Aussage 2* ist die richtige Lösung.

Lösung zu Aufgabe 12: Marktformen

Viele Anbieter und viele Nachfrager: *5. Polypol* ist die richtige Lösung.

Konjunktur

8

Aufgaben zum Thema Konjunktur prüfen Ihre Kenntnis der einzelnen *Phasen* des Konjunkturverlaufs, mit welchen *Konjunkturindikatoren* die Konjunktur gemessen wird sowie der *konjunkturpolitischen Maßnahmen* des Staates und ihrer Wirkung.

8.1 Konjunkturverlauf

Konjunktur wird definiert als *zyklische Schwankung der Wirtschaft* im Zeitablauf. Die nachfolgende *Übersicht* zeigt den Konjunkturverlauf innerhalb eines Konjunkturzyklus von Aufschwung zu Aufschwung. Beachten Sie, dass als *Messgröße* hier das *Bruttoinlandsprodukt* (BIP) angegeben ist und davon ausgegangen wird, dass dieses Bruttoinlandsprodukt insgesamt über den Zeitablauf zunimmt (*Wachstum*) (Tab. 8.1 und 8.2).

Es gibt in der Volkswirtschaftslehre eine Reihe von Erklärungsversuchen, warum es zu diesen zyklischen Schwankungen der Wirtschaft kommt. Diese Theorien sind nicht Inhalt von Prüfungsfragen.

Musteraufgabe Konjunkturzyklen

Welche der folgenden Erklärungen für Konjunkturzyklen ist zutreffend?

1. Konjunkturzyklen stellen saisonale Beschäftigungsschwankungen grafisch dar.
2. Konjunkturzyklen zeigen ausschließlich die sich im Zeitablauf verändernde Nachfrage nach Konsumgütern.
3. Durch Konjunkturzyklen werden notwendige Strukturanpassungen deutlich gemacht.

© Springer Fachmedien Wiesbaden 2015
M. Wünsche, *Wirtschafts- und Sozialkunde (IHK)*,
DOI 10.1007/978-3-658-06755-7_8

Tab. 8.1 Übersicht Konjunkturverlauf

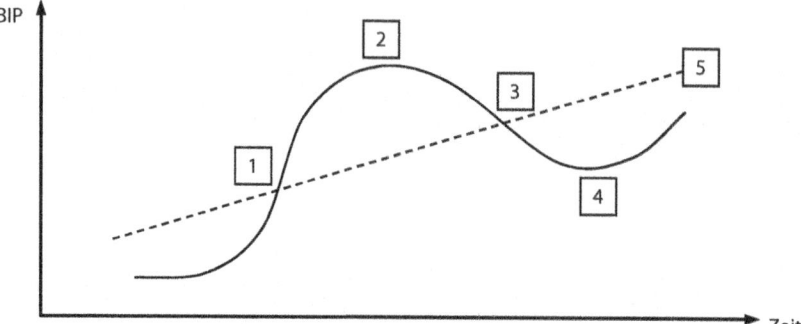

4. Bei Konjunkturzyklen handelt es sich um rhythmisch wiederkehrende Schwankungen des Wirtschaftsablaufs.

5. Konjunkturzyklen zeigen unterschiedliche Entwicklungstendenzen einzelner Wirtschaftsregionen.

Tab. 8.2 Übersicht Konjunkturphasen

1. Aufschwung oder Expansion
Im Aufschwung füllen sich die *Auftragsbücher* der Unternehmen, die daher zusätzliche Arbeitskräfte einstellen. Die *Arbeitslosigkeit* geht zurück
Die Konsumenten haben mehr *Einkommen* zum Konsum zur Verfügung, *sparen* weniger, weil sie positive Zukunftserwartungen haben. Die *Nachfrage* steigt
Unternehmen *investieren* in neue Produktionsanlagen und versuchen, am Markt höhere *Preise* durchzusetzen
2. Boom oder Hochkonjunktur
Die *Produktionskapazitäten* sind ausgelastet, die *Preise* steigen stark, die *Arbeitslosigkeit* und *Sparquote* sind sehr gering
Die *Nachfrage* übersteigt das Angebot, es kommt zu einer „*Überhitzung*" der Wirtschaft
3. Abschwung oder Rezession
Die *Auftragseingänge* der Unternehmen nehmen ab, es kommt zu Entlassungen, die *Arbeitslosigkeit* steigt
Die Konsumenten werden vorsichtiger und die *Einkommen* sinken, die *Nachfrage* geht zurück, die *Preise* fallen
4. Depression oder Tiefstand
Die Unternehmen haben wenig *Aufträge*, die *Arbeitslosigkeit* ist hoch, die Zukunftserwartungen sind pessimistisch
Dies führt zu Zurückhaltung bei den Konsumenten, die ihr *Einkommen* vermehrt *sparen*. Die *Nachfrage* ist gering
5. Trend
Insgesamt wird davon ausgegangen, dass das *Bruttoinlandsprodukt* (*BIP*) ein Maß für den *Wohlstand* einer Gesellschaft ist und über die Zeit hinweg *zunimmt*
Die Zunahme des BIP ist mal stärker, mal schwächer, daher wird *Konjunktur* auch definiert als *Schwankung um den Trend*

Richtig ist *Aussage 4*. Zusätzlich zu den konjunkturellen Schwankungen gibt es auch *saisonale Schwankungen* (Aussage 1), z. B. bei Urlaubsreisen (Haupt- und Nebensaison), Bauleistungen, in der Landwirtschaft, im Weihnachtsgeschäft usw. Notwendige *Strukturanpassungen* (Aussage 3) ergeben sich aufgrund der unterschiedlichen wirtschaftlichen Entwicklung einzelner *Regionen* (Aussage 5), z. B. die immer noch schwache Wirtschaftsstruktur der neuen Bundesländer. Dies sind Probleme, die unabhängig von der konjunkturellen Entwicklung existieren. Folgende Übersicht gibt Ihnen die wesentlichen Merkmale der vier Konjunkturphasen als Schwankung um den Trend an.

8.2 Konjunkturindikatoren

Gemessen werden Konjunkturschwankungen anhand von *Konjunkturindikatoren*. *Frühindikatoren* ermöglichen eine gute Vorhersage der zukünftigen konjunkturellen Entwicklung. Wirtschaftsforschungsinstitute unterscheiden ca. 700 verschiedene Indikatoren. Wichtig sind vor allem die *Auftragseingänge* in den Unternehmen und der *Geschäftsklimaindex*, der durch Befragung von Unternehmern nach ihren Zukunftserwartungen ermittelt wird. Auch die Höhe der *Lagerbestände* und die beabsichtigten *Investitionen* geben gute Hinweise auf die zu erwartende Konjunkturentwicklung.

Musteraufgabe Konjunkturindikatoren

Die Entwicklung der Konjunktur wird anhand von Konjunkturindikatoren gemessen. Eine besondere Bedeutung für die Prognose der konjunkturellen Entwicklung stellen die sogenannten Frühindikatoren dar. Prüfen Sie, in welcher Zeile die Entwicklung der Konjunkturindikatoren der Konjunkturphase richtig zugeordnet ist.

Entwicklungen von Konjunkturdaten	Konjunkturphasen
1. Produktion und Investitionen nehmen zu, Nachfrage und Arbeitslosigkeit nehmen zu	Expansion
2. Steigende Auftragseingänge und sinkende Preise bei steigender Arbeitslosenquote	Rezession
3. Die Investitionsneigung ist gering und die Arbeitslosenquote ist gering	Depression
4. Steigende Aktienkurse und sinkende Arbeitslosenquote bei steigender Inflationsrate	Rezession
5. Die Preise erreichen einen Höchststand, die Produktionskapazitäten sind ausgelastet	Boom

Der Fehler in *Aussage 1* ist, dass in der Expansion die *Arbeitslosigkeit* nicht zunimmt, sondern abnimmt. In *Aussage 2* ist die Entwicklung der *Auftragseingänge* in der Rezession falsch beschrieben. In der Depression (*Aussage 3*) ist die *Arbeitslosenquote* hoch. *Aussage 4:* In der Rezession steigt die *Arbeitslosenquote* und die *Inflation* geht zurück. Daher ist *Aussage 5* die richtige Lösung.

Prüfungsaufgaben zu den Konjunkturindikatoren fragen die *richtige Interpretation* der gängigen Konjunkturindikatoren in den einzelnen Konjunkturphasen ab. Überlegen Sie sich, welche Indikatoren in welchen Phasen positiv für die Wirtschaft sind und welche negativ. Nimmt z. B. in der *Rezession* die *Sparneigung* ab, so könnte dies ein Anzeichen für einen bevorstehenden Aufschwung sein. Auch steigende Aktienkurse deuten einen bevorstehenden Aufschwung an. Lesen Sie in der *Wirtschaftspresse* Berichte über die Konjunkturentwicklung. Kurze Zeitungsausschnitte zum Thema Konjunktur können Bestandteil von Prüfungsaufgaben sein.

8.3   Konjunkturpolitik

Der *Staat* versucht, durch *wirtschaftspolitische Maßnahmen* Einfluss auf die Konjunktur zu nehmen, um die *konjunkturellen Schwankungen* zu *dämpfen*.

In der *Rezession und* vor allem in der *Depression* bemüht er sich, die fehlende private Nachfrage durch *höhere staatliche Nachfrage* zu ersetzen, er legt *Beschäftigungsprogramme* auf, zahlt *Subventionen* an die Unternehmen, *senkt* die *Steuern*, versucht also alles, um zusätzliches Geld und positive Zukunftserwartungen in die Wirtschaft zu bringen.

Im *Boom* hingegen versucht der Staat *bremsend* einzugreifen, Geld aus der Wirtschaft herauszuziehen, indem er die *Steuern erhöht*, *Subventionen kürzt* und die eigene *Nachfrage*, z. B. nach Bauleistungen, *zurückführt*.

Wenn Sie dieses *Prinzip des gegensteuernden* (*antizyklischen*) *Verhaltens* des Staates verinnerlicht haben, können Sie jede Aufgabe zur Konjunkturpolitik lösen.

Musteraufgabe Konjunkturpolitik

Ziel staatlicher Konjunkturpolitik ist es, in der Phase der Hochkonjunktur (Boom) die konjunkturelle Entwicklung zu dämpfen. Welche zwei der folgenden staatlichen Maßnahmen sind dazu geeignet, dieses Ziel zu erreichen?
1. Aufnahme zusätzlicher staatlicher Kredite für anstehende Bauinvestitionen
2. Erhöhung der degressiven Abschreibungsmöglichkeiten
3. Gewährung von Investitionszulagen
4. Erhöhung des Mehrwertsteuersatzes
5. Verminderung der Gewerbesteuersätze
6. Senkung der Staatsausgaben

Achten Sie bei einer Aufgabe zur Konjunkturpolitik darauf, *welche Konjunkturphase* genannt ist. Daraus ergibt sich, wie gegengesteuert werden soll. Bei dieser Aufgabe ist ein Boom gegeben; Sie suchen daher nach Maßnahmen, die die Wirtschaft bremsen. Beachten Sie, dass bei dieser Aufgabe *zwei richtige Aussagen* gesucht werden. *Aussage 4* und *Aussage 6* sind richtig: Sowohl die *Erhöhung der Mehrwertsteuer* als auch die *Senkung der Staatsausgaben* bremsen die Wirtschaft. Ein *Praxisbeispiel* für die *Senkung der Staatsausgaben* ist, dass ein schon lange geplanter *Autobahnbau* nun doch nicht durchgeführt oder abgebrochen wird.

8.4 Übungsaufgaben

Für die Beurteilung der zu erwartenden Konjunkturentwicklung werden von Wirtschaftsforschungsinstituten Indikatoren entwickelt, anhand derer Aussagen über die zukünftige Entwicklung der Wirtschaft unternommen werden. Beispielhaft ist im Folgenden ein Pressebericht zur Konjunkturentwicklung und die Grafik eines Geschäftsklimaindex Deutschland abgebildet.

Pressebericht

Der Aufschwung in Deutschland präsentiert sich nach wie vor in einer sehr robusten Verfassung. Neben einem günstigen weltwirtschaftlichen Umfeld trägt dazu die Stärkung der Binnennachfrage bei, die im Prognosezeitraum zur alleinigen Säule des weiteren Wachstums wird.

Während in diesem Jahr die Unternehmensinvestitionen besonders kräftig zulegen, wird in den Folgejahren die private Konsumnachfrage zur dominanten Schubkraft für die weitere Expansion. Bei einer Inflation von unter 2 Prozent wird die Arbeitslosigkeit deutlich –von 8,9 Prozent in 2014 auf 7,7 Prozent in 2016 – sinken. Die zunehmende Verknappung des Angebots an qualifizierten Arbeitskräften wird dabei im Prognosezeitraum mehr und mehr zu einem Hemmschuh für das weitere Wachstum.

In der Diskussion um die Verlängerung der Bezugsdauer des Arbeitslosengeldes I für Ältere wird vernachlässigt, dass es aus ökonomischer Sicht Aufgabe der Arbeitslosenversicherung ist, das Unterbeschäftigungsrisiko über den Konjunkturzyklus hinweg auszugleichen.

Die öffentlichen Haushalte werden bereits in diesem Jahr mit rund 7 Milliarden Euro im Plus sein und sich auch weiter positiv entwickeln.

Die Finanzpolitik bleibt aufgefordert, die derzeitigen Finanzierungsüberschüsse im Sinne einer antizyklischen Fiskalpolitik konsequent für den Schuldenabbau zu nutzen und die Ausgabenanteile für wachstumsfördernde Investitionen zu stärken.

Prognosen der weltwirtschaftlichen Entwicklung sind wegen der Unsicherheit bei der Einschätzung der Finanzkrise im Zusammenhang mit den Problemen auf dem US -Hypothekenmarkt gegenwärtig erschwert. Weder die Dauer der Krise noch ihre realwirtschaftlichen Auswirkungen sind momentan vollständig absehbar. Sicher scheint aber zu sein, dass es – vor allem in den USA – zu einer gewissen Abschwächung der wirtschaftlichen Dynamik kommen wird.

In der ersten Hälfte dieses Jahres ist das Wachstum der Weltwirtschaft zwar schwächer geworden, bislang hat es sich aber als robust erwiesen, nicht zuletzt wegen der anhaltend hohen Dynamik in vielen Entwicklungs- und Schwellenländern. Die internationalen Finanzmärkte spielen dabei nach anfänglichen Verunsicherungen wieder eine stabilisierende Rolle. Auch ein deutlicher Rückschlag auf den Aktienmärkten ist nicht zu erwarten.

Quelle: DIW Wochenberichte

Geschäftsklimaindex für Deutschland

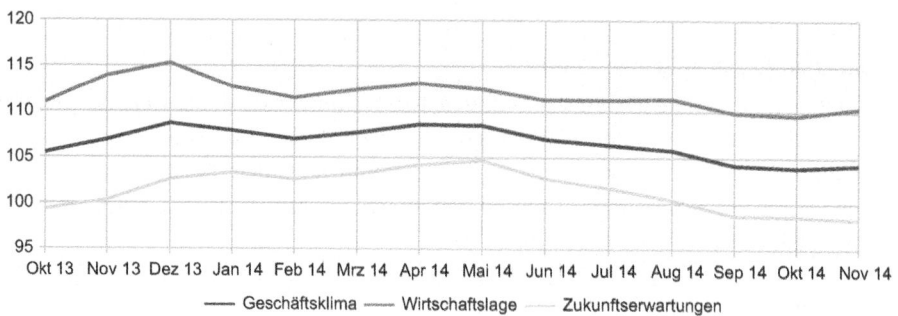

Die folgenden Aussagen beziehen sich auf den oben angegebenen Pressebericht. Welche der Aussagen stellt die Sachverhalte richtig dar?

1. Aufgrund der von den Wirtschaftsforschern prognostizierten Wachstumsraten ist mit einem weiter anhaltenden Abschwung zu rechnen.
2. Die Verlängerung der Bezugsdauer für Arbeitslosengeld I wirkt sich nachhaltig auf die Konjunktur aus und wird die Höhe der Arbeitslosigkeit weiter reduzieren.
3. Die internationale Finanzkrise an den Hypothekenmärkten unterstützt die Prognose, dass die Weltwirtschaft sich auf eine Depression zubewegt.
4. Das DIW prognostiziert für das Jahr 2016 eine Arbeitslosenquote von 7,7 %.
5. Das öffentliche Haushaltsdefizit wird in diesem Jahr auf 7 Mrd. € anwachsen.

Die folgenden Aussagen beziehen sich auf die oben dargestellte Grafik zum Geschäftsklimaindex. Welche der Aussagen stellt die Sachverhalte richtig dar?

1. Im September 2014 lagen die Zukunftserwartungen noch deutlich höher als im Januar 2014.
2. Von Januar 2014 bis April 2014 hat sich die Wirtschaftslage der Unternehmen deutlich verschlechtert.
3. Die jeweilige Wirtschaftslage der Unternehmen hat keinen Einfluss auf die Zukunftserwartungen der Unternehmen.
4. Im Zeitraum November 2013 bis November 2014 waren die Zukunftserwartungen stets besser als die Wirtschaftslage der Unternehmen.
5. In dem dargestellten Geschäftsklimaindex wird das Geschäftsklima als Mittelwert aus der Wirtschaftslage und den Zukunftserwartungen ermittelt.

Aufgabe 3: Sparneigung

Die Aufschwungphase wird auch als Expansion oder Prosperität bezeichnet. Welche der folgenden Aussagen zur Aufschwungphase stellt die konjunkturellen Sachverhalte richtig dar?

1. Die Sparneigung nimmt zu, da Haushalte ihren Nachholbedarf an Konsumgütern befriedigen und von den Vorteilen der niedrigen Zinsen profitieren wollen.
2. Es kommt zu einer Ausweitung der Produktionskapazitäten, da die Unternehmen mit sinkenden Auftragseingängen zu rechnen haben und deshalb vermehrt in die Lagerhaltung investieren.
3. Aufgrund der zunehmenden inländischen Nachfrage und voller Auftragsbücher werden sich die Unternehmen vermehrt auf den Export konzentrieren, um den unsicheren Zukunftserwartungen entgegenzutreten.
4. Die Gefahr der Überhitzung bedeutet vor allem, dass die zunehmende gesamtwirtschaftliche Nachfrage über die Ausweitung der Produktionskapazitäten hinausgeht, wodurch es zu nachfrageinduzierter Inflation kommen kann.
5. Die Arbeitslosenquote wird insbesondere dann deutlich zurückgehen, wenn sie hauptsächlich strukturell bedingt ist.

Aufgabe 4: Konjunkturphasen

Der Assistent der Geschäftsleitung soll einen Überblick über die Entwicklung der wirtschaftlichen Situation in den Ländern der Europäischen Union geben. Ihnen liegen die nachstehenden Zahlen vor.

Entwicklung in den Ländern der Europäischen Union			
Indikatoren	Vorjahr	aktuelles Jahr	Folgejahr
	Ist-Werte	Schätzwerte	Schätzwerte
Inflationsrate	2,1 %	2,0 %	1,8 %
Arbeitslosenquote	9,8 %	10,1 %	11,2 %
Wirtschaftswachstum	3,5 %	1,7 %	0,2 %

Mit welchem der folgenden Begriffe lässt sich die dargestellte Situation am zutreffendsten beschreiben?

1. Stillstand/Stagnation
2. Aufschwung/Expansion
3. Höchststand/Boom
4. Abschwung/Rezession
5. Tiefstand/Depression

Aufgabe 5: Konjunkturprognose

Die folgende Grafik zeigt Ihnen eine Prognose der wirtschaftlichen Entwicklung der Europäischen Wirtschafts- und Währungsunion. Prüfen Sie, welche zutreffende Feststellung sich aus der Grafik ableiten lässt.

1. In 2016 wird das Wirtschaftswachstum stärker zunehmen als 2015.
2. Die Prognosedaten zeigen eindeutig an, dass es mit der Konjunktur in Euroland bergauf geht.
3. Trotz leichter Abschwächung des Wirtschaftswachstums gegenüber dem Vorjahr wird von einer kontinuierlichen Abnahme der Arbeitslosenquote ausgegangen.
4. Die Verbraucherpreise werden im gesamten Prognosezeitraum gleichmäßig steigen.
5. Das Staatsdefizit wird, gemessen am Bruttoinlandsprodukt, laut Prognose weiter zunehmen.

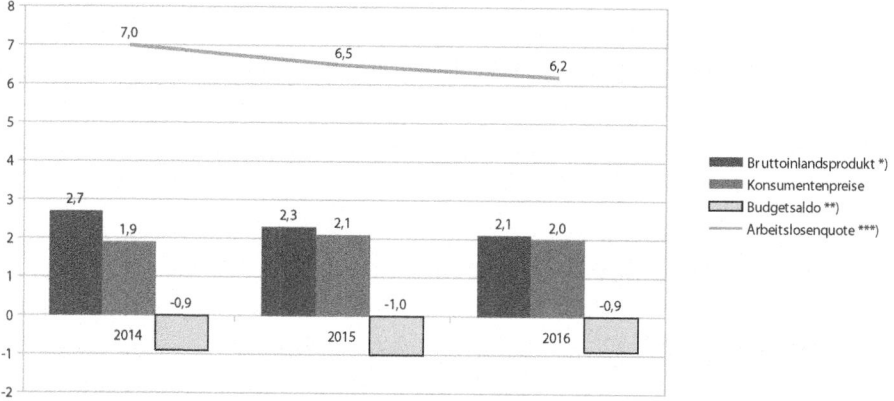

*) Wachstumsrate des realen Bruttoinlandsprodukts

**) in Prozent des nominalen Bruttoinlandsprodukts

***) in Prozent der Erwerbspersonen

Aufgabe 6: Konjunkturpolitik

Der Bundesregierung stehen verschiedene Maßnahmen zur Verfügung, um in der Phase des Abschwungs die Konjunktur wieder zu beleben. Welche vier der nachfolgenden Maßnahmen wirken auf die Konjunktur belebend?

1. Steuersenkungen
2. Abbau von Subventionen
3. Verminderung der Staatsaufträge
4. Zulassung von Sonderabschreibungen
5. Abschaffung der Eigenheimzulage
6. Gewährung von Investitionszulagen

7. Erhöhung des Kindergeldes

8. Steuererhöhungen

8.5 Lösungen zu den Übungsaufgaben

Lösung zu Aufgabe 1: Pressebericht zur Konjunkturlage

Aufgaben mit Zeitungsartikeln nehmen mitunter sehr viel der knapp bemessenen Prüfungszeit in Anspruch; *überspringen* Sie solche Aufgaben und lösen Sie sie erst am Schluss, sofern Ihnen Zeit übrig bleibt. Der dargestellte Zeitungsartikel ist als eher schwierig einzustufen. Richtig ist *Aussage 4*.

Lösung zu Aufgabe 2: Geschäftsklimaindex

Da die Aussagen 1 bis 4 falsch sind, kann nur *Aussage 5* die richtige Lösung sein. Sie können dies gut daran erkennen, dass der *Abstand der* jeweils oberen und unteren *Linie* von der mittleren immer gleich groß ist.

Lösung zu Aufgabe 3: Sparneigung

Die richtige Lösung ist *Aussage 4*. Suchen Sie in den anderen Aussagen nach dem jeweiligen Fehler: Der *Nachholbedarf* in *Aussage 1* führt zu abnehmender Sparneigung. In *Aussage 2* müsste es heißen: *steigende Auftragseingänge*. Eine zunehmende inländische Nachfrage (*Aussage 3*) bedeutet gute *Zukunftserwartungen. Strukturell bedingte* Arbeitslosigkeit (*Aussage 5*) verändert sich nur bei erfolgreichen Maßnahmen zur Strukturentwicklung, ein Aufschwung alleine bewirkt hier wenig.

Lösung zu Aufgabe 4: Konjunkturphasen

Die *Inflationsrate* nimmt ab, die *Arbeitslosigkeit* nimmt zu, die *Wachstumsrate* geht zurück, dies alles sind Anzeichen für eine Rezession, daher bezeichnet *Ziffer 4* die richtige Lösung.

Lösung zu Aufgabe 5: Konjunkturprognose

Beachten Sie in Aussage 2 das „*eindeutig*": Weder beim Wachstum des Bruttoinlandsproduktes noch bei den Konsumentenpreisen oder dem Budgetsaldo gibt es eine kontinuierliche Entwicklung. Nur die *Arbeitslosigkeit* nimmt von Jahr zu Jahr ab. Damit ist *Aussage 3* die richtige Lösung.

Lösung zu Aufgabe 6: Konjunkturpolitik

Es sind *vier Maßnahmen* des Staates gesucht, die eine konjunkturbelebende Wirkung haben: *1*. Steuersenkungen, *4*. Verbesserung der Abschreibungsmöglichkeiten, *6*. Subventionen und *7*. Erhöhung des Kindergeldes führen der Wirtschaft *mehr finanzielle Mittel* zu, die *nachfragwirksam* werden können. Beachten Sie, dass eine höhere *Abschreibung* den Gewinn mindert und damit die Steuerbelastung senkt.

Volkswirtschaftliche Gesamtrechnung

9

Die *Volkswirtschaftliche Gesamtrechnung* (*VGR*) ist die statistische Erfassung und Auswertung der Wirtschaftsprozesse eines Landes. Neben der Kenntnis des *Wirtschaftskreislaufs* wird in der Prüfung vor allem Wert gelegt auf die *Interpretation von Grafiken* zur VGR, und Sie müssen einfache *Berechnungen* durchführen können

9.1 Wirtschaftskreislauf

Die *Abbildung* in der folgenden *Musteraufgabe* zeigt Ihnen einen umfassenden *Wirtschaftskreislauf*. Beachten Sie, dass die Pfeile die *Zahlungsströme* darstellen.

Musteraufgabe Wirtschaftskreislauf

Nachstehende Abbildung zeigt ein vereinfachtes Modell des Wirtschaftskreislaufs, in dem die Pfeilrichtungen die jeweiligen Zahlungsströme anzeigen. Ordnen Sie den dargestellten Sachverhalten a) bis m) die Ziffern der zutreffenden Zahlungsströme zu.

a. Ehepaar Schulze erhält eine Subvention für den Einbau von Solaranlagen.
b. Der Geschäftsführer der Müller Heiztechnik GmbH überweist seine Einkommensteuer.
c. Ein deutscher Tourist bezahlt seine Hotelrechnung in Mailand, Italien.
d. Das Bankhaus Brem & Co. gewährt der Müller Heiztechnik GmbH einen Kredit.
e. Die Müller Heiztechnik GmbH überweist die Umsatzsteuerzahllast an das Finanzamt.
f. Die Stadtverwaltung kauft bei der Müller Heiztechnik GmbH Wärmemengenzähler.
g. Die Müller Heiztechnik GmbH kauft Büromöbel in Dänemark.
h. Ehepaar Schulze zahlt Bargeld auf ihrem gemeinsamen Bankkonto ein.

© Springer Fachmedien Wiesbaden 2015
M. Wünsche, *Wirtschafts- und Sozialkunde (IHK)*,
DOI 10.1007/978-3-658-06755-7_9

 i. Hausfrau Irma Lustig kauft im Supermarkt Obst und Gemüse.

 j. Rentner Heinz Schönig verpachtet ein Grundstück an die Müller Heiztechnik GmbH.

 k. Ein Japanischer Tourist zahlt seine Hotelrechnung in Berlin.

 l. Hausfrau Irma Lustig erbt von einem reichen Onkel aus den USA 50.000 €.

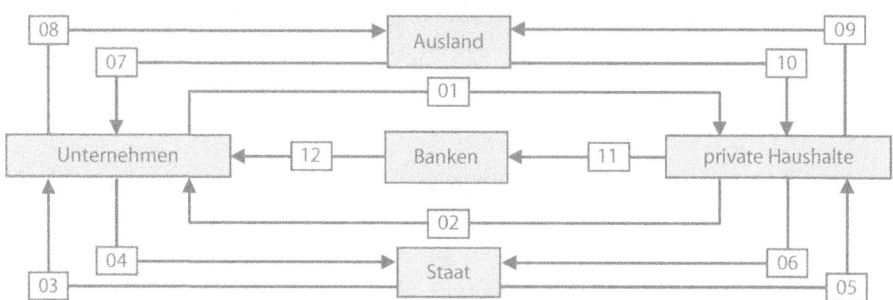

Eine Aufgabe dieses Umfangs kommt in der Prüfung nicht vor, aber jeder der dargestellten Zahlungsströme kann gefragt werden. Die *Lösung* sieht wie folgt aus:

a)	Ziffer 05	Zahlung des Staates an private Haushalte.
b)	Ziffer 06	Zahlung eines privaten Haushalts an den Staat. Wäre es die Körperschaftsteuer für die GmbH, so wäre Ziffer 04 richtig.
c)	Ziffer 09	Zahlung eines deutschen privaten Haushalts an das Ausland.
d)	Ziffer 12	Zahlungsmittelfluss von der Bank an ein Unternehmen. Die Pfeile für Zinszahlung und Tilgung sind nicht eingezeichnet.
e)	Ziffer 04	Zahlung eines Unternehmens an den Staat. Beachten Sie, dass zwar die privaten Haushalte die Umsatzsteuer tragen sollen, aber sie wird von den Unternehmen einbehalten und abgeführt.
f)	Ziffer 03	Zahlung des Staates (als Marktteilnehmer) an ein Unternehmen.
g)	Ziffer 08	Die Zahlung fließt von einem deutschen Unternehmen ins Ausland.
h)	Ziffer 11	Zahlung privater Haushalte an Banken. Der Pfeil für Zinszahlungen oder Barabhebungen ist nicht dargestellt. Überweisungen und Scheckzahlungen werden wie Barzahlungen behandelt.
i)	Ziffer 02	Zahlung eines privaten Haushalts an ein Unternehmen.
j)	Ziffer 01	Zahlung eines Unternehmens an einen privaten Haushalt. Die gleiche Ziffer wird auch bei Zahlung von Arbeitslohn oder Dividende verwendet.
k)	Ziffer 07	Der Zahlungsfluss kommt von einem Ausländer, daher aus dem Ausland, an ein deutsches Hotelunternehmen.
l)	Ziffer 10	Zahlung aus dem Ausland an einen deutschen privaten Haushalt.

Üben Sie den Umgang mit dem Wirtschaftskreislauf, indem Sie *weitere Praxisbeispiele* einordnen.

9.2 VGR Entstehungsrechnung

Der *Wert aller Güter und Dienstleistungen*, die in einem Jahr *in einem Land* entstanden sind, wird als *Bruttoinlandsprodukt* (*BIP*) bezeichnet. Die Entstehungsrechnung geht der Frage nach, wie die Wirtschaftsleistung entstanden ist. Das BIP gilt als ein recht grobes *Wohlstandsmaß*: Darin sind z. B. *Unfall- und Krankheitskosten* und die Kosten für die *Beseitigung von Umweltschäden* enthalten, sofern dafür *Rechnungen* ausgestellt wurden. Wenn daher viele Menschen krank sind und zum Arzt gehen, steigt das BIP. *Privat erbrachte Leistungen*, z. B. das Waschen, Kochen, Putzen einer Hausfrau (oder eines Hausmannes) sind im BIP *nicht enthalten*.

Das *Bruttonationaleinkommen* (*BNE*) ist der Wert aller Güter und Dienstleistungen, die in einem Jahr von den *Inländern* erwirtschaftet worden sind. Beachten Sie den Unterschied zum BIP: *Inlandseinkommen von Ausländern* (z. B. die Einkünfte von ausländischen Pendlern) sind im BNE nicht enthalten, wohl aber im BIP. Und *Auslandseinkommen von Inländern* (z. B. Einkünfte einer deutschen Eiskunstläuferin in den USA) sind im BNE, nicht aber im BIP enthalten. Ausländer, die ihren *Wohnsitz* im Inland haben, werden in der VGR hingegen als Inländer behandelt.

Im Jahr 2005 wurden vom Statistischen Bundesamt *leichte Änderungen in den Begriffsdefinitionen der VGR* vorgenommen, um das System für die Europäische Union zu vereinheitlichen. Achten Sie daher bei älteren Aufgaben auf die Unterschiede, auf die im Folgenden auch hingewiesen wird.

Der *Saldo der Primäreinkommen* (früher: Saldo der Erwerbs- und Vermögenseinkommen) ergibt sich, wenn Sie von den Inlandseinkommen der Ausländer die Auslandseinkommen der Inländer abziehen. Es handelt sich dabei um *Arbeitsentgelte, Unternehmens- und Vermögenseinkommen* sowie (neu seit 2005) *Produktionsabgaben* (insb. Zölle) *und Subventionen*, die an das Ausland (vor allem die EU) fließen bzw. von dort gezahlt werden.

Eine weitere Veränderung in den Definitionen betrifft den Begriff „*Wertschöpfung*". Dazu muss zwischen *Herstellungspreisen* und *Marktpreisen* unterschieden werden: In den Marktpreisen von Produkten sind oft Steuern (sogenannte *Gütersteuern* wie z. B. die Mineralölsteuer) enthalten, die preiserhöhend wirken, und auch *Gütersubventionen*, die in der Kalkulation preissenkend wirken. Dieser Einfluss des Staates auf die Preise wird vom Statistischen Bundesamt herausgerechnet, um die tatsächliche Wertschöpfung (zu Herstellungspreisen) zu ermitteln, d. h. Gütersteuern werden abgezogen und Gütersubventionen werden hinzugerechnet. Unterscheiden Sie zudem Herstellungspreise von *Herstellungskosten*: In den Herstellungspreisen sind die Unternehmensgewinne (die eine Entlohnung der Kapitalgeber darstellen) enthalten, in den Herstellungskosten nicht.

Das Statistische Bundesamt ist an zwei Aussagen interessiert: Zum einen an der Frage, wie viel *Wert* im betrachteten Jahr *neu entstanden* ist (Wertschöpfung, bewertet zu

Herstellungspreisen), zum anderen, wie hoch das *Einkommen* war (Inlandsprodukt bzw. Nationaleinkommen, bewertet zu Marktpreisen).

Auf der Grundlage dieser Begriffsabgrenzungen können wir uns nun die *Entstehungsrechnung* Schritt für Schritt erarbeiten. Ausgangspunkt ist der *Produktionswert zu Herstellungspreisen*, d. h. der Wert aller Güter und Dienstleistungen, die im betrachteten Jahr hergestellt wurden. Ein Teil der hergestellten Güter und Dienstleistungen geht jedoch in die Produktion anderer Güter und Dienstleistungen ein. Diese *Vorleistungen* werden vom Produktionswert zu Herstellungspreisen abgezogen und es ergibt sich die Bruttowertschöpfung. Ein weiterer Teil der hergestellten Güter und Dienstleistungen dienen dazu, die Produktionsanlagen instandzusetzen und zu erneuern (*Ersatzinvestitionen*). Es wird davon ausgegangen, dass die *Abschreibungen* (Erfassung des Wertverzehrs) den Ersatzinvestitionen entsprechen. Werden daher von der Bruttowertschöpfung die Abschreibungen abgezogen, erhalten wir die *Nettowertschöpfung*, d. h. der Wert der Güter und Dienstleistungen, die tatsächlich neu entstanden sind und der Volkswirtschaft zusätzlich zur Verfügung stehen.

Um nun der Frage nachzugehen, wieviel *Einkommen* der Volkswirtschaft neu zur Verfügung steht, müssen wir statt mit Herstellungspreisen mit *Marktpreisen* rechnen, d. h. zu der ermittelten Wertschöpfung (Brutto- oder Netto-) addieren wir die Gütersteuern und ziehen die Gütersubventionen ab. Damit erhalten wir das *Bruttoinlandsprodukt* (mit Abschreibungen) bzw. das *Nettoinlandsprodukt* (ohne Abschreibungen).

Nun können wir vom *Inlandskonzept* (im Inland entstandenes Einkommen) auf das *Inländerkonzept* (von den Inländern erwirtschaftetes Einkommen) übergehen, indem wir den *Saldo der Primäreinkommen* abziehen, d. h. die Auslandseinkommen der Inländer hinzurechnen und die Inlandseinkommen der Ausländer abziehen. Als Ergebnis erhalten wir das *Nationaleinkommen* (Brutto- oder Netto-).

Ein Teil des Nettonationaleinkommens fließt über weitere Abgaben (*sonstige Produktionsabgaben* z. B. Grundsteuer, Kraftfahrzeugsteuer) an den Staat und der Staat zahlt zudem (neben den oben beschriebenen Stücksubventionen) *Subventionen*, die nicht an der Produktionsmenge ausgerichtet sind, z. B. für den öffentlichen Personenverkehr oder Kohlesubventionen. Der Saldo aus sonstigen Produktionsabgaben und sonstigen Subventionen wird als *sonstige Nettoproduktionsabgaben* bezeichnet. Ziehen wir ihn vom Nettonationaleinkommen ab, erhalten wir das *Volkseinkommen*.

Die wirklich wichtigen Begriffe der VGR finden Sie in der folgenden *Übersicht* noch einmal zusammengestellt (Tab. 9.1):

Das *Berechnungsschema* zur Ermittlung des *Volkseinkommens* zeigt folgende Übersicht (Tab. 9.2):

Tab. 9.1 Übersicht Wichtige Begriffe der VGR

Produktionswert	Wert aller in einem Jahr in einem Land hergestellten Güter und Dienstleistungen (zu Herstellungspreisen)
Vorleistungen	Wertmäßiger Verbrauch an nicht dauerhaften Produktionsmitteln: Roh-, Hilfs- und Betriebsstoffe,
	Dienstleistungen (Gewerbemiete, Anwaltskosten, etc.)
Bruttowertschöpfung	Produktionswert ./. Vorleistungen (zu Herstellungspreisen)
	zieht man die Abschreibungen ab: Nettowertschöpfung
Bruttoinlandsprodukt (BIP)	Produktionswert ./. Vorleistungen (zu Marktpreisen)
	zieht man die Abschreibungen ab: Nettoinlandsprodukt
	Wert aller Güter und Dienstleistungen, die in einem Jahr im Inland (als Einkommen) erwirtschaftet wurden
Bruttonational einkommen (BNE)	Wert aller Güter und Dienstleistungen, die in einem Jahr von den Inländern (als Einkommen) erwirtschaftet wurden
	zieht man die Abschreibungen ab: Nettonationaleinkommen
Volkseinkommen	Nettonationaleinkommen ./. sonstige Nettoproduktionsabgaben
	Wert aller Güter und Dienstleistungen, die im betrachteten Jahr in der privaten Wirtschaft zu einer Wohlstandsmehrung führen
Nettoproduktionsabgaben	Produktionsabgaben (Gütersteuern und sonstige) ./. Subventionen (Gütersubventionen und sonstige)
Saldo der Primäreinkommen	Inlandseinkommen der Ausländer ./. Auslandseinkommen der Inländer
	Unterschied zwischen Inlandsprodukt und Nationaleinkommen
	enthält auch die Nettoproduktionsabgaben an das Ausland

Musteraufgabe Entstehungsrechnung

Aus der Volkswirtschaftlichen Gesamtrechnung der Bundesrepublik

Deutschland liegen Ihnen die nebenstehenden Werte vor (in Mrd. Euro).

Ermitteln Sie die folgenden Größen der VGR:

a)   Bruttowertschöpfung
b)   Bruttoinlandsprodukt
c)   Nettonationaleinkommen
d)   Volkseinkommen

Produktionswert (zu Herstellungspreisen)	1500
Vorleistungen	450
Abschreibungen	300
Nettogütersteuern	120
Saldo der Primäreinkommen	60
sonstige Nettoproduktionsabgaben	35

Tab. 9.2 Übersicht VGR Entstehungsrechnung

Produktionswert (zu Herstellungspreisen)	oder	Produktionswert (zu Herstellungspreisen)
./. Vorleistungen		./. Vorleistungen
= Bruttowertschöpfung		= Bruttowertschöpfung
./. Abschreibungen		+ Gütersteuern
= Nettowertschöpfung		./. Gütersubventionen
+ Gütersteuern		= Bruttoinlandsprodukt
./. Gütersubventionen		./. Abschreibungen
= Nettoinlandsprodukt		= Nettoinlandsprodukt
./. Saldo der Primäreinkommen		./. Saldo der Primäreinkommen
= Nettonationaleinkommen		= Nettonationaleinkommen
./. sonstige Produktionsabgaben		./. sonstige Produktionsabgaben
+ sonstige Subventionen		+ sonstige Subventionen
= Volkseinkommen		= Volkseinkommen

Mit Kenntnis des *Berechnungsschemas* haben Sie die richtige Lösung schnell ermittelt:

a) Bruttowertschöpfung: 1050   (Nettowertschöpfung   750)

b) Bruttoinlandsprodukt: 1170   (Nettoinlandsprodukt   870)

c) Nettonationaleinkommen: 810

d) Volkseinkommen: 775

Statt der *Salden* (Nettogütersteuern etc.) können auch die einzelnen Werte gegeben sein. Beachten Sie, dass sie von Herstellungspreisen zu Marktpreisen die Nettogütersteuern hinzurechnen müssen. Inlandseinkommen der Ausländer abziehen, Auslandseinkommen der Inländer hinzurechnen, etc.

Verändern Sie zu Übungszwecken *die Aufgabe*, indem Sie z. B. das Volkseinkommen vorgeben und den Produktionswert berechnen. Es können in Aufgaben auch nur Teilbereiche des Schemas gefragt werden, z. B. ist das BIP gegeben und sie sollen die Bruttowertschöpfung oder das Nettonationaleinkommen berechnen.

9.3 VGR Verwendungsrechnung

Die *Verwendungsrechnung* geht der Frage nach, wofür die Wirtschaftsleistung verwendet wird. Prägen Sie sich das folgende *Berechnungsschema* ein (Tab. 9.3):

Tab. 9.3 Übersicht VGR Verwendungsrechnung

Konsumausgaben
+ Investitionsausgaben
+ Staatsverbrauch
+ Außenbeitrag (Exporte – Importe)
= Bruttoinlandsprodukt

Musteraufgabe Verwendungsrechnung

Aus der Volkswirtschaftlichen Gesamtrechnung der Bundesrepublik Deutschland liegen Ihnen die nebenstehenden Werte vor (in Mrd. Euro).

a) Ermitteln Sie die Höhe des Bruttoinlandsprodukts.
b) Ermitteln Sie die Staatsquote (in Prozent).

Privater Konsum	420
Bruttoinvestitionen	280
Staatsausgaben	180
Export	220
Import	200

a. Mit Hilfe des *Berechnungsschemas* erhalten Sie ein BIP von *900 Mrd. €*. Wenn Sie bei der Berechnung vorab den *Außenbeitrag* ermitteln ($220-200=20$), müssen Sie die verbleibenden Werte nur noch aufaddieren.

b. Die *Staatsquote* ist der *Anteil der Staatsausgaben am Bruttoinlandsprodukt*. Sie beträgt hier *20%*. Bei einer *Quote* gehört die *Teilgröße* (hier Staatsausgaben) *in den Zähler* und die *Gesamtgröße* (hier BIP) *in den Nenner* des Bruchs. Ermitteln Sie die Investitionsquote, die Konsumquote, etc.

9.4   VGR Verteilungsrechnung

Die *Verteilungsrechnung* geht der Frage nach, wie sich das Volkseinkommen auf *Lohneinkommen* und *Gewinneinkommen* verteilt (Tab. 9.4).

Aufgaben zur Verteilungsrechnung zielen auf die Berechnung der Lohnquote oder der Gewinnquote.

Die *Lohnquote* ist der Anteil der Lohneinkommen am Volkseinkommen.

Die *Gewinnquote* ist der Anteil der Gewinneinkommen am Volkseinkommen.

Beachten Sie, dass in der Definition vom *Brutto*-Einkommen gesprochen wird. Davon müssen noch die *direkten Steuern* (Einkommensteuer) und *Sozialabgaben* abgezogen werden. Hinzugerechnet werden staatliche *Transferzahlungen* wie Kindergeld, Altersren-

Tab. 9.4 Übersicht VGR Verwendungsrechnung

Volkseinkommen	
Bruttoeinkommen aus unselbstständiger Arbeit (Lohneinkommen)	Bruttoeinkommen aus Unternehmertätigkeit und Vermögen (Gewinneinkommen)

te, etc. Aus dieser Berechnung ergibt sich das *verfügbare Einkommen* der Haushalte, das auf zweierlei Weise verwendet werden kann:

Verfügbares Einkommen	
Konsum	Sparen

Musteraufgabe Verteilungsrechnung

Aus der Volkswirtschaftlichen Gesamtrechnung der Bundesrepublik Deutschland liegen Ihnen die nebenstehenden Werte vor (in Mrd. Euro).

a) Ermitteln Sie die Lohnquote (in Prozent).
b) Ermitteln Sie das verfügbare Einkommen.
c) Ermitteln Sie die Sparquote (in Prozent).

Volkseinkommen	540
Gewinneinkommen	170
Steuern und Sozialabgaben	90
Transferzahlungen	50
Konsumausgaben	350

a. Ziehen Sie vom Volkseinkommen die Gewinneinkommen ab, und sie erhalten die *Lohneinkommen*. Setzen Sie nun die Lohneinkommen ins Verhältnis zum Volkseinkommen. Runden Sie kaufmännisch.

$$\text{Lohnquote} = \frac{(540-170) \times 100}{540} = \frac{370 \times 100}{540} = 68,52 \text{ Prozent}$$

b. Das verfügbare Einkommen ergibt sich, wenn Sie vom Volkseinkommen die Steuern und Sozialabgaben abziehen und die Transferzahlungen hinzurechnen:

$$\text{verfügbares Einkommen} = 540 - 90 + 50 = 500$$

c. Die *Sparquote* ist der Anteil des verfügbaren Einkommens, der gespart wird. Um das Sparvolumen zu ermitteln, ziehen Sie vom verfügbaren Einkommen die Konsumausgaben ab. Das Sparvolumen setzen Sie dann ins Verhältnis zum verfügbaren Einkommen, um die Sparquote zu ermitteln.

$$\text{Sparquote} = \frac{(500-350) \times 100}{500} = \frac{150 \times 100}{500} = 30 \text{ Prozent}$$

Es kann *in Prüfungsaufgaben* vorkommen, dass Sie statt des verfügbaren Einkommens *nur das Volkseinkommen* gegeben haben, und die Sparquote ermitteln müssen. Nehmen Sie dann das Volkseinkommen als Bezugsbasis für die Berechnung.

9.5 Staatshaushalt

Der Staat spielt in der Wirtschaft eine bedeutende Rolle. Im *Wirtschaftskreislauf* haben Sie gesehen, dass vom *Staat an* die *Unternehmen* Zahlungen fließen für *Staatskonsum* (z. B. Büromaterial für das Finanzamt) und *Subventionen*. An die *Haushalte* fließen *Einkommenszahlungen* für Beamte und Angestellte des Staates sowie *Transferzahlungen* aus dem Sozialbudget. Die Sozialversicherungsträger werden dem Staat zugeordnet. Der *Staat erhält* sowohl von den Unternehmen als auch von den Haushalten *Abgaben*; das sind Steuern, Gebühren und Beiträge. Die folgende Übersicht zeigt den Aufbau des Staatshaushalts (Tab. 9.5):

Über viele Jahrzehnte waren die *Staatseinnahmen* der Bundesrepublik Deutschland, wie auch in vielen anderen Ländern, *kleiner als* die *Ausgaben*. Ein *Haushaltsloch* wird durch *Kreditaufnahme* bei den Banken und Sparkassen geschlossen (Neuverschuldung, *Nettokreditaufnahme*); dadurch ist die Staatsverschuldung (der Schuldenstand) in den letzten Jahrzehnten kontinuierlich gewachsen.

Musteraufgabe Haushaltsplan

Sie verfolgen eine Diskussion über den Haushaltsplan der Bundesrepublik Deutschland. Welche der folgenden Aussagen ist richtig?

1. Um ein Einnahmedefizit auszugleichen, hat die Bundesregierung das Recht, ohne weiteres Gesetzgebungsverfahren Steuererhöhungen durchsetzen.
2. Die Einnahmen des Staates müssen in jedem Haushaltsjahr höher als die Staatsausgaben sein, damit der Bundeshaushalt verabschiedet werden kann.
3. Die Neuverschuldung des Bundes hat für den Haushaltsplan keine Bedeutung.
4. Der Bundeshaushalt wird ausschließlich durch Steuern finanziert.
5. Der weit überwiegende Teil der Staatsausgaben der Bundesrepublik Deutschland sind Ausgaben für die soziale Sicherung der Bürger.

Richtig ist *Aussage 5*. Die Ausgaben für *Arbeit und Soziales* sind im Bundeshaushalt der größte Posten und machen *etwa 44%* der gesamten Staatsausgaben aus. Der zweitgrößte Posten ist die *Neuverschuldung* mit gut *15%*. *Aussage 1* ist falsch, weil die Höhe jeder Steuer im betreffenden Steuergesetz festgelegt ist und Gesetze nur durch das *Gesetzgebungsverfahren* des Parlamentes verabschiedet werden können. *Aussage 2* ist falsch, weil der Haushalt *stets ausgeglichen* sein muss, d. h. Einnahmen und Ausgaben müssen über-

Tab. 9.5 Übersicht Staatshaushalt

Staatseinnahmen	Staatsausgaben
Produktionsabgaben und direkte Steuern	Staatsverbrauch (Staatskonsum)
Gebühren und Beiträge (inklusive Sozialversicherungsbeiträge)	Subventionen an Unternehmen
Einnahmen aus wirtschaftlicher Tätigkeit	Transferzahlungen an Haushalte

einstimmen. Die *Neuverschuldung* (*Aussage 3*) dient der Deckung einer *Haushaltslücke*, wenn die Einnahmen kleiner sind als die Ausgaben. Und *Aussage 4* ist falsch, weil der Staat neben Steuereinnahmen auch Einnahmen aus *Gebühren* und *Beiträgen* sowie aus *wirtschaftlicher Tätigkeit* hat.

9.6 Übungsaufgaben

Aufgabe 1: VGR Definitionen

Prüfen Sie, welche Definition zur Volkswirtschaftlichen Gesamtrechnung richtig ist.
1. Volkseinkommen + Produktionsabgaben − Subventionen = Bruttonationaleinkommen
2. Volkseinkommen − Abschreibungen = Bruttoinlandsprodukt
3. Konsum + Investitionen + Staatsverbrauch + Außenbeitrag = Bruttoinlandsprodukt
4. Bruttoinlandsprodukt + Auslandseinkommen der Inländer = Volkseinkommen
5. Bruttoinlandsprodukt + Exporte − Importe = Außenbeitrag

Aufgabe 2: Abgrenzung des BIP

Welche der folgenden Aussagen zur Volkswirtschaftlichen Gesamtrechnung ist richtig?
1. Sie haben mit Ihrem Pkw einen Unfall mit Blechschaden und lassen den Schaden in einer Werkstatt reparieren. Die Reparatur Ihres Pkw vermindert das Bruttoinlandsprodukt.
2. Aufgrund einer Erkältung gehen Sie zum Arzt. Dadurch steigt das Bruttoinlandsprodukt.
3. Ein deutscher Schauspieler erhält eine gut bezahlte Rolle bei einem Actionfilm, der in Hollywood, USA, gedreht wird. Dadurch steigt das Bruttoinlandsprodukt.
4. Eine Hausfrau und Mutter hilft ihren Kindern bei den Hausaufgaben. Da sie nun weniger Zeit für den Haushalt hat, sinkt das Bruttoinlandsprodukt.
5. Die Konsumausgaben der privaten Haushalte sind um 30 Mrd. € gesunken und die Exporte sind um 20 Mrd. € gestiegen. Das Bruttoinlandsprodukt steigt um 10 Mrd. €.

Aufgabe 3: Preisindex

Das Gehalt einer Mitarbeiterin der Bergthaler Büromaschinen GmbH stieg binnen Jahresfrist von 2.400 € auf 2.520 €. Im gleichen Zeitraum stiegen die Lebenshaltungskosten um 3 %. Welche der folgenden Aussagen stellt die Entwicklung des Realeinkommens dieser Mitarbeiterin richtig dar?
1. Das Realeinkommen der Mitarbeiterin beträgt 2.400 €.
2. Das Realeinkommen der Mitarbeiterin beträgt 2.520 €
3. Das Realeinkommen der Mitarbeiterin hat sich um 5 % erhöht.
4. Das Realeinkommen der Mitarbeiterin hat sich um 2 % erhöht.
5. Das Realeinkommen der Mitarbeiterin hat sich um 3 % erhöht.

Den folgenden Grafiken entnehmen Sie Informationen zur Volkswirtschaftlichen Gesamtrechnung der Bundesrepublik Deutschland.

Bruttoinlandsprodukt (BIP) und Volkseinkommen in Deutschland (in Mrd. Euro)

Volkswirtschaftliche Gesamtrechnung 2013 (in Prozent)

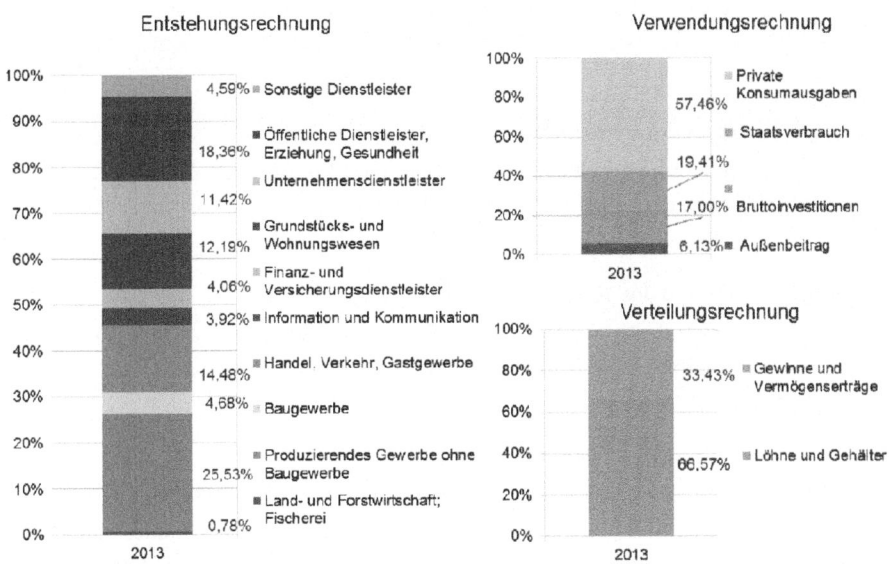

Aufgabe 4: Entwicklung des Bruttoinlandsprodukts

Welche der folgenden Aussagen zur Entwicklung des Bruttoinlandsprodukts (BIP) im Zeitraum 2003 bis 2013 ist richtig?

1. Das Bruttoinlandsprodukt ist von 2003 bis 2013 um 26,58 % gestiegen.
2. Das Volkseinkommen ist von 2008 auf 2009 um 3,39 % gesunken.
3. Die angegebene Veränderung in Prozent bezieht sich auf das Volkseinkommen.
4. Das Basisjahr für die Berechnung des realen Bruttoinlandsprodukts ist das Jahr 2005.
5. Im Jahr 2013 betrug die Summe aus Abschreibungen und sonstigen Nettoproduktionsabgaben 293 Mrd. €.

Aufgabe 5: Lohnquote

Ermitteln Sie anhand des vorstehenden Schaubilds die Lohnquote für 2013.

Aufgabe 6: Aussagen zur VGR

Welche der folgenden Aussagen zur Volkswirtschaftlichen Gesamtrechnung ist richtig?

1. Die Entstehungsrechnung ermittelt, wie das Volkseinkommen verwendet wird.
2. Die Verteilungsrechnung ermittelt die Differenz zwischen den Inlandseinkommen der Ausländer und den Auslandseinkommen der Inländer.
3. Um aus dem Bruttoinlandsprodukt das Bruttonationaleinkommen zu berechnen, müssen die Abschreibungen abgezogen und die Subventionen hinzugerechnet werden.
4. Der Saldo der Primäreinkommen ist die Differenz zwischen den Inlandseinkommen der Ausländer und den Auslandseinkommen der Inländer (inklusive Nettoproduktionsabgaben an das Ausland).
5. Die Verwendungsrechnung ermittelt, wie sich das Bruttonationaleinkommen auf die Bereiche Konsum, Investitionen, Staat und Außenwirtschaft verteilt.

Aufgabe 7: Entstehungsrechnung

Ermitteln Sie anhand des vorstehenden Schaubilds für das Jahr 2013 den Anteil des tertiären Sektors an der gesamten Wirtschaftsleistung.

Aufgabe 8: Ermittlung des Staatsverbrauchs

Ermitteln Sie anhand des Schaubilds auf der gegenüberliegenden Seite für das Jahr 2013 den Staatsverbrauch in Mrd. Euro (nominal).

Aufgabe 9: Ermittlung des Realeinkommens

Irma Findig ist Mitarbeiterin der Müller Heiztechnik GmbH. Ihr Gehalt betrug im Jahr 2013 nominal monatlich 2.320 €. Laut Angaben des Statistischen Bundesamtes betrug Ende 2013 der Verbraucherpreisindex 111,1 (2010 = 100). Ermitteln Sie anhand dieser Angaben das Realeinkommen von Frau Findig auf der Basis des Jahres 2010.

Aufgabe 10: Bundeshaushalt

Die nebenstehenden Zahlen sind

dem Bundeshaushaltsentwurf 2015 entnommen (in Mio. Euro).

Ermitteln Sie den Anteil der Neuverschuldung am gesamten Haushaltsvolumen in Prozent (auf zwei Stellen kaufmännisch runden).

Arbeit und Soziales	124.841,53
Verteidigung	32.261,03
Bundesschuld	28.161,46
Verkehr und digitale Infrastruktur	23.131,81
Bildung und Forschung	15.266,41
Familie, Senioren, Frauen und Jugend	8.456,54
Wirtschaft und Energie	7.124,97
übrige	60.256,25

9.7 Lösungen zu den Übungsaufgaben

Lösung zu Aufgabe 1: VGR Definitionen

Definition 3 ist richtig. Ermitteln Sie die Fehler in den anderen Definitionen.

Lösung zu Aufgabe 2: Abgrenzung des BIP

Richtig ist Aussage 2. Die Leistung des Arztes ist entgeltlich und erhöht das BIP.

Lösung zu Aufgabe 3: Preisindex

Das Einkommen der Mitarbeiterin ist *nominal um 5 %* gestiegen. Da die *Lebenshaltungskosten* um *3 %* gestiegen ist, beträgt die Einkommenssteigerung *real 2 %*. Damit ist *Aussage 4* richtig.

Lösung zu Aufgabe 4: Entwicklung des Bruttoinlandsprodukts

Richtig ist *Aussage 1*. Rechnen Sie 2738 − 2163 und teilen Sie das Ergebnis durch 2163 und multiplizieren mit 100; es ergeben sich *26,58 %*. Wenn Sie die erste Aussage als richtig erkannt haben, brauchen Sie (in der Klausursituation) die folgenden nicht mehr zu prüfen.

Bei *Aussage 2* achten Sie auf die angegebenen Jahreszahlen. Von 2008 auf 2009 ist der Wert tatsächlich um 3,55 % gesunken, es ist nicht aber nicht das Volkseinkommen, sondern das nominale BIP. Damit ist auch *Aussage 3* falsch. Zu *Aussage 4* haben Sie bemerkt, dass realer und nominaler Wert in 2003 identisch sind. Damit ist 2003 das Basisjahr. Zu *Aussage 5* schauen Sie sich das Berechnungsschema der Entstehungsrechnung an: Die Differenz zwischen BIP und Volkseinkommen setzt sich zusammen aus den Abschreibungen, dem Saldo der Primäreinkommen und den sonstigen Nettoproduktionsabgaben, siehe oben, 8.2).

Lösung zu Aufgabe 5: Lohnquote

Die *Lohnquote* ist der Anteil der Löhne und Gehälter am Volkseinkommen. Sie beträgt *66,57%*. Sie müssen den Wert *nur* in der Verteilungsrechnung *ablesen*.

Lösung zu Aufgabe 6: Aussagen zur VGR

Richtig ist *Aussage 4*. Beachten Sie bei *Aussage 5*, dass in der Verwendungsrechnung *nicht das BNE, sondern das BIP* auf die einzelnen Bereiche verteilt wird.

Lösung zu Aufgabe 7: Entstehungsrechnung

In der unteren Grafik ganz links haben Sie die Prozentzahlen zur *Entstehungsrechnung*. Der *tertiäre Sektor* ist der Bereich *Handel und Dienstleistungen*. Addieren Sie die ersten sieben Prozentzahlen. Der Anteil beträgt *57,6%*. Produzierendes Gewerbe (inkl. Baugewerbe) und Land- und Forstwirtschaft sowie Fischerei bilden die beiden anderen Sektoren. Die Trennung zwischen Urproduktion und Industrie, vgl. Abschn. 5.5 Aufgabe 8, ist hier nicht möglich.

Lösung zu Aufgabe 8: Ermittlung des Staatsverbrauchs

In der oberen Grafik lesen Sie für *2013* das nominale *BIP* in Höhe von *2738 Mrd. €* ab. In der unteren Grafik in der *Verwendungsrechnung* den *Staatsverbrauch* mit *19,41%*. Daraus ergibt sich ein Staatsverbrauch von 531 *Mrd. €*.

Lösung zu Aufgabe 9: Ermittlung des Realeinkommens

Zur Lösung dieser Aufgabe wenden Sie den Dreisatz an:

2.320 entspricht 111,1

x entspricht 100

$$\frac{2.320*100}{111,1} = 2.088,02 \, Euro$$

Lösung zu Aufgabe 10: Bundeshaushalt

Die *Bundesschuld* ist die Neuverschuldung. *Addieren* Sie alle Zahlen auf (299.500,00) und setzen Sie die Bundesschuld zu der Summe ins Verhältnis, dann erhalten Sie *9,40%*.

Wirtschaftspolitik

10

Aufgaben zur Wirtschaftspolitik beziehen sich auf den steuernden Einfluss des Staates in der Wirtschaft. Schwerpunkte sind das magische Vier- bzw. Sechseck (Stabilitätspolitik) sowie Regeln und Maßnahmen zum Schutz des Marktmechanismus (Wettbewerbspolitik).

10.1 Ordnungspolitik und Prozesspolitik

Wirtschaftspolitische *Aufgabe des Staates* ist es, für eine *gut funktionierende Wirtschaft* zu sorgen. Dazu stehen ihm verschiedene *Instrumente und Maßnahmen* zur Verfügung. Er setzt *Regeln* (Rahmenbedingungen) in Form von *Gesetzen*, wie z. B. das Stabilitätsgesetz, das Kartellgesetz, die gesamte Umwelt- und Sozialgesetzgebung. Das *Setzen von Rahmenbedingungen* für die Wirtschaft wird als *Ordnungspolitik* bezeichnet. Ferner greift der Staat durch *konkrete Maßnahmen* in das Wirtschaftsgeschehen ein, indem er z. B. *Subventionen* an Unternehmen in strukturschwachen Regionen oder Branchen zahlt, mit *Sanktionen* gegen Missbrauch von Marktmacht vorgeht, oder *Bauaufträge* vergibt, um Arbeitsplätze zu sichern. Das direkte Eingreifen des Staates in den Wirtschaftsprozess wird auch als *Prozesspolitik* bezeichnet.

Ordnungspolitische Maßnahmen sind *Gesetze*, die Rahmenbedingungen für die Wirtschaft festlegen. Suchen Sie daher in der *linken Spalte* nach einem Gesetz und prüfen Sie dann in der *rechten Spalte*, ob die dort angegebene Maßnahme der *Förderung einer Region oder Branche* dient. In *Zeile 3* finden Sie die gesuchte *Lösung*.

© Springer Fachmedien Wiesbaden 2015
M. Wünsche, *Wirtschafts- und Sozialkunde (IHK)*,
DOI 10.1007/978-3-658-06755-7_10

Musteraufgabe Ordnungspolitik

Prüfen Sie, in welcher Zeile die ordnungspolitischen und strukturpolitischen Maßnahmen des Staates richtig zugeordnet sind.

	Ordnungspolitische Maßnahmen	Strukturpolitische Maßnahmen
1.	Steuererleichterungen und Investitionszuschüsse für strukturschwache Branchen	Missbrauchsaufsicht über Monopole durch das Bundeskartellamt
2.	Überwachen des Marktverhaltens bei Großunternehmen	Genehmigung von Fusionen unter Auflagen durch das Bundeskartellamt
	(Missbrauchsaufsicht)	
3.	Gesetz gegen unlauteren Wettbewerb	Subventionen für den Bergbau zur Sicherung von Arbeitsplätzen
4.	Sonderabschreibungsmöglichkeiten bei der Wohnraumsanierung	Eigenheimzulage für den Wohnungsbau
5.	Festlegen von Einfuhrkontingenten für Kraftfahrzeuge	Vergabe von öffentlichen Aufträgen in strukturschwachen Regionen

Die *Sonderabschreibungsmöglichkeiten* in *Zeile 4* werden zwar auch in einem Gesetz, dem Einkommensteuergesetz, festgeschrieben, da dieses als Jahressteuergesetz jedoch *häufigen Änderungen* unterliegt, liegt hier *Prozesspolitik* vor.

10.2 Stabilitätspolitik

Grundlage für die Stabilitätspolitik ist das *Stabilitätsgesetz* von 1967. Es enthält ursprünglich die vier Ziele *Inflationsbekämpfung* (Geldwertstabilität), *Bekämpfung der Arbeitslosigkeit* (hoher Beschäftigungsstand), *Zahlungsbilanzausgleich* (außenwirtschaftliches Gleichgewicht) und *Förderung des Wohlstands* (stetiges und angemessenes Wirtschaftswachstum). Inzwischen wurden zwei weitere Ziele mit in die stabilitätspolitischen Überlegungen einbezogen: Für die Stabilität der Gesellschaft ist es notwendig, dass einkommensschwachen Mitbürgern über eine *Umverteilung* ihr Existenzminimum gesichert wird (gerechte Einkommensverteilung). Ferner ist die Bewahrung einer lebenswerten *Umwelt* inzwischen als wichtiges Ziel erkannt worden (Umweltschutz) (Tab. 10.1).

Dieses Vier- bzw. Sechseck von wirtschaftspolitischen Zielen wird als *magisch* bezeichnet, weil sich die Ziele gegenseitig behindern. Man spricht daher auch von *Zielkonflikten*. Der wichtigste Zielkonflikt ist der zwischen *Inflation und Arbeitslosigkeit*, der sich aus dem *Konjunkturzyklus* ergibt (siehe Abschn. 3.1). Aber auch der Konflikt zwischen *Umweltschutz und Schaffung von Arbeitsplätzen* ist problematisch. Ein Beispiel für eine *Zielharmonie* ist, dass es bei geringer *Arbeitslosigkeit* weniger Bedarf für eine *Einkommensumverteilung* gibt.

Tab. 10.1 Übersicht Magisches Vier- bzw. Sechseck

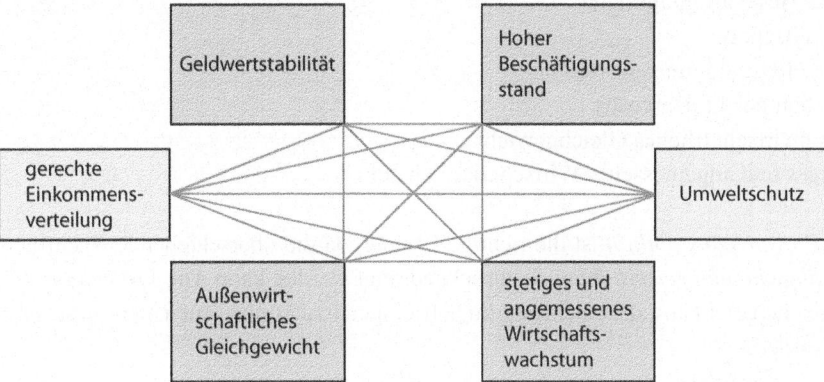

Wichtig für die Prüfung ist, dass Sie die sechs *Ziele kennen*, wissen, *wie sie gemessen werden*, und *wirtschaftspolitische Maßnahmen* daraufhin *beurteilen* können, auf welches der Ziele sie wie wirken.

Musteraufgabe Wachstum

Mit welcher Messgröße wird das volkswirtschaftliche Wachstum erfasst?
1. Veränderung der Handelsbilanz
2. Veränderung der Zahlungsbilanz
3. Nachfrage nach Konsumgütern
4. Veränderung des realen Bruttoinlandproduktes
5. Steuereinnahmen des Staates

Die *Zunahme des Bruttoinlandsprodukts* als Wert aller Güter und Dienstleistungen, die in einem Jahr im Inland erwirtschaftet wurden, ist das *Maß für Wachstum*. *Aussage 4* ist die richtige Lösung. Beachten Sie, dass es das *reale*, um Preissteigerungen bereinigte BIP ist.

Musteraufgabe Preisniveaustabilität

Die Hochkonjunktur ist dadurch gekennzeichnet, dass die gesamtwirtschaftliche Nachfrage schneller steigt als das gesamtwirtschaftliche Angebot und die Produktionskapazitäten der Industrie voll ausgelastet sind. Die Bundesregierung überlegt im Rahmen des Gesetzes zur Förderung der Stabilität und des Wachstums der Wirtschaft (Stabilitätsgesetz) Maßnahmen gegen diese Überhitzung zu ergreifen. Welches Ziel des Stabilitätsgesetzes ist unmittelbar gefährdet?

1. Hoher Beschäftigungsstand
2. Umweltschutz
3. Gerechte Einkommensverteilung
4. Stabilität des Preisniveaus
5. Außenwirtschaftliches Gleichgewicht
6. Stetiges und angemessenes Wirtschaftswachstum

Ziel Nr. 4 Preisniveaustabilität ist die richtige Lösung, da die überschießende Nachfrage nur durch *allgemeine Preiserhöhungen* zurückgedrängt werden kann. Die *Produktionskapazitäten* reichen nicht aus, die Nachfrage zu befriedigen und können auch nicht so schnell erweitert werden.

Musteraufgabe Beschäftigungspolitik

Die Bundesrepublik fördert Weiterbildungs- und Umschulungsmaßnahmen sowie Existenzgründungen für Arbeitssuchende. Welches Ziel der staatlichen Wirtschaftspolitik nach dem Gesetz zur Förderung der Stabilität und des Wachstums der Wirtschaft (Stabilitätsgesetz) wird damit vorrangig verfolgt?

1. Umwelts.chutz
2. Hoher Beschäftigungsstand
3. Stabilität des Preisniveaus
4. Außenwirtschaftliches Gleichgewicht
5. Gerechte Einkommens- und Vermögensverteilung
6. Stetiges und angemessenes Wirtschaftswachstum

Hier ist *Ziel Nr. 2, hoher Beschäftigungsstand*, die richtige Lösung. Es werden die folgenden *vier Arten von Arbeitslosigkeit* unterschieden (Tab. 10.2):

Entwickeln Sie Aufgaben zu den anderen Zielen. Z. B. erhöht der Staat das Kindergeld, um für einkommensschwache Familien mit Kindern eine Unterstützung zu schaffen, oder er vergibt Fördermittel für die Nutzung erneuerbarer Energien. Aufgaben zur Zahlungsbilanz (außenwirtschaftliches Gleichgewicht) finden Sie in Kap. 7.

Tab. 10.2 Übersicht Arten von Arbeitslosigkeit

Konjunkturelle	Strukturelle	Saisonale	Friktionelle
In der Rezession und in der Depression nehmen die Entlassungen zu und die Zahl der offenen Stellen nimmt ab	In Branchen oder Regionen mit strukturellen Schwierigkeiten gibt es in den angestammten Berufen keine Beschäftigung mehr	Bei Saisonberufen wie im Bau, im Tourismus oder in der Landwirtschaft gibt es Zeiten mit geringer Nachfrage nach Arbeitskräften	Die unproblematische Sucharbeitslosigkeit dauert nur kurze Zeit, von der Aufgabe der alten Arbeitsstelle bis zur Neueinstellung

Musteraufgabe Zielkonflikte

Prüfen Sie, welche Aussage zu den Zielen des Stabilitätsgesetzes zutreffend ist.

1. Zinssenkungen führen automatisch zu einem hohen Beschäftigungsstand, da nun kreditfinanzierte Investitionen in neue Produktionsanlagen günstiger sind.
2. Je gerechter die Einkommensverteilung ist, umso eher kann von hohem Wachstum ausgegangen werden, was jedoch das außenwirtschaftliche Gleichgewicht gefährdet.
3. Ein hoher Beschäftigungsstand ist erreicht, wenn die Arbeitslosigkeit nicht mehr als 7 % beträgt, da ein geringerer Wert das Ziel des Umweltschutzes gefährden würde.
4. Ein hoher Beschäftigungsstand führt dazu, dass auch Geldwertstabilität und ausgeglichene Zahlungsbilanz gewährleistet sind.
5. Mit dem Erreichen eines hohen Beschäftigungsstandes gerät in der Regel das Ziel der Preisniveaustabilität in Gefahr.

Der problematischste *Zielkonflikt* ist der statistisch nachgewiesene negative Zusammenhang *zwischen Arbeitslosigkeit und Inflation*. Damit ist *Aussage 5* die richtige Lösung.

Aussage 1 ist falsch, weil ohne positive *Zukunftserwartungen* die Unternehmen auch bei niedrigen Zinsen keine Investitionsbereitschaft haben. Zu *Aussage 2* beachten Sie, dass es verschiedene Denkansätze gibt, was unter einer *gerechten Einkommensverteilung* zu verstehen ist. Absolute *Gleichverteilung* (Kommunismus) zerstört jeglichen Anreiz zur Leistung, extreme *Ungleichverteilung* (Frühkapitalismus) führt zu sozialen Problemen. *Vollbeschäftigung* (*Aussage 3*) ist erreicht, wenn alle Arbeitssuchenden ohne längere Wartezeit eine passende Beschäftigung finden können.

10.3 Wettbewerbspolitik

In der sozialen Marktwirtschaft ist es eine wichtige Aufgabe des Staates, die *Funktionsfähigkeit des Preismechanismus* zu *gewährleisten*. Daher übt das *Bundeskartellamt* eine *Missbrauchsaufsicht* aus, d. h. es beobachtet das Verhalten der Unternehmen am Markt und greift bei Verstößen gegen die Wettbewerbsregeln mit hoheitlicher Gewalt ein. Unterscheiden Sie dazu *Unternehmen mit marktbeherrschender Stellung* (Monopole und Oligopole) und *Unternehmenszusammenschlüsse*, die mit dem Ziel erfolgen, den Markt zum eigenen Vorteil zu beeinflussen (Preiskartelle und Gebietskartelle).

Musteraufgabe Kartell

Die Bergthaler Büromaschinen GmbH entschließt sich, mit einem Konkurrenten, der Basse GmbH, Stuttgart, zusammenzuarbeiten. Vereinbart wird, dass zur Sicherung ihrer Wettbewerbsposition auf dem Markt für hochwertige Büromaschinen die Verkaufspreise abgestimmt werden sollen. Ferner will man sich gegenseitig bei der Verbesserung der Betriebsabläufe und in Bezug auf Ansätze zu Kosteneinsparungen unterstützen.

a) Um welche Art von Kartell handelt es sich bei der Abstimmung der
   Verkaufspreise? Tragen Sie in das linke Lösungskästchen die Ziffer der richtigen
   Kartellart ein und in das rechte Lösungskästchen die Ziffer der richtigen
   wettbewerbsrechtlichen Beurteilung.

b) Um welche Art von Kartell handelt es sich bei der Kooperation in Bezug auf die
   Verbesserung der Betriebsabläufe? Tragen Sie in das linke Lösungskästchen
   die Ziffer der richtigen Kartellart ein und in das rechte Lösungskästchen die Ziffer
   der richtigen wettbewerbsrechtlichen Beurteilung.

Kartellarten	wettbewerbsrechtliche Beurteilung
1. Normen- und Typenkartell 2. Konditionenkartell 3. Rationalisierungskartell 4. Gebietskartell 5. Preiskartell 6. Exportkartell	7. anmelde- bzw. genehmigungspflichtig 8. verboten

a. Preisabsprachen (*Preiskartelle*) sind *verboten*. *5|8* ist die richtige Lösung.
b. Die Kooperation zur Verbesserung der Betriebsabläufe ist ein *Rationalisierungskartell*:
   3|7. Da die erzielten Kosteneinsparungen den Nachfragern zugute kommen können,
   sind solche Kooperationen *erlaubt*. Prägen Sie sich ein, dass Preiskartelle, Gebietskartelle und auch Importkartelle verboten und alle anderen grundsätzlich erlaubt sind.

Gesetzlich geregelt ist die Arbeit des Bundeskartellamtes im *Kartellgesetz* (Gesetz gegen
Wettbewerbsbeschränkungen). Darin ist festgelegt, dass Preiskartelle, Gebietskartelle und
auch Importkartelle verboten und alle anderen grundsätzlich erlaubt sind.
    Unter *Gebietskartellen* versteht man dabei Absprachen, die den Markt räumlich unter
die beteiligten Unternehmen aufteilen, z. B. bei Bauausschreibungen in einem bestimmten
Gebiet reichen alle „Konkurrenten" ein teurere Gebote ein, damit das Unternehmen, das
den Zuschlag erhalten soll, diesen zu entsprechend überhöhten Preisen realisieren kann.
    Mit der letzten *Novelle des Kartellgesetzes 2007* sind die begrifflichen Benennungen
der erlaubten Kartelle (Normen- und Typenkartell, Konditionenkartell, Rationalisierungskartell, Spezialisierungskartell, Strukturkrisenkartell etc.) weggefallen und durch eine allgemeine Formulierung ersetzt worden: Erlaubt sind danach *Vereinbarungen, die unter
angemessener Beteiligung der Verbraucher an dem entstehenden Gewinn zur Verbesserung der Warenerzeugung oder -verteilung oder zur Förderung des technischen oder wirtschaftlichen Fortschritts beitragen, ohne dass den beteiligten Unternehmen Beschränkungen auferlegt werden, die für die Verwirklichung dieser Ziele nicht unerlässlich sind, oder*

Möglichkeiten eröffnet werden, für einen wesentlichen Teil der betreffenden Waren den Wettbewerb auszuschalten.

Mittelstandskartelle (§ 3 GWB) können auf Antrag erlaubt werden, wenn sie die Wettbewerbsfähigkeit kleiner oder mittlerer Unternehmen zu verbessern helfen.

Ein weiteres für die Wettbewerbspolitik wichtiges Gesetz ist das *Gesetz gegen unlauteren Wettbewerb*. Unlauter sind Wettbewerbshandlungen, die den Wettbewerb *zum Nachteil* der Mitbewerber, der Verbraucher oder der sonstigen Marktteilnehmer *nicht nur unerheblich beeinträchtigen*. Werbung darf einen Konkurrenten nicht *verunglimpfen* und geschützte Produkte dürfen nicht *imitiert* werden. Für die *vergleichende Werbung* merken Sie sich, dass der Vergleich *objektiv nachprüfbar* sein muss.

Musteraufgabe Marktmachtmissbrauch

Die Paste AG mit Sitz in München ist der europaweit führende Anbieter von Laminiergeräten. Zum weiteren Ausbau der Marktstellung überlegt die Paste AG verschiedene Maßnahmen. Überprüfen Sie, welche der im Folgenden genannten Maßnahmen mit dem deutschen Wettbewerbsrecht nicht vereinbar ist.

1. Die Paste AG stellt in einer vergleichenden Werbeaktion heraus, dass der Stromverbrauch ihrer Laminiergeräte tatsächlich günstiger ist als die Geräte eines Mitbewerbers.
2. Die Paste AG bietet ihre Laminiergeräte über einen längeren Zeitraum unter Herstellkosten an, um Konkurrenten vom Markt zu verdrängen.
3. Die Paste AG verkauft ihre Laminiergeräte an größere Unternehmen zu geringeren Preisen als an kleinere Unternehmen und Privathaushalte.
4. Die Paste AG will mit einer massiven Werbeaktion Laminiergeräte auch für Privatpersonen interessant machen, um die Produktionskapazitäten besser auslasten zu können.
5. Die Paste AG bietet in einer Sonderaktion technisch veraltete Laminiergeräte besonders preisgünstig an, um in den Verkaufslagern Platz zu schaffen.

Marktmachtmissbrauch bedeutet, *Konkurrenten vom Markt* zu *verdrängen*, weil so das Angebot reduziert wird (Verschiebung der Angebotskurve nach links oben) und die Preise steigen. *Maßnahme 2* ist die gesuchte Lösung. Nur finanzstarke Unternehmen sind in der Lage, längere Zeit nicht kostendeckend zu produzieren. Man nennt dieses missbräuchliche Verhalten *Dumping*. Alle anderen Maßnahmen sind erlaubt.

Musteraufgabe Kartell, Konzern, Fusion

Zusammenschlüsse von Unternehmen werden allgemein nach der Wirkung auf die rechtliche und auf die wirtschaftliche Selbstständigkeit beurteilt. Ordnen Sie die in der nachfolgenden Tabelle dargestellten Wirkungen den genannten Arten von Zusammenschlüssen richtig zu.

Tab. 10.3 Übersicht Arten der Fusion

Fusion durch Aufnahme	Fusion durch Neugründung
A nimmt B auf	A und B werden zu C
Unternehmen A bleibt erhalten, vergrößert sich um Unternehmen B Unternehmen B wird im Handelsregister ausgetragen und hört auf zu existieren	Beide Unternehmen werden im Handelsregister ausgetragen Ein neues Unternehmen C, das sich aus A und B zusammensetzt, wird ins Handelsregister eingetragen

a) Kartell b) Konzern c) Fusion		wirtschaftliche Selbstständigkeit	rechtliche Selbstständigkeit
	1.	bleibt vollständig erhalten	bleibt erhalten
	2.	wird teilweise aufgegeben	bleibt erhalten
	3.	wird vollständig aufgegeben	bleibt erhalten
	4.	bleibt vollständig erhalten	wird aufgegeben
	5.	wird teilweise aufgegeben	wird aufgegeben
	6.	wird vollständig aufgegeben	wird aufgegeben

a. Bei einem *Kartell* bleiben die beteiligten Unternehmen *rechtlich selbstständig* und geben *nur für den Bereich der Zusammenarbeit* ihre wirtschaftliche Selbstständigkeit auf. In *Zeile 2* finden Sie die richtige Lösung.

b. Bei der Bildung eines *Konzerns* geht die wirtschaftliche Selbstständigkeit des *Tochterunternehmens* vollständig verloren, es bleibt jedoch weiterhin als *eigenständige juristische Person* im Handelsregister eingetragen. In *Zeile 3* ist der Konzern zutreffend dargestellt.

c. Bei der *Fusion* geht die *rechtliche und* die *wirtschaftliche* Selbstständigkeit mindestens eines der beteiligten Unternehmen vollständig verloren. Dies stellt *Zeile 6* zutreffend dar. Unterscheiden Sie die Fusion durch *Aufnahme* und die Fusion durch *Neugründung* Tab. 10.3.

Gelegentlich wird in Prüfungsaufgaben die Fusion (Verschmelzung) auch mit dem englischen Begriff *Trust* bezeichnet, der in der Praxis jedoch umfassender für Zusammenschlüsse verwendet wird, bei denen ein Unternehmen die Führung übernimmt.

Musteraufgabe Unternehmenszusammenschlüsse

In welchem der nebenstehenden Beispiele liegt ein	Beispiele
1. vertikaler,	a) Bergwerk – Hüttenwerk – Walzwerk
2. horizontaler,	b) Damenoberbekleidung – Herrenoberbekleidung
3. anorganischer Zusammenschluss vor?	c) Fahrzeugbau – Softwareentwicklung

a. Sie erkennen die Reihenfolge bei der Stahlblecherzeugung; es ist ein vertikaler Zusammenschluss, da die Produktionsstufen aufeinander aufbauen: Ziffer 1.

b. Wenn sich zwei Unternehmen der gleichen Branche zusammenschließen, spricht man von einem horizontalen Zusammenschluss. Das können auch zwei Banken oder zwei Büromaschinenhersteller sein: Ziffer 2.

c. Alle anderen Zusammenschlüsse, die weder vertikal noch horizontal sind, werden als anorganisch, auch als heterogen oder diagonal bezeichnet: Ziffer 3. Problematisch ist hier die Überlegung, dass es Pkws mit Bordcomputer gibt, für die Software erforderlich ist. Bürosoftwareentwicklung wäre deutlicher.

Das *Bundeskartellamt* überwacht im Rahmen der Zusammenschlusskontrolle nicht nur *Kartelle*, sondern auch die *Konzernbildung* und *Fusionen*. Einen guten Einblick in die Arbeit des Kartellamtes finden Sie unter www.bundeskartellamt.de.

Prüfungsaufgaben zum Thema Wettbewerb sind oft *mit Zeitungsartikeln* verbunden. Suchen Sie bei solchen Aufgaben nach der Aussage, dass das Bundeskartellamt den *Missbrauch von Markt-macht* verhindern soll.

10.4 Übungsaufgaben

Aufgabe 1: Wirtschaftspolitische Maßnahmen

Ordnen Sie drei der sieben wirtschaftspolitischen Maßnahmen den hiervon direkt begünstigten Wirtschaftszweigen zu.

Wirtschaftspolitische Maßnahmen	Begünstigte Wirtschaftszweige	
1. Einschränkung der Staatsverschuldung	Bergbau	
2. Erhöhung der Kilometerpauschale		
3. Erhöhung der Mineralölsteuer	Automobilindustrie	
4. Subventionen für Kohlekraftwerke		
5. Erhöhung der Konjunkturausgleichsrücklage	Wohnungsbauunternehmen	
6. Senkung der Grunderwerbsteuer		
7. Abschaffung der Tabaksteuer		

Aufgabe 2: Arbeitslosigkeit

Stellen Sie fest, in welchem der folgenden Sachverhalte strukturelle Arbeitslosigkeit vorliegt.

1. In vielen Betrieben wird aufgrund der sich verschlechternden Wirtschaftslage Kurzarbeit angeordnet. Zu Entlassungen kommt es jedoch nicht.
2. Aufgrund fehlender Nachfrage im Abschwung müssen die Unternehmen Produktionsanlagen still legen und daher auch Arbeitskräfte entlassen.
3. Arbeitnehmer im Schiffbau werden entlassen, da angesichts der internationalen Konkurrenz der Schiffbau in Deutschland nicht mehr wettbewerbsfähig ist.
4. Ältere Erwerbstätige entscheiden sich, vorzeitig aus dem Erwerbsleben auszuscheiden und ihnen zustehende Rentenansprüche zu nutzen.
5. Erwerbstätige kündigen ihre Arbeitsstelle, um sich an einem anderen Ort oder in einem anderen Betrieb auf eine neue Stelle zu bewerben, die ihnen besser gefällt.

Aufgabe 3: Stabilitätsgesetz

Die Bundesregierung erwägt die Anhebung der Umsatzsteuer, um den hohen Schuldenstand zurückzuführen. Auf welches Ziel des Stabilitätsgesetzes wird sich diese wirtschaftspolitische Maßnahme unmittelbar auswirken?

1. Außenwirtschaftliches Gleichgewicht
2. Geldwertstabilität
3. Gerechte Einkommensverteilung
4. Hoher Beschäftigungsstand
5. Stetiges und angemessenes Wirtschaftswachstum
6. Umweltschutz

Aufgabe 4: Magisches Sechseck

Das magische Sechseck enthält Zielkonflikte, die das gleichzeitige Erreichen aller sechs wirtschaftspolitischen Ziele unmöglich machen. Welche der folgenden Aussagen stellt einen solchen Zielkonflikt richtig dar?

1. Ein hoher Beschäftigungsstand erfordert eine Nachfragesteigerung nach Konsumgütern. Die so entstehenden Nachfrageüberhänge bewirken Preissenkungen und beeinträchtigen das Ziel, die Umwelt vor schädigenden Einflüssen zu schützen.
2. Investitionen in Umweltschutz schaffen Arbeitsplätze, was dem Ziel der Vollbeschäftigung zugute kommt, wodurch das Ziel der Geldwertstabilität gefährdet sein könnte.
3. Stetiges und angemessenes Wirtschaftswachstum erfordert eine hohe Produktion, die aufgrund des sinkenden Energieverbrauchs zu starken Umweltbelastungen und einer Gefährdung der Geldwertstabilität führt.

4. Die Verfolgung des Zieles einer gerechten Einkommensverteilung führt am Markt zu Nachfrageüberhängen, wodurch die Preise sinken und das Ziel des hohen Beschäftigungsstandes gefährdet wird.
5. Umweltschutz erfordert die massive Einschränkung der Produktion. Zwar kann so die Arbeitslosenquote reduziert werden, aber das Wirtschaftswachstum wird ausgebremst.

Aufgabe 5: Statistik zur wirtschaftlichen Entwicklung

Sie erhalten den Auftrag, eine Statistik zur wirtschaftlichen Entwicklung der Bundesrepublik Deutschland auszuwerten. Welche der folgenden Aussagen lässt sich aus der unten abgebildeten Tabelle zutreffend ablesen?
1. Die Statistik zeigt, dass der Wohlstand der Gesellschaft sinkt.
2. Die Arbeitslosenquote hat kontinuierlich zugenommen.
3. Aus der Entwicklung der Verbraucherpreise ergibt sich eine Inflationsgefahr.
4. Verbraucherpreise und Wirtschaftswachstum entwickeln sich gleichgerichtet.
5. Wirtschaftswachstum und Außenbeitrag entwickeln sich tendenziell gleich.

Berichtsjahr	1	2	3	4
Außenbeitrag in Mrd. Euro	18,2	23,1	34,5	38,7
Wirtschaftswachstum in Prozent	0,7	1,6	2,3	2,8
Verbraucherpreisentwicklung in Prozent	2,2	1,5	0,9	0,3
Arbeitslosenquote in Prozent	7,8	6,4	8,1	9,2

Aufgabe 6: Stabilitätsgesetz

Ordnen Sie den genannten Messgrößen die zutreffenden wirtschaftspolitischen Ziele zu.

Wirtschaftspolitische Ziele	Messgrößen	
1. Zahlungsbilanzausgleich	Harmonisierter Verbraucherpreisindex	
2. Vollbeschäftigung		
3. Wirtschaftswachstum	Arbeitslosenquote	
4. Umweltschutz		
5. Geldwertstabilität		

Aufgabe 7: Wirtschaftswachstum

Welche der folgenden Aussagen zum Wirtschaftswachstum ist richtig?
1. Qualitatives Wirtschaftswachstum fördert die Erhaltung einer lebenswerten Umwelt.

2. Quantitatives Wirtschaftswachstum erhöht immer automatisch die Gewinneinkommen.
3. Qualitatives Wirtschaftswachstum erhöht immer automatisch das Bruttoinlandsprodukt.
4. Quantitatives Wirtschaftswachstum beeinträchtigt qualitatives Wirtschaftswachstum.
5. Qualitatives Wirtschaftswachstum sorgt für eine gerechte Einkommensverteilung.

Aufgabe 8: Inflation

Welche der im Folgenden beschriebenen Maßnahmen führt zu Inflation?
1. Starke Einschränkung der öffentlichen Investitionen
2. Ausdehnung der Exporte in das nicht-europäische Ausland
3. Erhöhung der Steuersätze bei der Einkommensteuer
4. Deutliche Anhebung der Steuersätze für Unternehmen
5. Starke Ausdehnung der Geldmenge durch gesteigerte Kreditgewährung

Aufgabe 9: Umweltschutz

Sie lesen in einer Veröffentlichung des Umweltbundesamtes die folgende Statistik über Umweltschutzinvestitionen im verarbeitenden Gewerbe. Welche der nachfolgenden Aussagen dazu ist richtig?

Umweltschutzinvestitionen im verarbeitenden Gewerbe 2014

Vorbeugender (integrierter) Umweltschutz		424 Mill. Euro
davon	Chemische Industrie	200 Mill. Euro
	Fahrzeugbau	100 Mill. Euro
	Metallerzeugung und Metallbearbeitung	23 Mill. Euro
Nachsorgender (additiver) Umweltschutz		863 Mill. Euro

1. Die gesamten Umweltschutzinvestitionen im verarbeitenden Gewerbe betrugen im Jahr 2014 insgesamt 1.610 Mio. €.
2. Die Chemische Industrie gibt etwa 16% ihres Investitionsbudgets für Umweltschutzinvestitionen aus.
3. Von allen Branchen ist in der Metallerzeugung und Metallverarbeitung das Interesse an Umweltschutzinvestitionen am geringsten.
4. Der vorbeugende Umweltschutz macht etwa ein Drittel der gesamten Umweltschutzinvestitionen im verarbeitenden Gewerbe aus.
5. Zwei Drittel aller Umweltschutzinvestitionen der gesamten Wirtschaft bestehen aus nachsorgendem Umweltschutz.

Aufgabe 10: Sozialpolitik

Die Bundesregierung möchte sozial schwache Mitbürger besser absichern. Welche der folgenden Maßnahmen dient dieser Zielsetzung und sind im Rahmen der sozialen Marktwirtschaft realisierbar?

1. Abschaffung des Kinderfreibetrages bei der Einkommensteuer
2. Einführung einer Lohnobergrenze für die Feiertagsarbeit
3. Erhöhung des Mehrwertsteuersatzes auf 19 %
4. Erhöhung des Kindergeldes für Haushalte mit niedrigem Einkommen
5. Verbot von Tariferhöhungen im öffentlichen Personennahverkehr

Aufgabe 11: Wettbewerbspolitik

In welchem der nachfolgend genannten Gesetze finden sich grundsätzliche wettbewerbspolitische Regelungen zum Zusammenschluss von Unternehmen?

1. Grundgesetz
2. Bürgerliches Gesetzbuch
3. Handelsgesetzbuch
4. Gesetz gegen Wettbewerbsbeschränkungen
5. Gesetz gegen den unlauteren Wettbewerb

Aufgabe 12: Kartelle

Nach Inhalt und Ziel der Vereinbarungen lassen sich verschiedene Arten von Kartellen unterscheiden. Ordnen Sie den dargestellten Kartellvereinbarungen die richtige Bezeichnung zu.

Kartellart

1. Rationalisierungskartell
2. Strukturkrisenkartell
3. Preiskartell
4. Normen- und Typenkartell
5. Konditionenkartell
6. Gebietskartell

Kartellvereinbarung

a) Zwei Hersteller von Büromaschinen einigen sich darauf, gemeinsam neue Produkte zu entwickeln.

b) Vier regionale Bauunternehmer teilen das Gebiet für öffentliche Aufträge untereinander auf.

c) Drei Produzenten von Kopiergeräten entschließen sich zur Verbesserung ihrer Absatzchancen, die Toner-Kartuschen zu vereinheitlichen.

Aufgabe 13: Horizontale Konzentration

In welchem der im Folgenden dargestellten Sachverhalte liegt horizontale Konzentration vor?

1. Ein Unternehmen, das Wurstkonserven herstellt, kauft einen Schweinemastbetrieb auf.
2. Ein Versicherungsunternehmen erwirbt die Aktienmehrheit an einer Fleischfabrik.
3. Ein Automobilunternehmen fusioniert mit einem anderen Automobilunternehmen.
4. Eine Großhändler für Büromaschinen beteiligt sich an einer Brotfabrik.
5. Ein Hersteller von Faxgeräten kooperiert mit einer Papierfabrik.

Aufgabe 14: Kartell, Fusion, Konzern, Arbeitsgemeinschaft

Das Bundeskartellamt überwacht u. a. Unternehmenszusammenschlüsse. In welchem der genannten Sachverhalte handelt es sich um

1. ein Kartell?
2. eine Fusion?
3. einen Konzern?
4. eine Arbeitsgemeinschaft?

Sachverhalte

a) Mehrere Straßenbau-Unternehmen arbeiten gemeinsam an einer neuen Autobahn.

b) Ein Bergbau-Unternehmen erwirbt die Aktienmehrheit an einem Stahlerzeuger.

c) Mehrere Büromaschinenhersteller einigen sich auf eine einheitliche Preisgestaltung.

d) Zwei Versicherungs-Unternehmen schließen sich zu einem neuen Unternehmen zusammen.

Aufgabe 15: Wirkung von Unternehmenszusammenschlüssen

Zu Unternehmenszusammenschlüssen kommt es, weil sie aus betriebswirtschaftlicher Sicht den beteiligten Unternehmen Vorteile bringen. Welche Wirkung von Unternehmenszusammenschlüssen ist aus gesamtwirtschaftlicher Sicht nicht vorteilhaft?
1. Steuerliche Vorteile
2. Rationalisierungsvorteile
3. Beschränkung des Wettbewerbs
4. Vorteile für Forschung und Entwicklung
5. Verbesserung der Kapitalbeschaffungsmöglichkeiten

Aufgabe 16: Wettbewerbsrecht

Prüfen Sie, welche der folgenden Aussagen über die Eingriffsmöglichkeiten des Staates bei Unternehmenszusammenschlüssen nicht zutreffend ist.
1. Zusammenschlüsse von Unternehmen, durch die die Unternehmen eine marktbeherrschende .Stellung erlangen, unterliegen der Kontrolle durch das Bundeskartellamt.
2. Dem Prinzip der sozialen Marktwirtschaft widerspricht es, wenn Unternehmenszusammenschlüsse kontrolliert werden, weil der Marktmechanismus das Auftreten von Marktmacht regelt und automatisch für eine gegenläufige Tendenz sorgt.
3. Das Bundeskartellamt verweigert grundsätzlich Unternehmenszusammenschlüssen die Genehmigung, wenn die Gefahr eines Marktmachtmissbrauchs besteht.

4. Durch Ministererlaubnis können Fusionen genehmigt werden, die vom Kartellamt untersagt worden sind, wenn gesamtwirtschaftliche Vorteile für die Genehmigung sprechen.
5. Das Gesetz gegen Wettbewerbsbeschränkungen regelt, ab welcher Größe Unternehmen Zusammenschlüsse anzeigen müssen, damit eine wirksame Kontrolle gewährleistet ist.

10.5   Lösungen zu den Übungsaufgaben

Lösung zu Aufgabe 1: Wirtschaftspolitische Maßnahmen

4. Subventionen für Kohlekraftwerke kommen dem *Bergbau* zugute.
2. Die Erhöhung der Kilometerpauschale bei den Werbungskosten für den Weg zur Arbeit in der Einkommensteuererklärung fördert die *Automobilindustrie*.
6. Die Senkung der Grunderwerbsteuer fördert *Wohnungsbauunternehmen*, da der Erwerb von Grund und Boden verbilligt wird.

Lösung zu Aufgabe 2: Arbeitslosigkeit

Sachverhalt 3 enthält die richtige Lösung. Der deutsche Schiffbau befindet sich in einer *Strukturkrise*, daher spricht man von *struktureller Arbeitslosigkeit*.

Lösung zu Aufgabe 3: Stabilitätsgesetz

Eine *Erhöhung der Umsatzsteuer* führt unmittelbar zu *Preissteigerungen*, damit ist das *Ziel der Geldwertstabilität* (Ziel *Nr. 2*) gefährdet.

Lösung zu Aufgabe 4: Magisches Sechseck

In diesen *umfangreichen Aussagen* sind *einfache Fehler* eingebaut, die jedoch angesichts der Textfülle leicht übersehen werden. *Aussage 2 ist die richtige Lösung:* Es ist der Konflikt zwischen *Inflation und Arbeitslosigkeit*. Aussage *1* und Aussage *4*: Nachfrageüberhänge bewirken *Preissteigerungen*. Aussage *3*: Hohe Produktion führt zu *steigendem* Energieverbrauch. Aussage *5*: Eine Einschränkung der Produktion *erhöht* die Arbeitslosenquote.

Lösung zu Aufgabe 5: Statistik zur wirtschaftlichen Entwicklung

Sowohl beim *Außenbeitrag* als auch beim *Wirtschaftswachstum* ist ein kontinuierlicher Anstieg zu beobachten. Daher ist *Aussage 5* die richtige Lösung.

Lösung zu Aufgabe 6: Stabilitätsgesetz

Der *harmonisierte Verbraucherpreisindex* wird von der Europäischen Zentralbank zur Messung der *Geldwertstabilität* herangezogen (*Ziel Nr. 5*). Die *Arbeitslosenquote* ist das Maß zur Beurteilung, ob *Vollbeschäftigung* erreicht ist (*Ziel Nr. 2*).

Lösung zu Aufgabe 7: Wirtschaftswachstum

Quantitatives Wirtschaftswachstum ist eine *reine Zunahme der Güter und Dienstleistungen*, die der Wirtschaft zur Verfügung stehen. Erst eine *qualitative Verbesserung* der Produkte, z. B. technischer Fortschritt bei den Umwelttechnologien, verbessert das *Wohlbefinden* der Gesellschaft. Damit ist *Aussage 1* richtig.

Lösung zu Aufgabe 8: Inflation

Das *Preisniveau* in einer Wirtschaft ist abhängig von der *Menge umlaufenden Geldes*. Wenn die Geldmenge zu sehr ausgedehnt wird, führt dies zu Inflation. *Maßnahme 5* ist die gesuchte Lösung.

Lösung zu Aufgabe 9: Umweltschutz

Richtig ist *Aussage 4*. Addieren Sie die Investitionssummen im vorbeugenden und im nachsorgenden Umweltschutz auf (*424 + 863 = 21.287*). Damit macht der vorbeugende Umweltschutz *etwa ein Drittel* des gesamten Investitionsvolumens aus.

Lösung zu Aufgabe 10: Sozialpolitik

Aussage 4 ist richtig. In vielen Prüfungsaufgaben zur Sozialpolitik ist „*Kindergeld*" die richtige Lösung. Beachten Sie, dass *Aussage 5* gegen die Prinzipien der Marktwirtschaft verstößt, da diese Maßnahme den *Preismechanismus ausschaltet*.

Lösung zu Aufgabe 11: Wettbewerbspolitik

Richtig ist *Ziffer 4*, das *Gesetz gegen Wettbewerbsbeschränkungen* (Kartellgesetz).

Lösung zu Aufgabe 12: Kartelle

a. *1. Rationalisierungskartell*: Durch die Zusammenarbeit profitiert jeder von den Kenntnissen des anderen.

b. *6. Gebietskartell*: Für Bauaufträge werden die Gebote so eingereicht, dass der Bauunternehmer den Zuschlag erhält, in dessen Gebiet der Auftrag liegt.

c. *4. Normen- und Typenkartell*: Die Toner-Kartuschen werden genormt.

Lösung zu Aufgabe 13: Horizontale Konzentration

Sachverhalt 3 ist die gesuchte Lösung. *Horizontal* bedeutet: die *gleiche Branche*.

Lösung zu Aufgabe 14: Kartell, Fusion, Konzern, Arbeitsgemeinschaft

a. *4. Arbeitsgemeinschaft*. Gerade an Großbaustellen bilden sich Arbeitsgemeinschaften, rechtlich sind es BGB-Gesellschaften.

b. *3. Konzern*. Konzernbildung kann auch durch personelle Verflechtung oder durch einen Beherrschungs- und Gewinnabführungsvertrag erfolgen.

c. *1. Kartell*. Wiederholen Sie die anderen Kartellarten.

d. *2. Fusion*. Recherchieren Sie in der Wirtschaftspresse aktuelle Fusionen.

Lösung zu Aufgabe 15: Wirkung von Unternehmenszusammenschlüssen

Ziffer 3 ist die richtige Lösung: *Beschränkung des Wettbewerbs*. Die betriebswirtschaftlichen Vorteile werden auch als *Synergie-Effekte* bezeichnet.

Lösung zu Aufgabe 16: Wettbewerbsrecht

Aussage 2 ist nicht zutreffend. Das *Prinzip der sozialen Marktwirtschaft* ist, dass der *Verbraucher* vor Missbrauch von Marktmacht *geschützt* werden soll. Prägen Sie sich die *Ministererlaubnis* (Aussage 4) ein, die die Maßnahmen des Bundeskartellamtes aushebeln kann.

Geldpolitik

11

Aufgaben zur Geldpolitik der *Europäischen Zentralbank* (*EZB*) beziehen sich vor allem auf den *wirtschaftspolitischen Auftrag* der EZB. Ferner gibt es Aufgaben zu den von der EZB zur Erfüllung ihres Auftrags eingesetzten *Instrumenten und deren Wirkung* sowie gelegentlich Aufgaben, die Ihre Kenntnisse der *Organisation der EZB* abfragen.

11.1 Wirtschaftspolitischer Auftrag der EZB

Hauptzielsetzung der Europäischen Zentralbank und damit ihr wirtschaftspolitischer Auftrag ist die *Sicherung der Geldwertstabilität* in Europa. Statt von Geldwertstabilität wird auch von *Preisniveaustabilität* gesprochen oder seltener von der *Bekämpfung der Inflation*.

Das Preisniveau wird gemessen durch einen *Verbraucherpreisindex*. Dazu wird ein *Warenkorb* aus üblicherweise von den Verbrauchern erworbenen Waren gebildet, und die *Preisentwicklung* dieser Waren über die letzten fünf Jahre wird statistisch zu einer Kennzahl aufbereitet, dem *„harmonisierten Verbraucherpreisindex"*.

Sie erkennen hier die wirtschaftspolitische Absicht, die *Wirtschaft vor* allgemeinen *Preissteigerungen* zu *schützen*, damit die weiter oben bereits beschriebenen Funktionen des Preises in einer Marktwirtschaft gewährleistet bleiben. Denken Sie hier insbesondere an die *Informationsfunktion des Preises*: Bei Inflation ist nicht mehr zu erkennen, ob eine Preissteigerung bei einem Gut eine veränderte Marktsituation für dieses Gut anzeigt oder nicht.

© Springer Fachmedien Wiesbaden 2015
M. Wünsche, *Wirtschafts- und Sozialkunde (IHK)*,
DOI 10.1007/978-3-658-06755-7_11

Musteraufgabe Hauptzielsetzung der EZB

Mit Start der Europäischen Währungsunion wurde die Verantwortung für die europäische Geldpolitik auf das Europäische System der Zentralbanken (ESZB) übertragen. Welches ist die Hauptzielsetzung des ESZB?

1. Die von der Wirtschaft benötigte Menge an Banknoten zu drucken und bereitzuhalten, damit alle Mitgliedsländer ein einheitliches wirtschaftliches Niveau erreichen.
2. Den Weisungen der Europäischen Kommission und des Europäischen Parlamentes zu folgen und diese umzusetzen.
3. Die Währungsreserven der Mitgliedstaaten zu minimieren, damit Verwaltungskosten eingespart werden können.
4. Die Geldpolitik in der Europäischen Union so zu steuern, dass Geldwertstabilität gewährleistet ist.
5. Den Gewinn der Europäischen Zentralbanken gleichmäßig auf die Mitgliedsländer zu verteilen, um die wirtschaftliche Entwicklung zu fördern.

Lassen Sie sich durch *ESZB statt EZB* nicht verwirren! Die Europäische Zentralbank ist organisatorisch ein *Zusammenschluss* der nationalen Zentralbanken, daher wird gelegentlich vom *Europäischen System der Zentralbanken* gesprochen.

In *Aussage 4* finden Sie die *richtige Lösung*: Gewährleistung der *Geldwertstabilität*. Es ist zwar auch eine Aufgabe der Zentralbanken, die benötigte Geldmenge bereitzuhalten (*Aussage 1*), aber das *Drucken der Geldnoten* besorgen die nationalen Gelddruckereien, in Deutschland die *Bundesdruckerei*.

Aussage 2 ist *falsch, weil* die Zentralbanken in Europa *unabhängig*, d. h. an keinerlei Weisungen nationaler Regierungen oder Europäischer Institutionen gebunden sind. So kommt es zu *Konflikten*, wenn Regierungen Inflation in Kauf nehmen, um die Arbeitslosigkeit zu senken, und die EZB an ihrem Ziel der Geldwertstabilität festhält.

Mit *Währungsreserven* in *Aussage 3* sind die Bestände an *Devisen* (ausländischen Währungen, z. B. Dollar) gemeint, die sich z. B. aus Exportüberschüssen ergeben. Es handelt sich also nicht um Stapel von Geldbündel in den Tresoren, die Verwaltungsaufwand erfordern, sondern um *Guthaben bei ausländischen Banken*. Und ein guter Bestand an Währungsreserven dient dazu, internationale Wirtschaftskrisen abzudämpfen und auf negative Wechselkursentwicklungen Einfluss nehmen zu können.

Aussage 5: Der *Gewinn* der Europäischen Zentralbank wird nach den *Anteilen der nationalen Zentralbanken* verteilt und fließt den nationalen Staatshaushalten zu. 2013 hat die Deutsche Bundesbank einen Gewinn von knapp 4,6 Mrd. € gemacht.

Bei einer *Aufgabe zur Hauptzielsetzung* der EZB suchen Sie daher nach der Aussage mit dem Begriff *Geldwertstabilität* oder *Preisniveaustabilität* und prüfen, ob die Aussage richtig formuliert ist. z. B. wäre eine Aussage wie „Die Bekämpfung der Inflation spielt eine untergeordnete Rolle" falsch.

11.2   Geldpolitische Instrumente der EZB

Die EZB steuert die Preisniveaustabilität über eine Beeinflussung der *Geldmenge*, die der Wirtschaft, d. h. den Unternehmen und Haushalten, für ihre wirtschaftlichen Transaktionen zur Verfügung steht. Diese Geldmenge ist der Wirtschaft über das *Bankensystem* zugänglich, da der überwiegende Teil aller Wirtschaftssubjekte Konten bei den Geschäftsbanken unterhält. Wenn daher die EZB die *Liquidität der Geschäftsbanken*, d. h. die den Geschäftsbanken zur Kreditvergabe zur Verfügung stehenden finanziellen Mittel, beeinflusst, kann sie auf diese Weise Einfluss auf die im Umlauf befindliche Geldmenge nehmen.

Musteraufgabe Liquidität der Kreditinstitute

Welche geldpolitische Maßnahme der Europäischen Zentralbank (EZB) erhöht die Liquidität der Kreditinstitute?
1. Die EZB verkauft Devisen.
2. Die EZB nimmt Termineinlagen entgegen.
3. Die EZB gibt Schuldverschreibungen heraus.
4. Die EZB nimmt Einlagen über Nacht entgegen.
5. Die EZB gewährt befristete Kredite gegen Verpfändung von Wertpapieren.

Das wichtigste Instrument zur Steuerung der Liquidität der Geschäftsbanken ist die sogenannte *Hauptrefinanzierungsfazilität* der EZB. Fazilität bedeutet *Möglichkeit*: Die EZB bietet den Geschäftsbanken Kredite gegen Verpfändung von Wertpapieren an. *Aussage 5* war hier die *richtige Lösung*. Über den Kreditbetrag und die Zinshöhe für diese Kredite steuert die EZB die Geldmenge. Wegen der Besicherung durch Wertpapiere spricht man auch von *Wertpapierpensionsgeschäften*.

Prägen Sie sich den folgenden *Wirkungsmechanismus* gut ein:

- Erhöht die EZB den *Zinssatz* für die Hauptrefinanzierungsfazilität (Leitzins) und schränkt sie das *Kreditvolumen* ein, so wird für die Kreditinstitute *Liquidität* teurer und knapper; damit steigen die *Zinsen* für Kredite an Unternehmen und Haushalte, die *Nachfrage* nach Krediten geht zurück, die *Geldmenge* verringert sich.
- *Und umgekehrt:* Senkt die EZB den *Zinssatz* für die Hauptrefinanzierungsfazilität (Leitzins) und erhöht sie das *Kreditvolumen*, so wird für die Kreditinstitute *Liquidität* preiswerter und weniger knapp; damit sinken die *Zinsen* für Kredite an Unternehmen und Haushalte, die *Nachfrage* nach Krediten nimmt zu, die *Geldmenge* steigt.

Und nun stellen Sie die Verbindung zum *Konjunkturzyklus* her:

- Nimmt die *Geldmenge* ab, so geht die *Nachfrage* nach Konsum- und Investitionsgütern zurück, der Inflationsdruck nimmt ab. Das ist sinnvoll, wenn sich die Wirtschaft auf die *Boomphase* zubewegt.
- Nimmt die *Geldmenge* zu, so steigt die *Nachfrage* nach Konsum- und Investitionsgütern, damit steigt die Investitionsbereitschaft, Arbeitsplätze werden geschaffen, das Einkommen der Haushalte nimmt zu. Das ist sinnvoll, wenn die Wirtschaft in eine *Rezession* (einen Abschwung) eintritt (Tab. 11.1 und Tab. 11.2).

Die folgenden *Übersichten* zeigen Ihnen diese beiden Wirkungsketten in einer Form, die Sie sich gut einprägen können:

Schauen Sie sich nun noch einmal *die anderen Aussagen der Aufgabe* an: Der Verkauf von *Devisen* (Aussage 1) führt dazu, dass die EZB Euro einnimmt und damit den Banken Liquidität entzieht. Die Hereinnahme von *Termineinlagen* (Aussage 2) gehört zu den Feinsteuerungsinstrumenten der EZB, sie entzieht den Banken Liquidität. Die EZB gibt keine *Schuldverschreibungen* aus (Aussage 3). Sie nimmt *Einlagen über Nacht* entgegen (Aussage 4); dies ist die *Einlagenfazilität*: Geschäftsbanken können überschüssige Liquidität über Nacht bei der EZB verzinslich „parken".

Weitere Instrumente der EZB sind die Mindestreservepolitik und diverse Feinsteuerungsinstrumente. Folgende *Übersicht* zeigt Ihnen in einer *Zusammenfassung alle geldpolitischen Instrumente* der EZB (Tab. 11.3):

Die *Diskontpolitik*, d. h. der Ankauf von Wechseln, wurde von der EZB inzwischen vollständig *abgeschafft*. Oft wird die Veränderung des Leitzinses auch als *Offenmarkt-*

Tab. 11.1 Übersicht Steuerung der Geldmenge im Aufschwung

EZB	Geschäftsbanken	Wirtschaft	Geldmenge
Erhöht Leitzins Schränkt Kreditvolumen ein	Erhöhen Zinsen für Kredite Schränken Kreditvergabe ein	Nachfrage nach Krediten geht zurück Nachfrage nach Gütern geht zurück	Nimmt ab Sinnvoll, wenn die Wirtschaft sich auf einen Boom zubewegt

Tab. 11.2 Übersicht Steuerung der Geldmenge im Abschwung

EZB	Geschäftsbanken	Wirtschaft	Geldmenge
Senkt Leitzins erhöht Kreditvolumen	Senken Zinsen für Kredite erhöhen Kreditvergabe	Nachfrage nach Krediten steigt Nachfrage nach Gütern steigt	Nimmt zu sinnvoll, wenn die Wirtschaft sich im Abschwung befindet

Tab. 11.3 Übersicht Geldpolitische Instrumente der EZB

Hauptrefinanzierungs-fazilität (Leitzins) = Offenmarktpolitik (Wertpapierpensionsgeschäfte)	Wichtigstes Instrument der EZB: Kreditvergabe an Geschäftsbanken gegen Verpfändung von Wertpapieren Laufzeit meist zwei Wochen, ständige Neuauflage zu angepassten Bedingungen
Spitzenrefinanzierungsfazili-tät und Einlagenfazilität	Bieten den Geschäftsbanken die Möglichkeit, Liquiditätsspitzen bei der EZB auszugleichen als Instrument zur Steuerung der Geldmenge weniger gut geeignet
Mindestreservepolitik	Geschäftsbanken müssen einen Teil ihrer Kundeneinlagen bei der EZB hinterlegen (verzinslich) Über die Höhe des Mindestreservesatzes kann die Liquidität der Geschäftsbanken gesteuert werden hat heute keine praktische Bedeutung mehr für die Geldpolitik
Feinsteuerungsinstrumente	Der EZB steht noch eine weitere Zahl von Instrumenten zur Verfügung, wie z. B. die Hereinnahme von Termineinlagen, mit denen sie ein Feintuning der Geldmenge vornehmen kann

politik bezeichnet. Mit Aufgaben zu den *Feinsteuerungsinstrumenten* ist eher nicht zu rechnen. Für solche Aufgaben gelten jedoch dieselben Wirkungsverläufe wie bei der Leitzinsänderung.

11.3 Organisation der EZB

Unterscheiden Sie bei der Organisation der EZB zunächst zwischen *Beschlussorganen*, in denen geldpolitische Entscheidungen getroffen werden, und dem *ausführenden Organ*, das die Entscheidungen in die Praxis umsetzt.

Das ausführende Organ ist das *EZB-Direktorium*: Es setzt sich aus dem *Präsidenten*, einem *Vizepräsidenten* und *vier weiteren Mitgliedern* zusammen und wird *alle acht Jahre* von den Staats- und Regierungschefs der Teilnehmerstaaten auf Empfehlung der Finanz- und Wirtschaftsminister *gewählt*.

Dem *EZB-Rat* als oberstes beschlussfassendes Organ gehören das *Direktorium* und alle *Präsidenten der nationalen Zentralbanken des Euro-Systems* an. Geldpolitische Entscheidungen werden mit einfacher Mehrheit getroffen. Der EZB-Rat tagt grundsätzlich *alle 14 Tage*.

Im *Erweiterten Rat der EZB* sitzen zusätzlich die *Notenbankpräsidenten der nicht am Euro-System beteiligten EU-Staaten*, die dort offiziell über die Beschlüsse des EZB-Rates informiert werden. Der Erweiterte Rat tritt grundsätzlich *einmal pro Quartal* zusammen. An den Tagungen können, ohne Stimmrecht, ein *Mitglied der Europäischen Kommission* und der *Präsident des Ministerrates* (EU-Rates) teilnehmen. Unterscheiden Sie Europäische Kommission, EU-Rat (Ministerrat), Europäisches Parlament und Europa-Rat.

Musteraufgabe Organisation der EZB

Der EZB-Rat ist das wichtigste Entscheidungsgremium im Europäischen System der Zentralbanken (ESZB). Wer vertritt die Mitgliedstaaten der EU in diesem Gremium?

1. Die Wirtschaftsminister der Mitgliedstaaten
2. Die Direktoriumsmitglieder der EZB
3. Die Präsidenten der nationalen Zentralbanken
4. Die Vizepräsidenten der EZB
5. Die zuständigen EU-Kommissare der Mitgliedsstaaten

Die Wirtschaftsminister der Mitgliedstaaten (Aussage 1) bilden den *Wirtschaftsminister-rat* (EU-Rat). Die *Präsidenten der nationalen Zentralbanken* (*Aussage 3*) war hier die *richtige Lösung*. Aussage 4 ist falsch, da es nur einen Vizepräsidenten gibt. Ebenso ist Aussage 5 falsch: Die EU-Kommissare werden von den Mitgliedstaaten mit Zustimmung des Europäischen Parlaments ernannt.

11.4 Übungsaufgaben

Aufgabe 1: Wichtigste Aufgabe der EZB

In einer Diskussion hören Sie verschiedene Ansichten darüber, welche die wichtigste Aufgabe der Europäischen Zentralbank (EZB) als Teil des Europäischen Systems der Zentralbanken (ESZB) ist. Prüfen Sie, welche der folgenden Meinungen richtig ist.

1. Die EZB legt die Richtlinien der Geldpolitik des Euro-Währungsgebietes fest.
2. Die EZB regelt die Konjunktur durch eine einheitliche Gestaltung der Bank-Geset-ze.
3. Die EZB garantiert die Stabilität des Preisniveaus in ganz Europa.
4. Die EZB koordiniert die Handelsbeziehungen der Wirtschaftsunternehmen des Euro-Währungsgebietes zu den Unternehmen im außereuropäischen Wirtschafts-raum.
5. Die EZB legt fest, zu welchem Wechselkurs Dollar und Euro gehandelt werden.

Aufgabe 2: Leitzinssenkung

In den Nachrichten hören Sie, dass die Europäische Zentralbank (EZB) den Hauptre-finanzierungssatz (Leitzins) von 2,5 auf 2 % gesenkt hat. Prüfen Sie, in welcher wirt-schaftlichen Situation die EZB diese Maßnahme sinnvollerweise durchführen wird und welches Ziel sie damit verfolgt.

1. Es herrscht hohes Wirtschaftswachstum bei starkem Preisdruck. Mit der Leitzinssenkung beabsichtigt die EZB, die Wirtschaft zu entlasten und so die Inflation zu bekämpfen.
2. Die Haushalte sollen einen Anreiz erhalten mehr zu sparen, damit in Zeiten des Abschwungs den Kreditinstituten mehr Liquidität zur Verfügung steht.
3. Die Arbeitslosenzahlen steigen und das Wirtschaftswachstum ist rückläufig. Mit der Zinssenkung beabsichtigt die EZB, eine Belebung der Konjunktur zu bewirken.
4. Das aufgrund einer Hochkonjunktur zu hohe Zinsniveau soll gesenkt und somit das Wirtschaftswachstum gebremst werden.
5. Da inflationäre Tendenzen die Wirtschaft beherrschen, beabsichtigt die EZB, mit der Zinssenkung den Außenhandel anzukurbeln.

Aufgabe 3: Offenmarktgeschäfte

In Ihrer Tageszeitung lesen Sie, dass die EZB „Offenmarktgeschäfte" getätigt hat. Welche der folgenden Maßnahmen gehört dazu?
1. Festlegen des Basiszinssatzes
2. Veränderung der ständigen Fazilitäten
3. Senkung der Mindestreserven der Kreditinstitute
4. Vergabe von Krediten gegen Verpfändung von Wertpapieren
5. Erhöhung der Mindestreserven der Kreditinstitute

Aufgabe 4: Mindestreservesätze

Die EZB beabsichtigt, die Mindestreservesätze zu senken. Prüfen Sie, welche der folgenden Aussagen die voraussichtlichen Auswirkungen einer solchen Maßnahme richtig darstellt.
1. Die Kreditschöpfungsmöglichkeiten der Geschäftsbanken verschlechtern sich.
2. Die Investitionsbereitschaft der Unternehmen wird zurückgehen.
3. Die Maßnahme wirkt sich konjunkturdämpfend aus.
4. Die im Umlauf befindliche Geldmenge sinkt.
5. Die im Umlauf befindliche Geldmenge bleibt gleich.
6. Die im Umlauf befindliche Geldmenge steigt.

Aufgabe 5: Kombination von Instrumenten

Aufgrund einer deutlichen Abschwächung der konjunkturellen Entwicklung in Europa beschließt die Europäische Zentralbank (EZB) verschiedene Maßnahmen zur Konjunkturbelebung. Prüfen Sie, in welcher Zeile die genannten geldpolitischen Maßnahmen der EZB richtig zugeordnet sind, um eine konjunkturbelebende Wirkung zu erzielen.

	Mindestreservesätze	Wertpapiere bei Offenmarktgeschäften	Zinssätze bei Offenmarktgeschäften
1.	senken	kaufen	erhöhen
2.	senken	kaufen	senken
3.	erhöhen	kaufen	erhöhen
4.	erhöhen	verkaufen	senken
5.	erhöhen	verkaufen	senken

Aufgabe 6: Währungsunion

Seit 1999 ist die Europäische Zentralbank (EZB) für die Geldpolitik in der Europäischen Union (EU) verantwortlich. Zum 1. Januar 2002 wurden die Euro-Banknoten und -Münzen eingeführt. Prüfen Sie, welche der nachfolgenden Aussagen über Europas Geldpolitik zutreffend ist.

1. Das Recht zur Ausgabe von Euro-Banknoten und -Münzen (Münzregal) liegt ausschließlich in der Verantwortung der einzelnen Mitgliedstaaten.
2. Die Ausgabe von Euro-Banknoten muss von der EU-Kommission genehmigt werden.
3. Neben den neuen Euro-Banknoten sind die bisherigen nationalen Zahlungsmittel weiterhin gesetzliches Zahlungsmittel in der Europäischen Union (EU).
4. Die Geschäftsbanken dürfen Zahlungsmittel bei der EZB ausschließlich über die Rediskontierung von Handelswechseln beschaffen, da somit die Geldmenge unter Kontrolle bleibt.
5. Die Europäische Zentralbank (EZB) hat das ausschließliche Recht, die Ausgabe von Euro-Banknoten und -Münzen in der Gemeinschaft zu genehmigen.

Aufgabe 7: Internationaler Währungsfonds

Welches Ziel verfolgt der Internationale Währungsfonds (IWF)?

1. Förderung von Vollbeschäftigung und Wirtschaftswachstums in den Mitgliedsländern.
2. Förderung der internationalen Zusammenarbeit auf dem Gebiet der Währungspolitik und Währungsstabilität; Kreditgewährung an Länder mit Zahlungsbilanzschwierigkeiten.
3. Abstimmung der Konjunkturpolitik der Mitgliedsländer mit dem Ziel, die Liberalisierung und Ausweitung des Welthandels zu fördern.
4. Überbrückung auftretender Zahlungsschwierigkeiten bei Kreditinstituten.
5. Belebung des Ost-Westhandels zur Förderung der wirtschaftlichen Zusammenarbeit der europäischen Staaten.

11.5   Lösungen zu den Übungsaufgaben

Lösung zu Aufgabe 1: Wichtigste Aufgabe der EZB

Hier konnte Sie Aussage 3 in die Irre führen: Ganz Europa? *Richtig ist Aussage 1.* Zu Aussage 5: Die EZB versucht, Einfluss auf die Kursentwicklung zu nehmen, indem sie selbst als Anbieter von oder Nachfrager nach Dollar auftritt.

Lösung zu Aufgabe 2: Leitzinssenkung

Nach dem oben dargestellten *Lösungsschema* suchen Sie nach einer Aussage, die den *Abschwung* und als Ziel die *Belebung der Wirtschaft* enthält. *Aussage 3* ist richtig. Wiederholen Sie das *Thema Konjunktur* und machen Sie sich klar, warum die anderen Aussagen falsch sind.

Lösung zu Aufgabe 3: Offenmarktgeschäfte

Unterscheiden Sie den *Leitzins* vom *Basiszins* (Aussage 1). In § 247 BGB finden Sie den Basiszins, der allerdings recht eng mit dem Leitzins zusammenhängt. Aussage 2 darf Sie ebenso wenig verwirren. *Aussage 4* ist die *richtige Lösung*.

Lösung zu Aufgabe 4: Mindestreservesätze

Richtig ist Aussage 6. Machen Sie sich klar, dass die *Aussagen 1 bis 4* richtig wären, wenn die EZB die *Mindestreservesätze erhöhen* würde. Eine Senkung der Mindestreservesätze erhöht die Liquidität der Geschäftsbanken und damit die Geldmenge, dies hat eine konjunkturbelebende Wirkung.

Lösung zu Aufgabe 5: Kombination von Instrumenten

Prüfen Sie bei einer solchen Aufgabe *Spalte für Spalte*. Um die Konjunktur zu beleben, sollte die EZB die *Mindestreservesätze senken*, damit bleiben nur noch Zeile 1. und 2. als mögliche Lösungen übrig. Die zweite Spalte hilft nun nicht weiter, daher prüfen Sie die dritte Spalte: Eine *Zinssenkung* wirkt konjunkturbelebend. Damit ergibt die *2. Zeile* eine sinnvolle Kombination der geldpolitischen Instrumente.

Lösung zu Aufgabe 6: Währungsunion

In *Artikel 105a* des *EG-Vertrags* ist geregelt, dass die Europäische Zentralbank (EZB) das ausschließliche Recht hat, die Ausgabe von Euro-Banknoten und -Münzen in der Gemeinschaft zu genehmigen. Damit ist *Aussage 5* richtig! Die Regierungen der Mitgliedsländer haben zwar das Recht zur Ausgabe von Münzen, das *Münzregal*, jedoch geht auch dies nicht ohne Genehmigung durch die EZB.

Lösung zu Aufgabe 7: Internationaler Währungsfonds

Die letzte Übungsaufgabe dient zur *Abgrenzung* der für den Europäischen Raum zuständigen *EZB* gegenüber der weltweit arbeitenden Institution *IWF* (Internationaler Währungsfonds). *Aussage 2* ist die *richtige Lösung*. Wenn eines der über 180 Mitgliedsländer des IWF in Zahlungsschwierigkeiten gerät, weil die *Währungsreserven* zur Begleichung von Fremdwährungsverbindlichkeiten nicht mehr ausreichen (das versteht man unter *Zahlungsbilanzschwierigkeiten*), so hilft der IWF.

Außenwirtschaft 12

Aufgaben zum *Thema Außenwirtschaft* beziehen sich auf die statistische Erfassung des grenzüberschreitenden Wirtschaftsverkehrs in der *Zahlungsbilanz*, auf die *Wirkung von Wechselkursen* und auf *zahlungsbilanzpolitische Maßnahmen* des Staates.

12.1 Zahlungsbilanz

Als *Zahlungsbilanz* wird die statistische Erfassung des *grenzüberschreitenden Wirtschaftsverkehrs* bezeichnet. Sie gliedert sich in verschiedene *Teilbilanzen* und wird von der Europäischen Zentralbank geführt. Prägen Sie sich vor allem die *Gliederung der Leistungsbilanz* ein (Tab. 12.1).

Der Saldo der *Erwerbs- und Vermögenseinkommen* ist Ihnen bereits aus der *Volkswirtschaftlichen Gesamtrechnung* bekannt. Dort heißt er seit 2005 Saldo der Primäreinkommen und enthält zusätzlich die Nettoproduktionsabgaben an das Ausland (vgl. Abschn. 4.2). Der Außenbeitrag (Exporte minus Importe, vgl. Abschn. 4.3) setzt sich aus Handelsbilanz und Dienstleistungsbilanz zusammen.

Die Bezeichnung als Zahlungsbilanz ergibt sich daraus, dass die *Zahlungsströme* erfasst werden. Werden z. B. Waren exportiert, fließen dem Eurosystem die Exporterlöse zu. *Zahlungsmittelzuflüsse* werden mit *(+)* erfasst, Zahlungsmittelabflüsse, z. B. für Importe, mit *(−)*.

Sind die *Zuflüsse größer als die Abflüsse*, ergibt sich in den Währungsreserven des Eurosystems ein *Überschuss*, die Zahlungsbilanz wird dann als *aktiv* bezeichnet. Sind die *Zuflüsse kleiner als die Abflüsse*, ergibt sich ein *Defizit*, die Zahlungsbilanz wird dann als *passiv* bezeichnet. Die unterste Position in der Übersicht Zahlungsbilanz, die *Veränderung der Währungsreserven des Eurosystems* stellt daher den *Saldo der Zahlungsbilanz* dar (Tab. 12.2).

© Springer Fachmedien Wiesbaden 2015
M. Wünsche, *Wirtschafts- und Sozialkunde (IHK)*,
DOI 10.1007/978-3-658-06755-7_12

Tab. 12.1 Übersicht Zahlungsbilanz

Leistungsbilanz	
Handelsbilanz	Ausfuhr (+) und Einfuhr (−) von Waren
Dienstleistungsbilanz	Auslandsreisen = Dienstleistungsimporte (−)
Erwerbs- und Vermögenseinkommen	Auslandeinkommen der Inländer (+) Inlandseinkommen der Ausländer (−)
Bilanz der laufenden Übertragungen	z. B. staatliche Beiträge zu internationalen Organisationen, Entwicklungshilfe, private Übertragungen (z. B. Renten)
Bilanz der Vermögensübertragungen (unentgeltlich)	
Kapitalbilanz	
Investitionen, Wertpapieranlagen, Kreditverkehr usw.	Kapitalimporte (+) und Kapitalexporte (−)
Veränderung der Währungsreserven des Eurosystems	

Tab. 12.2 Übersicht Aktive und passive Zahlungsbilanz

Aktive Zahlungsbilanz = Zahlungsbilanzüberschuss		
Zahlungsmittelzuflüsse aus Güterexporten und Kapitalimporten	Sind größer als	Zahlungsmittelabflüsse aus Güterimporten und Kapitalexporten
Passive Zahlungsbilanz = Zahlungsbilanzdefizit		
Zahlungsmittelzuflüsse aus Güterexporten und Kapitalimporten	Sind kleiner als	Zahlungsmittelabflüsse aus Güterimporten und Kapitalexporten

---

Musteraufgabe Transaktionen in der Zahlungsbilanz

Ordnen Sie die nachfolgenden Begriffe aus dem Bereich der Außenwirtschaft den genannten Sachverhalten zu.

Begriffe

1. Warenverkehr
2. Dienstleistungsverkehr
3. Kapitalverkehr
4. Devisenverkehr
5. Übertragungsverkehr

Sachverhalte

e) Ein ausländischer Arbeitnehmer überweist von seinem in Deutschland verdienten Lohn einen Teil an seine Familie in die Ukraine.

f) Eine deutsche Bank gewährt einem Schweizer Bauunternehmer einen längerfristigen Kredit.

g) Ein japanischer Architekt stellt seine Planungsleistung für ein Großbauprojekt in Berlin in Rechnung.

h) Ein deutscher Automobilbauer exportiert Fahrzeuge in die USA.

a. *5. Übertragungsverkehr:* Handelt es sich um eine regelmäßige Zahlung, so wird sie in den *laufenden Übertragungen* erfasst, einmalige oder seltene Zahlungen in den *Vermögensübertragungen.*

b. *3. Kapitalverkehr:* Hier liegt ein *Kapitalexport* vor, da die Zahlungsmittel aus dem Eurosystem herausfließen.

c. *2. Dienstleistungsverkehr:* Es handelt sich um einen *Dienstleistungsimport*, da die Leistung von einem Ausländer erbracht wird.

d. *1. Warenverkehr:* Der *Warenexport* führt zu *Zahlungsmittelzuflüssen* für das Eurosystem. Die *Währungsreserven* nehmen zu, da die Exporterlöse in *Dollar* gezahlt werden.

Musteraufgabe Passive Zahlungsbilanz

Welcher der folgenden Sachverhalte kann zu einer passiven Zahlungsbilanz führen?

1. Zunahme der Investitionen amerikanischer Unternehmen in Deutschland
2. Zunahme der Gewinnabführungen ausländischer Tochtergesellschaften an ihre deutschen Muttergesellschaften
3. Zunahme der Ausgaben japanischer Touristen in Deutschland
4. Zunahme der deutschen Exporte in südamerikanische Länder
5. Zunahme der Ausgaben deutscher Touristen in Tunesien

Bei dieser Aufgabe suchen Sie nach dem Sachverhalt, bei dem *Zahlungsmittel in das Ausland abfließen*. Die Aussagen 1 bis 4 führen zu Zahlungsmittelzuflüssen. Die *Ausgaben deutscher Touristen im Ausland* bedeuten Zahlungsmittelabflüsse; daher ist *Aussage 5* richtig.

Musteraufgabe Handelsbilanz

Die Handelsbilanz der Europäischen Währungsunion ergab 2013 einen Überschuss von 165.198 Mio. €. Wie hoch waren die Wareneinfuhren (fob), wenn für 1.935.783 Mio. €. Waren aus dem Gebiet der Europäischen Währungsunion exportiert wurden?

Überschüsse und Defizite in den Teilbilanzen der Zahlungsbilanz eignen sich gut für *Berechnungsaufgaben.* Da bei einem Überschuss die Exporte größer sind als die Importe, ergeben sich Importe im Wert von *1.770.587 Mio. €.* Lassen Sie sich durch den INCOTERM *fob* (free on board) nicht irritieren. *Ab Werk, Frei Haus, cif* (cost, insurance, freight) sind weitere Vertragskürzel im Warenverkehr.

12.2 Wechselkurse

Wenn ein europäisches Handelsunternehmen Waren in den USA kaufen und *importieren* möchte, benötigt es amerikanische Dollar. Ein europäischer *Exporteur*, der Waren nach USA verkauft, erhält dort dafür Dollar. Der *Preis für Dollar*, ausgedrückt *in Euro*, bildet sich auf dem europäischen *Devisenmarkt* durch *Angebot und Nachfrage*. Ein Importeur fragt Dollar nach, ein Exporteur bietet Dollar an.

Der Preis für Dollar, ausgedrückt in Euro, wird als *Wechselkurs* bezeichnet. Da es sich um zwei Währungen handelt, können Sie auch umgekehrt den Preis für Euro in Dollar ausdrücken. Achten Sie daher bei einer Kursangabe immer darauf, welche Währung die Menge und welche Währung der Preis ist. Die folgende *Übersicht* zeigt den europäischen Devisenmarkt für Dollar (Tab. 12.3).

Die Formulierung „Preis für Dollar (in Euro)" wird auch *Preisnotierung* genannt. Überlegen Sie sich, wie der *Devisenmarkt für Euro* aus der Sicht amerikanischer Exporteure und Importeure aussieht (Mengennotierung). *Amerikanische Importeure* fragen Euro nach, um europäische Waren bezahlen zu können. *Amerikanische Exporteure* bieten Euro an, die sie als Exporterlöse erhalten haben.

Eine *Aufwertung des Euro* bedeutet, dass der Euro für die Amerikaner teurer wird; dies entspricht einer *Abwertung des Dollar*. Amerikanische Waren werden für uns Europäer günstiger, europäische Waren werden für die Amerikaner teurer. *Importe aus USA werden gefördert, Exporte* in die USA *gehen zurück*.

Eine *Abwertung des Euro* bedeutet, dass der Euro für die Amerikaner günstiger wird; dies entspricht einer *Aufwertung des Dollar*. Amerikanische Waren werden für uns Europäer teurer, europäische Waren werden für die Amerikaner günstiger. *Exporte* in die USA *werden gefördert, Importe* aus den USA *gehen zurück*.

Tab. 12.3 Übersicht Europäischer Devisenmarkt für Dollar

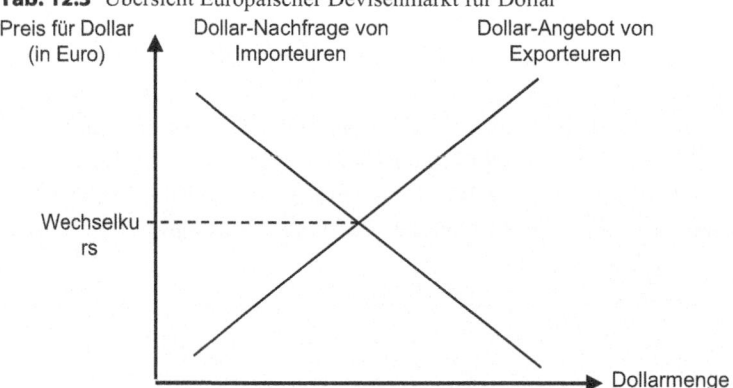

Musteraufgabe Wechselkurse

Welche Folge kann die Aufwertung des Euro gegenüber dem US-Dollar haben?

1. Die Arbeitsplätze in der EU werden sicherer, die Arbeitslosigkeit kann zurückgehen.
2. Die Wettbewerbsfähigkeit europäischer Unternehmen auf dem Weltmarkt wird verbessert.
3. Amerikanische Produkte werden in der EU teurer.
4. Produkte aus der EU werden für die Amerikaner teurer.
5. Produkte aus der EU werden für die Amerikaner billiger.

Mit der einfachen *Regel*, dass *Aufwertung des Euro* bedeutet, dass der *Euro teurer* wird, finden Sie in *Aussage 4* die richtige Lösung. Aussage 1 ist falsch, weil die Auslandsnachfrage nach europäischen Waren zurückgeht und dadurch die *Zukunftserwartungen* der Exporteure unsicherer werden. Ebenso leidet die *Wettbewerbsfähigkeit* (Aussage 2).

Die *Europäische Zentralbank* greift steuernd in den Marktmechanismus auf dem Devisenmarkt ein, indem sie *selbst* als *Anbieter oder Nachfrager* nach Dollar auftritt, um zu starke *Schwankungen* des Wechselkurses zu *vermeiden*. Die stärkste Form eines solchen Eingriffs ist das *System fixer Wechselkurse*, wie es in Euroland vor der Währungsunion galt. Der *Vorteil* fixer Wechselkurse liegt darin, dass es für die Unternehmen in ihrer Kalkulation *keine Währungsrisiken* mehr gibt. Dies war auch einer der Gründe für die *Einführung des Euro*. Außerdem sollte durch die Einführung des Euro der *Wettbewerb* in Europa gefördert werden, da der Preisvergleich vereinfacht wird (mehr *Preistransparenz*).

12.3   Zahlungsbilanzpolitik

Der Staat greift im Rahmen des *Stabilitätsgesetzes* mit weiteren Maßnahmen in den Außenwirtschaftsverkehr ein, um die *Zahlungsbilanz* zu *beeinflussen*.

Musteraufgabe Zahlungsbilanzpolitik

Im Rahmen des Stabilitätsgesetzes von 1967 soll durch wirtschaftspolitische Maßnahmen des Staates u. a. das außenwirtschaftliche Gleichgewicht hergestellt werden. Welche der folgenden Maßnahmen ist nicht geeignet, ein Zahlungsbilanzdefizit zu reduzieren?

1. Subventionierung von Branchen mit starker internationaler Konkurrenz
2. Einführung von Importkontingenten für ausländische Fahrzeuge
3. Einführung von Importzöllen für Nahrungsmittel und Haushaltswaren
4. Erhöhung von Ausfallbürgschaften für Exporte
5. Abschaffung von Steuererleichterungen für die Exportwirtschaft

Gehen Sie bei der Lösung dieser Aufgabe von folgender Überlegung aus:

- Ein *Zahlungsbilanzdefizit* bedeutet, dass die *Importe größer* sind *als* die *Exporte*.
- Suchen Sie nun nach einer *Maßnahme*, die die *Importe erhöht* oder die *Exporte reduziert*.
  - Die *Subventionierung* von Branchen mit starker internationaler Konkurrenz (*Aussage 1*) fördert die internationale Wettbewerbsfähigkeit, *erhöht die Exporte* und vermindert somit ein Defizit in der Zahlungsbilanz.
  - Die Einführung von *Importkontingenten* (*Aussage 2*) bedeutet, dass nur eine begrenzte Menge an ausländischen Fahrzeugen importiert werden darf. Das *reduziert* die Höhe der *Importe*.
  - *Ebenso* führen *Importzölle* (*Aussage 3*) zu einem Rückgang der Importe, weil die Waren durch Zölle teurer werden und deshalb die Nachfrage danach zurückgeht.
  - *Ausfallbürgschaften* des Staates (*Aussage 4*) dienen dazu, *Exporte* zu *fördern*, denn wenn der ausländische Käufer nicht zahlt, springt der deutsche Staat als Bürge ein und zahlt.
- *Einzig Aussage 5* führt dazu, dass die *Exporte zurückgehen*, weil durch den Wegfall der Steuererleichterungen die exportierten Güter teurer werden.

Damit nimmt das *Zahlungsbilanzdefizit* zu und Aussage 5 ist die gesuchte Lösung.

12.4 Übungsaufgaben

Aufgabe 1: Definition Zahlungsbilanz

Prüfen Sie, welche der folgenden Aussagen die Zahlungsbilanz am besten charakterisiert.

1. Die Zahlungsbilanz erfasst alle Güterbewegungen zwischen Inland und Ausland.
2. Die Zahlungsbilanz erfasst alle Güterbewegungen und Dienstleistungen zwischen Inland und Ausland.
3. Die Zahlungsbilanz erfasst die Entwicklung des Kapitalverkehrs zwischen Inland und Ausland.
4. Die Zahlungsbilanz erfasst alle Devisenbewegungen zwischen Inland und Ausland.
5. Die Zahlungsbilanz erfasst alle wirtschaftlichen Transaktionen zwischen Inland und Ausland.

Aufgabe 2: Teilbilanzen der Zahlungsbilanz

Ordnen Sie die genannten Sachverhalte den Teilbilanzen der Zahlungsbilanz zu.

Teilbilanzen	Sachverhalte
1. Handelsbilanz	a) Veränderungen der Forderungen und
2. Dienstleistungsbilanz	Verbindlichkeiten gegenüber dem Ausland
3. Übertragungsbilanz	b) Veränderung der Gold- und
4. Leistungsbilanz	Devisenbestände der Zentralbank
5. Kapitalbilanz	c) Gegenüberstellung der Werte aller
6. Devisenbilanz	exportierten und importierten Waren

Aufgabe 3: Überschüsse und Defizite

Ein Ziel des Stabilitätsgesetzes von 1967 wird als außenwirtschaftliches Gleichgewicht bezeichnet. Ungleichgewichte äußern sich in der Zahlungsbilanz als Defizite oder Überschüsse. Prüfen Sie, in welcher der folgenden Aussagen die Ursachen von Zahlungsbilanzungleichgewichten nicht richtig dargestellt sind.

1. Zahlungsbilanzüberschüsse entstehen durch eine aktive Handelsbilanz, wenn z. B. eine erhöhte Kaufkraft ausländischer Währungen im Inland zu Exportsteigerungen führt.
2. Zahlungsbilanzdefizite entstehen durch eine passive Handelsbilanz, wenn z. B. eine erhöhte Kaufkraft der inländischen Währung im Ausland zu Importsteigerungen führt.
3. Zahlungsbilanzüberschüsse entstehen durch eine passive Dienstleistungsbilanz, die eine starke Zunahme von Urlaubsreisen ins Ausland zur Folge hat.
4. Zahlungsbilanzüberschüsse entstehen durch eine aktive Handelsbilanz, das heißt die Exporte sind größer als die Importe.
5. Zahlungsbilanzdefizite entstehen durch eine Aufwertung des Euro gegenüber ausländischen Währungen, wenn es dadurch zu einer überproportional starken Zunahme der Importe aus dem nicht-europäischen Ausland kommt.

Aufgabe 4: Außenhandel der Bundesrepublik Deutschland

Welche richtige Schlussfolgerung ziehen Sie aus dem abgebildeten Schaubild zum Außenhandel der Bundesrepublik Deutschland?

1. Die Importe sind zwischen 2006 und 2009 kontinuierlich gestiegen.
2. Der Außenbeitrag für das Jahr 2012 betrug 2002 Mrd. €.
3. Der Außenbeitrag hat sich von 2003 bis 2013 mehr als verdoppelt.
4. Durch die Finanzkrise 2009 wurde der Außenbeitrag negativ.
5. Der Außenbeitrag für das Jahr 2013 betrug + 198 Mrd. €.

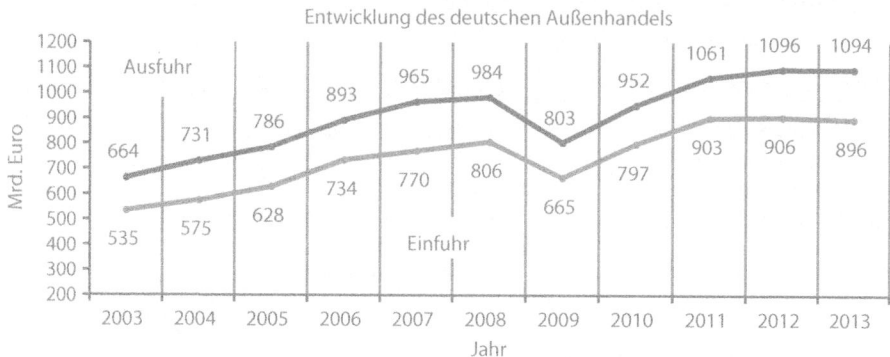

Entwicklung des deutschen Außenhandels

Aufgabe 5: Transportleistung

Die Bergthaler Büromaschinen GmbH erhält eine Lieferung von Büromaschinen aus dem Ausland. Den Transport führt das deutsche Speditionsunternehmen Hurtig KG durch. In welcher Teilbilanz der Zahlungsbilanz wird die Transportleistung erfasst?
1. Handelsbilanz
2. Devisenbilanz
3. Kapitalbilanz
4. Dienstleistungsbilanz
5. Übertragungsbilanz

Aufgabe 6: Währung

In einer Diskussion über den Einfluss von Wechselkursen auf die Wirtschaft hören Sie verschiedene Meinungen. Welche der folgenden Aussagen ist richtig?
1. Aufwertung oder Abwertung des Euro haben keine Auswirkung auf die Wirtschaft; sie betreffen nur Vorgänge innerhalb des Bankensystems.
2. Durch die Aufwertung des Euro werden die Exporte in das Ausland billiger.
3. Durch die Abwertung des Euro werden die Exporte in das Ausland teurer.
4. Durch die Aufwertung des Euro werden die Importe aus dem Ausland billiger.
5. Durch die Abwertung des Euro werden die Importe aus dem Ausland billiger.

Aufgabe 7: Währung

Der Kurs Euro/US-Dollar ist von Mai 2014 bis August 2014 von 1,3839 Dollar auf 1,3384 Dollar gefallen. Prüfen Sie, in welcher Zeile die Auswirkungen auf Importe aus den USA und auf Reisen amerikanischer Touristen nach Deutschland unter sonst gleichen Bedingungen richtig zugeordnet sind.

	Importe aus den USA	Reisen amerikanischer Touristen nach Deutschland
1.	werden erschwert	werden billiger
2.	werden erleichtert	werden teurer
3.	werden erschwert	keine Auswirkungen
4.	werden erleichtert	werden billiger
5.	keine Auswirkungen	werden teurer

Aufgabe 8: Zahlungsbilanzpolitik

Im Rahmen des Stabilitätsgesetzes von 1967 soll durch wirtschaftspolitische Maßnahmen des Staates u. a. das außenwirtschaftliche Gleichgewicht hergestellt werden. Welche der folgenden Maßnahmen ist geeignet, ein Zahlungsbilanzdefizit zu reduzieren?

1. Abschaffung von Steuererleichterungen für die Exportwirtschaft
2. Abschaffung von Subventionen für Branchen mit starker internationaler Konkurrenz
3. Reduzierung der Höhe von Importkontingenten für ausländische Fahrzeuge
4. Abschaffung von Importzöllen für Nahrungsmittel und Haushaltswaren
5. Reduzierung von Ausfallbürgschaften für Exporte

12.5   Lösungen zu den Übungsaufgaben

Lösung zu Aufgabe 1: Definition Zahlungsbilanz

Gesucht war Aussage 5. Alle anderen betreffen nur Teilbilanzen der Zahlungsbilanz: Aussage *1* die *Handelsbilanz*, Aussage *2* die *Dienstleistungsbilanz*, Aussage *3* die *Kapitalbilanz*, Aussage *4* die *Veränderung der Währungsreserven*.

Lösung zu Aufgabe 2: Teilbilanzen der Zahlungsbilanz

a. *5.* Kapitalbilanz,
b. *6.* Devisenbilanz,
c. *1.* Handelsbilanz.

Die Benennung der Teilbilanzen weicht manchmal von dem *offiziellen Schema* der Europäischen Zentralbank ab. Hier haben Sie die *Devisenbilanz* extra genannt, weshalb Sie b) nicht der Kapitalbilanz zuordnen.

Lösung zu Aufgabe 3: Überschüsse und Defizite

Zur Lösung dieser Aufgabe rufen Sie sich in Erinnerung, dass *Überschuss = aktiv* und *Defizit = passiv* ist. Die *Kaufkraft ausländischer Währungen im Inland* sind die Exporte, die *Kaufkraft inländischer Währung im Ausland* die Importe. *Aussage 3 ist* falsch und damit *die gesuchte*, weil hier Überschuss = passiv verwendet wurde.

Lösung zu Aufgabe 4: Außenhandel der Bundesrepublik Deutschland

Der *Außenbeitrag* ist die Differenz aus Exporten und Importen. Damit ist *Aussage 5* die richtige Lösung. Deutschland wird auch als Exportnation bezeichnet, weil die Exporte über viele Jahre hinweg stets höher als die Importe sind. Selbst in der Finanzkrise 2009, ausgelöst bzw. eingeleitet durch die Lehman-Brothers-Pleite im September 2008– man sieht den Einbruch gut an der Grafik – lagen die Exporte über den Importen.

Lösung zu Aufgabe 5: Transportleistung

Richtig ist *Ziffer 4*. Eine Speditionsleistung ist eine *Dienstleistung* und wird daher in der Dienstleistungsbilanz erfasst, und zwar handelt es sich um einen Dienstleistungsexport, da die Speditionsleistung von einem deutschen Unternehmen im Ausland durchgeführt wird.

Lösung zu Aufgabe 6: Währung

Die *Aufwertung des Euro* bedeutet, dass europäische Waren im Ausland teurer und *ausländische Waren im Euroland günstiger* werden. Damit ist *Aussage 4* richtig. Grundsätzlich bedeutet dies dann, dass die Exporte abnehmen und die Importe zunehmen, d. h. die Zahlungsbilanz verschlechtert sich.

Lösung zu Aufgabe 7: Währung

Wenn der *Preis für Euro, gemessen in Dollar*, sinkt, wird der *Euro billiger*, der *Dollar* wird für uns Europäer *teurer*. Beginnen Sie mit der linken Spalte: Amerikanische Produkte werden für uns teurer. Damit finden Sie in *Zeile 1* die richtige Lösung. Zeile 3 kann es nicht sein, weil „keine Auswirkungen" kann nicht stimmen. Tatsächlich werden die Reisen amerikanischer Touristen nach Deutschland billiger.

Lösung zu Aufgabe 8: Zahlungsbilanzpolitik

Aussage 3 ist die richtige Lösung. Wenn die *Höhe der Importkontingente* reduziert wird, kann weniger importiert werden, daher sinkt das Zahlungsbilanzdefizit. Alle anderen Maßnahmen erhöhen das Zahlungsbilanzdefizit.

Rechtsgrundlagen

Die *Rechtsgrundlagen*, auf die alle weiteren Abschnitte aufbauen, betreffen zum einen das *Rechtssystem der Bundesrepublik Deutschland* allgemein (Rechtsgebiete, Gesetzgebungsverfahren, Gerichtsbarkeit), zum anderen die *grundlegenden Regelungen des Bürgerlichen Gesetzbuches*, die für den Geschäftsverkehr von Bedeutung sind (Rechts- und Geschäftsfähigkeit, Rechtsgeschäfte, Eigentum und Besitz).

13.1 Rechtsgebiete

Das *Recht der Bundesrepublik Deutschland* lässt sich grundsätzlich in *privates Recht* und *öffentliches Recht* unterscheiden. Privatrecht regelt die *Rechtsverhältnisse* der Bürger *untereinander*. Öffentliches Recht regelt die Rechtsverhältnisse der Bürger *zum Staat* als hoheitliche (Zwang ausübende) Gewalt. Das wichtigste privatrechtliche Gesetz ist das *Bürgerliche Gesetzbuch* (BGB), das wichtigste öffentlich-rechtliche Gesetz ist das *Grundgesetz* (GG).

Musteraufgabe Rechtsgebiete

Das Recht ist in der Bundesrepublik Deutschland in einer Vielzahl von Gesetzen geregelt. Ordnen Sie die dargestellten Sachverhalte den genannten Gesetzen zu.

© Springer Fachmedien Wiesbaden 2015
M. Wünsche, *Wirtschafts- und Sozialkunde (IHK)*,
DOI 10.1007/978-3-658-06755-7_13

1. Die Staatsanwaltschaft klagt den
    Geschäftsführer einer GmbH wegen Untreue
    und Betrug an.
2. Das Finanzamt kauft Bleistifte und Papier
    zur Bearbeitung von Steuererklärungen ein.
3. Die Bergthaler Büromaschinen GmbH
    schließt mit der Paste AG einen
    Kommissionsvertrag ab.
4. Das Finanzamt versendet Steuerbescheide.
5. Die Tarifparteien berufen sich bei ihren
    Verhandlungen auf die Tarifautonomie.

a) Bürgerliches Gesetzbuch
    (BGB)
b) Handelsgesetzbuch (HGB)
c) Grundgesetz (GG)
d) Abgabenordnung (AO)
e) Strafgesetzbuch (StGB)

a. *2.* Wenn der *Staat als Teilnehmer am Markt* auftritt, hat er keine hoheitliche Gewalt,
   sondern unterliegt den dort geltenden Rechtsvorschriften, hier den Regelungen zum
   Kaufvertrag im *BGB.*

b. *3.* Der *Kommissionsvertrag* ist im *HGB* geregelt. Beachten Sie, dass die Regelungen
   des *HGB auf* denen des *BGB aufbauen;* daher wäre eine Zuordnung von Sachverhalt 3
   zu a) BGB nicht ganz falsch.

c. *5.* Die *Tarifautonomie* ist im *Grundgesetz* in den Grundrechten geregelt: sie beruht auf
   der in Artikel 9 GG geregelten *Koalitionsfreiheit* (Vereinigungsfreiheit).

d. *4.* Die *Abgabenordnung* ist das Grundlagengesetz zu vielen Steuergesetzen und enthält viele im *Steuerrecht* wichtigen *Begriffsdefinitionen* und das *Steuerverfahrensrecht*
   (Steuerbescheide, etc.).

e. *1.* Untreue und Betrug sind im *Strafgesetzbuch* geregelte *Straftatbestände.* Hier, wie
   auch im Steuerrecht, tritt der Staat als *hoheitliche Gewalt* auf.

Die Bundesrepublik Deutschland ist ein *föderaler Staat.* Er besteht aus *Bund, Ländern*
und *Gemeinden* mit jeweils eigener hoheitlicher Gewalt. Die Abgrenzung der Verantwortlichkeiten ist im Grundgesetz (GG) geregelt. Auch die Gemeinden können gem. Artikel
28 (2) GG in ihren Bereichen eigene Verordnungen erlassen. Es lassen sich daher *Bundes-*
recht, Landesrecht und *Gemeinderecht* unterscheiden. Eine Prüfungsaufgabe, in der Sie
Rechtsbereiche Bund, Ländern und Gemeinden zuordnen müssen, wird es nicht geben
oder sie wird mit gesundem Menschenverstand lösbar sein.

Die Bundesrepublik Deutschland ist ein *Rechtsstaat,* d. h. staatliches Handeln darf
nicht ohne Gesetzesgrundlage erfolgen. Daher kann es in der Prüfung zu Aufgaben kommen, die Ihre *Kenntnis des Gesetzgebungsverfahrens* abfragen. Machen Sie sich anhand
der nachfolgenden Übersicht das Prinzip der einzelnen Schritte klar. Beachten Sie dabei,
dass wir neben dem *Bundestag* als gesetzgebendes Organ eine zweite Kammer, den *Bun-*
desrat, haben, der in bestimmten Bereichen den vom Bundestag entworfenen Gesetzen
zustimmen muss (Tab. 13.1).

Tab. 13.1 Übersicht Gesetzgebungsverfahren

1. Die Bundesregierung leitet dem Bundestag einen Gesetzentwurf zu.
2. Der Bundestag verweist den Gesetzentwurf an die Ausschüsse.
3. Der Bundestag verabschiedet das Gesetz in zweiter und dritter Lesung.
4. Der Bundesrat ruft den Vermittlungsausschuss an.
5. Der Bundestag stimmt den Änderungen des Vermittlungsausschusses zu.
6. Der Bundespräsident unterzeichnet das Gesetz.
7. Das Gesetz wird im Bundesgesetzblatt veröffentlicht.

Die vorstehende Übersicht stellt das Gesetzgebungsverfahren *vereinfacht* dar, damit es leichter lernbar ist. Tatsächlich hat nicht nur die Bundesregierung das sogenannte „*Gesetzesinitiativrecht*", sondern auch der Bundesrat, und die Abgeordneten und Fraktionen des Bundestags ebenso. Die meisten Gesetzentwürfe kommen jedoch von der Bundesregierung als Exekutivorgan (ausführende Gewalt), und sie muss ihre Entwürfe zunächst dem Bundesrat zur *Stellungnahme* vorlegen, bevor sie im Bundestag diskutiert werden können. *Gesetzesvorschläge des Bundesrats* gehen umgekehrt zunächst an die Bundesregierung, bevor sie in den Bundestag eingebracht werden. So kann der Verwaltungsapparat der Bundesregierung den notwendigen *Feinschliff* der Formulierung vornehmen und durch den Bundesrat werden die *Interessen der Länder* vorab geklärt, bevor der Bundestag als beschlussfassendes Organ in die Diskussion geht.

In den *Ausschüssen* des Bundestags findet die eigentliche Arbeit statt und es werden verschiedene Interessengruppen und von dem neuen Gesetz Betroffene angehört (*Anhörungen*). Nachdem das Gesetz vom Bundestag verabschiedet wurde, wird es an den Bundesrat weitergeleitet. Hierbei ist zu unterscheiden zwischen *Zustimmungsgesetzen* und *Einspruchsgesetzen*. In bestimmten Rechtsbereichen, vor allem wenn Länderinteressen deutlich betroffen sind, *muss* der Bundesrat für das Wirksamwerden des Gesetzes zustimmen, er *kann* den *Vermittlungsausschuss* (zwischen Bundestag und Bundesrat) anrufen. Tut er dies nicht, scheitert das Gesetz, es wird nicht wirksam.

Welche Rechtsbereiche zustimmungspflichtig sind, steht im Grundgesetz und ist an der Formulierung „*mit Zustimmung des Bundesrats*" zu erkennen, die Zustimmungspflicht kann sich aber auch aus dem Sachverhalt ergeben. Streitigkeiten zwischen Bundestag und Bundesrat wie auch zwischen anderen Staatsorganen werden vom Bundesverfassungsgericht geklärt.

Bei *Einspruchsgesetzen* kann der Bundesrat gegen das Gesetz Einspruch einlegen und der Vermittlungsausschuss wird angerufen. Legt der Bundesrat keinen Einspruch ein, gilt das Gesetz als zustande gekommen, muss aber für das Wirksamwerden noch vom Bundespräsidenten unterzeichnet und dann veröffentlicht werden.

Nehmen Sie ein Grundgesetz zur Hand und lesen Sie den ersten Satz von *Artikel 70*: „Die *Länder* haben das Recht zur Gesetzgebung…" Sofern ein Bereich, der bisher von den Ländern alleine (und unterschiedlich) geregelt wurde, vom Bund übernommen wird, kommt es zu einer bundeseinheitlichen Regelung (*Bundesrecht bricht Landesrecht*). Für welche Bereiche der Bund und für welche die Länder zuständig sind, finden sie in den dem Artikel 70 folgenden Artikeln. Seit Herbst 2006 dürfen die Ländern in bestimmten Bereichen auch von der Bundesgesetzgebung abweichende Regelungen schaffen.

13.2   Gerichtsbarkeit

Das Rechtssystem der Bundesrepublik Deutschland ist nach dem *Prinzip der Gewaltenteilung* aufgebaut. *Bundestag und Bundesrat*, aber auch die *Landtage* der Bundesländer und die *Gemeindevertretungen* (Gemeinderat, Stadtrat, etc.), nennt man die *gesetzgebende Gewalt* (Legislative), da sie Gesetze erlassen.

Die *Bundesregierung* sowie die *Landesregierungen* mit dem gesamten anhängenden Apparat *staatlicher Verwaltung* bis hinunter zum Bürgeramt werden als *ausführende Gewalt* (Exekutive) bezeichnet, da sie für die Umsetzung bzw. Einhaltung der Gesetze Sorge tragen.

Bei *rechtlichen Auseinandersetzungen* von Bürgern untereinander oder mit staatlichen Institutionen gibt es als dritte Gewalt die *rechtsprechende Gewalt* (Jurisdiktive oder Judikative), das System der Gerichtsbarkeit, zu dem es in der Prüfung *Zuordnungsaufgaben* gibt: Bei welchem Sachverhalt ist welches Gericht zuständig? Die folgende *Übersicht* zeigt Ihnen das *System der Gerichtsbarkeit* in der Bundesrepublik Deutschland (Tab. 13.2).

Lesen Sie die Übersicht von oben nach unten. Gegen ein Urteil der *ersten Instanz* kann bei der *zweiten Instanz* vorgegangen werden, usw. Das *Bundesverfassungsgericht* ist für alle Gerichtsbarkeiten die *letzte Instanz*. Es entscheidet über Grundsatzfragen unseres Rechtssystems. Mehr Informationen über die Ausgestaltung der Gerichtsbarkeit in Deutschland finden Sie im *Grundgesetz* ab Artikel 92.

Tab. 13.2 Übersicht Gerichtsbarkeit in der Bundesrepublik Deutschland

Zivilgerichtsbarkeit	Strafgerichtsbarkeit	Arbeitsgerichtsbarkeit	Verwaltungsgerichtsbarkeit	Sozialgerichtsbarkeit	Finanzgerichtsbarkeit
Amtsgerichte		Arbeitsgericht	Verwaltungsgerichte	Sozialgerichte	Finanzgerichte
Landgerichte		Landesarbeitsgerichte	Oberverwaltungsgerichte	Landessozialgerichte	
Oberlandesgerichte					
Bundesgerichtshof		Bundesarbeitsgericht	Bundesverwaltungsgericht	Bundessozialgericht	Bundesfinanzhof
Bundesverfassungsgericht					

Musteraufgabe Zuständigkeit von Gerichten

Ordnen Sie den nachfolgend dargestellten Sachverhalten die zuständigen Gerichte zu.

Gerichte	Sachverhalte
1. Sozialgericht	a) Der Einspruch gegen den Einkommensteuerbescheid ist abgelehnt worden.
2. Arbeitsgericht	
3. Finanzgericht	b) Einem Arbeitnehmer wird vom Arbeitgeber die Vergütung des im letzten Jahr nicht genommenen Urlaubs verweigert.
4. Verwaltungsgericht	
5. Amts- bzw. Landgericht	
	c) Eine Krankenkasse lehnt es ab, einer Mutter die durchgeführte Muttergenesungskur zu bezahlen.
	d) Ein Kleingärtner kann sich mit seinem Nachbarn nicht über die Höhe der Hecke auf der Grundstücksgrenze einigen.
	e) Ein GmbH-Geschäftsführer wird von der Staatsanwaltschaft wegen Betrugs und Untreue angeklagt.
	f) Einem privaten Bauherrn wurde der Antrag auf Baugenehmigung abgelehnt.

a. *3.* Die Arbeit der *Finanzgerichte* ist in der Finanzgerichtsordnung (FGO) geregelt; sie sollen den Bürger vor ungerechter Behandlung durch das Finanzamt schützen.

b. *2.* Die *Arbeitsgerichte* beschäftigen sich mit allen Streitigkeiten im Zusammenhang mit Arbeitsverträgen, insbesondere auch mit ungerechtfertigten Kündigungen.

c. *1.* Die *Sozialgerichte* sind für alle Streitigkeiten im Zusammenhang mit den Sozialgesetzbüchern (SGB) zuständig, z. B. auch Rentenangelegenheiten.

d. *5.* Für Streitigkeiten zwischen zwei Bürgern, die sich nicht außergerichtlich beilegen lassen, ist je nach Höhe des Streitwerts das *Amtsgericht bzw.* als nächste Instanz das *Landgericht* zuständig, geregelt in der Zivilprozessordnung (ZPO).

e. *5.* Auch die Strafgerichtsbarkeit wird von den *Amts- bzw. Landgerichten* betreut.

f. *4.* Alle Streitigkeiten in Bezug auf *Verwaltungsakte* des Staates (z. B. Verweigerung der Baugenehmigung) werden vor den *Verwaltungsgerichten* verhandelt. Sie haben wie die Finanzgerichte eine *Bürgerschutzfunktion*, d. h. sie sollen den Bürger vor ungerechter Behandlung durch eine staatliche Verwaltungsstelle schützen.

13.3 Rechtsfähigkeit und Geschäftsfähigkeit

Die *Rechtsfähigkeit* ist die Fähigkeit, *Träger von Rechten und Pflichten* zu sein. Sie beginnt bei *natürlichen Personen* mit Vollendung der Geburt. Bei *juristischen Personen* (Unternehmen) mit der Eintragung in das Handelsregister.

Musteraufgabe Rechtsfähigkeit

Nach erfolgreichem Abschluss Ihrer Ausbildung beschließen Sie, gemeinsam mit Freunden ein Unternehmen in der Rechtsform einer GmbH zu gründen. Zu welchem Zeitpunkt erlangt Ihr Unternehmen als juristische Person eigene Rechtsfähigkeit?
1. Mit dem ersten Treffen der zukünftigen Gesellschafter
2. Mit Abschluss des Gesellschaftsvertrags und Beurkundung durch den Notar
3. Mit Bestellung der Geschäftsführer
4. Mit Anmeldung der GmbH beim Amtsgericht
5. Mit Eintragung der GmbH in das Handelsregister
6. Mit vollständiger Einzahlung der Stammeinlagen

Das *Handelsregister* wird beim Amtsgericht geführt und genießt *öffentlichen Glauben*. Es sorgt daher für mehr Sicherheit im Geschäftsverkehr. Daher kann eine GmbH erst dann Trägerin von Rechten und Pflichten sein, wenn dies *amtlich registriert* ist. Damit ist *Aussage 5* die richtige Lösung. Mit einer Prüfungsaufgabe zur Rechtsfähigkeit natürlicher Personen ist eher nicht zu rechnen.

Die *Geschäftsfähigkeit* ist die Fähigkeit, *Willenserklärungen* rechtswirksam *abzugeben und entgegenzunehmen*. Beachten Sie den Unterschied zur Rechtsfähigkeit. Ein kleines Kind kann zwar Träger von Rechten und Pflichten sein, z. B. Erbe, aber es darf keine rechtswirksamen Verträge eingehen. Wichtig für die Prüfung ist die Kenntnis der *beschränkten Geschäftsfähigkeit*.

Musteraufgabe Geschäftsfähigkeit

Der siebzehnjährige Hans Bersig arbeitet mit Zustimmung der Eltern als Aushilfe in der Papierfabrik Selig & Co. Er tritt, ohne die Zustimmung seiner Eltern einzuholen, in die Betriebskrankenkasse des Unternehmens ein. Die Eltern erfahren davon und sind nicht einverstanden. Welche der folgenden Aussagen stellt die rechtliche Situation richtig dar?
1. Der Eintritt in die Betriebskrankenkasse ist schwebend unwirksam, da alle Rechtsgeschäfte Minderjähriger der Zustimmung des gesetzlichen Vertreters bedürfen.
2. Der Eintritt in die Betriebskrankenkasse ist unwirksam, da beschränkt Geschäftsfähige nur Rechtsgeschäfte abschließen dürfen, die ihnen einen rechtlichen Vorteil bringen.
3. Der Eintritt in die Betriebskrankenkasse ist unwirksam, da die Krankenkassenbeiträge den üblichen Umfang des Taschengeldes überschreiten (Taschengeldparagraf).
4. Der Eintritt in die Betriebskrankenkasse ist rechtswirksam, da Hans mit Aufnahme der Tätigkeit volle Geschäftsfähigkeit hat und daher tun und lassen kann, was er will.
5. Der Eintritt in die Betriebskrankenkasse ist rechtswirksam, da Rechtsgeschäfte im Zusammenhang mit einer Erwerbstätigkeit der Zustimmung der Eltern nicht bedürfen.

Tab. 13.3 Übersicht Beschränkte Geschäftsfähigkeit

Vorteil	Rechtsgeschäfte, die dem Minderjährigen lediglich einen rechtlichen Vorteil bringen, z. B. Schenkung (ohne Auflagen)
Taschengeld	Rechtsgeschäfte, die der Minderjährige mit eigenen Mitteln bewirken kann (nur sofortige Barzahlung)
Erwerbsgeschäft	Rechtsgeschäfte im Zusammenhang mit einer selbstständigen Erwerbstätigkeit (eigene Firma). Die Aufnahme einer solchen Tätigkeit bedarf der Genehmigung des Betreuungsgerichts (früher Vormundschaftsgericht).
Beschäftigung	Rechtsgeschäfte im Zusammenhang mit einem Dienst- oder Arbeitsverhältnis (auch Ausbildung)

Beschränkt geschäftsfähig ist ein Minderjähriger *ab Vollendung des siebten Lebensjahres* (bis zur Volljährigkeit). Die Aufgaben beziehen sich *meist* auf *Siebzehnjährige* in einem Ausbildungs- oder Arbeitsverhältnis. Die *Rechtsgeschäfte*, die ein beschränkt Geschäftsfähiger *mit sofortiger voller Wirksamkeit* abschließen kann, finden Sie in der folgenden Übersicht: (Tab. 13.3)

Alle anderen Rechtsgeschäfte beschränkt Geschäftsfähiger sind *schwebend unwirksam*, bis die *Genehmigung der Eltern* vorliegt. Wird diese *verweigert*, ist das Rechtsgeschäft von Anfang an *ungültig* (nichtig).

Damit ist *Aussage 5* die *richtige Lösung*. Die Wahl der Krankenversicherung gehört zu dem Eingehen eines Arbeitsverhältnisses oder Ausbildungsverhältnisses mit dazu. Beachten Sie, dass für den *Abschluss eines Ausbildungsvertrags* die *Zustimmung der gesetzlichen Vertreter* erforderlich ist. Es kann daher in der Prüfung ein solcher Vertrag abgebildet sein und Sie müssen erkennen, dass der Auszubildende *minderjährig* ist (Geburtsdatum und Vertragsdatum vergleichen) und die *Unterschrift der Eltern* fehlt.

13.4 Rechtsgeschäfte

Um ein Rechtsgeschäft vorzunehmen, muss man eine *Willenserklärung* abgeben und auch dazu in der Lage sein. Der Begriff des Rechtsgeschäfts ist für Prüfungsaufgaben weniger geeignet als die verschiedenen *Arten von Rechtsgeschäften*, die Sie der folgenden Übersicht entnehmen können (Tab. 13.4).

Wenn ein Arbeitgeber oder ein Arbeitnehmer sein Arbeitsverhältnis (den Arbeitsvertrag) kündigt, so ist dazu nur seine Willenserklärung notwendig, sie muss jedoch der anderen Vertragsseite *zugehen, um wirksam werden zu können*. Ob ein Testament wirksam

Tab. 13.4 Übersicht Arten von Rechtsgeschäften

Einseitige		Zweiseitige
Empfangsbedürftige	Nicht empfangsbedürftige	Alle Verträge
Kündigung	Testament	

ist oder nicht, kann jedoch nicht davon abhängig gemacht werden, ob man die Betroffen erreicht. Sie erkennen die Logik dieser Unterscheidung. *Zweiseitige Rechtsgeschäfte* (Verträge) sind notwendigerweise empfangsbedürftig.

Musteraufgabe Rechtsgeschäfte

In welchem der im Folgenden dargestellten Sachverhalte handelt es sich um ein einseitiges Rechtsgeschäft?

1. Die Bergthaler Büromaschinen GmbH least ihre Fahrzeugflotte.
2. Ein Mieter kündigt den Mietvertrag.
3. Ein Immobilienmakler vermittelt ein Einfamilienhaus am Stadtrand.
4. Ein Frührentner kauft eine Parzelle in einer Kleingartenanlage.
5. Ein Fabrikarbeiter schließt mündlich einen Arbeitsvertrag ab.

Die *Kündigung des Mietvertrags* ist ein einseitiges, empfangsbedürftiges Rechtsgeschäft. Damit ist *Sachverhalt 2* die gesuchte Lösung. Alle anderen genannten Sachverhalte stellen zweiseitige Rechtsgeschäfte (Verträge) dar.

Leasing (Aussage 1) ist rechtlich ein Mietvertrag. Der *Makler* (Aussage 3) hat einen Vertrag mit dem bisherigen Eigentümer des Hauses geschlossen und erhält eine Provision für die erfolgreiche Vermittlung. Die *Parzelle* in der Kleingartenanlage (Aussage 4) kann nur gepachtet, nicht gekauft werden, auch an einem darauf errichteten Haus kann daher kein Eigentum erworben werden. Ein *Arbeitsvertrag* (Aussage 5) kann mündlich abgeschlossen werden, im Gegensatz zu einem Ausbildungsvertrag, für den die Schriftform gesetzlich vorgeschrieben ist.

Etwas gewöhnungsbedürftig ist das im BGB angewandte *Abstraktionsprinzip*. Dort werden die Rechtsgeschäfte (bzw. Willenserklärungen) unterschieden in *Verpflichtungsgeschäfte* und *Erfüllungsgeschäfte*. Dies soll am Beispiel des Wohnraum-Mietvertrags erläutert werden (Tab. 13.5):

Daher wird im BGB von *Schuldrecht* gesprochen, da sich aus der *Verpflichtung* eine Schuld gegenüber der anderen Seite ergibt. Mit einer Prüfungsaufgabe zum Abstraktionsprinzip ist nicht zu rechnen.

Tab. 13.5 Übersicht Abstraktionsprinzip

Verpflichtungsgeschäfte	Erfüllungsgeschäfte
Bei Abschluss des Mietvertrags *verpflichtet* sich der *Vermieter* (durch Willenserklärung), dem Mieter den Gebrauch der Mietsache zu überlassen.	Die Übergabe *der Schlüssel an den Mieter* ist ein Erfüllungsgeschäft, eine *Willenserklärung des Vermieters* durch Handeln.
Bei Abschluss des Mietvertrags *verpflichtet* sich der *Mieter* (durch Willenserklärung), die Miete zu zahlen und am Ende der Mietzeit die Sache zurückzugeben.	Die *Überweisung der Miete* an den Vermieter ist ein Erfüllungsgeschäft, eine *Willenserklärung des Mieters* durch Handeln.

Der *Anspruch* auf Erfüllung einer Verpflichtung *verjährt* im Regelfall in *drei Jahren*. Gerechnet wird vom Ende des Kalenderjahres an, in dem die Verpflichtung eingegangen wurde. Besonders wichtige Ansprüche (siehe § 197 BGB) verjähren in 30 Jahren.

13.5 Eigentum und Besitz

Besitz ist die *tatsächliche Herrschaft* über eine Sache. *Eigentum* ist die *rechtliche Herrschaft* über eine Sache. Besitz und Eigentum können getrennt werden, wie es in einigen Vertragsarten geschieht. Gehen Sie immer der Frage nach: *Wer ist Eigentümer, wer ist Besitzer* der Sache (wem gehört sie, wer hat sie)?

Musteraufgabe Eigentum und Besitz

Welche der folgenden Aussagen stellt die Regelungen des Bürgerlichen Gesetzbuches (BGB) über Besitz bzw. Eigentum richtig dar?

1. Eigentum ist die tatsächliche, Besitz die rechtliche Verfügungsgewalt über eine Sache.
2. Die Eigentumsübertragung an beweglichen Sachen erfolgt durch zwei übereinstimmende Willenserklärungen.
3. Die Eigentumsübertragung an beweglichen Sachen erfolgt grundsätzlich durch Einigung und Übergabe.
4. Ein gutgläubiger Käufer einer gestohlenen Sache wird mit Zahlung des Kaufpreises Eigentümer der Sache.
5. Eigentumsvorbehalt bedeutet, dass der Verkäufer bis zur vollständigen Bezahlung Besitzer der Sache bleibt.

Richtig ist Aussage 3. Ist der Erwerber bereits im Besitz der Sache, so ist nur noch die Einigung über den Eigentumsübergang erforderlich, die Übergabe erübrigt sich. Damit ist *Aussage 2* falsch: Die zwei übereinstimmenden Willenserklärungen stellen lediglich die *Einigung über den Eigentumsübergang* (als Verpflichtungsgeschäft) dar, die *Übergabe* (als Erfüllungsgeschäft) ist zudem erforderlich. An *gestohlenen Sachen* (Aussage 4) kann kein Eigentum erworben werden. Hier stellt der Gesetzgeber den Schutz des bisherigen Eigentümers vor den Schutz des Erwerbers. *Aussage 5* wäre richtig, wenn dort *Eigentümer* statt *Besitzer* stünde.

Bei einem *Mietobjekt* ist der Vermieter Eigentümer, der Mieter Besitzer der Sache. Bei einer *Sicherungsübereignung* wird die Bank (der Sicherungsnehmer) Eigentümer, der Kreditnehmer (Sicherungsgeber) bleibt Besitzer. Bei Kraftfahrzeugen wird der *Fahrzeugbrief* („Zulassungsbescheinigung Teil II"), der das Eigentum am Fahrzeug verbrieft, der Bank übergeben. Bei einer *Verpfändung* (z. B. von Wertpapieren) wird die Bank Besitzer, der Pfandgeber hingegen bleibt Eigentümer.

13.6 Übungsaufgaben

Aufgabe 1: Rechtsgebiete

Das Recht der Bundesrepublik Deutschland lässt sich in privates Recht und öffentliches Recht unterscheiden. In welcher Zeile der folgenden Tabelle sind die Gesetze den beiden Rechtsgebieten richtig zugeordnet?

	Privates Recht	Öffentliches Recht
1.	Umsatzsteuergesetz (UStG)	Straßenverkehrsordnung (StVO)
2.	Grundgesetz (GG)	Zivilprozessordnung (ZPO)
3.	Bürgerliches Gesetzbuch (BGB)	Abgabenordnung (AO)
4.	Strafgesetzbuch (StGB)	Einkommensteuergesetz (EStG)
5.	Handelsgesetzbuch (HGB)	GmbH-Gesetz (GmbHG)
6.	Aktiengesetz (AktG)	Handelsgesetzbuch (HGB)

Aufgabe 2: Gesetzgebungsverfahren

Die Bundesrepublik Deutschland ist ein Rechtsstaat, d. h. staatliches Handeln darf nicht ohne Gesetzesgrundlage erfolgen. Gesetze werden durch den Bundestag verabschiedet. In bestimmten Bereich besteht zudem das Zustimmungserfordernis des Bundesrates. Bringen Sie die nachfolgenden Schritte des Gesetzgebungsverfahrens in die richtige Reihenfolge, indem Sie in die Kästchen die Ziffern 1 bis 7 eintragen.

Der Bundesrat ruft den Vermittlungsausschuss an.	
Der Bundespräsident unterzeichnet das Gesetz.	
Der Bundestag verweist den Gesetzentwurf an die Ausschüsse.	
Das Gesetz wird im Bundesgesetzblatt veröffentlicht.	
Die Bundesregierung leitet dem Bundestag einen Gesetzentwurf zu.	
Der Bundestag stimmt den Änderungen des Vermittlungsausschusses zu.	
Der Bundestag verabschiedet das Gesetz in zweiter und dritter Lesung.	

Aufgabe 3: Zuständigkeit von Gerichten

Kleingärtner Heinz Hörnig hat seinen gebrauchten, sieben Jahre alten Komfort-Rasenmäher für 350 € an seinen Nachbarn Fritz Klumpig verkauft. Dieser zahlt nicht und weigert sich auch, den Rasenmäher wieder herauszugeben. An welches Gericht kann sich Hörnig wenden?

1. Landgericht
2. Sozialgericht
3. Arbeitsgericht
4. Verwaltungsgericht
5. Amtsgericht
6. Finanzgericht

Aufgabe 4: Rechtspersonen

In der täglichen Korrespondenz haben Sie es mit den verschiedensten Personen, Firmen und Institutionen zu tun. Bei welchen zwei der im Folgenden genannten Adressaten handelt es sich um juristische Personen?
1. Frantz & Söhne OHG
2. Prall Druckmaschinen AG
3. Notar Lothar Picheldorf
4. Dr. Hans Franken, Richter beim Amtsgericht Bergthal
5. Bergthaler Büromaschinen GmbH

Aufgabe 5: Geschäftsfähigkeit

Welches der folgenden Rechtsgeschäfte kann ein 17-jähriger Auszubildender ohne Zustimmung seiner Eltern als gesetzliche Vertreter rechtswirksam abschließen?Er darf.
1. keinerlei Verträge abschließen, weil er noch keine Geschäftsfähigkeit erlangt hat.
2. jeden beliebigen Vertrag abschließen, da seine Ausbildungsvergütung ihm zu seiner freien Verfügung steht.
3. eine Lebensversicherung abschließen, die seiner späteren Altersvorsorge dient.
4. eine Schenkung annehmen, die ihm nur rechtliche Vorteile bringt.
5. einen Pkw auf Raten kaufen, auch wenn er noch nicht fahren darf.

Aufgabe 6: Rechtsgeschäfte

Bei welchem der im Folgenden genannten Rechtsgeschäfte handelt es sich um ein einseitiges, nicht empfangsbedürftiges Rechtsgeschäft?
1. Kündigung
2. Schenkung
3. Testament
4. Kommission
5. Darlehen

Aufgabe 7: Eigentum und Besitz

Welche der folgenden Aussagen beschreibt Eigentum und Besitz richtig?

1. Der Besitz an einem Grundstück wird im Grundbuch verbrieft. Der vertraglich vereinbarte Besitzübergang muss notariell beurkundet werden.
2. Durch einen Wohnungsmietvertrag wird der Mieter Besitzer der Wohnung. Dadurch werden die Eigentumsrechte des Vermieters eingeschränkt.
3. Wird zur Kreditbesicherung ein Pkw verpfändet, gibt der Pfandgeber (Kreditnehmer) sein Eigentum an dem Pkw auf, bleibt aber Besitzer des Pkw.
4. Wird zur Kreditbesicherung ein Pkw sicherungsübereignet, bleibt der Kreditnehmer (Sicherungsgeber) Eigentümer des Pkw, der Kreditgeber (Sicherungsnehmer) wird Besitzer.
5. Die Begriffe Eigentum und Besitz werden im allgemeinen Sprachgebrauch wie auch in der juristischen Fachsprache synonym (einheitlich) verwendet.

13.7 Lösungen zu den Übungsaufgaben

Lösung zu Aufgabe 1: Rechtsgebiete
Richtig ist *Zeile 3*. In der *linken Spalte* sind 3. BGB, 5. HGB und 6. AktG Privatrecht. In der *rechten Spalte* sind 1. StVO, 2. ZPO, 3. AO und 4. EStG öffentliches Recht.

Lösung zu Aufgabe 2: Gesetzgebungsverfahren
Lösung: *4, 6, 2, 7, 1, 5, 3*. Suchen Sie bei Reihenfolgeaufgaben zunächst nach dem *ersten* und dem *letzten Schritt*, ordnen Sie dann die anderen Schritte sinnvoll ein.

Lösung zu Aufgabe 3: Zuständigkeit von Gerichten
5. Amtsgericht ist die richtige Lösung, da es sich um eine zivilrechtliche Streitigkeit nach BGB handelt. Ab einem *Streitwert* von 5.000 € ist das Landgericht zuständig.

Lösung zu Aufgabe 4: Rechtspersonen
2. Prall Druckmaschinen AG *und 5.* Bergthaler Büromaschinen GmbH waren die Gesuchten. Beides sind *Kapitalgesellschaften*, die mit Eintragung ins Handelsregister *Rechtsfähigkeit* als *juristische Personen* erlangen.

Lösung zu Aufgabe 5: Geschäftsfähigkeit
In dieser Auswahl bleibt nur *Ziffer 4*, die Schenkung, als richtige Möglichkeit.

Lösung zu Aufgabe 6: Rechtsgeschäfte
Richtig ist *3. Testament*.
  Die Kündigung (1.) ist empfangsbedürftig, alles andere sind zweiseitige Rechtsgeschäfte, d. h. Verträge, auch die Schenkung.

Lösung zu Aufgabe 7: Eigentum und Besitz

Aussage 2 ist richtig; z. B. darf der Vermieter die Wohnung nur nach Vereinbarung betreten. Beachten Sie bei den Aussagen 3 und 4 den Unterschied zwischen *Verpfändung* und *Sicherungsübereignung*. Kehren Sie „Besitz" und „Eigentum" jeweils um.

Verträge 14

Prüfungsaufgaben zum Thema *Verträge* richten sich auf das *Zustandekommen* von Verträgen (durch Antrag und Annahme), auf die verschiedenen *Arten* von Verträgen, auf *Nichtigkeit und Anfechtbarkeit* von Verträgen (bzw. Willenserklärungen) und auf die Einbindung von *Allgemeinen Geschäftsbedingungen* in Verträge.

14.1 Antrag und Annahme

Ein *Vertrag* stellt zunächst ein *Verpflichtungsgeschäft* dar. Er entsteht durch zwei verbindliche und übereinstimmende Willenserklärungen, Antrag und Annahme. Daher richten sich Prüfungsfragen darauf, *ob* überhaupt *ein Vertrag zustande gekommen ist*, d. h. ob ein verbindlicher *Antrag* vorliegt und ob dieser Antrag mit einer rechtzeitigen übereinstimmenden Willenserklärung *angenommen* wurde.

Musteraufgabe Antrag und Annahme

Bei welchem der folgenden Sachverhalte ist ein Kaufvertrag durch zwei übereinstimmende Willenserklärungen zustande gekommen?

1. Ein Kunde sieht im Schaufenster eines Fernsehfachgeschäfts einen DVD-Rekorder, der mit 125 € ausgepreist ist. Er betritt das Geschäft und verlangt konkret das Gerät aus dem Schaufenster zum genannten Preis.
2. Ein Kunde bestellt am 15. Mai aufgrund eines schriftlichen Angebots Waren mit Liefertermin spätestens zum 31. Mai. In dem Angebot ist eine Lieferzeit von vier Wochen ab Eingang der Bestellung angegeben, da das Unternehmen die Ware nicht vorrätig hat.

© Springer Fachmedien Wiesbaden 2015
M. Wünsche, *Wirtschafts- und Sozialkunde (IHK)*,
DOI 10.1007/978-3-658-06755-7_14

3. Ein Kunde erhält ein verbindliches Angebot, in dem der Preis je Stück mit 9,95 €, bei Abnahme von mindestens 12 Stück 8,50 € je Stück, angegeben ist. Er bestellt daraufhin 14 Stück zum Preis von 8,50 € je Stück.

4. Ein Kunde fragt bei einem Hersteller an, ob eine bestimmte Ware zum Preis von maximal 320 € erhältlich ist. Der Hersteller sendet ihm ein schriftliches Angebot zu, in dem der Preis für die Ware mit 290 € angegeben ist.

5. Ein Kunde hat ein verbindliches telefonisches Angebot erhalten, konnte sich während des Telefonats jedoch noch nicht entschließen. Er bestellt am nächsten Tag schriftlich das angebotene Produkt zu dem im Telefonat genannten Preis.

Ein in einem *Schaufenster*, einer *Zeitungsanzeige* oder einer *Werbebroschüre* gemachtes Angebot ist *kein Antrag*, da diese Willenserklärung an eine konkrete Person gerichtet sein muss. Daher liegt in *Sachverhalt 1* erst ein *Antrag* vor, als der Kunde den Laden betritt und seinen Wunsch äußert. Wenn nun der Verkäufer den DVD-Rekorder aus dem Schaufenster nimmt und dem Kunden verkauft, kommt der Vertrag zustande. Beachten Sie den *Unterschied zwischen Angebot und Antrag*.

In *Sachverhalt 2* kommt *kein Vertrag* zustande, da die beiden *Willenserklärungen nicht übereinstimmen*. Die Willenserklärung im Angebot besagt „Lieferzeit vier Wochen ab Bestellung", die Willenserklärung des Kunden besagt „Lieferung binnen zwei Wochen".

In *Sachverhalt 3* kommt es zum *Abschluss des Vertrags*. Die Willenserklärungen stimmen überein. Damit ist Sachverhalt 3 *die richtige Lösung*.

Beachten Sie in *Sachverhalt 4*, dass eine *Anfrage* (wie in Sachverhalt 1 das Angebot) *kein Antrag* ist. Erst das zugesandte, verbindliche Angebot stellt den Antrag dar, den der Kunde freudig annehmen wird.

Die Besonderheit an *Sachverhalt 5* ist das *telefonische Angebot*. Das BGB unterscheidet den Antrag unter Anwesenden und den Antrag unter Abwesenden (Tab. 14.1):

In *Sachverhalt 5* stellt die *schriftliche Bestellung* des Kunden am nächsten Tag einen *neuen Antrag* dar. Der Kunde hat keinen Anspruch darauf, dass das im Telefonat Gesagte noch gültig ist. *Die verspätete Annahme eines Antrags gilt als neuer Antrag.*

Um das Problem zu umgehen, wie bei schriftlichen Anträgen „*unter regelmäßigen Umständen*" interpretiert werden soll, empfiehlt es sich, im Antrag eine *Annahmefrist* festzulegen, z. B. durch „*Angebot gültig bis*".

Eine Prüfungsaufgabe zu Antrag und Annahme kann auch die *Angabe des Datums*, an dem der Kaufvertrag zustande kommt, als Lösung fordern:

Tab. 14.1 Übersicht Annahmefrist

Antrag unter Anwesenden	Antrag unter Abwesenden
Telefonat oder persönliches Gespräch	Schriftlich oder per Fax
Annahme muss innerhalb des Gesprächs (sofort) erfolgen	Annahme muss binnen der Zeit erfolgen, in der der Antragende eine Antwort (unter regelmäßigen Umständen) erwarten darf

---

Musteraufgabe Vertragsdatum

Am 17. Januar 2014 stellt die Müller Heiztechnik GmbH eine Anfrage über die Lieferung von elektronischen Bauteilen für Heizkesselanlagen an die Brosch AG.

Am 20. Januar 2014 erhält sie von der Brosch AG ein verbindliches, schriftliches Angebot.

Am 21. Januar 2014, erfolgt per Telefax die Bestellung der elektronischen Bauteile.

Am 27. Januar 2014 geht die Auftragsbestätigung der Brosch AG ein.

Am 5. Februar 2014 geht die Lieferung bei der Müller Heiztechnik GmbH ordnungsgemäß ein.

Zu welchem Zeitpunkt ist der Kaufvertrag über die Lieferung von elektronischen Bauteilen zustande gekommen? Geben Sie das Datum in der Form TT.MM.JJJJ an.

Der *Antrag* ist das verbindliche, schriftliche Angebot, das am 20.1.2014 eingeht. Daher ist die *Annahme des Antrags* die Bestellung per Fax am *21.1.2014*, und mit diesem Datum kommt der Kaufvertrag zustande.

14.2   Arten von Verträgen

Prüfungsaufgaben zu den verschiedenen Arten von Verträgen verlangen von Ihnen, *einem Sachverhalt die richtige Vertragsart zuzuordnen*. Die wichtigsten Vertragsarten sind im BGB ausführlich geregelt. Weitere Verträge finden sich im HGB. (Tab. 14.2)

Der „*Werklieferungsvertrag*" ist juristisch eine *Kombination aus Kaufvertrag und Werkvertrag*. Der Unternehmer (Hersteller des Werks) besorgt das Ausgangsmaterial selbst und *verkauft* es an den Besteller.

Musteraufgabe Vertragsarten

Ordnen Sie die genannten Vertragsarten den angegebenen Sachverhalten zu.

Vertragsarten	Sachverhalte
1. Darlehensvertrag 2. Dienstvertrag 3. Kaufvertrag	a) Herr Meier von der Brosch AG stellt sein Fahrzeug auf einem gebührenpflichtigen Parkplatz ab, um einen Kunden zu besuchen.
4. Leihvertrag 5. Mietvertrag 6. Pachtvertrag 7. Werkvertrag	b) Erwine Müller borgt sich von ihrer Nachbarin sechs Eier, um einen Kuchen zu backen. Am nächsten Tag, nach ihrem Einkauf gibt sie der Nachbarin sechs Eier zurück.
	c) An einem werkseigenen Fahrzeug des Fuhrparks lassen Sie die fällige Hauptuntersuchung durchführen.
	d) Im Großraumbüro der Verwaltung wird von einem Fachbetrieb eine neu angeschaffte Klimaanlage installiert.
	e) Rentner Hurtig „erwirbt" eine Parzelle in einer Kleingartenanlage, um dort u. a. Kartoffeln anzubauen.
	f) Der siebzehnjährige Auszubildende Ernst Lernig gönnt sich von seiner Ausbildungsvergütung einen MP3-Player.
	g) Frida Lustig fährt mit dem Auto ihres Freundes zum Baden. Sie weiß, dass er nichts dagegen hat.

Tab. 14.2 Übersicht Wichtige Vertragsarten

Vertrag	Definition	Pflichten	
Kauf	Übereignung gegen Entgelt	Verkäufer	Sache übergeben, Eigentum verschaffen
		Käufer	Sache annehmen, Kaufpreis zahlen
Miete	Gebrauchsüberlassung gegen Entgelt	Vermieter	Sache überlassen, Gebrauch gewähren
		Mieter	Miete entrichten, Sache zurückgeben
Pacht	Gebrauchsüberlassung mit Fruchtgenuss gegen Entgelt	Verpächter	Sache überlassen, Gebrauch und Fruchtgenuss gewähren
		Pächter	Pacht entrichten, Sache zurückgeben
Dienst	Erbringung von Diensten gegen Entgelt (= Arbeitsvertrag) (Erfolg wird nicht geschuldet)	Arbeitgeber	Vergütung gewähren
		Arbeitnehmer	versprochene Dienste leisten
Werk	Erstellung eines Werkes gegen Entgelt (Erfolg wird geschuldet)	Besteller	Entrichtung der Vergütung
		Unternehmer	Herstellung des Werkes
Leihe	Unentgeltliche Gebrauchsüberlassung (Rückgabe derselben Sache)	Verleiher	Sache überlassen, Gebrauch gewähren
		Entleiher	Sache zurückgeben
Darlehen	Überlassung von Geld oder vertretbaren Sachen (Rückgabe in gleicher Art, Güte und Menge)	Darlehensgeber	Sache überlassen, Gebrauch gewähren
		Darlehensnehmer	vergleichbare Sache zurückgeben, evtl. Entgelt entrichten

a. *5. Mietvertrag.* Herrn Meier wird der Stellplatz zum Gebrauch, d. h. zum Abstellen seines Fahrzeugs überlassen und er entrichtet die Miete in Form der Parkgebühr.

b. *1. Darlehensvertrag.* Eine Rückgabe derselben Sache (Leihe) ist nicht möglich, da die Eier im Kuchen verbacken sind. Daher liegt ein Sachdarlehen vor. Ein Darlehen kann entgeltlich oder unentgeltlich sein.

c. *2. Dienstvertrag.* Der Unterschied zwischen Dienstvertrag und Werkvertrag ist, dass beim Werkvertrag der Erfolg geschuldet wird. Bei schlechten Messergebnissen kann die Plakette verweigert werden, daher wird ein Dienst geleistet.

d. *7. Werkvertrag.* Der Fachbetrieb schuldet den Erfolg, d. h. das einwandfreie Funktionieren der Klimaanlage. Auch die Wartung einer solchen Anlage beruht auf einem Werkvertrag, da das einwandfreie Funktionieren geschuldet wird.

e. *6. Pachtvertrag.* Dem Rentner Hurtig wird die Parzelle zum Gebrauch mit Fruchtgenuss überlassen. Er zahlt die Pacht. Das Ernten und Essen der Kartoffeln stellt den Fruchtgenuss dar.

f. *3. Kaufvertrag.* Lernig erwirbt das Eigentum an dem MP3-Player und muss dafür den Kaufpreis entrichten. Lassen Sie sich nicht dadurch irritieren, dass Lernig noch beschränkt geschäftsfähig ist. Ein MP3-Player bewegt sich im Rahmen des Taschengeldes.

g. *4. Leihvertrag.* Es liegt eine unentgeltliche Gebrauchsüberlassung vor, und der Freund erwartet, dasselbe Auto zurückzuerhalten.

Prägen Sie sich die *Merkmale der einzelnen Vertragsarten* vor allem anhand der *Unterschiede* (Miete – Pacht, Werk – Dienst, Leihe – Darlehen) ein.

14.3 Nichtigkeit und Anfechtbarkeit

Willenserklärungen und damit Rechtsgeschäfte können nichtig oder anfechtbar sein. *Nichtigkeit* bedeutet, dass das Rechtsgeschäft *von Anfang an unwirksam* ist. *Anfechtbarkeit* bedeutet, dass ein Rechtsgeschäft durch Anfechtung *nachträglich unwirksam* gemacht werden kann. Die folgende *Übersicht* zeigt Ihnen alle Fälle, in denen Rechtsgeschäfte nichtig bzw. anfechtbar sind (Tab. 14.3).

Tab. 14.3 Übersicht Nichtigkeit und Anfechtbarkeit

Nichtigkeit	Anfechtbarkeit
Geschäfte Geschäftsunfähiger (Kind, Betrunkener, geistig Verwirrter)	Inhaltsirrtum: falsch gewählte Worte
Verstoß gegen gesetzliches Verbot oder gute Sitten	Erklärungsirrtum: versprechen, verschreiben, vergreifen
Scherz- und Scheingeschäfte	Eigenschaftsirrtum: falsche Vorstellungen von der Sache
Verstoß gegen Formvorschrift	Arglistige Täuschung und widerrechtliche Drohung

---

Musteraufgabe Nichtigkeit und Anfechtbarkeit

Prüfen Sie die im Folgenden dargestellten Vertragsinhalte auf ihre Rechtswirksamkeit. Ordnen Sie dazu den Vertragsinhalten die entsprechende Ziffer zu, wenn sie

1. nichtig
2. anfechtbar
3. weder nichtig noch anfechtbar

sind.

a. Sie kaufen in einem Fahrradgeschäft ein neues Mountainbike und sehen noch am gleichen Tag in einem anderen Geschäft das gleiche Bike 200 € billiger angeboten.

b. Sie bestellen bei einem Versandhaus eine neue Musikanlage in der Erwartung, dass diese auch DVDs abspielen kann, was jedoch nicht der Fall ist.

c. Sie schließen eine Krankenzusatzversicherung ab, um spezielle Leistungen in Anspruch nehmen zu können und stellen danach fest, dass die Leistungen in ihrer normalen Krankenversicherung enthalten sind.

d. Sie kaufen von einem Landwirt ein kleines Waldgrundstück in Hanglage. Es wird ein Schriftstück aufgesetzt und unterschrieben, dass Sie als Eigentümer ausweist.

e. Einem Freund, der sich in einem finanziellen Engpass befindet, leihen Sie einen Geldbetrag. Dann erfahren Sie, dass er sie belogen hat und mit Ihrem Geld in Urlaub gefahren ist.

f. Für die Einweihung einer neuen Wohnung von Freunden haben Sie ein Geschenk gekauft. Sie erhalten keine Einladung und möchten den Kauf rückgängig machen.

g. Im Scherz bieten Sie einem Freund an, ihm Ihr teures Fahrrad für 10 € zu verkaufen. Er willigt ein, gibt Ihnen 10 € und will das Fahrrad tatsächlich mitnehmen.

h. Sie wollen für das Büro 20 Rollen Faxpapier bestellen, schreiben aber 20 Packungen, wobei laut Bestellkatalog jede Packung 10 Rollen Faxpapier enthält.

a. *3. rechtswirksam.* Für den Geschäftsverkehr wäre es schwierig, wenn einmal rechtens geschlossene Verträge einfach so wieder aufgelöst werden könnten.

b. *2. anfechtbar.* Hier liegt ein *Eigenschaftsirrtum* vor, eine falsche Vorstellung von der Sache. Der Kauf bei Versandhäusern ist aber i. d. R ein Kauf auf Probe.

c. *3. rechtswirksam.* Die einzige Möglichkeit, die bleibt, ist den Vertrag baldmöglichst wieder zu *kündigen.* Hier geht es auch um Rechtssicherheit für den Anbieter.

d. *1. nichtig.* Für einen *Grundstückskauf* reicht die Schriftform nicht aus, er muss *notariell beurkundet* werden und der neue Eigentümer muss ins *Grundbuch* eingetragen werden.

e. *2. anfechtbar.* Dies ist eindeutig ein Fall von *arglistiger Täuschung.*

f. *3. rechtswirksam.* Wie unter a) geht die Sicherheit im Geschäftsverkehr vor.

g. *1. nichtig.* Hier handelt es sich eindeutig um ein *Scherzgeschäft.*

h. *2. anfechtbar.* Ein *Inhaltsirrtum*, Sie wollten Rollen schreiben, haben aber Packungen geschrieben.

Sie bemerken insbesondere bei der Anfechtbarkeit, wie sehr sich die *juristische Regelung* eines Sachverhalts von der *kaufmännischen Praxis* unterscheidet, denn aus Kulanzgründen oder aufgrund der guten Kundenbindung wird mancher Vertrag rückgängig gemacht, der eigentlich rechtswirksam ist.

Für Prüfungsaufgaben eignen sich bei der *Nichtigkeit* vor allem der Verstoß gegen eine *Formvorschrift*, z. B. die Schriftform beim Ausbildungsvertrag, die Auflassung beim Grundstückskauf oder die notarielle Beurkundung von GmbH-Gesellschaftsverträgen. Denkbar sind auch Aufgaben zu Scherz- oder Scheingeschäften.

Bei der *Anfechtbarkeit* sind vor allem die drei Irrtumsarten wichtig. Es muss aus dem Sachverhalt der Aufgabenstellung deutlich hervorgehen, dass tatsächlich ein *Irrtum* vorliegt.

14.4   Allgemeine Geschäftsbedingungen

Allgemeine Geschäftsbedingungen (AGB) sind *vorformulierte Vertragsbedingungen*, die als Standardbedingungen für alle üblichen Verträge eines Unternehmens eingesetzt werden. Sie werden nur dann Bestandteil eines Vertrages, wenn *bei Vertragsabschluss ausdrücklich* auf sie hingewiesen wird und die Gegenseite *mit ihrer Geltung einverstanden* ist.

Ein deutlich sichtbarer *Aushang* am Ort des Vertragsabschlusses und der *Hinweis* im Vertrag in der Form „Es gelten die Allgemeinen Geschäftsbedingungen" reichen dazu aus. Bei Internet-Geschäften müssen die Allgemeinen Geschäftsbedingungen auf der Website einsehbar sein.

Überraschende Klauseln in den AGB, die nicht dem üblichen Geschäftsverkehr entsprechen, werden *nicht Vertragsbestandteil*. Ferner sind Bedingungen unwirksam, die den Vertragspartner *unangemessen benachteiligen*. Dazu gehören auch *nicht klar und verständlich* formulierte Regelungen. Das *BGB* enthält eine lange *Liste von verbotenen Klauseln*, die nicht Bestandteil von AGBs sein dürfen.

Zweifel bei der Auslegung der AGB gehen zulasten des Unternehmens. Sie erkennen hier den *Verbraucherschutzgedanken*, der hinter den im BGB festgelegten Regeln zu den AGB steht.

Individuelle Vereinbarungen im Vertrag, die den AGB widersprechen, *gehen vor*.

Musteraufgabe Allgemeine Geschäftsbedingungen

Die Bergthaler Büromaschinen GmbH hat zur Vereinfachung des Geschäftsverkehrs Allgemeine Geschäftsbedingungen vorformuliert, die sie bei allen üblichen Verträgen mit Kunden als vorgefertigte Vertragsbestandteile einbeziehen möchte.

a. Prüfen Sie, welcher generelle Grundsatz für die Allgemeinen Geschäftsbedingungen gilt.

1. Da die Bergthaler Büromaschinen GmbH Allgemeine Geschäftsbedingungen vorformuliert hat, werden diese automatisch Bestandteil eines jeden Vertrages.

2. Im Falle von gerichtlichen Auseinandersetzungen mit einem Kunden obliegt dem Kunden grundsätzlich die Beweislast über Vertragsvereinbarungen.

3. Da die Abwicklung des Geschäftsverkehrs vereinfacht werden soll, haben persönliche Absprachen in Verträgen keinen Vorrang vor den Allgemeinen Geschäftsbedingungen.

4. Es ist statthaft, in den Allgemeinen Geschäftsbedingungen festzulegen, dass bei Annahmeverweigerung des Kunden Vertragsstrafen fällig werden.

5. Der Vertragspartner des Verwenders darf nicht unangemessen benachteiligt werden.

b. Hannes Kleinig, Mitarbeiter der Bergthaler Büromaschinen GmbH, hat über die Website der Paste AG, München, online 200 Laminiergeräte bestellt. Auf der Website der Paste AG gibt es einen gut sichtbaren Hinweis auf eine Unterseite mit den Allgemeinen Geschäftsbedingungen (AGB). Kleinig war es jedoch zu mühsam, diese AGB vor der Bestellung durchzulesen. Welche der folgenden Aussagen zu den AGB ist richtig?

1. Die AGB sind immer bindender Bestandteil eines Vertrages.

2. Auch überraschende Klauseln muss der Vertragspartner gegen sich gelten lassen.

3. Die AGB müssen zwischen den Vertragspartnern einzeln ausgehandelt sein.

4. Zweifel bei der Auslegung der AGB gehen zu Lasten der Paste AG.

5. Kleinig hat die AGB nicht gelesen, damit sind sie kein Bestandteil des Vertrages.

Prüfungsaufgaben zu den Allgemeinen Geschäftsbedingungen beziehen sich zum einen auf die *gesetzlichen Regelungen*, dazu kann in der Aufgabenstellung auch ein Auszug aus den *§§ 305 ff. BGB* mit angegeben sein, zum anderen auf die praktische Anwendung dieser Regelungen in *konkreten Sachverhalten*.

a. Der *Vertragspartner des Verwenders* ist die Formulierung im Gesetz, die den *Kunden* der Bergthaler Büromaschinen GmbH bezeichnet. Der *Verwender* ist die Bergthaler Büromaschinen GmbH selbst. *Aussage 5* ist der gesuchte Grundsatz; alle anderen Aussagen widersprechen den Regelungen des BGB zu den AGB.

b. Es ist unerheblich, ob Kleinig die AGB gelesen hat oder nicht, er hatte die Möglichkeit dazu, und damit sind die AGB Vertragsbestandteil. Da es hier um die *AGB der Paste AG* geht, und nicht um die AGB der Bergthaler Büromaschinen GmbH als Kunde der Paste AG, ist *Aussage 4* richtig.

14.5 Übungsaufgaben

Aufgabe 1: Antrag und Annahme

In welchen der folgenden Fälle handelt es sich bei den dargestellten Willenserklärungen

1. um einen Antrag
2. um die Annahme eines Antrags
3. weder um einen Antrag noch um die Annahme eines Antrags?

Fall 1   a)   Ein Händler für Bürobedarf sendet einer Bankfiliale gegen Rechnung Aktenordner und Stifte zu, ohne dass die Bank diese vorher bestellt hat.

         b)   Die Mitarbeiter der Bank verwenden die Aktenordner und Stifte für ihre Arbeit.

Fall 2   a)   Ein Verkaufsmitarbeiter eines Großhandelsunternehmens unterbreitet einem Einzelhändler telefonisch ein Angebot.

         b)   Der Einzelhändler überlegt sich das Angebot ein paar Tage und bestellt daraufhin per Fax.

Fall 3   a)   Ein Hersteller von Büromaschinen sendet einem Händler für Bürobedarf ein schriftliches Angebot zu.

         b)   Der Händler für Bürobedarf schickt am nächsten Tag die Bestellung ab, in der er jedoch veränderte Lieferungs- und Zahlungsbedingungen angibt.

Fall 4   a)   Ein Händler für Bürobedarf verschickt an seine Stammkunden Werbebroschüren, in denen er aktuelle Sonderposten angibt.

         b)   Ein Stammkunde bestellt aufgrund der Werbebroschüre zehn Tage später Bürobedarf.

Aufgabe 2: Zustandekommen des Kaufvertrags

Die Bergthaler Büromaschinen GmbH benötigt für die Mitarbeiter der Abteilung Rechnungswesen zehn neue Computer und schickt daher eine detaillierte schriftliche Anfrage an die PC-Belt GmbH. Einige Tage später geht ein ausführliches, verbindliches Angebot ein. Daraufhin bestellt die Bergthaler Büromaschinen GmbH einen PC, um ihn in der Praxis zu testen, und stellt die Bestellung von weiteren neun PCs in Aussicht, sofern der gelieferte PC den Erwartungen entspricht. Wann kommt ein rechtsgültiger Kaufvertrag zustande?

1. Mit Eingang des verbindlichen schriftlichen Angebotes der PC-Belt GmbH.
2. Mit Eingang der ersten Bestellung bei der PC-Belt GmbH.
3. Mit Lieferung des ersten PCs.
4. Mit erfolgreicher Prüfung des ersten PCs.
5. Mit Bestellung der neun weiteren PCs.

Aufgabe 3: Form des Vertragsabschlusses

In einer Diskussion hören Sie verschiedene Meinungen über die Formvorschriften beim Kaufvertrag. Welche der folgenden Meinungen ist richtig?

1. Für den Abschluss von Kaufverträgen über bewegliche Güter ist keine bestimmte Form vorgeschrieben.
2. Kaufverträge über Beträge ab 10.000 € müssen schriftlich abgeschlossen werden.
3. Mündlich abgeschlossene Kaufverträge sind nur verbindlich, wenn der Käufer die Ware sofort in Empfang nimmt und bezahlt.
4. Telefonisch abgeschlossene Kaufverträge sind nur verbindlich, wenn sie schriftlich bestätigt werden.
5. Ein beschränkt Geschäftsfähiger darf Kaufverträge nur schriftlich abschließen, es sei denn, der gesetzliche Vertreter stimmt einem mündlichen Abschluss zu.

Aufgabe 4: Angebotswiderruf

Die Bergthaler Büromaschinen GmbH hat einem Kunden ein schriftliches Angebot gemacht und stellt fest, dass ihr darin ein schwerwiegender Irrtum unterlaufen ist. Sie will daher das Angebot widerrufen. Welche der folgenden Aussagen stellt die rechtliche Regelung zum Widerruf eines Angebots richtig dar?

1. Die Bergthaler Büromaschinen GmbH hat drei Tage Zeit, das Angebot zu widerrufen.
2. Der Widerruf des Angebots muss dem Kunden spätestens bis zum Eintreffen des Angebots zugehen.
3. Die Bergthaler Büromaschinen GmbH kann ihr Angebot jederzeit widerrufen. Der Widerruf muss jedoch schriftlich erfolgen.
4. Der Widerruf muss dem Kunden binnen einer Woche nach dem Eintreffen des Angebots zugegangen sein.
5. Ein einmal abgegebenes Angebot kann nicht widerrufen werden. Da jedoch in dem Angebot ein schwerwiegender Irrtum enthalten ist, gilt das Angebot von vornherein als nichtig.

Aufgabe 5: Nichtigkeit und Anfechtbarkeit

Beurteilen Sie die Rechtsgültigkeit der folgenden Rechtsgeschäfte, indem Sie die Ziffern richtig zuordnen. Das Rechtsgeschäft ist

1. nichtig
2. anfechtbar
3. weder nichtig noch anfechtbar
   a. Der Verkäufer eines Hauses verschweigt, dass bei Regen die Kellerwände feucht werden.
   b. Um Grunderwerbsteuer zu sparen, wird im Grundstückskaufvertrag ein niedrigerer Kaufpreis beurkundet als tatsächlich vereinbart und gezahlt.

c. Es wurden versehentlich 100 statt 10 Kartons Kopierpapier bestellt.

d. Der Rechnungsbetrag für die Reparatur eines Pkw ist höher der Kostenvoranschlag.

e. Einem sechsjährigen Kind wird ein MP3-Player im Wert von 99 € verkauft.

f. Durch eine technische Störung des Faxgeräts wird eine Bestellung fehlerhaft übermittelt.

g. Ein unbefristeter Wohnungsmietvertrag wird mündlich vereinbart.

Aufgabe 6: Vertragsarten

Welche Vertragsarten liegen in den dargestellten Sachverhalten vor?

1. Darlehensvertrag
2. Leihvertrag
3. Mietvertrag
4. Werkvertrag
5. Dienstvertrag
6. Kaufvertrag
7. Pachtvertrag

Sachverhalte

a. Die Auszubildende Jasmine Bergner bekommt von einem Freund Lehrbücher zur Verfügung gestellt, um für die Prüfung zu lernen. Nach erfolgreich bestandener Prüfung gibt sie ihm die Bücher zurück.

b. Jasmine lässt ihr Fahrrad, mit dem Sie jeden Morgen zu ihrem Betrieb fährt, in einer Fahrradwerkstatt reparieren. Das Licht funktionierte nicht mehr.

c. Am Wochenende geht Jasmine gerne in der nahegelegenen Eissporthalle Schlittschuhlaufen. Da sie keine eigenen Schlittschuhe hat, muss sie etwas mehr bezahlen und bekommt dann passende Schlittschuhe gestellt.

d. Jasmine überlegt, sich bei einer Schneiderin ein Kleid nähen zu lassen. Als sie dorthin kommt, sieht sie ein wunderschönes Kleid, das eine andere Kundin nicht haben wollte. Sie bittet die Schneiderin, es ihr zu überlassen. Die Schneiderin berechnet Materialkosten und Arbeitslohn sowie einen kleinen Gewinnaufschlag.

e. Da Jasmine nicht genügend Geld mit hat, bittet sie eine Freundin, die mitgekommen ist, ihr etwas Geld zu borgen, und verspricht, es ihr am nächsten Tag zurückzugeben.

f. Jasmine erhält monatlich eine Ausbildungsvergütung, mit der sie zufrieden ist. Dafür muss sie den Anweisungen ihrer Ausbilder und Chefs folgen und manchmal auch unangenehmere Arbeiten erledigen.

g. Im Sommer jobt Jasmine am Wochenende zusätzlich als mobile Eisverkäuferin. Sie bekommt das Spezialfahrrad von einem ortsansässigen italienischen Eiscafé gestellt, den Gewinn, den sie erwirtschaftet, darf sie behalten.

Aufgabe 7: Allgemeine Geschäftsbedingungen

Ihnen liegt der abgebildete Auszug aus den AGB der Bergthaler Büromaschinen GmbH vor.

Auszug aus den Allgemeinen Geschäfts-, Lieferungs- und Zahlungsbedingungen der Bergthaler Büromaschinen GmbH

Mängelrüge

(1) Mängelrügen von Kaufleuten haben unverzüglich im Sinne der §§ 377, 378 des Handelsgesetzbuches zu erfolgen.

(2) Besteller, die nicht zu diesem Personenkreis gehören, haben offene Mängel binnen der Ausschlussfrist von zwei Jahren nach Auslieferung der Ware geltend zu machen. Für Mängel, die nicht offensichtlich sind, hat die Anzeige ebenfalls innerhalb der Ausschlussfrist von zwei Jahren zu erfolgen.

(3) Die Mängelrüge bedarf in jedem Falle der Schriftform und der genauen Angabe des Mangels.

Gewährleistung

(1) Die Gewährleistungsansprüche gegenüber der Bergthaler Büromaschinen GmbH werden beschränkt auf das Recht auf Beseitigung des Mangels (Nachbesserung) oder auf Lieferung einer mangelfreien Sache (Ersatzlieferung).

(2) Nach Fehlschlagen der Nachbesserung oder Ersatzlieferung steht dem Besteller das Recht zu, Herabsetzung der Vergütung (Minderung) zu verlangen oder vom Vertrag zurückzutreten.

(3) Weitere Gewährleistungsansprüche gegenüber der Bergthaler Büromaschinen GmbH sind ausgeschlossen, es sei denn, dass in den Fällen von Vorsatz, grober Fahrlässigkeit zwingend gehaftet wird.

(4) Die Schadensersatzpflicht der Bergthaler Büromaschinen GmbH im Allgemeinen beschränkt sich auf vorsätzliche oder grob fahrlässige Vertragsverletzungen eines gesetzlichen Vertreters oder Erfüllungsgehilfen der Bergthaler Büromaschinen GmbH. Dies gilt auch für Schäden aus der Verletzung von Pflichten bei den Vertragsverhandlungen.

a. Welche Pflicht hat ein Kunde gegenüber der Bergthaler Büromaschinen GmbH gemäß der vereinbarten und anerkannten AGB, um seine Rechte zu wahren?

   1. Er muss festgestellte Mängel durch einen neutralen Gutachter bestätigen lassen.

   2. Er muss die mangelhafte Ware zusammen mit der Mängelrüge an die Bergthaler Büromaschinen GmbH senden.

   3. Er muss die Ware unverzüglich nach der Lieferung prüfen und versteckte Mängel unverzüglich rügen.

   4. Er muss die Ware unverzüglich nach der Lieferung prüfen und offene Mängel unverzüglich rügen.

   5. Er muss versteckte Mängel innerhalb von zwei Jahren nach Auslieferung rügen.

b. Welche der folgenden Aussagen stellt die Gewährleistungsansprüche von Kunden gegenüber der Bergthaler Büromaschinen GmbH richtig dar?

   1. Sowohl bei leichter als auch grober Fahrlässigkeit haftet die Bergthaler Büromaschinen GmbH nicht für Sachmängel.

   2. Die Gewährleistungsansprüche erstrecken sich nur auf Nachbesserung oder Ersatzlieferung.

3. Die Gewährleistungsansprüche erstrecken sich unter bestimmten Voraussetzungen auch auf das Recht auf Rücktritt vom Vertrag.
4. Die Gewährleistungsansprüche in den AGB der Bergthaler Büromaschinen GmbH gelten nur für zweiseitige Handelsgeschäfte.
5. Schadenersatzansprüche aus der Sachmängelgewährleistung sind grundsätzlich ausgeschlossen.

14.6 Lösungen zu den Übungsaufgaben

Lösung zu Aufgabe 1: Antrag und Annahme

Fall 1:
a. *1.* Das unaufgeforderte Zusenden von Ware stellt einen *Antrag* dar.
b. *2.* Das Verwenden der Ware ist die *Annahme*. Zur Ablehnung des Antrags reicht es, die Ware nicht zu verwenden und zur Abholung bereitzuhalten.

Fall 2:
a. *1.* Das konkrete Angebot per Telefon stellt einen *Antrag* dar, der aber während des Telefonats angenommen werden muss, damit ein Vertrag zustande kommt.
b. *1.* Die Bestellung per Fax stellt daher einen neuen *Antrag* dar.

Fall 3:
a. *1.* Das schriftliche Angebot ist ein *Antrag*.
b. *1.* Da die Bestellung nicht wortgenau dem Angebot entspricht, stellt sie einen neuen *Antrag* dar.

Fall 4:
a. *3.* Die Werbebroschüre ist nicht verbindlich, stellt daher *keinen Antrag* dar.
b. *1.* Die Bestellung des Stammkunden ist daher der *Antrag*, den der Händler für Bürobedarf nicht annehmen muss, weil z. B. die Sonderposten ausverkauft sind.

Lösung zu Aufgabe 2: Zustandekommen des Kaufvertrags

Das *verbindliche Angebot* ist der *Antrag*, die *erste Bestellung* ist die *Annahme*. Daher ist *Aussage 2* richtig. Es handelt sich um einen *Kauf zur Probe*.

Lösung zu Aufgabe 3: Form des Vertragsabschlusses

Es gibt *keine Formvorschrift* für Kaufverträge, daher ist *Aussage 1* richtig. Beachten Sie die *Ausnahme* beim *Grundstückskauf*: Dort ist notarielle Beurkundung nötig.

Lösung zu Aufgabe 4: Angebotswiderruf

Die einzige Möglichkeit, ein einmal abgeschicktes schriftliches Angebot zu widerrufen, ist per Fax oder Eilbrief den Widerruf hinterherzuschicken. *Aussage 2* ist richtig.

Lösung zu Aufgabe 5: Nichtigkeit und Anfechtbarkeit

a. *2.* Arglistige Täuschung.

b. *1.* Verstoß gegen Steuergesetz.

c. *2.* Erklärungsirrtum.

d. *3.* Bezahlt werden müssen die tatsächlichen Kosten.

e. *1.* Geschäfte mit Geschäftsunfähigen sind nichtig.

f. *2.* Fehlerhafte Übermittlung ist Erklärungsirrtum.

g. *3.* Keine Formvorschrift für unbefristete Mietverträge.

Lösung zu Aufgabe 6: Vertragsarten

a. *2.* Leihe.

b. *4.* Werkvertrag, der Erfolg wird geschuldet.

c. *3.* Miete der Schlittschuhe.

d. *6.* Kauf des Kleides.

e. *1.* Darlehen, da dasselbe Geld nicht zurückgegeben werden kann.

f. *5.* Dienstvertrag.

g. *7.* Pacht, der Fruchtgenuss liegt im Gewinn.

Lösung zu Aufgabe 7: Allgemeine Geschäftsbedingungen

a. Gemäß den AGB müssen offene wie versteckte Mängel *binnen zwei Jahren* gerügt werden. Daher ist *Aussage 5* die richtige Lösung.

b. In Gewährleistung (2) steht das Rücktrittsrecht. *Aussage 3* ist richtig.

Kaufvertrag

15

Prüfungsaufgaben zum Thema *Kaufvertrag* beziehen sich vor allem auf die *Kaufvertragsstörungen* mangelhafte Lieferung, Lieferungs- und Annahme- und Zahlungsverzug. Ferner gibt es Aufgaben zu den verschiedenen *Arten des Kaufvertrags* und zum *Eigentumsvorbehalt*. Das Zustandekommen des Kaufvertrags wurde im vorhergehenden Kapitel Verträge behandelt.

15.1   Arten des Kaufvertrags

Wenn *keiner* der beiden Vertragspartner *Kaufmann* ist, liegt ein *bürgerlicher Kauf* vor, sonst ein einseitiger oder zweiseitiger *Handelskauf*, für den zusätzlich zu den BGB-Regelungen die strengeren Bestimmungen des Handelsgesetzbuches gelten. Wichtiger ist die *Unterscheidung nach besonderen Vertragsinhalten*.

Musteraufgabe Arten des Kaufvertrags

Ordnen Sie die folgenden Arten des Kaufvertrags den dargestellten Sachverhalten zu.
Arten des Kaufs
1. Kauf nach Probe
2. Kauf auf Probe
3. Kauf auf Abruf
4. Kauf zur Probe

© Springer Fachmedien Wiesbaden 2015
M. Wünsche, *Wirtschafts- und Sozialkunde (IHK)*,
DOI 10.1007/978-3-658-06755-7_15

Sachverhalte

a. Die Bergthaler Büromaschinen GmbH bestellt bei der Paste AG, München, zunächst ein Laminiergerät und stellt die Bestellung weiterer Laminiergeräte in Aussicht, sofern das bestellte Gerät den Erwartungen entspricht.

b. Die Müller Heiztechnik GmbH bestellt bei der Brosch AG 200 elektronische Temperaturmessfühler für Heizkesselanlagen und vereinbart, dass die Lieferung in mehreren Schüben erst dann erfolgen soll, wenn die Fühler tatsächlich gebraucht werden.

c. Die Schneidermeisterin Eva Kottir bestellt aufgrund eines Musterkatalogs bei der Simsener Tuchfabrik AG zehn Ballen geblümte Stoffe unter Angabe der Musternummer.

d. Der Rentner Hurtig bestellt aus einem Versandhauskatalog eine wasserspeiende Springbrunnenfigur für den Gartenteich seiner Kleingartenparzelle. Hurtig ist sich nicht sicher, ob ihm die Figur gefallen wird.

Während der Kauf auf Abruf recht leicht zu erkennen ist, fällt die Unterscheidung von „*zur* Probe", „*nach* Probe" und „*auf* Probe" schon schwer.

a. *4. Kauf zur Probe.* Die Bergthaler Büromaschinen AG wird das eine Laminiergerät behalten, auch wenn es ihr nicht zusagt. Es ist ein *Probekauf.* Sachverhalte mit *Verbrauchsgütern* wie z. B. Wein sind eindeutiger, da dann die gekaufte Probe nicht zurückgegeben werden kann.

b. *3. Kauf auf Abruf.* Diese Form des Kaufvertrags empfiehlt sich besonders dann, wenn nur geringe Lagerkapazitäten vorhanden sind, oder wenn beim Hausbau die Baumaterialien erst dann angeliefert werden sollen, wenn sie benötigt werden.

c. *1. Kauf nach Probe.* Die Formulierung Kauf *nach Muster* wäre hier eindeutiger. Bei allen Käufen aufgrund eines *Musterkatalogs* handelt es sich um einen Kauf nach Probe, z. B. auch, wenn ein Sofa mit einem bestimmten Bezug gekauft wird.

d. *2. Kauf auf Probe.* Das Rückgaberecht bei Bestellungen aus *Versandhauskatalogen* oder über das *Internet* ist im *BGB* unter dem Begriff *Fernabsatzverträge* geregelt. Die Rücksendung erfolgt auf Kosten und Risiko des Versandhauses.

Musteraufgabe Kaufvertrag und Lieferzeit

Sie entschließen sich, nach Abschuss Ihrer Ausbildung gegenüber der Berufsschule ein Begegnungs-Café zu eröffnen. Eröffnungstermin soll der 15. Juni sein. Sie bestellen bei der Werbemittelfirma Schnittig OHG Werbegeschenke mit der Auflage, dass diese exakt am 15. Juni zur Geschäftseröffnung geliefert werden, damit Sie sie unter den ersten Gästen verteilen können. Welche Kaufvertragsart liegt vor?

1. Fixkauf
2. Deckungskauf
3. Zielkauf

4. Spezifikationskauf
5. Terminkauf
6. Kommissionskauf

Es handelt sich um einen *Fixkauf* (*1*), da der *Liefertermin fest vorgegeben* wird. Ein *Terminkauf* (*2*) läge vor, wenn die Formulierung „*bis zum* 15. Juni" lauten würde. Den *Deckungskauf* (*3*) tätigen Sie, wenn die Werbemittelfirma nicht zum 15. liefert, als *Sofortkauf* bei einer ortsansässigen Firma. Den Kaufpreisunterschied muss die Firma Schnittig Ihnen ersetzen, da sie in Lieferungsverzug gekommen ist (Schadenersatz).

Ein *Zielkauf* (*3*) liegt vor, wenn die Firma Schnittig Ihnen ein *Zahlungsziel* eingeräumt hat. Bei einem *Spezifikationskauf* (*4*) schließen Sie einen Kaufvertrag ab, z. B. über 40 Stühle für Ihr Café, und bestimmen später erst genau, z. B. welche Farbe die Stühle im Einzelnen haben sollen (*Bestimmungskauf*). Ein *Kommissionskauf* (*6*) liegt vor, wenn Sie *im eigenen Namen für Rechnung eines anderen* etwas kaufen.

15.2 Kaufvertragsstörungen

Ein *Kaufvertrag* hat grundsätzlich die *Übertragung von Besitz und Eigentum* an einer Sache gegen Entgelt zum Inhalt. Im *Verpflichtungsgeschäft* geht jede Vertragspartei bestimmte *Verpflichtungen* ein (Tab. 15.1).

Kommt eine Vertragsseite im *Erfüllungsgeschäft* ihren Pflichten nicht nach, so liegt eine *Kaufvertragsstörung* vor.

Musteraufgabe Kaufvertragsstörungen

Ordnen Sie den folgenden Auszügen aus Geschäftsbriefen die darin angesprochene Kaufvertragsstörung zu.

Kaufvertragsstörung	Auszüge aus Geschäftsbriefen
1. Lieferungsverzug	a) Die Abrechnung über den durchgeführten Selbsthilfeverkauf liegt diesem Schreiben bei.
2. Mangelhafte Lieferung	
3. Zahlungsverzug	b) Andernfalls sehen wir uns gezwungen, einen gerichtlichen Mahnbescheid gegen Sie zu beantragen.
4. Annahmeverzug	
	c) Wir machen darauf aufmerksam, dass Sie bei einem Deckungskauf die zusätzlichen Kosten zu tragen haben.
	d) Da die gesetzliche Gewährleistungspflicht bereits abgelaufen ist, können wir Ihre Ansprüche leider nicht anerkennen.

Tab. 15.1 Übersicht Pflichten aus dem Kaufvertrag

Kauf	Übereignung gegen Entgelt	Verkäufer	Sache frei von Sach- und Rechtsmängeln übergeben, Eigentum verschaffen
		Käufer	Sache annehmen, Kaufpreis zahlen

a. *4.* Der *Käufer* verpflichtet sich, die *Sache anzunehmen*. Weigert er sich bei Lieferung, die Ware in Empfang zu nehmen oder ist er trotz mehrfacher Terminvereinbarung nicht erreichbar, so gerät er in *Annahmeverzug*. Damit geht die Gefahr eines zufälligen Untergangs der Ware auf den Käufer über. Entschließt sich der Verkäufer zum *Selbsthilfeverkauf*, d. h. zur öffentlichen Versteigerung, muss er dies dem Käufer rechtzeitig *mitteilen* und ihm nach der Versteigerung eine *Abrechnung* schicken.

b. *3.* Der *Käufer* verpflichtet sich, den *Kaufpreis* wie vereinbart *zu zahlen*. Kommt er binnen *30 Tagen* dieser Verpflichtung nicht nach, gerät er (ohne weitere Mahnung) in *Zahlungsverzug*. Ein wirksames Mittel des Verkäufers ist das gerichtliche *Mahnverfahren* bis hin zur amtlichen Zwangsvollstreckung. Er kann auch ein Inkassobüro beauftragen. Ein Rücktritt vom Vertrag würde bedeuten, dass der Verkäufer die wahrscheinlich inzwischen bereits gebrauchte Sache zurückbeschaffen müsste.

c. *1.* Der *Verkäufer* verpflichtet sich, die *Sache zu übergeben*, d. h. zu liefern. Kommt er dieser Verpflichtung nicht nach, so gerät er durch die Mahnung des Käufers in *Lieferungsverzug*. Eine Mahnung ist nicht erforderlich, wenn für die Lieferung ein Termin bestimmt war. Beschafft der Käufer sich die dringend benötigte Sache anderweitig (*Deckungskauf*), so muss der Verkäufer dem Käufer den *Mehraufwand ersetzen*.

d. *2.* Der *Verkäufer* verpflichtet sich, die Sache *frei von Sach- und Rechtsmängeln* zu übergeben. Hat die übergebene Sache einen Mangel, so liegt eine *mangelhafte Lieferung* vor. Ein *Sachmangel* liegt vor, wenn die Sache sich nicht so verwenden lässt, wie man es erwarten kann, wenn *Anpreisungen des Verkäufers* nicht stimmen, oder wenn die *Montageanleitung unverständlich* ist. Einem Sachmangel gleichgestellt ist die Lieferung einer *falschen Sache* oder einer zu *geringen Menge*. Das wichtigste *Recht des Käufers* ist das auf *Nacherfüllung*, d. h. Ersatzlieferung oder Beseitigung des Mangels. Dazu muss er den Mangel *rügen*. Die Frist beträgt *zwei Jahre*. Beim *zweiseitigen Handelskauf* muss der Käufer *unverzüglich* rügen.

Der *Verkäufer* verpflichtet sich, das *Eigentum* an der Sache zu *übertragen*. Der Käufer darf darauf vertrauen, dass der Verkäufer Eigentümer ist (*gutgläubiger Erwerb*). Er kann jedoch *kein Eigentum an gestohlenen oder verloren gegangenen Sachen* erwerben.

Die *Übersicht* auf der folgenden Seite fasst *alle Kaufvertragsstörungen* mit ihrer Wirkung und den Rechten der beeinträchtigten Vertragspartei zusammen (Tab. 15.2):

Tab. 15.2 Übersicht Kaufvertragsstörungen

Kaufvertrags-störung	Beschreibung und Wirkung	Rechte der anderen Vertragspartei
Lieferungs-verzug	Der *Verkäufer* übergibt die Sache nicht,	Mahnung und *Nachfristsetzung* (nicht erforderlich bei Fixkauf und Terminkauf)
	d. h. die Lieferung erfolgt nicht oder ein vereinbarter Liefertermin wird nicht eingehalten	*Rücktritt* vom Kaufvertrag *Schadenersatz* wegen Nichterfüllung (sofern dem Käufer ein Schaden entstanden ist)
Mangelhafte Lieferung	Der *Verkäufer* übergibt die Sache nicht frei von Sach- und Rechtsmängeln,	*Nacherfüllung*, d. h. Beseitigung des Mangels oder Ersatzlieferung
	d. h. die Sache hat nicht die *vereinbarte Beschaffenheit* (Mangel in Art, Menge oder Qualität)	*Minderung* des Kaufpreises *Rücktritt* vom Vertrag
	Der muss den Mangel (unverzüglich) *rügen*	*Schadenersatz* (sofern dem Käufer durch die mangelhafte Lieferung ein Schaden entstanden ist)
Annahmeverzug	Der *Käufer* nimmt die Sache nicht an	*Klage* auf Abnahme
	Sache muss ihm tatsächlich angeboten worden sein	*Selbsthilfeverkauf* (öffentliche Versteigerung)
	Gefahrenübergang auf den Käufer	*Notverkauf* (bei leicht verderblichen Waren)
	Käufer muss *Mindererlös* aus dem Verkauf und Kosten tragen, ein *Mehrerlös* steht ihm zu	*Freihändiger Verkauf* (bei Waren mit Börsen- oder Marktpreis)
Zahlungsverzug	Der *Käufer* zahlt den Kaufpreis nicht automatisch (ohne Mahnung) *30 Tage* nach Fälligkeit und Zugang der Rechnung	gerichtliches *Mahnverfahren* *Klage* auf Zahlung *Rücktritt* vom Vertrag *Schadenersatz* (Verzugszinsen, Ersatz der Kosten)

Musteraufgabe Lieferungsverzug

Unter welcher Voraussetzung kommt ein Lieferer in Lieferungsverzug?

1. Die Erzeugnisse sind wegen der Betriebsferien nicht rechtzeitig lieferbar.
2. Bei einem Fixkauf zum 15. Februar wird erst am späten Nachmittag (17:00 Uhr) geliefert.
3. Die rechtzeitige Lieferung kann wegen starken Schneefalls nicht erfolgen.
4. Die rechtzeitige Lieferung wird durch höhere Gewalt verhindert.
5. Im Zulieferbetrieb wird gestreikt, eine rechtzeitige Lieferung ist nicht möglich.

Der Verzug tritt dann nicht ein, wenn die *Leistung unmöglich* ist. *Aussage 1* ist die richtige Lösung, denn dass *Betriebsferien* sein werden, war bei Vertragsabschluss bereits bekannt und hätte berücksichtigt werden können. Unter *höherer Gewalt* wird ein von außen kommendes und unvorhersehbares Ereignis verstanden, das nicht verhindert werden kann.

Musteraufgabe Mängelrüge

Welches Recht steht einem Käufer zu, wenn ihm mangelhafte Erzeugnisse geliefert werden?

1. Er kann die mangelhaften Waren billiger weiterverkaufen und erhält die Differenz zum vereinbarten Kaufpreis vom Verkäufer erstattet.
2. Er kann die Waren meistbietend versteigern lassen.
3. Er kann die Waren in einem Lagerhaus auf Kosten und Gefahr des Verkäufers einlagern.
4. Er kann Schadenersatz wegen Nichterfüllung verlangen.
5. Er kann Ersatzlieferung verlangen.

Das erste und wichtigste Recht des Käufers bei mangelhafter Lieferung ist die *Nacherfüllung*, d. h. *Ersatzlieferung* oder *Behebung des Mangels*. Damit ist *Aussage 5* richtig. Wenn der Mangel leicht zu beheben ist, kann der Käufer nicht auf Ersatzlieferung bestehen.

Musteraufgabe Annahmeverzug

Eva Berg hat bei der Möbelhandlung Grossmann KG eine Einbauküche bestellt. Als die Küche termingerecht geliefert wird, verweigert Frau Berg Annahme und Zahlung mit der Begründung, sie habe bei einer anderen Möbelhandlung dieselbe Küche günstiger gesehen. Welche der folgenden Aussagen stellt die Rechtslage nicht richtig dar?

1. Wenn die Grossmann KG die Küche wieder mitnimmt und sie beim Ausladen im Verkaufslager beschädigt wird, muss Eva Berg diesen Schaden bezahlen.
2. Die Grossmann KG hat das Recht, die Küche versteigern zu lassen (Selbsthilfeverkauf), muss Frau Berg jedoch darüber informieren und ihr eine angemessene Frist nennen.
3. Wird bei der Versteigerung der Küche (Selbsthilfeverkauf) ein Erlös erzielt, der über dem mit Frau Berg vereinbarten Kaufpreis liegt, so steht dieser Mehrerlös Frau Berg zu.
4. Der Grossmann KG steht das Recht der Klage auf Abnahme zu, auch wenn sie inzwischen einen anderen Käufer für die Küche gefunden hat.
5. Die Grossmann KG hat nicht das Recht zum Notverkauf, da dies nur bei leicht verderblichen Waren zulässig ist.

Da mit der *Annahmeverweigerung* der *Gefahrenübergang* erfolgt, muss Frau Berg den Schaden (*Aussage 1*) zahlen. Bei der *Versteigerung* (*Aussage 2*) darf Frau Berg mitbieten, und ein *Mehrerlös* (*Aussage 3*) steht ihr zu. Einzig *Aussage 4* macht keinen Sinn, da es bereits einen anderen Käufer gibt, und ist damit die gesuchte Aussage.

Musteraufgabe Zahlungsverzug

Ein Versandhaus hat gegen einen Kunden eine Forderung in Höhe von 2.713 €. Die Ware inklusive Rechnung ist dem Kunden vor zehn Wochen zugegangen. Auf die bisherigen Mahnungen erfolgte keine Reaktion. Das Versandhaus möchte daher vor Gericht gehen. Welchen Schritt sollte das Versandhaus zunächst unternehmen?

1. Einen Gerichtsvollzieher mit einer Zwangsvollstreckung beauftragen
2. Beim zuständigen Amtsgericht einen Vollstreckungsbescheid beantragen
3. Dem säumigen Kunden durch Einschreiben einen Mahnbescheid zustellen
4. Beim zuständigen Amtsgericht einen Mahnbescheid beantragen
5. Den säumigen Kunden per Einschreiben nochmals davon in Kenntnis setzen, dass gerichtlich gegen ihn vorgegangen wird.

Nach zehn Wochen ist ein nochmaliges Anschreiben des säumigen Kunden wenig sinnvoll. Um die Kosten dennoch niedrig zu halten, wird zunächst beim Amtsgericht ein *Mahnbescheid* beantragt. *Aussage 4* ist richtig. Das Amtsgericht stellt dem Kunden den Mahnbescheid zu. Legt der Kunde binnen zwei Wochen *Widerspruch* ein, kommt es sofort zur *Gerichtsverhandlung*. Unternimmt er nichts, kann beim Amtsgericht ein *Vollstreckungsbescheid* beantragt werden, der dem Kunden vom Amtsgericht zugestellt wird. Hier besteht auch eine *Widerspruchsfrist* von zwei Wochen. Unternimmt der säumige Kunde nichts, so erhält der Gläubiger einen *vollstreckbaren Titel*, mit dem er den *Gerichtsvollzieher* mit der *Zwangsvollstreckung* beauftragen kann.

15.3 Eigentumsvorbehalt

Wird *im Kaufvertrag* ein Eigentumsvorbehalt des Verkäufers *vereinbart*, so kann dieser *bei Zahlungsverzug* des Käufers *vom Vertrag zurücktreten* und hat einen *Herausgabeanspruch*. Der Verkäufer bleibt bis zur vollständigen Bezahlung Eigentümer der Sache.

Musteraufgabe Eigentumsvorbehalt

Die Allgemeinen Geschäftsbedingungen der Paste AG enthalten die Formulierung „Die Ware bleibt bis zur vollständigen Bezahlung unser Eigentum". Welches Recht hat die Paste AG dadurch, wenn ein Kunde nicht zahlt?

1. Die Paste AG kann die gelieferte Ware sofort zurückverlangen.
2. Nach schriftlicher Androhung kann die Paste AG die Ware zurückverlangen.
3. Die Paste AG kann vom Vertrag zurücktreten und dann die Ware zurückverlangen.

4. Hat der Kunde die Ware an einen Dritten weiterverkauft, kann die Paste AG die Ware von diesem zurückverlangen.
5. Die Paste AG kann die Ware unverzüglich versteigern lassen.

Richtig ist *Aussage 3*. Bei einem *Weiterverkauf* oder einer *Verarbeitung* erlischt der Eigentumsvorbehalt, es sei denn, dass im Kaufvertrag oder in den AGB ein *verlängerter Eigentumsvorbehalt* vereinbart wurde. Achten Sie in *Prüfungsaufgaben* auf die Formulierung eines *Eigentumsvorbehalts*, vor allem in abgebildeten *Rechnungen*.

15.4 Übungsaufgaben

Aufgabe 1: Kaufvertrag und Kaufvertragsstörungen

Am 7. Oktober 2014 stellt die Bergthaler Büromaschinen GmbH eine Anfrage über die Lieferung von 200 Laminiergeräten an die Paste AG, München.
  Am 9. Oktober 2014 erhält sie das folgende Angebot.

Angebot über Laminiergeräte
Sehr geehrte Damen und Herren,
in Bezug auf Ihre Anfrage vom 7. Oktober 2014 senden wir Ihnen anhängend unsere Preisliste für Laminiergeräte inklusive der genauen technischen Spezifikationen. Wir liefern frei Haus und gewähren Ihnen einen Skonto-Abzug von 3 % bei Zahlung binnen 10 Tagen nach Rechnungseingang. Die Lieferung kann sofort erfolgen.
Die Preisliste ist gültig bis 30. November 2014.
Mit freundlichen Grüßen
Paste AG

Am 10. Oktober 2014, 9:30 Uhr erfolgt per Telefax die Bestellung von 200 Laminiergeräten gem. Preisliste. Als Liefertermin wird angegeben: bis zum 23. Oktober 2014.
  Am 15. Oktober 2014 geht die Bestätigung des Auftrags und des Liefertermins ein.
  Am 27. Oktober 2014 erfolgt per Telefax Mahnung und Nachfristsetzung bis 29. Oktober 2014.
  Am 28. Oktober 2014 erhält die Bergthaler Büromaschinen GmbH die Lieferung.
  Am 30. Oktober 2014 erhält sie die Rechnung.
  Am 7. November 2014 überweist sie den Rechnungsbetrag.
  Am 11. November 2014 wird der Betrag der Paste AG auf ihrem Konto gutgeschrieben.
a. Welche der folgenden Aussagen stellt die rechtliche Bedeutung der Anfrage für die Bergthaler Büromaschinen GmbH richtig dar?
  1. Wenn innerhalb einer Woche ein Angebot eingeht, das der Anfrage entspricht, muss die Bergthaler Büromaschinen GmbH bis zum 12. Oktober 2014 bestellen.
  2. Wenn innerhalb einer Woche ein Angebot eingeht, das der Anfrage entspricht, muss die Bergthaler Büromaschinen GmbH unverzüglich bestellen.

3. Wenn nicht innerhalb einer Woche ein Angebot eingeht, ist die Bergthaler Büromaschinen GmbH nicht mehr an ihre Anfrage gebunden.

4. Die Bergthaler Büromaschinen GmbH hat einen Anspruch auf Beantwortung der Anfrage.

5. Die Bergthaler Büromaschinen GmbH ist durch die Anfrage in keiner Weise gebunden.

b. Zu welchem Zeitpunkt kommt der Kaufvertrag über die Lieferung von 200 Laminiergeräten zustande? Geben Sie das Datum in der Form TT.MM.JJJJ an.

c. Um welche Art von Rechtsgeschäft handelt es sich bei diesem Kaufvertrag?

1. Um ein einseitig verpflichtendes Rechtsgeschäft

2. Um ein einseitiges, empfangsbedürftiges Rechtsgeschäft

3. Um ein einseitiges, nicht empfangsbedürftiges Rechtsgeschäft

4. Um ein zweiseitig verpflichtendes Rechtsgeschäft ohne Formzwang

5. Um ein zweiseitig verpflichtendes Rechtsgeschäft mit Formzwang Schriftform

d. Mit Ablauf welchen Tages gerät die Paste AG in Lieferungsverzug? Geben Sie das Datum in der Form TT.MM.JJJJ an.

e. Zu welchem Zeitpunkt wird die Bergthaler Büromaschinen GmbH Eigentümerin der 200 Laminiergeräte? Geben Sie das Datum in der Form TT.MM.JJJJ an.

f. Welches der folgenden Rechte könnte die Bergthaler Büromaschinen GmbH nicht geltend machen, wenn die Lieferung nicht bis zum 29. Oktober 2014 erfolgt wäre?

1. Preisminderung

2. Rücktritt vom Vertrag

3. Schadenersatz statt Lieferung

4. Erfüllung durch Lieferung der Ware

5. Erfüllung durch Lieferung der Ware und Ersatz des Verzögerungsschadens

g. Bei der Anlieferung der Laminiergeräte wird von einem Mitarbeiter der Bergthaler Büromaschinen GmbH festgestellt, dass die Verpackung beschädigt ist. Wie verhält sich der Mitarbeiter richtig?

1. Er nimmt die Lieferung an und kürzt den Rechnungsbetrag pauschal um 10 %.

2. Da er erst in fünf Tagen Zeit zum Auspacken der Kartons haben wird, unternimmt er vorerst nichts.

3. Er lässt sich die schadhafte Verpackung auf den Lieferpapieren bestätigen und überprüft unverzüglich den Inhalt der Kartons.

4. Er lehnt die Annahme der Laminiergeräte ab, da die Bergthaler Büromaschinen GmbH andernfalls keine Rechte wegen mangelhafter Lieferung mehr geltend machen kann.

5. Er setzt die Paste AG in Verzug, damit die Bergthaler Büromaschinen GmbH rechtzeitig unbeschädigte Waren erhält.

Aufgabe 2: Kaufvertragsstörungen

Welche zwei der folgenden Aussagen zu Kaufvertragsstörungen beim zweiseitigen Handelskauf sind richtig?

1. Im Falle des Annahmeverzugs darf der Käufer beim Selbsthilfeverkauf nicht mitbieten.
2. Beim Fixkauf kann der Käufer bei Lieferverzug ohne Nachfrist vom Vertrag zurücktreten.
3. Bei einer Mängelrüge hat der Käufer ausschließlich das Recht auf Preisminderung.
4. Bei versteckten Mängeln muss der Käufer Rügefristen einhalten.
5. Beim Lieferverzug kann der Käufer immer Schadenersatz wegen Nichterfüllung verlangen.

Aufgabe 3: Kaufvertragsrecht

Welche der folgenden Aussagen zum Kaufvertragsrecht ist richtig?

1. Vereinbarungen über Erfüllungsort und Gerichtsstand sind in einem Kaufvertrag zwingend erforderlich und gesetzlich vorgeschrieben.
2. Die Gefahr des zufälligen Untergangs oder der Beschädigung der Ware beim Transport hat immer der Käufer zu tragen.
3. Für den Käufer ist es immer die beste Lösung, wenn im Kaufvertrag keine Vereinbarung darüber getroffen wurde, wer die Transport- und Verpackungskosten trägt.
4. Wenn über die Qualität der zu liefernden Waren nichts vereinbart wurde, muss der Verkäufer Waren bester Qualität liefern.
5. Wenn über die Qualität der zu liefernden Waren nichts vereinbart wurde, hat der Verkäufer Waren mittlerer Art und Güte zu liefern.

Aufgabe 4: Mängelrüge

In welchem Fall hat ein Kunde bei mangelhafter Lieferung Recht auf Schadenersatz?

1. Eine Mängelrüge schließt jeden Schadenersatz aus.
2. Das Recht auf Schadenersatz besteht immer dann, wenn die Mängelrüge berechtigt ist.
3. Das Recht auf Schadenersatz besteht immer dann, wenn ein Schaden nachzuweisen ist.
4. Das Recht auf Schadenersatz besteht, wenn eine im Vertrag zugesicherte Verwendbarkeit fehlt und dadurch der Schaden verursacht worden ist.
5. Das Recht auf Schadenersatz besteht, wenn die Sache für den Kunden hergestellt wurde.

Aufgabe 5: Lieferungsverzug

Welches Recht werden Sie als Käufer zweckmäßigerweise geltend machen, wenn der Lieferant nach einer Nachfristsetzung in Lieferungsverzug geraten ist und die Waren an anderer Stelle sofort billiger zu haben sind?

1. Sie setzen eine weitere Nachfrist.
2. Sie bestehen auf Lieferung und verlangen Schadenersatz für den entgangenen Gewinn.
3. Sie verzichten auf die Lieferung und verlangen Schadenersatz für den Preisunterschied beim Deckungskauf.
4. Sie lehnen die Lieferung ab und fordern nur Schadenersatz für den entgangenen Gewinn.
5. Sie treten vom Vertrag zurück.

Aufgabe 6: Eigentumsvorbehalt

Was bedeutet in einem Angebot der Vermerk: „Lieferung unter Eigentumsvorbehalt"?

1. Der Käufer wird erst Eigentümer der Ware, wenn er Rechnungsbetrag auf dem Konto des Verkäufers eingegangen ist.
2. Der Käufer ist nach der Lieferung Eigentümer der Ware geworden.
3. Dem Käufer ist der Weiterverkauf der Ware untersagt, bis er sie vollständig bezahlt hat.
4. Mit Abschickung der Bezahlung geht das Eigentum auf den Käufer über.
5. Der Eigentumsvorbehalt verbietet grundsätzlich eine Weiterverarbeitung der Ware.

15.5 Lösungen zu den Übungsaufgaben

Lösung zu Aufgabe 1: Kaufvertrag und Kaufvertragsstörungen

a. Richtig ist *Aussage 5*. Eine unverbindliche *Anfrage* ist noch *kein Antrag*.
b. Die Zusendung des Angebots durch die Paste AG stellt den *Antrag* dar, die *Annahme* des Antrags (zwei übereinstimmende Willenserklärungen) erfolgt mit der Bestellung per Fax, also am *10.10.2014*. Damit kommt der Kaufvertrag zustande.
c. Es handelt sich um ein *zweiseitiges Rechtsgeschäft* (zwei Willenserklärungen). Es gibt *keine Formvorschrift* dafür, daher ist *Aussage 4* die richtige Lösung.

d. Da im Antrag der Paste AG „*Lieferung sofort*" steht, und die Bergthaler Büromaschinen GmbH den *Liefertermin* in der Annahme mit „*bis 23.10.2014*" *konkretisiert* hat (Terminkauf), kommt die Paste AG mit diesem Datum in Verzug.
e. Da kein Eigentumsvorbehalt vereinbart ist, geht das Eigentum *mit Lieferung* (Erlangung des Besitzes) auf die Bergthaler Büromaschinen GmbH über, am *28.10.2014*.

Ist ein Eigentumsvorbehalt vereinbart, geht das Eigentum mit Abschickung der Bezahlung, hier am 07.11.2014, über.

f. Die Rechte 2 bis 5 sind Rechte, die der Bergthaler Büromaschinen GmbH bei Lieferungsverzug zustehen. Einzig die *Preisminderung* macht bei Lieferungsverzug keinen Sinn, sondern nur bei mangelhafter Lieferung. *Aussage 1* ist daher die richtige Lösung.

g. *Offensichtliche Mängel* müssen *sofort* (unverzüglich) gerügt werden, daher ist das in *Aussage 3* beschriebene Verhalten (*Wareneingangsprüfung*) richtig.

Lösung zu Aufgabe 2: Kaufvertragsstörungen

Aussage 2 ist richtig, weil der Käufer sich die Ware schnell woanders beschaffen können muss. Ferner ist *Aussage 4* richtig; bereits nach sechs Monaten wird nicht mehr unbedingt davon ausgegangen, dass der Mangel schon beim Kauf vorlag.

Lösung zu Aufgabe 3: Kaufvertragsrecht

Aussage 5 ist richtig. Das BGB hält allgemeine, einvernehmliche Regelungen vor, wenn im Kaufvertrag nichts Konkretes vereinbart worden ist.

Lösung zu Aufgabe 4: Mängelrüge

Nur für einen Schaden, der dadurch entsteht, dass eine Vertragspartei die im Vertrag eingegangenen Verpflichtungen nicht erfüllt, gibt es Ersatz. *Aussage 4* ist richtig.

Lösung zu Aufgabe 5: Lieferungsverzug

Hier ist der Rücktritt vom Vertrag, *Aussage 5*, die sinnvollste Lösung, damit mit dem günstigeren Anbieter sofort eine neue Vertragsverbindung eingegangen werden kann.

Lösung zu Aufgabe 6: Eigentumsvorbehalt

Aussage 4 ist richtig. Geldschulden sind *Bringschulden*. Bei *Weiterverkauf* geht die Forderung an den neuen Käufer nur dann auf den ursprünglichen Verkäufer über, sofern dies vereinbart wurde. Sonst erlischt der Vorbehalt.

Gesellschaftsrecht

16

Prüfungsaufgaben zum Thema Gesellschaftsrecht betreffen die verschiedenen *Rechtsformen*, hauptsächlich die *GmbH* und die *Kommanditgesellschaft*, dann das *Handelsregister* und seine Bedeutung, und schließlich die Vertretung, vor allem die *Prokura*.

16.1 Rechtsformen

Die *Firma* ist der *Name* des Kaufmanns, mit dem er ins Handelsregister eingetragen wird. Der Name muss einen *Zusatz* tragen, der die *Rechtsform* kennzeichnet. Bei *Einzelkaufleuten* ist dies der Zusatz „*e. K.*" (eingetragener Kaufmann). Bei *Gesellschaften* mit Kaufmannseigenschaft gibt der Gesetzgeber *vier mögliche Zusätze* vor, die die rechtliche Ausgestaltung der Gesellschaft kennzeichnen (Tab. 16.1).

Die *Unterschiede* zwischen den vier Gesellschaftsformen liegen in der Ausgestaltung der *Haftung und der Vertretungsbefugnisse*. Während es bei *Personengesellschaften* mindestens einen *Vollhafter* gibt, der auch mit seinem Privatvermögen haftet, ist bei *Kapitalgesellschaften* die Haftung auf das *Eigenkapital* der Gesellschaft beschränkt. Daher haben Kapitalgesellschaften eine *eigene Rechtsfähigkeit*, der *Gesellschaftsvertrag* muss *notariell beurkundet* sein.

Die *Vollhafterstellung der OHG-Gesellschafter* (persönlich, unbeschränkt, solidarisch) bedeutet, dass *jeder Gesellschafter für alle Ansprüche* an die OHG in Anspruch genommen werden kann, ohne Beschränkungen.

Die *Kommanditgesellschaft* stellt eine *Mischung aus OHG und Kapitalgesellschaft* dar und eignet sich gut für Familienunternehmen, bei denen die Verwandtschaft sich finanziell

© Springer Fachmedien Wiesbaden 2015
M. Wünsche, *Wirtschafts- und Sozialkunde (IHK)*,
DOI 10.1007/978-3-658-06755-7_16

Tab. 16.1 Übersicht Rechtsformen von Gesellschaften

Personengesellschaften	Kapitalgesellschaften
Offene Handelsgesellschaft (OHG)	Gesellschaft mit beschränkter Haftung (GmbH)
Kommanditgesellschaft (KG)	Aktiengesellschaft (AG)

Tab. 16.2 Übersicht Haftung und Vertretung

Rechtsform		Haftung	Vertretung
Personengesellschaften	OHG	*Alle Gesellschafter* haften persönlich, unbeschränkt und solidarisch	*Jeder Gesellschafter* kann die Gesellschaft *alleine* vertreten (Grundsatz)
	KG	*Komplementär* ist Vollhafter (wie bei OHG) *Kommanditist* haftet nur mit seiner Kommanditeinlage	*Komplementär* kann die Gesellschaft *alleine* vertreten *Kommanditist* hat *keine* Geschäftsführungsbefugnis
Kapitalgesellschaften	GmbH	auf das *Kapital* beschränkt (evtl. Nachschusspflicht)	durch *Geschäftsführer*, *nicht* durch Gesellschafter
	AG	auf das *Kapital* beschränkt	durch *Vorstand*, *nicht* durch *Aktionäre*

beteiligen, aber weder haften noch die Geschäfte führen möchte. Folgende Übersicht enthält alle wichtigen Regelungen zu Haftung und Vertretung bei den vier möglichen Gesellschaftsformen (Tab. 16.2).

Während es für die Personengesellschaften keine gesetzlichen Vorschriften über die *Höhe der Kapitaleinlage bei der Gründung* gibt, ist dies für Kapitalgesellschaften im *GmbH-Gesetz* und im *Aktiengesetz* streng geregelt: Beachten Sie die unterschiedlichen *Begriffsbenennungen* in den beiden Gesetzen (Tab. 16.3).

Der Buchführungsbegriff *gezeichnetes Kapital* aus dem HGB entspricht dem Begriff *Grundkapital* des Aktiengesetzes bzw. *Stammkapital* des GmbH-Gesetzes.

Bei Personengesellschaften sind mindestens zwei Gründer erforderlich, hingegen kann eine Kapitalgesellschaft auch von einer Person alleine gegründet werden.

Tab. 16.3 Übersicht Kapitaleinlage bei Kapitalgesellschaften

	Gründungskapital	Kapitaleinlagen der Gesellschafter
AG	*Grundkapital* mindestens *50.000 €*	*Aktien* Nennwertaktien: Mindestnennwert *1 €* Stückaktien: Prozent-Anteil am Grundkapital
GmbH	*Stammkapital* mindestens *25.000 €*	*Stammeinlage* mindestens *100 €*

Musteraufgabe Rechtsformen

Ihnen liegen zu der Bergthaler Büromaschinen GmbH die folgenden Informationen vor:

Firma	Bergthaler Büromaschinen GmbH
Geschäftssitz	Talstraße 17, 12345 Bergthal
Registergericht	Amtsgericht Bergthal HR B 5372
Geschäftszweck	Herstellung und Vertrieb von Büromaschinen
Bankverbindung	Bankhaus Brenzig AG, Konto-Nr. 301225, BLZ 503 202 77
Mitarbeiter	240
Bilanzsumme	13.720.000 Euro
Umsatz	35.650.000 Euro
Gesellschafter / Stammeinlage	Karl Bergner / 20.000 Euro
	Edith Schummer / 10.000,00 Euro
	Egon Bastig / 20.000,00 Euro
Geschäftsführer	Edith Schummer (gleichzeitig Gesellschafterin)
	Anne Dorstig
	beide Geschäftsführer haben Einzelvertretungsbefugnis
Prokuristen	Ewald Feldt (Einzelprokura)

a. Welche der folgenden Aussagen stellt die gesetzlichen Regelungen zur GmbH richtig dar?
   1. Die GmbH entsteht als juristische Person durch notarielle Beglaubigung des Gesellschaftsvertrags.
   2. Nach dem GmbH-Gesetz muss der Gesellschafter mit der höchsten Stammeinlage die Geschäftsführung der GmbH übernehmen.
   3. Das Stammkapital der GmbH beträgt mindestens 50.000 €.
   4. Jeder Gesellschafter muss eine Stammeinlage von mindestens 100 € leisten.
   5. Alle Gesellschafter der GmbH haften auch mit ihrem Privatvermögen.
b. Die Bergthaler Büromaschinen GmbH will ein Geschäftsgrundstück kaufen und sich als Eigentümerin in das Grundbuch eintragen lassen. Ist dies möglich?
   1. Ja, da die Bergthaler Büromaschinen GmbH eine juristische Person des Privatrechts ist und somit auch Trägerin von Rechten und Pflichten.
   2. Ja, weil die Eintragung in das Grundbuch grundsätzlich möglich ist, unabhängig davon, ob Rechts- oder Geschäftsfähigkeit gegeben ist.
   3. Nein, weil eine GmbH nach außen durch ihren Geschäftsführer vertreten wird und nur dieser in das Grundbuch eingetragen werden kann.

    4. Nein, weil die Bergthaler Büromaschinen GmbH eine juristische Person ist und in das Grundbuch nur natürliche Personen eingetragen werden können.

    5. Nein, weil die Bergthaler Büromaschinen GmbH eine juristische Person des öffentlichen Rechts ist und in diesem Fall der Staat als Eigentümer eingetragen wird.

c. Die Bergthaler Büromaschinen GmbH arbeitet eng mit der Nordmann KG zusammen. Welche der folgenden Aussagen zur Rechtsform der Nordmann KG ist richtig?

    1. Komplementäre der KG sind nicht am Verlust beteiligt.

    2. Kommanditisten der KG haften auch mit ihrem Privatvermögen.

    3. Komplementäre haben nach dem HGB die Pflicht, die Geschäfte der KG zu führen.

    4. Kommanditisten sind zur persönlichen Mitarbeit in der KG verpflichtet.

    5. Die Gesellschafter der KG müssen eine Vermögenseinlage von insgesamt mindestens 25.000 € leisten.

d. Prüfen Sie, welche Information über die Geschäftsführung und Vertretung der Bergthaler Büromaschinen GmbH zutrifft.

    1. Karl Bergner und Egon Bastig haben als Gesellschafter für alle gewöhnlich vorkommenden Rechtsgeschäfte Einzelvertretungsbefugnis.

    2. Karl Bergner und Egon Bastig haben als nicht geschäftsführende Gesellschafter Gesamtvertretungsbefugnis.

    3. Die beiden Geschäftsführerinnen Edith Schummer und Anne Dorstig können jeweils nur zusammen mit dem Prokuristen Ewald Feldt die GmbH vertreten.

    4. Edith Schummer kann alleine Geschäfte abschließen.

    5. Prokurist Ewald Feldt hat mit Einzelprokura die gleichen Vertretungsbefugnisse wie Anne Dorstig als Geschäftsführerin mit Einzelvertretungsbefugnis.

e. Welche der folgenden Aussagen über die Haftungsverhältnisse bei der Bergthaler Büromaschinen GmbH ist zutreffend?

    1. Wird die Bergthaler Büromaschinen GmbH zahlungsunfähig, können die Gläubiger auch auf den nicht geschäftsführenden Gesellschafter Karl Bergner bis zu einer Summe von 20.000 € zurückgreifen.

    2. Die Gesellschafter Karl Bergner, Edith Schummer und Egon Bastig haften gegenüber ihren Gläubigern selbstschuldnerisch jeweils mit ihren Einlagen.

    3. Die Gesellschafter Karl Bergner, Edith Schummer und Egon Bastig haften gegenüber ihren Gläubigern gesamtschuldnerisch mit 50.000 €.

    4. Nur die geschäftsführenden Gesellschafter haften gegenüber ihren Gläubigern gesamtschuldnerisch mit 50.000 €.

    5. Auf das Privatvermögen der drei Gesellschafter haben die Gläubiger keinen Zugriff.

f. Die beiden Geschäftsführerinnen der Bergthaler Büromaschinen GmbH erhalten Geschäftsführergehälter von je 60.000 € (pro Jahr). Die GmbH hat im vergangenen Jahr einen ausschüttungsfähigen Gewinn von 140.000 € erwirtschaftet. Ermitteln Sie das gesamte Einkommen von Edith Schummer (vor Steuern) im abgelaufenen Jahr.

a. *Aussage 4* ist die für die GmbH *zutreffende* Aussage. Der *Gesellschaftsvertrag* (Aussage 1) muss *notariell beurkundet* werden, der *Geschäftsführer* (Aussage 2) wird von der Gesellschafterversammlung bestimmt, das *Stammkapital* (Aussage 3) muss mindestens 25.*000 €* betragen, und die *Haftung* (Aussage 5) ist auf das Kapital beschränkt.

b. Diese Aufgabe zielt darauf ab, dass die *GmbH* als *juristische Person* eigene *Rechtsfähigkeit* hat, und damit auch als *Eigentümerin eines Grundstücks* im Grundbuch eingetragen werden kann. *Aussage 1* ist richtig. Beachten Sie den *Unterschied zur OHG und KG*, die keine juristischen Personen sind und damit auch nicht Grundstückseigentümer sein können. Eigentümer sind die Gesellschafter.

c. Die *Abgrenzung* der *KG* gegenüber der *GmbH* ist eine beliebte Prüfungsaufgabe, da die Kommanditisten der KG eine ähnliche Rechtsstellung haben wie die GmbH-Gesellschafter. Die *Haftung* ist auf ihre Kommanditeinlage beschränkt, und sie sind nicht zur *Geschäftsführung* befugt, die alleine bei den *Komplementären* liegt. *Aussage 3* ist die gesuchte Lösung.

d. Die Schwierigkeit bei einer solchen Aufgabe ist, die *Namen und Funktionen* der Ausgangssituation *richtig zuzuordnen*. Gesellschafter einer GmbH haben grundsätzlich keine *Geschäftsführungsbefugnis*, es sei denn, sie sind zum Geschäftsführer bestellt. Dies ist bei *Edith Schummer* der Fall, und da sie *Einzelvertretungsbefugnis* hat, ist *Aussage 4* die richtige.

Die *Gesellschafterversammlung* der GmbH ist das *Kontrollorgan*, das die Geschäftsführung überwacht. Bei der AG nennt sich dieses Organ *Hauptversammlung*.

e. Die *Haftungsbeschränkung* auf das Kapital der GmbH besagt, dass es keinen Zugriff auf das Privatvermögen der Gesellschafter gibt. *Aussage 5* ist richtig.

Der *Vorteil* einer Kapitalgesellschaft, dass das *Privatvermögen unangetastet* bleibt, ist mit dem *Nachteil* einer gegenüber Personengesellschaften *geringeren Kreditwürdigkeit* verbunden.

f. Eine Ausgangssituation zu Rechtsformen eignet sich gut für *Gewinnverteilungsrechnungen*. Frau Schummer ist *Geschäftsführerin* und bezieht daher ein Gehalt. Hierin liegt ein weiterer wichtiger Unterschied zu den Personengesellschaften, deren geschäftsführende Gesellschafter nicht auf der *Lohnliste* des Unternehmens stehen.

Frau Schummer ist aber auch *Gesellschafterin* und hat daher ein *Anrecht auf* einen ihrer Kapitaleinlage entsprechenden Anteil am ausgeschütteten *Gewinn* (sofern im Gesellschaftsvertrag keine andere Regelung getroffen ist). Da ihr Kapitalanteil ein Fünftel (10.000 € zu 50.000 €) beträgt, erhält sie *28.000 €* Gewinnanteil. Dazugerechnet wird ihr Geschäftsführergehalt, so dass ihr Einkommen vor Steuern insgesamt *88.000 €* beträgt.

Bei *Personengesellschaften* sieht die Regelung des HGB zur *Gewinnverteilung* vor, dass jeder Gesellschafter zunächst seine Kapitaleinlage mit *4 %* verzinst bekommt. Der *Restgewinn* wird *nach Köpfen* (*OHG*) bzw. *im angemessenen Verhältnis* (*KG*) verteilt. Der Gesellschaftsvertrag kann eine andere Regelung vorsehen.

16.2   Handelsregister

Das Handelsregister wird *beim Amtsgericht* geführt und *verzeichnet alle Kaufleute* des Amtsgerichtsbezirks. Es genießt *öffentlichen Glauben*, d. h. alle Eintragungen gelten als richtig, es sei denn, dem Betroffenen ist die Unrichtigkeit der Eintragung bekannt. Das Handelsregister dient dazu, die *Öffentlichkeit* über wichtige Sachverhalte und Rechtsverhältnisse zu *informieren*. Daher werden die Eintragungen im Bundesanzeiger und in einer Tageszeitung veröffentlicht, und *jedermann kann* ins Handelsregister *Einsicht nehmen*, ohne ein besonderes Interesse nachweisen zu müssen. Beachten Sie hier den *Unterschied zum Grundbuch*. Die folgende *Übersicht* zeigt die beiden *Abteilungen* und die wesentlichen *Inhalte* des Handelsregisters (Tab. 16.4).

Rot unterstrichene Eintragungen gelten als gelöscht.

Es gibt *erklärende* (deklaratorische) *Eintragungen*, die bereits bestehende Rechtsverhältnisse nur bekannt machen, wie z. B. eine Prokura-Erteilung, und *begründende* (konstituierende) *Eintragungen*, die Rechtsverhältnisse schaffen; z. B. begründet die Eintragung einer Kapitalgesellschaft ihre Rechtsfähigkeit.

Musteraufgabe Handelsregister-Eintragung

Jasmine Bergner beabsichtigt, nach Abschluss ihrer Ausbildung die Bergner Büroservice GmbH zu gründen. Was muss sie hinsichtlich der Eintragung ins Handelsregister beachten?

1. Ein Büroservice-Unternehmen ist kein Kaufmann (Handelsgewerbe) und darf daher nicht ins Handelsregister eingetragen werden.
2. Die Rechtsform bedingt, dass die Bergner Büroservice GmbH Kaufmann ist und daher ins Handelsregister eingetragen werden muss.
3. Die Bergner Büroservice GmbH wird in Abteilung A des Handelsregisters eingetragen und wird dadurch Kaufmann (konstituierende Wirkung).
4. Als Einzelperson muss Jasmine Bergner sich mit dem Zusatz „e. K." oder „e. Kfr." ins Handelsregister eintragen lassen.
5. Jasmine Bergner muss zur Eintragung in das Handelsregister einen beglaubigten Gesellschaftsvertrag einreichen, in dem auch die Höhe des Grundkapitals angegeben ist.

Tab. 16.4 Übersicht Handelsregister

Abteilung A Einzelkaufleute, Personengesellschaften	*Abteilung B* Kapitalgesellschaften
Firmenbezeichnung, Ort der Niederlassung, Gegenstand des Unternehmens, Prokura-Erteilung und Löschung der Prokura, Eröffnung der Insolvenz, Liquidation	
Namen des Inhabers, der Gesellschafter Höhe der Kommanditeinlagen	Namen der Geschäftsführer, des Vorstands Höhe des Stamm- bzw. Grundkapitals

Diese Aufgabe enthält *einige Fallen*. Ein *Büroservice* ist *kein Handelsgewerbe* (Aussage 1), aber eine *GmbH* wird durch Eintragung ins Handelsregister zum Kaufmann (*Formkaufmann*, Kaufmann kraft Rechtsform); *Aussage 2 ist richtig*. Die Falle in *Aussage 3* ist, dass die Eintragung als Kapitalgesellschaft in *Abteilung B* erfolgt. Der *Zusatz* bei der Firma (*Aussage 4*) muss „GmbH" lauten. In *Aussage 5* sind zwei Fehler eingebaut: Der *Gesellschaftsvertrag* muss notariell *beurkundet* werden, und das *Kapital* der GmbH heißt *Stammkapital* und nicht Grundkapital (AG).

16.3 Vertretung

Geschäftsinhaber können nicht alle Entscheidungen alleine treffen und vergeben daher *Vollmachten* an ihre Mitarbeiter. Die Vollmacht mit der stärksten Wirkung ist die *Prokura*, die ins Handelsregister eingetragen und damit öffentlich gemacht wird (Tab. 16.5).

Prüfungsaufgaben zum Thema Vertretung (Vollmachten) beziehen sich nahezu ausschließlich auf die Prokura. Die *Prokura* wird durch den *Inhaber oder Geschäftsführer* gegenüber dem Begünstigten *erklärt* und ist damit *wirksam*. Sie wird ins *Handelsregister* eingetragen, um sie *öffentlich bekannt* zu machen. Zum *Entzug der Prokura* reicht ebenfalls eine einfache Erklärung, jedoch erst mit Löschung im Handelsregister wirkt der Entzug nach außen. Das HGB sieht klare Regelungen zum *Umfang* dieser Vollmacht vor. *Beschränkungen* im Innenverhältnis gelten im Außenverhältnis nicht. Ein Prokurist unterschreibt Geschäftspost mit einem Zusatz, der seine Prokura kennzeichnet, z. B. mit „*ppa.*" (per procura). Prokura kann auch *mehreren Mitarbeitern gemeinschaftlich* erteilt werden. Sie sind dann nur zusammen zeichnungsberechtigt.

Musteraufgabe Prokura

Die Geschäftsführer der Bergthaler Büromaschinen GmbH ernannten am 1. März den langjährigen Mitarbeiter und Abteilungsleiter Ewald Feldt mündlich zum Prokuristen mit Einzelprokura. Mit Rundschreiben vom 5. März wurden alle Geschäftspartner über die Ernennung informiert. Die Eintragung ins Handelsregister erfolgte am 12. Mai.

a. Am 10. März bestellte Herr Feldt bei einem ortsansässigen Fahrzeughändler einen neuen Firmenwagen im Wert von 30.000 €. Die Geschäftsführung ist mit dem Kauf nicht einverstanden. Ist ein gültiger Kaufvertrag zustande gekommen?

1. Nein, der Vertrag ist nichtig.
2. Ja, es handelt sich um ein außergewöhnliches Geschäft.

Tab. 16.5 Übersicht Vertretung

Prokura	Handlungsvollmacht	Artvollmacht
alle gerichtlichen und außergerichtlichen Geschäfte, die der Betrieb eines Handelsgewerbes mit sich bringt	alle Geschäfte und Rechtshandlungen, die der Betrieb gewöhnlich mit sich bringt	alle Rechtshandlungen einer bestimmten Art, z. B. Ladenvollmacht (übliche Verkäufe tätigen)

3. Nein, Herr Feldt war als Prokurist noch nicht ins Handelsregister eingetragen.
4. Ja, die Eintragung als Prokurist im Handelsregister hat nur rechtsbezeugende Wirkung.
5. Nein, Herr Feldt hätte erst die Gesellschafter über den Kauf informieren müssen.

b. Prüfen Sie, welche zwei Handlungen Herr Feldt als Prokurist ohne weitere spezielle Vollmacht ausführen darf. Er darf…

1.	einen neuen Gesellschafter in die GmbH aufnehmen.	einem Abteilungsleiter Prokura erteilen.
2.	ein Grundstück zum Bau einer Lagerhalle kaufen.	zur Finanzierung des Baus eine Hypothek aufnehmen.
3.	ein Grundstück der Bergthaler Büromaschinen GmbH verkaufen.	die Bilanz des Unternehmens unterschreiben.
4.	ein Angebot an einen Großkunden abgeben.	einen Abteilungsleiter für den Bereich Einkauf einstellen.
5.	neue Schreibtischen und Aktenschränke für die Verwaltung kaufen.	einen Antrag auf Eröffnung des Insolvenzverfahrens stellen.

a. Die Prokura wird *wirksam mit ausdrücklicher Erklärung*, die *Eintragung* ins Handelsregister hat *nur rechtsbezeugende Wirkung*. Damit ist *Aussage 4* richtig, der Kaufvertrag ist rechtsgültig. Aus der Aufgabenstellung geht nicht hervor, ob Herr Feldt bereits vorher schon eine *allgemeine Handlungsvollmacht* besaß, aber dies ist zur Lösung der Aufgabe auch *unerheblich*.

b. Wenn Sie sich merken, dass ein Prokurist *alles* darf, *außer* Grundstücke verkaufen oder belasten und solche Unterschriften leisten, die von den *gesetzlichen Vertretern* der GmbH geleistet werden müssen (Bilanz, Steuererklärung, Insolvenzantrag, etc.), finden Sie in *Zeile 4* die richtige Lösung.

Ein Prokurist soll die Geschäftsführung gut entlasten können. Die *Begrenzungen* der Prokura dienen dem *Schutz des Unternehmens*. Der *Verkauf* eines wichtigen *Grundstücks* ist wesentlich schwieriger rückgängig zu machen als der *Kauf* eines Grundstücks. Ein von ihm eingestellter *Mitarbeiter* kann wieder entlassen werden. Aber der Schaden, der durch einen *Insolvenzantrag* oder durch die Unterschrift unter eine *unrichtige Bilanz* erzeugt werden könnte, wäre enorm. *Prokura erteilen* darf ein Prokurist *nicht*, da er die erforderliche Eintragung ins Handelsregister nur von den Geschäftsführern der GmbH beantragt werden kann.

16.4 Übungsaufgaben

Aufgabe 1: Rechtsformen

Ordnen Sie den folgenden Darstellungen von Merkmalen einer Rechtsform die Ziffer der beschriebenen Rechtsform zu.

1. AG
2. OHG
3. Einzelunternehmung
4. KG
5. GmbH

   a. Die Firma muss zur Kennzeichnung geeignet sein. Sie muss die Bezeichnung „eingetragener Kaufmann" bzw. „eingetragene Kauffrau" (e. K.) enthalten.

   b. Organe sind Vorstand, Aufsichtsrat und Hauptversammlung, das Grundkapital muss mindestens 50.000 € betragen.

   c. Alle Gesellschafter sind grundsätzlich zur Geschäftsführung und Vertretung einzeln berechtigt und haften unbeschränkt.

   d. Die Gesellschafter haften nicht mit ihrem Privatvermögen. Das Stammkapital muss mindestens 25.000 € betragen.

   e. Ein Teil der Gesellschafter ist von der Geschäftsführung und Vertretung ausgeschlossen.

Aufgabe 2: Partyservice

Nach der Ausbildung wollen Sven Berger und Hans Kantmann sich mit einem Partyservice selbstständig machen. Eva Knipps möchte im Partyservice mitarbeiten und hat sich bereit erklärt, für die Gründung ein Darlehen in Höhe von 15.000 € zur Verfügung zu stellen, für das sie 4 % Zinsen jährlich verlangt. Obwohl ein in kaufmännischer Weise eingerichteter Geschäftsbetrieb zunächst nicht erforderlich erscheint, wird überlegt, den Partyservice in das Handelsregister eintragen zu lassen. Weiteres Kapital steht nicht zur Verfügung.

a. Kann der Partyservice in das Handelsregister eingetragen werden?

   1. Nein, weil es sich bei dem Partyservice nicht um ein Handelsgewerbe handelt.

   2. Nein, weil sich Eva Knipps an der Geschäftsgründung nur mit einem Darlehen beteiligt.

   3. Ja, weil in dem Partyservice von Anfang an mehr als zwei Personen tätig sind und das Geschäftsvermögen mehr als 10.000 € beträgt.

   4. Nein, weil für den Partyservice ein in kaufmännischer Weise eingerichteter Geschäftsbetrieb nicht erforderlich ist.

   5. Ja, wenn die gewählte Firma des Partyservices den Vorschriften des HGB entspricht.

b. Für welche der folgenden Unternehmensformen müssen sich die Gründer entscheiden, wenn der Partyservice als Personengesellschaft geführt werden soll?

1. Genossenschaft
2. Gesellschaft des bürgerlichen Rechts (GbR)
3. Offene Handelsgesellschaft (OHG)
4. Gesellschaft mit beschränkter Haftung (GmbH)
5. Aktiengesellschaft (AG)

c. Welche drei der nachfolgend genannten Gründe sprechen dafür, den Partyservice in das Handelsregister eintragen zu lassen?

1. Durch die Eintragung ins Handelsregister wird dokumentiert, dass der Partyservice auf Dauer angelegt ist und geschäftsmäßig betrieben wird.
2. Kredite werden nur an im Handelsregister eingetragene Unternehmen vergeben.
3. Durch die Eintragung ins Handelsregister wird die Haftung der Gesellschafter und des Unternehmens für Interessierte dokumentiert.
4. Nur im Handelsregister eingetragene Unternehmen können wirksam Arbeitsverträge abschließen.
5. Nur Unternehmen, die im Handelsregister eingetragen sind, dürfen ausbilden.
6. Kreditaufnahmen sind leichter möglich.

d. Welche zwei der folgenden Firmen kommen für den Partyservice in Frage?

1. Kantmann & Knipps OHG & Co.
2. Berger & Kantmann OHG
3. Partyservice Fresslust GbR
4. Partyservice Fresslust OHG
5. Kantmann & Berger GmbH
6. Fresslust KG

e. Welche drei der nachfolgenden Aussagen im Zusammenhang mit der Firmierung des Partyservices sind zutreffend?

1. Die Firma ist der Name eines Kaufmanns, unter dem er seine Geschäfte betreibt.
2. Aus der Firma muss die zutreffende Branche hervorgehen.
3. Unter der Firma gibt der Kaufmann seine Unterschrift ab.
4. Bei der Firma einer Personengesellschaft kann der Hinweis auf die Rechtsform fehlen.
5. Unter der Firma kann das Unternehmen verklagt werden.
6. Neben den Vorschriften des HGB sind auch die Vorschriften des BGB bei der Wahl der Firma zu beachten.

f. Der Partyservice arbeitet erfolgreich und erzielt Gewinn. Wie ist der Gewinn zu verteilen?

1. Aus dem Gewinn erhält Knipps 600 €, den Rest teilen sich Berger und Kantmann.
2. Knipps erhält 4 % des Gewinns, den Rest teilen sich Berger und Kantmann.
3. Knipps erhält 4 % vom Umsatz, den Gewinn teilen sich Berger und Kantmann.
4. Den Gewinn teilen sich Berger und Kantmann, Knipps erhält keinen Gewinnanteil.
5. Der Gewinn wird gleichmäßig auf Knipps, Berger und Kantmann verteilt.

Aufgabe 3: OHG und KG

Welche der unten stehenden Aussagen treffen nach den gesetzlichen Regelungen

1. nur auf die KG
2. nur auf die OHG
3. sowohl auf die KG als auch auf die OHG
4. weder auf die KG noch auf die OHG

zu?

Aussagen

a. Gesellschafter können sowohl natürliche als auch juristische Personen sein.
b. Die Haftung gegenüber Dritten ist auf das Vermögen der Gesellschaft beschränkt.
c. Die Firma kann die Namen mehrerer Gesellschafter enthalten.
d. Für einen Teil der Gesellschafter ist nach erfolgter Zahlung der im Handelsregister eingetragenen Einlage die persönliche Haftung ausgeschlossen.
e. Bei der Gesellschaft handelt es sich um eine Kapitalgesellschaft.
f. Alle Gesellschafter haften als Gesamtschuldner für die Verbindlichkeiten der Gesellschaft.

Aufgabe 4: GmbH

Welche der nachfolgenden Aussagen zur GmbH sind zutreffend?

1. Für die Gründung einer GmbH sind mindestens zwei Personen erforderlich.
2. Vor der Eintragung der GmbH ins Handelsregister haften die Gesellschafter für alle Geschäfte persönlich und solidarisch.
3. Nach der Eintragung ins Handelsregister haftet die GmbH für Verbindlichkeiten nur mit dem Gesellschaftsvermögen.
4. Die Geschäfte werden stets von den Gesellschaftern selbst geführt.
5. Das Eigenkapital wird als Grundkapital bezeichnet.
6. Die Einlage jedes Gesellschafters muss mindestens 100 € betragen.
7. Das Eigenkapital muss mindestens 50.000 € betragen.
8. Im Gesellschaftsvertrag kann eine Nachschusspflicht der Gesellschafter über ihre Einlage hinaus vereinbart werden.

Aufgabe 5: Einsichtnahme ins Handelsregister

Jasmine Bergner möchte sich über einen neuen Geschäftspartner, die Bergthaler Büromaschinen GmbH, erkundigen und dazu Einsicht in das Handelsregister nehmen. Wie ist die Einsichtnahme geregelt?

1. Sie muss gegenüber dem Registriergericht ein berechtigtes Interesse nachweisen.
2. Sie benötigt dazu eine Genehmigung der Bergthaler Büromaschinen GmbH.
3. Sie muss einen Notar mit der Einsichtnahme beauftragen.
4. Sie darf selbst Einsicht nehmen. Eine Begründung dafür braucht sie nicht abzugeben.
5. Sie muss für die Einsichtnahme nachweisen, dass sie mit der Bergthaler Büromaschinen GmbH in Geschäftskontakten steht.

Aufgabe 6: Vertretungsbefugnis

Für welche der nebenstehenden Handlungen ist nach der gesetzlichen Regelung die Vertretung der Bergthaler Büromaschinen GmbH

1. durch einen Handlungsbevollmächtigen, den Prokuristen oder die Geschäftsführer,
2. nur durch den Prokuristen oder die Geschäftsführer,
3. nur durch die Geschäftsführer

möglich?

Handlungen

a. Einstellen eines Mitarbeiters
b. Unterschreiben der Körperschaftsteuererklärung
c. Vertragsabschluss mit einem Handelsvertreter
d. Überweisung der Tilgungsrate für ein Hypothekendarlehen
e. Kauf eines Grundstücks zur Erweiterung des Parkplatzes
f. Begleichung einer Rechnung über Büromaterial durch Banküberweisung
g. Erteilung eines Auftrags zum Lastschrifteinzug
h. Aufnahme eines Investitionskredits für eine geplante Betriebserweiterung
i. Bestellung einer Grundschuld zur Besicherung eines Darlehens
j. Vertretung der Bergthaler Büromaschinen GmbH in einer Gerichtsverhandlung
k. Unterzeichnung der Bilanz der Bergthaler Büromaschinen GmbH
l. Erteilen einer Ladenvollmacht.

16.5   Lösungen zu den Übungsaufgaben

Lösung zu Aufgabe 1: Rechtsformen

a. 3. Einzelunternehmung
b. 1. AG
c. 2. OHG
d. 5. GmbH
e. 4. KG

Lösung zu Aufgabe 2: Partyservice

a. Da die Aussagen 1 bis 4 eindeutig falsch sind, bleibt als richtige Lösung *Aussage 5*.
b. Da kein weiteres Kapital zur Verfügung steht, fällt die Gründung einer Kapitalgesellschaft (AG oder GmbH) aus. Eva Knipps könnte als Kommanditistin aufgenommen werden; da diese Lösung nicht vorgegeben ist, bleibt *Rechtsform 3.*, die *OHG*, als einzige Lösung übrig. Eine GbR kann nicht ins Handelsregister eingetragen werden.
c. Die *Aussagen 1, 3 und 6* sind richtig. Der Eintrag ins Handelsregister zeigt, dass die beiden ihre Geschäftsidee ernst nehmen und legt für Geschäftspartner die Verhältnisse der Gesellschaft offen. Auch *Banken* sind bei der Kreditvergabe geneigter, wenn ein nachhaltiger Geschäftsbetrieb erkennbar ist.

d. Wichtig ist, dass die Firma zur *Kennzeichnung des Kaufmanns* (hier der OHG) geeignet ist und dass sie *Unterscheidungskraft* besitzt. Sie muss den *Zusatz „OHG"* tragen. Daher sind *Nr. 2* und *Nr. 4* geeignet.

e. Richtig sind *Aussage 1, Aussage 3* und *Aussage 5*. Im BGB gibt es keine Vorschriften zur Firma. Rechtsgrundlage für alle Gesellschaften ist die *GbR* (BGB-Gesellschaft).

f. Richtig ist *Aussage 4*. Die *Zinsen für das Darlehen* von Eva Knipps werden als *Zinsaufwand* verbucht, da sie keine gesellschaftsrechtliche Stellung in der OHG hat.

Lösung zu Aufgabe 3: OHG und KG

a. *3.*, z. B. die GmbH & Co. KG.

b. *4.*, nur für Kapitalgesellschaften.

c. *3.*, sie muss nur den passenden Zusatz haben.

d. *1.*, für die Kommanditisten der KG.

e. *4.*, beides sind Personengesellschaften.

f. *2.*, die Haftungsbeschränkung des Kommanditisten.

Lösung zu Aufgabe 4: GmbH

Die *Aussagen 2, 3, 6 und 8* sind richtig. *Vor Eintragung* ist es eine *GbR* und bei der gilt gemeinschaftliche Geschäftsführung und Haftung. Im Unterschied zur AG können sich bei der GmbH die Gesellschafter *im Gesellschaftsvertrag verpflichten*, in Krisensituationen *Kapital nachzuschießen*.

Lösung zu Aufgabe 5: Einsichtnahme ins Handelsregister

Richtig ist *Aussage 4*. Das Handelsregister dient der *Information der Öffentlichkeit*, daher kann jeder Einsicht nehmen, ohne sein Interesse nachweisen zu müssen.

Lösung zu Aufgabe 6: Vertretungsbefugnis

1.	Handlungs-bevollmächtigter, Prokurist, Geschäftsführer	a) Einstellen eines Mitarbeiters
		c) Vertragsabschluss mit einem Handelsvertreter
		d) Überweisung der Tilgungsrate für ein Darlehen
		f) Begleichung einer Rechnung über Büromaterial
		g) Erteilung eines Auftrags zum Lastschrifteinzug
		l) Erteilen einer Ladenvollmacht
2.	Prokurist, Geschäftsführer	e) Kauf eines Grundstücks zur Erweiterung des Parkplatzes
		h) Aufnahme eines Investitionskredits
		j) Vertretung in einer Gerichtsverhandlung
3.	Geschäftsführer	b) Unterschreiben der Körperschaftsteuererklärung
		i) Bestellung einer Grundschuld
		k) Unterzeichnung der Bilanz

Prüfungsfragen zum Thema *Arbeitsrecht* fordern die *Zuordnung von* verschiedenen, grundlegenden, gesetzlichen Regelungen zu den entsprechenden *Gesetzen*, den
rechtlichen Hintergrund von *Ausbildungs- und Arbeitsvertrag* sowie sehr häufig das
Thema *Kündigung und Kündigungsschutz*. Das kollektive Arbeitsrecht (Betriebsrat
und Tarifverhandlungen) wird im nächsten Kapitel behandelt.

17.1 Gesetze des Arbeitsrechts

Es gibt eine *große Vielfalt gesetzlicher Regelungen zum Arbeitsrecht*, die Sie nicht alle
kennen können. Die Aufgaben zur *Zuordnung von Gesetzen* zu rechtlichen Sachverhalten
sind daher so gestaltet, dass Sie an der *Formulierung des Sachverhalts* das zugehörige
Gesetz meist gut erkennen können. Die folgende *Übersicht* zeigt Ihnen die wichtigsten
Gesetze des Arbeitsrechts mit kurzer Erläuterung (Tab. 17.1):

Musteraufgabe Gesetze des Arbeitsrechts zuordnen

Der Gesetzgeber hat zahlreiche Gesetze des Arbeitsrechts erlassen, die dem Schutz des
Arbeitnehmers dienen. Ordnen Sie den nachfolgend dargestellten Sachverhalten die
rechtlichen Regelungen zu.
1. Berufsbildungsgesetz
2. Betriebsverfassungsgesetz
3. Jugendarbeitsschutzgesetz
4. Kündigungsschutzgesetz

© Springer Fachmedien Wiesbaden 2015
M. Wünsche, *Wirtschafts- und Sozialkunde (IHK)*,
DOI 10.1007/978-3-658-06755-7_17

Tab. 17.1 Übersicht Wichtige Gesetze des Arbeitsrechts

Bürgerliches Gesetzbuch (BGB)	Der im BGB geregelte *Dienstvertrag* stellt die rechtliche Grundlage für den Ausbildungs- und den Arbeitsvertrag dar. Wichtig ist vor allem § 622 BGB, *Kündigungsfristen*
Berufsbildungsgesetz	Begründung, Inhalt und Beendigung der Berufsausbildung: vor allem *Probezeit* 1 bis 4 Monate, *Kündigungsrecht*
Betriebsverfassungsgesetz	*Mitbestimmung* der Arbeitnehmer über *Betriebsrat* und *Betriebsversammlung*, wichtig sind *Wahl* und *Rechte* des Betriebsrats (Mitbestimmung, Mitwirkung, Anhörung)
Jugendarbeitsschutzgesetz	Verbietet vor allem zu lange *Arbeitszeiten* für Jugendliche: grundsätzlich nicht am *Wochenende*, maximal *40* h in der Woche, keine *Akkordarbeit* (Nicht zu verwechseln mit dem Jugendschutzgesetz)
Kündigungsschutzgesetz	Erweitert die Fristenregelungen des BGB um den Schutz bestimmter *Personenkreise* und um die Regelung, wie eine Kündigung *gerechtfertigt* werden muss
Mutterschutzgesetz	Wichtig ist vor allem der *Kündigungsschutz*
Entgeltfortzahlungsgesetz	*Sechs Wochen* muss der Arbeitgeber weiter zahlen, wenn der Arbeitnehmer arbeitsunfähig ist
Arbeitsschutzgesetz	Betrifft den *technischen* Arbeitsschutz (Arbeitssicherheit)
Bundesurlaubsgesetz	Die wichtigste Regelung ist der Anspruch auf *mindestens 24 Tage* bezahlten *Erholungsurlaub* pro Jahr

5. Mutterschutzgesetz
6. Tarifvertrag
7. Bundesurlaubsgesetz
8. Entgeltfortzahlungsgesetz
9. Arbeitsschutzgesetz
   a. Bei einer Arbeitszeit von mehr als 4,5 h sind Pausen von mindestens 30 min, bei mehr als 6 h von mindestens 60 min vorgesehen.
   b. Bei unverschuldeter Arbeitsunfähigkeit erhält der Arbeitnehmer vom Arbeitgeber für sechs Wochen den Lohn bzw. das Gehalt fortgezahlt.
   c. Der Arbeitgeber ist verpflichtet, für die Sicherheit und Gesundheit der Beschäftigten bei der Arbeit Sorge zu tragen.
   d. Eine Kündigung durch den Arbeitgeber ist ohne Anhörung des Betriebsrats unwirksam.
   e. Die Kündigung eines Arbeitnehmers ist rechtsunwirksam, wenn sie sozial ungerechtfertigt ist.

    f. Einer Frau darf während der Schwangerschaft und bis zum Ablauf von vier Monaten nach der Entbindung nicht gekündigt werden.

    g. Die Probezeit muss mindestens 1 Monat und darf höchstens 4 Monate betragen.

    h. Die regelmäßige wöchentliche Arbeitszeit der Branche beträgt 37,5 h.

    i. Die wöchentliche Arbeitszeit für Jugendliche beträgt höchstens 40 h.

    j. Ein Auszubildender kann nach der Probezeit aus wichtigem Grund kündigen.

    k. In Betrieben mit mindestens 5 jugendlichen Arbeitnehmern unter 18 Jahren wird eine Jugendvertretung gewählt.

    l. Der Arbeitsplatz muss so gestaltet sein, dass Leben und Gesundheit von werdenden und stillenden Müttern geschützt sind.

    m. Erkrankt ein Arbeitnehmer während des Urlaubs, so werden die durch ärztliches Zeugnis nachgewiesenen Tage der Arbeitsunfähigkeit auf den Jahresurlaub nicht angerechnet.

    n. Für Auszubildende unter 18 Jahren ist bei einer Einstellung eine ärztliche Erstuntersuchung vorgeschrieben.

    o. Die Jugend- und Ausbildungsvertretung entsendet einen Vertreter zur Betriebsratssitzung.

    p. Einer werdenden Mutter darf nicht deshalb gekündigt werden, weil sie keine schwere Arbeit verrichten kann.

    q. Jeder Arbeitnehmer hat Anspruch auf jährlich mindestens 24 Werktage bezahlten Erholungsurlaub, erstmalig nach sechsmonatigem Bestehen des Arbeitsverhältnisses.

Diese Musteraufgabe geht vom *Umfang* weit über das hinaus, was in der Prüfung auf Sie zukommen kann, fasst aber alle wichtigen Zuordnungen zusammen. *Versuchen Sie* zunächst, die *Zuordnung richtig vorzunehmen*, und vergleichen Sie Ihre Ergebnisse anschließend mit dem folgenden *Lösungsschema*.

1. Berufsbildungsgesetz g) Anders als bei einem Arbeitsvertrag, zu dem das BGB die Probezeit auf maximal sechs Monate begrenzt, muss in einem Ausbildungsvertrag die Probezeit zwischen einem und vier Monaten liegen. Während der Probezeit kann von beiden Seiten mit sofortiger Wirkung gekündigt werden. Ein weiterer Unterschied zum Arbeitsvertrag ist, dass für den Ausbildungsvertrag die Schriftform vorgeschrieben ist.

l) Ein Auszubildender muss auch nach der Probezeit die Möglichkeit haben, den Ausbildungsvertrag zu kündigen. Er hat eine Kündigungsfrist von vier Wochen und muss die Kündigung begründen, z. B. weil er doch eine andere Ausbildung machen möchte. Eine fristlose Kündigung wegen groben Fehlverhaltens ist auch denkbar.

2. **Betriebsverfassungsgesetz** d) Das Betriebsverfassungsgesetz schreibt vor, dass der *Betriebsrat* bei einer Kündigung *angehört* werden muss. Er kann der Kündigung *widersprechen*, wenn sie aus seiner Sicht nicht gerechtfertigt ist. Dies stärkt die Position des gekündigten Arbeitnehmers bei einer *Klage vor dem Arbeitsgericht*.

    k) Da der *Betriebsrat* auf *vier Jahre* gewählt wird, gibt es für *jugendliche Arbeitnehmer* und für *Auszubildende* und *Praktikanten* unter 25 Jahren eine gesonderte Vertretung, die *Jugend- und Auszubildendenvertretung* (JAV) die auf *zwei Jahre* gewählt wird.

    o) Diese *JAV* entsendet einen Vertreter zur Betriebsratssitzung. Der Arbeitgeber darf dies nicht verbieten. Er darf auch die Bildung und die Arbeit eines Betriebsrats nicht unterbinden. Ferner unterliegen Mitglieder der betrieblichen Arbeitnehmervertretung einem *besonderen Kündigungsschutz*, da sie sich gelegentlich gegen die Unternehmensführung behaupten müssen.

3. **Jugendarbeitsschutzgesetz** a) Die im Jugendarbeitsschutzgesetz geregelten *Pausenzeiten* für Jugendliche sind etwas *länger* als die im *Arbeitszeitgesetz* geregelten Pausenzeiten für erwachsene Arbeitnehmer, die maximalen *Arbeitszeiten* sind *kürzer*, um den Jugendlichen die *Umgewöhnung* vom Schulleben auf das Arbeitsleben zu *erleichtern*. Jugendliche *über 16 Jahre* dürfen etwas länger arbeiten. Es kommt in Prüfungsaufgaben nicht vor, dass eine Aussage deshalb falsch ist, weil die Zeiten falsch angegeben sind.

    i) Die *tägliche Arbeitszeit* darf *8½ h* nicht überschreiten und es muss in der Woche ein *Ausgleich* stattfinden. *Sonn- und Feiertagsarbeit, Nachtarbeit* und *Akkordarbeit* sind grundsätzlich verboten, der *jährliche Erholungsurlaub* ist länger. Das *Arbeitszeitgesetz* sieht für erwachsene Arbeitnehmer eine *etwas längere* maximale *Arbeitszeit* (10 h, Ausgleich binnen sechs Monaten oder 24 Wochen) vor. In den *Tarifverträgen* sind i. d. R kürzere Arbeitszeiten vereinbart.

    n) Ohne die ärztliche Untersuchung gilt ein *Beschäftigungsverbot*. Die *Gesundheit* des Jugendlichen soll durch die Arbeit nicht beeinträchtigt oder geschädigt werden.

4. **Kündigungsschutzgesetz** e) *Sozial ungerechtfertigt* ist eine Kündigung gemäß Kündigungsschutzgesetz, wenn sie nicht durch Gründe, die in der *Person* oder in dem *Verhalten* des Arbeitnehmers liegen, oder durch dringende *betriebliche Erfordernisse* bedingt ist. Der Arbeitnehmer kann vor dem *Arbeitsgericht* gegen eine solche Kündigung klagen.

5. **Mutterschutzgesetz** f) Mütter dürfen ferner in den letzten *sechs Wochen vor* der Entbindung und bis zu *acht Wochen nach* der Entbindung *nicht beschäftigt* werden. Ferner gibt es besondere Freizeitregelungen für Arztbesuche und Stillzeit. Der früher im Mutterschutzgesetz geregelte *Mutterschaftsurlaub* steht seit 2004 im *Bundeserziehungsgeldgesetz* als *Elternzeit*. Es handelt sich dabei um eine *verringerte Arbeitszeit*, die von beiden Elternteilen in Anspruch genommen werden kann.

l) Bei *stehender Beschäftigung* muss eine *Sitzgelegenheit* vorhanden sein, bei sitzender Beschäftigung muss die Arbeit unterbrochen werden können.

q) Auch das Verweigern von *Mehrarbeit, Nacht- und Sonntagsarbeit* ist kein Kündigungsgrund. Das Mutterschutzgesetz enthält detaillierte *Ausnahmeregelungen*.

6. **Tarifvertrag** h) Die tarifvertragliche Regelung ist *keine gesetzliche Regelung*, sondern wird im Rahmen der gesetzlichen Mindestregelungen von Arbeitnehmervertretern und Gewerkschaften ausgehandelt. Über die tarifvertraglichen Regelungen hinaus gehen *Betriebsvereinbarungen*. Unterscheiden Sie die *tarifvertragliche Ebene* (Unternehmerverbände und Gewerkschaften) und die *betriebliche Ebene* (Unternehmensführung und Betriebsrat).

7. **Bundesurlaubsgesetz** m) Erkrankt ein Arbeitnehmer während des Urlaubs und geht *erst am dritten Tag* zum Arzt, so gelten die *ersten beiden Tage nicht* als Krankheitstage. q) Als *Werktage* gelten alle Kalendertage, die nicht Sonn- oder gesetzliche Feiertage sind, d. h. die Samstage werden mitgerechnet. Die in den *Tarifverträgen* vereinbarten Urlaubzeiten gehen i. d. R über die gesetzliche Mindestregelung hinaus.

8. **Entgeltfortzahlungsgesetz** b) Das Entgeltfortzahlungsgesetz enthält ferner die Regelung, dass an *gesetzlichen Feiertagen* das Entgelt in voller Höhe fortgezahlt wird. Beachten Sie, dass die Arbeitsunfähigkeit *unverschuldet* eintreten muss. Das Gesetz enthält keine Aussagen darüber, wann eine Arbeitsunfähigkeit vom Arbeitnehmer verschuldet ist.

9. **Arbeitsschutzgesetz** c) Sofern Sie in einem Sachverhalt von *technischen Maßnahmen* zum Schutz der Arbeitnehmer lesen, haben Sie auch das *Arbeitsschutzgesetz* als Auswahl zur Verfügung. Der Schutz der Arbeitszeit ist im *Arbeitszeitgesetz* geregelt. Das *Arbeitsplatzschutzgesetz* erhält Wehr- und Zivildienstleistenden den Arbeitsplatz.

Fazit Da das *Arbeitsrecht* sehr *viele detaillierte Regelungen* enthält, die Sie nicht alle kennen können, werden *Prüfungsaufgaben* immer so formuliert, dass das zuzuordnende Gesetz *recht einfach* gefunden werden kann. Vertrauen Sie Ihrer *Intuition* und prägen Sie sich die hier genannten grundlegenden Regelungen ein, vor allem aber lesen Sie die Sachverhalte in den Prüfungsaufgaben *mit Ruhe*.

17.2 Ausbildungsvertrag

Am Anfang jeder Berufsausbildung steht der *Berufsausbildungsvertrag*. Prüfungsaufgaben beziehen sich auf die *Bestandteile* des Ausbildungsvertrags und die *Rechte und Pflichten* des Auszubildenden und des Ausbilders. Gemäß *BBiG* (Berufsbildungsgesetz)

Tab. 17.2 Übersicht Inhalte des Ausbildungsvertrags

Ausbildungsbetrieb	Name und Anschrift
Auszubildende(r)	Name, Anschrift, Geburtsdatum, Staatsangehörigkeit bei *Minderjährigkeit*: Name und Adresse der gesetzlichen Vertreter (Eltern, Vater, Mutter, Vormund)
Ausbildungsberuf	Evtl. mit Angabe der Fachrichtung
Ausbildungszeit	Gemäß *Ausbildungsordnung*, bei anerkannter Vorbildung *verkürzte Ausbildungszeit* Datum *Beginn* und Datum *Ende der Ausbildung* (tatsächlich endet die Ausbildung mit Ablauf des Tages, an dem die Prüfung erfolg- reich abgelegt wurde) regelmäßige tägliche bzw. wöchentliche Ausbildungszeit
Probezeit	Mindestens *einen* Monat, maximal *vier* Monate
Ort der Ausbildung	Finden Ausbildungszeiten an einem anderen Ort statt, muss dies mit Zeitraumangabe eingetragen werden
Ausbildungsvergütung	Brutto für alle Ausbildungsjahre (i. d. R gem. Tarifvertrag)
Urlaubsanspruch	Für alle Ausbildungsjahre (i. d. R gem. Manteltarifvertrag)
Hinweis	Auf *Tarifvertrag* bzw. *Betriebsvereinbarungen*
Unterschriften	Des Auszubildenden und des Ausbilders, bei *Minderjährigkeit*: der gesetzlichen Vertreter des Auszubildenden
Weitere Unterlagen	Dem Berufsausbildungsvertrag ist der *Ausbildungsplan des Ausbil- dungsbetriebs* beizulegen

muss der Ausbildungsvertrag *schriftlich* geschlossen werden und die folgenden *Angaben* enthalten (Tab. 17.2):

Der Ausbildungsvertrag wird bei der *Industrie- und Handelskammer* (IHK) zur Prüfung und Registrierung eingereicht.

Ist in einer *Prüfungsaufgabe* ein Ausbildungsvertrag abgedruckt, muss er auf *fehlende oder unrichtige Eintragungen* geprüft werden. Achten Sie darauf, ob der Auszubildende zum Zeitpunkt des Vertragsabschlusses *volljährig* ist (Geburtsdatum mit Vertragsdatum vergleichen) und wenn dies nicht der Fall ist, ob die *Unterschrift der gesetzlichen Vertreter* (Eltern) fehlt. Wenn Informationen über *tarifvertragliche Regelungen* gegeben sind, prüfen Sie, ob die Angaben im Ausbildungsvertrag mit diesen übereinstimmen. Vergleichen Sie Ihren *eigenen Ausbildungsvertrag* mit den hier gemachten Angaben.

Musteraufgabe Ausbildungsvertrag

Die Bergthaler Büromaschinen GmbH möchte die neunzehnjährige Isabella Grünlich als Auszubildende zur Bürokauffrau einstellen. Die folgenden Vereinbarungen sollen in den Berufsausbildungsvertrag aufgenommen werden. Welche zwei Vereinbarungen sind gesetzlich nicht zulässig?

1. Die Ausbildungszeit wird auf Grund der von Isabella Grünlich erworbenen Hochschulreife um sechs Monate verkürzt.
2. Zur Gültigkeit des Ausbildungsvertrags ist zwingend die Unterschrift der Eltern von Isabella Grünlich als ihre gesetzlichen Vertreter erforderlich.
3. Im Eintrittsjahr wird der tarifliche Urlaubsanspruch anteilig auf die Anzahl der Monate der Unternehmenszugehörigkeit berechnet.
4. Isabella Grünlich erhält eine übertarifliche Ausbildungsvergütung.
5. Die Probezeit beträgt sechs Monate.
6. Die Ausbildungsvergütung wird spätestens am letzten Arbeitstag des Monats überwiesen.

Aussage 2 und Aussage 5 sind mit den gesetzlichen Regelungen nicht vereinbar. Weil Isabella *volljährig* ist, sind die Eltern am Zustandekommen des Vertrags nicht mehr beteiligt. Die *Probezeit* darf nicht länger als vier Monate dauern.

Zum *Thema der Aussage 3* kann eine *Berechnung* gefordert sein. Bei Eintritt im September und 30 Tagen Jahresurlaub verbleibt ein *Resturlaubsanspruch* von vier Zwölfteln, d. h. 10 Tagen.

Musteraufgabe Berufsausbildung

Im Berufsbildungsgesetz (BBiG) und in anderen Rechtsvorschriften sind die Rechte und Pflichten von Auszubildenden und Ausbildern geregelt. In welchem der im Folgenden dargestellten Sachverhalte liegt kein Verstoß gegen rechtliche Bestimmungen vor?
1. Der Berufsschulunterricht findet zweimal wöchentlich von 7:55 Uhr bis 13:15 Uhr statt. Anschließend soll der Auszubildende in den Betrieb kommen und dort arbeiten.
2. Ein Auszubildender versäumt den Berufsschulunterricht, weil er erkrankt ist und teilt dies telefonisch dem Ausbildungsbetrieb nach acht Tagen mit.
3. Der Auszubildende bleibt während der Berufsschulferien an dem Tag, an dem er sonst Schule hätte, zu Hause.
4. Ein Auszubildender ist seit acht Tagen krank. Er hat am ersten Tag seiner Erkrankung morgens im Betrieb angerufen und seine Erkrankung gemeldet, jedoch weiter nichts unternommen.
5. Ein Ausbilder, der seit acht Wochen erkrankt ist, lässt sich während dieser Zeit durch einen pädagogisch und fachlich geschulten anderen Mitarbeiter des Betriebes vertreten.

Auch wenn Ihnen die exakten gesetzlichen Regelungen nicht bekannt sind, können Sie jedoch *vermuten*, dass das in den Aussagen 1 bis 4 dargestellte Verhalten nicht richtig sein kann. Daher stellt *Aussage 5* keinen Verstoß gegen gesetzliche Regelungen dar.

Musteraufgabe Ende der Berufsausbildung

Isabella Grünlich macht bei der Bergthaler Büromaschinen GmbH eine Ausbildung zur Bürokauffrau. Laut Ausbildungsvertrag endet die Ausbildung am 31. Juli. Isabella hat die schriftliche Prüfung am 5. Mai und die mündliche Prüfung am 13. Juni bestanden. Isabella überlegt nun, ob sie am 14. Juni zur Arbeit erscheinen muss oder nicht. Welche der folgenden Aussagen stellt die Rechtslage richtig dar?

1. Die Ausbildung endet, wie vertraglich vereinbart, am 31. Juli. Sie muss weiterhin erscheinen und erhält bis zum 31. Juli weiter ihre Ausbildungsvergütung gezahlt.
2. Mit Bestehen der schriftlichen Prüfung war die Ausbildung beendet und da Isabella weiterhin zur Arbeit erschienen ist, wurde sie automatisch in ein Beschäftigungsverhältnis übernommen und hat seit diesem Zeitpunkt Anspruch auf eine tarifliche Entlohnung.
3. Die Ausbildung endet mit Bestehen der mündlichen Prüfung. Wenn Isabella am 14. Juni zur Arbeit erscheint und stillschweigend weiterbeschäftigt wird, wird ein Arbeitsverhältnis auf unbestimmte Zeit begründet.
4. Die Ausbildung endet mit Bestehen der mündlichen Prüfung. Auch wenn Isabella am 14. Juni zur Arbeit erscheint und weiterhin für die Bergthaler Büromaschinen GmbH tätig ist, hat sie keine weiteren Ansprüche auf Entlohnung.
5. Isabella muss sich mit bestandener schriftlicher Prüfung als arbeitssuchend melden, damit sie von der Bergthaler Büromaschinen GmbH weiterbeschäftigt werden kann.

Die Ausbildung endet mit *Bestehen der mündlichen Prüfung*. Wird Isabella stillschweigend weiterbeschäftigt, kommt ein *unbefristeter Arbeitsvertrag* zustande. *Aussage 3* ist richtig. Für einen Arbeitsvertrag gibt es keine Formvorschriften.

Alternativ kann zu der Aufgabenstellung die Prüfungsfrage lauten, *ab welchem Tag frühestens* ein *Arbeitsvertrag* zwischen Isabella und der Bergthaler Büromaschinen GmbH geschlossen werden kann. Die richtig Antwort ist dann: *zum 14. Juni*. Die Ausbildung gilt als *mit Ablauf des Tages* der mündlichen Prüfung beendet, auch wenn im Ausbildungsvertrag ein späteres Datum eingetragen ist.

17.3 Arbeitsvertrag

Prüfungsaufgaben zum Thema Arbeitsvertrag erstrecken sich von der *Bewerbung* über den *Vertragsschluss*, die *Pflichten* von Arbeitgebern und Arbeitnehmern bis hin zur *Zeugniserteilung*. Die *Kündigung* wird im folgenden Abschnitt behandelt.

Musteraufgabe Bewerbung und Dienstantritt

Die Bergthaler Büromaschinen GmbH möchte für die Verkaufsabteilung einen neuen Mitarbeiter einstellen und hat eine entsprechende Anzeige geschaltet.

a. Welche der folgenden Unterlagen muss ein Bewerber mit der Bewerbung einreichen?

b. Welche der folgenden Unterlagen muss der neue Mitarbeiter bei Dienstantritt einreichen?

1. Lebenslauf, Zeugniskopien und Gesundheitszeugnis
2. Lohnsteuerkarte und Sozialversicherungsnachweis
3. Zeugniskopien, Berichtsheft und Sozialversicherungsnachweis
4. Lebenslauf, Passbild und Zeugniskopien
5. Passbild, polizeiliches Führungszeugnis und Lohnsteuerkarte

a. Mit der *Bewerbung* reichen Sie *Lebenslauf, Passbild und Zeugniskopien* ein, *Ziffer 4* ist richtig. Aus dem Lebenslauf geht Ihr schulischer und beruflicher Werdegang hervor, Ihre Kenntnisse und Fähigkeiten. Ein Gesundheitszeugnis oder polizeiliches Führungszeugnis ist nur in bestimmten Berufen erforderlich. Und an Ihrem Berichtsheft hat nach Abschluss der Ausbildung niemand mehr Interesse.

b. Spätestens zum Dienstantritt mussten Sie bis 2012 *Lohnsteuerkarte und Sozialversicherungsnachweis* mitbringen, *Ziffer 2*, damit die Lohnbuchhaltung ordnungsgemäß arbeiten und Ihnen Ihr Gehalt überweisen kann. Die früher von der Gemeinde ausgestellte Lohnsteuerkarte gibt es nicht mehr, da das Verfahren auf eine elektronische Datenbank, die sog. ELStAM (steht für **E**lektronische **L**ohn**s**teuer**a**bzugs**m**erkmale) umgestellt wurde, aus denen der Arbeitgeber alle für die Lohnabrechnung relevanten Informationen per Internet abrufen kann. Er braucht dazu Ihr Geburtsdatum und Ihre Identifikationsnummer. Statt „Lohnsteuerkarte" muss daher unter Ziffer 2 stehen: „Geburtsdatum und Identifikationsnummer", dann ist sie ganz richtig.

Musteraufgabe Zustandekommen des Arbeitsvertrags

Die Bergthaler Büromaschinen GmbH hat Fritz Köhler als neuen Lagerarbeiter eingestellt. Ein schriftlicher Arbeitsvertrag wurde jedoch nicht geschlossen. Im Einstellungsgespräch wurde Köhler ein Lohn von 1.400 € brutto zugesagt. Im geltenden Tarifvertrag liegt das Gehalt für diese Tätigkeit bei 1.300 €. Vor der ersten Gehaltszahlung teilt man Köhler mit, dass man mit seinen Leistungen nicht so zufrieden ist und er daher nur 1.200 € Lohn brutto erhält. Klären Sie die Rechtslage.

1. Köhler muss sich mit 1.200 € zufrieden geben, da kein Arbeitsvertrag vorliegt.
2. Köhler kann 1.400 € fordern, weil dies laut Arbeitsvertrag vereinbart worden ist.

3. Köhler hat nur Anspruch auf Lohn gemäß Tarifvertrag.
4. Köhler muss binnen vier Wochen Klage vor dem Arbeitsgericht einreichen.
5. Köhler hat Anspruch auf Schadenersatz aufgrund arglistiger Täuschung.

Wie jeder Vertrag kommt auch ein *Arbeitsvertrag* (Dienstvertrag) zustande durch *zwei übereinstimmende Willenserklärungen*, Antrag und Annahme. Da es für den Arbeitsvertrag *keine Formvorschriften* gibt, ist tatsächlich durch das Einstellungsgespräch ein rechtswirksamer Arbeitsvertrag zustande gekommen und Köhler hat Anspruch auf den zugesagten Lohn. *Aussage 2* ist richtig. Allerdings ist bei einem mündlich geschlossenen Arbeitsvertrag die *Beweislage* schwierig.

Musteraufgabe Inhalte des Arbeitsvertrags

Welche zwei der nachstehenden Aussagen zum Arbeitsvertrag sind richtig?
1. Die rechtlichen Regelungen zum Arbeitsvertrag sind rechtssystematisch dem kollektiven Arbeitsrecht zuzuordnen, da für gleichartige Tätigkeiten gleiche Vereinbarungen gelten.
2. Im Arbeitsvertrag kann auf den zugrundeliegenden Tarifvertrag verwiesen werden. Dabei kann im Arbeitsvertrag auch ein übertarifliches Einkommen vereinbart werden.
3. Sofern ein Tarifvertrag vorliegt, ist der Abschluss eines zusätzlichen Arbeitsvertrags nicht erforderlich, da der Tarifvertrag bereits alle notwendigen Regelungen enthält.
4. Im Arbeitsvertrag dürfen keine Regelungen enthalten sein, die vom gültigen Tarifvertrag abweichen. Andernfalls ist der Arbeitsvertrag nichtig.
5. Die Kündigungsfrist kann im Arbeitsvertrag abweichend von der gesetzlichen Regelung vereinbart werden, sofern sie länger als die gesetzliche Kündigungsfrist und für den Arbeitnehmer nicht länger ist als für den Arbeitgeber.

Richtig sind *Aussage 2* und *Aussage 5*. Mit dem Bezug auf den *Tarifvertrag* im Arbeitsvertrag wird er *Bestandteil* der Vereinbarungen. Es können im Arbeitsvertrag vom Tarifvertrag *abweichende Regelungen* vereinbart werden, sofern sie den Arbeitnehmer nicht schlechter stellen. Beachten Sie, dass die Regelungen des *§ 622 BGB* zu den Kündigungsfristen *Kann-Bestimmungen* sind. In § 622 *Absatz 6* BGB finden Sie die Aussage, dass die Kündigungsfrist für den Arbeitnehmer *nicht länger* sein darf als für den Arbeitgeber. Hier zeigt sich wieder, dass die gesetzlichen Regelungen zum *Schutz des Arbeitnehmers* getroffen wurden.

Aussage 1 ist falsch, weil das *kollektive Arbeitsrecht* im Gegensatz zum einzelnen Arbeitsvertrag Regelungen enthält, die *für alle Arbeitnehmer* eines Betriebs bzw. einer

Tab. 17.3 Übersicht Pflichten aus dem Arbeitsvertrag

Pflichten des Arbeitnehmers	Pflichten des Arbeitgebers
Erfüllung der Leistungen aus dem Arbeitsvertrag	Fürsorgepflicht
Wahrung von Geschäftsgeheimnissen	Entgeltfortzahlung
Wettbewerbsverbot	Urlaubsgewährung
	Zeugniserteilung

Branche gelten. *Aussage 3* ist falsch, weil der Tarifvertrag allgemeine Regelungen enthält, die für das einzelne Arbeitsverhältnis konkretisiert werden müssen. *Aussage 4* ist falsch, weil z. B. eine *übertarifliche Entlohnung* (höher als im Tarifvertrag) vereinbart werden kann.

Weitere Prüfungsaufgaben beziehen sich auf die *Pflichten*, die sich aus dem Arbeitsvertrag für beide Vertragsparteien ergeben. Der Arbeitsvertrag selbst stellt das *Verpflichtungsgeschäft* dar, die tägliche Arbeitsleistung des Arbeitnehmers und die Entlohnung der Arbeit durch den Arbeitgeber die *Erfüllungsgeschäfte*. Die folgende *Übersicht* enthält die *Pflichten* aus dem Arbeitsvertrag (Tab. 17.3):

Musteraufgabe Pflichten aus dem Arbeitsvertrag

In welchem der unten stehenden Fälle wird in der Paste AG gegen Pflichten aus dem Arbeitsvertrag verstoßen?

1. Die Paste AG ersetzt zur Verbesserung der Arbeitsergonomie den vorhandenen Computer eines Mitarbeiters gegen einen neuen, obwohl der Mitarbeiter dagegen protestiert.
2. Die Paste AG gewährt dem neuen Mitarbeiter nur den im Tarifvertrag vereinbarten Mindesturlaub, obwohl es andere Mitarbeiter gibt, die mehr Urlaub erhalten.
3. Ein Mitarbeiter übt bei einem anderen Unternehmen der gleichen Branche eine Nebentätigkeit aus, ohne dass dies der Paste AG bekannt oder von ihr genehmigt ist.
4. Ein Mitarbeiter erhält, nachdem er seinen Arbeitsplatz bei der Paste AG gekündigt hat, ein einfaches Zeugnis, das seine bei der Paste AG ausgeübte Tätigkeit beschreibt.
5. Die Paste AG hat einen neuen Mitarbeiter eingestellt und meldet ihn erst drei Tage nach seinem ersten Arbeitstag zur Sozialversicherung an.

Richtig ist *Aussage 3*. Das Ausüben einer *Nebentätigkeit* im gleichen Geschäftszweig stellt einen Verstoß gegen das *Wettbewerbsverbot* dar. Alle anderen Aussagen sind tatsächlich mit den gesetzlichen Regelungen vereinbar. Überlegen Sie sich anhand der *Übersicht*, welche *anderen Verstöße* als Aussagen in einer Prüfungsaufgabe vorkommen könnten.

Zur *Fürsorgepflicht* ist es schwierig, eine passende Aussage zu formulieren. Der Arbeitgeber könnte die *Entgeltfortzahlung* im Krankheitsfall oder die *Zeugniserteilung* verweigern, weil er sich von dem Mitarbeiter im Streit trennt. Der Mitarbeiter könnte regelmäßig *zu spät kommen* oder *Geschäftsgeheimnisse* verraten haben. Auch *unentschuldigtes Fehlen* am Arbeitsplatz kann einen Verstoß darstellen.

17.4 Kündigung

Die häufigste Prüfungsaufgabe zum Thema Kündigung des Arbeitsverhältnisses verlangt von Ihnen, anhand von *§ 622 BGB* die richtige *Kündigungsfrist zu ermitteln*. Ferner ist die *Schriftform* wichtig, der Anspruch auf ein *Zeugnis*, die *Anhörung des Betriebsrats* und die Möglichkeit der *Klageerhebung vor dem Arbeitsgericht*. Die folgende Musteraufgabe fasst alle typischen Fragestellungen zusammen.

Musteraufgabe Kündigung

Hansbert Fischer, 29 Jahre alt, ist seit sechs Jahren Mitarbeiter der Bergthaler Büromaschinen GmbH. Wegen häufiger unentschuldigter Fehlzeiten hat er bereits mehrere Abmahnungen erhalten. Am 17. März 2014 wird daher beschlossen, das Arbeitsverhältnis mit Herrn Fischer zu kündigen.

a. Was muss hinsichtlich der Formvorschriften bei der Kündigung beachtet werden?

   1. Die Kündigung bedarf der Schriftform.

   2. Die Kündigung kann mündlich erfolgen.

   3. Die Kündigung bedarf keiner besonderen Formvorschrift.

   4. Die Kündigung bedarf der Schriftform nur, wenn es tarifvertraglich vereinbart ist.

   5. Die Kündigung bedarf der Schriftform nur, wenn es einzelvertraglich vereinbart ist.

b. Ermitteln Sie anhand des nachfolgend dargestellten Auszugs aus § 622 BGB, zu welchem Datum Herrn Fischer unter Einhaltung der gesetzlichen Kündigungsfrist frühestens gekündigt werden kann.

§ 622 [Kündigungsfrist bei Arbeitsverhältnissen]

(1) Das Arbeitsverhältnis eines Arbeiters oder eines Angestellten (Arbeitnehmers) kann mit einer Frist von vier Wochen zum Fünfzehnten oder zum Ende eines Kalendermonats gekündigt werden.

(2) Für eine Kündigung durch den Arbeitgeber beträgt die Kündigungsfrist, wenn das Arbeitsverhältnis in dem Betrieb oder Unternehmen

1. zwei Jahre bestanden hat, einen Monat zum Ende eines Kalendermonats,

2. fünf Jahre bestanden hat, zwei Monate zum Ende eines Kalendermonats,

3. acht Jahre bestanden hat, drei Monate zum Ende eines Kalendermonats,

4. zehn Jahre bestanden hat, vier Monate zum Ende eines Kalendermonats,

5. zwölf Jahre bestanden hat, fünf Monate zum Ende eines Kalendermonats,

6. fünfzehn Jahre bestanden hat, sechs Monate zum Ende eines Kalendermonats,

7. zwanzig Jahre bestanden hat, sieben Monate zum Ende eines Kalendermonats.

Bei der Berechnung der Beschäftigungsdauer werden Zeiten, die vor der Vollendung des fünfundzwanzigsten Lebensjahres des Arbeitnehmers liegen, nicht berücksichtigt.

c. Wie muss der Betriebsrat bei der Kündigung einbezogen werden?

1. Der Betriebsrat ist vor der Kündigung zu hören und ihm sind die Gründe für die Kündigung mitzuteilen. Ohne Anhörung des Betriebsrats ist die Kündigung unwirksam.
2. Eine Beteiligung des Betriebsrats ist nur bei fristlosen Kündigungen erforderlich.
3. Da Herr Fischer mehrmals abgemahnt wurde, ist eine Beteiligung des Betriebsrats nicht mehr erforderlich.
4. Der Betriebsrat ist binnen einer Woche nach der Kündigung zu informieren. Kommt der Arbeitgeber dieser Informationspflicht nicht nach, ist die Kündigung unwirksam.
5. Der Betriebsrat muss der Kündigung zustimmen. Ohne Zustimmung des Betriebsrats ist die Kündigung unwirksam.

d. Hansbert Fischer war schon länger unzufrieden mit seiner Tätigkeit bei der Bergthaler Büromaschinen GmbH und hatte überlegt, sein Arbeitsverhältnis zu kündigen. Stellen Sie anhand von § 622 BGB fest, zu welchem Zeitpunkt Fischer selbst kündigen könnte, wenn er am 16. März 2014 den Entschluss dazu fasst.

e. Hat Fischer einen Anspruch auf ein Arbeitszeugnis? Welche der folgenden Aussagen stellt die rechtliche Situation richtig dar?

1. Der Arbeitgeber ist nicht verpflichtet, ein Zeugnis auszustellen.
2. Der Arbeitgeber ist immer verpflichtet, ein qualifiziertes Zeugnis auszustellen.
3. Fischer hat Anspruch auf ein schriftliches Zeugnis, dass mindestens Angaben zu Art und Dauer der Tätigkeit enthält. Auf Verlangen von Fischer ist auch auf Leistung und Führung einzugehen.
4. Der Arbeitgeber ist verpflichtet, unaufgefordert binnen vier Wochen nach Beendigung des Arbeitsverhältnisses ein schriftliches Zeugnis über das Arbeitsverhältnis und dessen Dauer mit Leistungsbewertung zu erteilen.
5. Der Arbeitgeber ist grundsätzlich verpflichtet, bei Beendigung des Arbeitsverhältnisses ein Zeugnis über das Arbeitsverhältnis und dessen Dauer zu erteilen. Der Arbeitnehmer hat keinen Anspruch auf eine Bewertung seiner Leistungen.

f. Fischer erhält am 18. März 2014 die Kündigung zugestellt. Er hält sie für sozial ungerechtfertigt. Zu welchem Datum muss Fischer spätestens Klage beim Arbeitsgericht erheben?

a. Die *Kündigung* ist ein *einseitiges, empfangsbedürftiges Rechtsgeschäft*. Sie bedarf gemäß § 623 BGB der *Schriftform*, sonst ist sie nichtig. *Aussage 1* ist richtig.

b. Fischer ist *29 Jahre alt* und seit *sechs Jahren* bei der Bergthaler Büromaschinen GmbH beschäftigt. Sie dürfen jedoch nur die Zeit *ab dem 25. Lebensjahr* berücksichtigen. Dies steht ganz am Ende von § 622 Absatz 2 BGB. Damit sind *vier Jahre* (zwei Jahre und mehr, aber keine fünf Jahre) zu rechnen und die Kündigungsfrist beträgt gem. § 622 (2) Nr. 1 BGB *einen Monat* zum Ende des Kalendermonats. Die Kündigung kann zum *30.04.2014* ausgesprochen werden.

c. Richtig ist *Aussage 1*. *Anhörung* bedeutet, dass dem Betriebsrat die Gründe für die Kündigung dargelegt werden und er sich dazu äußern kann. Wichtig ist, dass diese Anhörung vor der Kündigung erfolgt, damit der Betriebsrat die Chance hat, auf den Arbeitgeber einzuwirken und den Konflikt zu klären.

d. Da der März 31 Tage hat, kann Fischer gem. *§ 622 (1) BGB* tatsächlich noch *zum 15. April 2014* kündigen. Vier Wochen sind 28 Tage. So eng werden die Termine in Prüfungsaufgaben i. d. R nicht gesetzt. Die Kündigung muss am *18. März 2014* bei der Bergthaler Büromaschinen GmbH eingegangen sein, damit er die Frist von vier Wochen wahren kann. Zählen Sie vier Dienstage bis zum 15. April 2014.

e. Ein Arbeitnehmer hat bei Beendigung des Arbeitsverhältnisses *Anspruch* auf ein *schriftliches Zeugnis*, dass Angaben zu *Art und Dauer der Tätigkeit* enthält. Dies bezeichnet man als *einfaches* Zeugnis. Ein *qualifiziertes* Zeugnis enthält *zusätzlich* eine *Leistungs- und Verhaltensbewertung*, z. B. „Herr Fischer hat die ihm übertragenen Aufgaben stets zur vollsten Zufriedenheit erfüllt." Wenn der *Arbeitnehmer* ein qualifiziertes Zeugnis *verlangt, muss* der *Arbeitgeber* dies auch ausstellen. Damit ist *Aussage 3* richtig.

f. Im Kündigungsschutzgesetz ist geregelt, dass ein Arbeitnehmer, der seine Kündigung für sozial ungerechtfertigt hält, *innerhalb von drei Wochen* nach Zugang der Kündigung *Klage beim Arbeitsgericht* erheben kann. Inhaltlich bedeutet die Klage, dass vom Arbeitsgericht festgestellt werden soll, dass das Arbeitsverhältnis durch die Kündigung nicht aufgelöst ist. Rechnen Sie auf den 18. März *21 Tage*, damit ist der letztmögliche Termin für die Klageerhebung der *8. April 2014*. Den Text des entsprechenden Paragrafen des Kündigungsschutzgesetzes haben Sie i. d. R zu der Prüfungsaufgabe mit angegeben.

Musteraufgabe Kündigungsschutz

Bestimmte Personenkreise genießen einen besonderen Kündigungsschutz. Bei der Bergthaler Büromaschinen GmbH sind u. a. folgende Personen beschäftigt:

2 Pförtner	4 Betriebsratsmitglieder
7 Außendienstmitarbeiter	3 schwangere Mitarbeiterinnen
3 Meister	7 Schwerbehinderte
2 Meisterinnen	1 Sicherheitsbeauftragter
1 Jugend- und Auszubildendenvertreter	2 Abteilungsleiter
9 Mitarbeiter älter 55 Jahre	2 Abteilungsleiterinnen

Ermitteln Sie die Anzahl der Mitarbeiter/-innen, die einen besonderen Kündigungsschutz genießen.

Aufgrund des Betriebsverfassungsgesetzes stehen *Betriebsratsmitglieder* und *Jugend- und Auszubildendenvertreter* unter besonderem Kündigungsschutz. Aufgrund des Mutterschutzgesetzes sind *schwangere Mitarbeiterinnen* geschützt. Im neunten Buch des Sozialgesetzbuches (SGB IX) ist der Kündigungsschutz für *Schwerbehinderte* geregelt. Alle anderen genannten Personenkreise haben keinen besonderen Kündigungsschutz. Damit ergeben sich *insgesamt 15 Mitarbeiter*, die einen besonderen Kündigungsschutz genießen.

17.5 Übungsaufgaben

Aufgabe 1: Gesetze zuordnen

Zahlreiche gesetzliche Regelungen des Arbeitsrechts dienen dazu, den Arbeitnehmer zu schützen. Ordnen Sie die folgenden Gesetze den dargestellten Sachverhalten zu.

1. Berufsbildungsgesetz
2. Betriebsverfassungsgesetz
3. Jugendarbeitsschutzgesetz
4. Kündigungsschutzgesetz
5. Arbeitsschutzgesetz
6. Mitbestimmungsgesetz

   a. Der Arbeitgeber hat Maßnahmen zu treffen, damit nur Beschäftigte Zugang zu besonders gefährlichen Arbeitsbereichen haben, die zuvor geeignete Anweisungen erhalten haben.
   b. Der Betriebsrat ist vor jeder Kündigung zu hören. Eine ausgesprochene Kündigung ist ohne Anhörung des Betriebsrats unwirksam.
   c. Die Höchstarbeitszeit für Jugendliche beträgt 40 h pro Woche.
   d. Ein Auszubildender kann das Ausbildungsverhältnis nach der Probezeit aus wichtigem Grund kündigen.
   e. Ein Unternehmen darf einen 17-Jährigen ohne vorherige ärztliche Untersuchung grundsätzlich nicht beschäftigten.
   f. Eine betriebsbedingte Kündigung ist unwirksam, wenn sie sozial ungerechtfertigt ist.
   g. Eine Kündigung ohne Anhörung des Betriebsrats ist unwirksam.
   h. Nach Ablauf der Probezeit kann das Ausbildungsverhältnis vom Ausbildenden nur aus einem wichtigen Grund gekündigt werden.
   i. Bei Stimmengleichheit im Aufsichtsrat entscheidet der Aufsichtsrats-Vorsitzende.

Aufgabe 2: Jugendarbeitsschutzgesetz

Welche der folgenden Aussagen widerspricht den Bestimmungen des Jugendarbeits-schutzgesetzes?

1. Jugendlichen müssen im Voraus feststehende Ruhepausen von angemessener Dauer gewährt werden. Die Ruhepausen müssen bei einer Arbeitszeit von mehr als 6 h mindestens 60 min betragen.
2. Das Jugendarbeitsschutzgesetz gilt auch für Jungarbeiter und Jungangestellte, d. h. für Jugendliche ohne Berufsausbildungsvertrag.
3. Jugendliche dürfen nicht mit Akkordarbeiten beschäftigt werden.
4. Die Vorschriften des Jugendarbeitsschutzgesetzes können durch private Abmachun-gen zwischen Ausbildenden und Auszubildenden abgeändert werden.
5. Der Text des Jugendarbeitsschutzgesetzes muss in jedem Betrieb, der Jugendliche beschäftigt, aushängen oder ausliegen.

Aufgabe 3: Entgeltfortzahlungsgesetz

Für welchen Zeitraum erhält der Arbeitnehmer bei unverschuldeter Arbeitsunfähigkeit vom Arbeitgeber den Lohn bzw. das Gehalt nach dem Entgeltfortzahlungsgesetz fort-bezahlt?

1. 14 Tage
2. 4 Wochen
3. 6 Wochen
4. 2 Monate
5. 78 Wochen

Aufgabe 4: Inhalte des Berufsausbildungsvertrags

Welche drei der nachfolgenden Angaben müssen gemäß Berufsbildungsgesetz (BBiG) in den Berufsausbildungsvertrag aufgenommen werden?

1. Art des Berufsschulunterrichts (Blockunterricht – Teilzeitunterricht)
2. Probezeit (mindestens ein, maximal vier Monate)
3. Zeiten des Berufsschulunterrichts
4. Dauer der regelmäßigen, täglichen Ausbildungszeit
5. Höhe der Ausbildungsvergütung
6. Termin der Abschlussprüfung

Aufgabe 5: Pflichten von Auszubildenden

Die Bergthaler Büromaschinen GmbH stellt jedes Jahr Auszubildende ein. Welche Pflichten haben diese Auszubildenden?

1. Ausbilder kontrollieren
2. Ausbildungsrahmenplan aufstellen
3. Persönliche Informationen für das ELStAM-Verfahren bereitstellen

4. Berichtsheft in Form eines Ausbildungsnachweises führen

5. in der Jugend- und Auszubildendenvertretung mitarbeiten

6. am Berufsschulunterricht teilnehmen

Aufgabe 6: Bestandteile des Berufsausbildungsvertrags

Was gehört nach dem Berufsbildungsgesetz zu jedem Berufsausbildungsvertrag?

1. der Ausbildungsnachweis

2. ein Ausbildungsplan der Berufsschule

3. der Ausbildungsplan des Ausbildungsbetriebs

4. die Prüfungsordnung für die Durchführung der Abschlussprüfung

5. der gemeinsame Ausbildungsplan der Berufsschule und des Betriebes

Aufgabe 7: Berufsausbildungsvertrag kündigen

Die Bergthaler Büromaschinen GmbH hat einen Auszubildenden eingestellt, der nach sechs Monaten davon überzeugt ist, den falschen Beruf gewählt zu haben. Kann er den Ausbildungsvertrag kündigen?

1. Ja, mit sofortiger Wirkung.

2. Nur wenn er einen anderen Ausbildungsplatz nachweisen kann.

3. Ja, mit einer Kündigungsfrist von 4 Wochen.

4. Nein, eine Kündigung war nur innerhalb der Probezeit möglich.

5. Ja, mit einer Kündigungsfrist von 6 Wochen.

Aufgabe 8: Inhalte des Arbeitsvertrags

Ihnen liegt der Entwurf des Arbeitsvertrags für einen neuen Mitarbeiter der Bergthaler Büromaschinen GmbH vor. Welche der folgenden Vereinbarungen ist nichtig, da sie gegen gesetzliche Regelungen verstößt?

1. Die Probezeit beträgt drei Monate.

2. Für die Wochenarbeitszeit gilt die tarifvertragliche Regelung.

3. Der Jahresurlaub beträgt 20 Werktage.

4. Die Kündigungsfrist beträgt sechs Monate zum Jahresende.

5. Während der Beschäftigungszeit besteht Wettbewerbsverbot.

Aufgabe 9: Probezeit

Die Bergthaler Büromaschinen GmbH stellt sowohl Arbeitskräfte als auch Auszubildende ein. Die rechtlichen Regelungen zum Arbeitsvertrag stimmen zum Teil mit den rechtlichen Regelungen zum Berufsausbildungsvertrag überein, es gibt aber auch Unterschiede. Welche der folgenden Aussagen zur Probezeit ist richtig?

1. Die Probezeit während der Berufsausbildung darf höchstens drei Monate dauern. Für ein Arbeitsverhältnis darf die Probezeit höchstens 12 Monaten dauern.

2. Die gesetzlichen Regelungen zur Probezeit sind bei Berufsausbildungsverhältnissen und Arbeitsverhältnissen identisch.

3. Während bei einem Berufsausbildungsverhältnis eine Probezeit von mindestens einem Monat vorgeschrieben ist, ist für ein Arbeitsverhältnis keine Probezeit vorgeschrieben.

4. Bei Berufsausbildungsverhältnissen ist die Angabe eines Kündigungsgrundes während der Probezeit entbehrlich, während bei Arbeitsverhältnissen in der Probezeit ein Kündigungsgrund zwingend genannt werden muss.

5. Während der Probezeit eines Berufsausbildungsverhältnisses kann von beiden Vertragspartnern jederzeit gekündigt werden. Während der Probezeit des Arbeitsverhältnisses ist eine Kündigungsfrist von vier Wochen einzuhalten.

Aufgabe 10: Kollektives Arbeitsrecht

Die Bergthaler Büromaschinen GmbH stellt einen neuen Mitarbeiter ein und schließt dazu mit ihm einen Arbeitsvertrag. Bei welchem Punkt handelt es sich um eine Vereinbarung nach dem kollektiven Arbeitsrecht?

1. Art der Tätigkeit
2. Einstellung als Angestellter
3. Beginn des Arbeitsverhältnisses
4. Eingruppierung in eine bestimmte Gehaltsgruppe
5. Hinweis auf eine Betriebsvereinbarung über die wöchentliche Arbeitszeit

Aufgabe 11: Einzelarbeitsvertrag

Welche der folgenden Aussagen zum Einzelarbeitsvertrag ist zutreffend?

1. Ist ein Tarifvertrag vorhanden, sind Einzelarbeitsverträge entbehrlich.
2. Einzelarbeitsverträge werden vom Betriebsrat mit dem Arbeitgeber abgeschlossen.
3. Einzelarbeitsverträge müssen immer schriftlich abgeschlossen werden.
4. Ein Einzelarbeitsvertrag ohne Urlaubsregelung ist immer ungültig.
5. Im Einzelarbeitsvertrag kann das Gehalt höher als im Tarifvertrag vereinbart sein.

Aufgabe 12: Wettbewerbsverbot

Zu den Pflichten des Arbeitnehmers gehört die Beachtung des Wettbewerbsverbots. Welche der folgenden Aussagen charakterisiert das Wettbewerbsverbot zutreffend?

1. Der Mitarbeiter darf seinem persönlichen Umfeld nichts über seine Tätigkeit am Arbeitsplatz mitteilen, aus dem sich Wettbewerbsvorteile des Arbeitgebers ergeben könnten.
2. Der Mitarbeiter darf grundsätzlich keinerlei eigene Geschäfte machen oder vermitteln.

3. Der Mitarbeiter darf ohne Zustimmung des Arbeitgebers nicht an Wettbewerben teilnehmen, damit seine Leistungsfähigkeit für den Betrieb erhalten bleibt.
4. Der Mitarbeiter darf ohne ausdrückliche Genehmigung des Arbeitgebers in dessen Branche keine Geschäfte für eigene Rechnung machen oder vermitteln.
5. Der Mitarbeiter darf sich am Arbeitsplatz nicht so verhalten, dass die zwischenmenschlichen Beziehungen im Betrieb beeinträchtigt oder gestört werden.

Aufgabe 13: Personalakte einsehen

Ein Mitarbeiter der Bergthaler Büromaschinen GmbH möchte seine Personalakte einsehen. Wie ist die Rechtslage?
1. Er hat das Recht seine Personalakte einzusehen.
2. Er hat nicht das Recht seine Personalakte einzusehen.
3. Er muss den Betriebsrat hinzuziehen, der nur gemeinsam mit ihm einsehen darf.
4. Der Betriebsrat informiert ihn über den nicht vertraulichen Inhalt der Personalakte.
5. Eine Einsicht in die Personalakte ist nur mit Gerichtsbeschluss möglich.

Aufgabe 14: Kündigung

Die Bergthaler Büromaschinen GmbH kündigt aufgrund einer Umstrukturierung betriebsbedingt am 06.03.2014 die Arbeitsverhältnisse der drei unten genannten Mitarbeiter.

a. Ermitteln Sie anhand von § 622 BGB die Zeitpunkte (JJJJ.MM.TT), zu denen die Arbeitsverhältnisse enden.

Mitarbeiter	Alter	Beginn des Arbeitsverhältnisses
1. Hans Rochmann	55 Jahre	01.10.1994
2. Elfriede Sinzig	31 Jahre	02.01.2004
3. Armin Stanke	26 Jahre	01.06.2012

b. Elfriede Sinzig verlangt, nachdem ihr die Kündigung zugegangen ist, ein qualifiziertes Arbeitszeugnis. Durch welche der folgenden Formulierungen im Arbeitszeugnis wird ein einfaches Zeugnis zu einem qualifizierten Zeugnis?
1. „Elfriede Sinzig, geboren am 8. Februar 1985"
2. „wohnhaft in Bergthal"
3. „war seit dem 2. Januar 2004 in unserem Unternehmen beschäftigt"
4. „war als Sachbearbeiterin in der Abteilung Einkauf eingesetzt"
5. „war mit der Beschaffung von Zubehörkomponenten für Büromaschinen beschäftigt"
6. „erledigte die ihr übertragenen Aufgaben stets zu unserer Zufriedenheit."

17.6   Lösungen zu den Übungsaufgaben

Lösung zu Aufgabe 1: Gesetze zuordnen

a. 5. Das Arbeitsschutzgesetz lautet offiziell: „Gesetz über die Durchführung von Maßnahmen des Arbeitsschutzes zur Verbesserung der Sicherheit und des Gesundheitsschutzes der Beschäftigten bei der Arbeit"

b. 2. Aus dem Betriebsverfassungsgesetz sollten Sie die Mitbestimmungs-, Mitwirkungs- und Informationsrechte unterscheiden können.

c. 3. Unterscheiden Sie das Jugendarbeitsschutzgesetz vom Jugendschutzgesetz.

d. 1. Das Berufsbildungsgesetz als Schutzgesetz soll Berufsanfänger auch davor bewahren, leichtfertig oder orientierungslos von einer Stelle zur anderen zu wechseln, bloß weil es am Anfang schwierig ist, sich an das Arbeitsleben zu gewöhnen. Wichtig ist, erst einmal eine Ausbildung abzuschließen; danach kann man sich immer noch anderweitig orientieren.

e. 3. Auch hier steht der Schutzgedanke im Vordergrund: Ist der Jugendliche den Belastungen des Arbeitsplatzes nicht gewachsen, kann dies zu gesundheitlichen Langzeitschäden führen. Dem soll vorgebeugt werden.

f. 4. Wenn zwar dringende betriebliche Gründe für eine Kündigung vorliegen, der Arbeitgeber aber bei der Auswahl der zu entlassenden Arbeitnehmer soziale Gesichtspunkte nicht oder nicht ausreichend berücksichtigt hat, ist die Kündigung unwirksam. D. h. der Arbeitgeber muss eine sogenannte „Sozialauswahl" der zu kündigenden Mitarbeiter treffen, und zwar in Bezug auf das gesamte Unternehmen.

g. 2. Die Anhörung bei Kündigungen ist ein Mitwirkungsrecht des Betriebsrates, siehe dazu auch das folgende Kap. 17.

h. 1. Vom „Ausbildenden", d. h. der Auzubildende müsste sich schon grobe Verstöße gegen die allgemeinen Regeln leisten, z. B. Trunkenheit am Arbeitsplatz oder Diebstahl von Werkseigentum, sexuelle Belästigung von Mitarbeiterinnen etc.

i. 6. Mitbestimmung wird unterschieden in betriebliche und unternehmerische Mitbestimmung. Wie Sie in Kap. 17 lernen werden, gibt es auf der Unternehmensführungsebene bei großen Unternehmen gesetzliche Regelungen, dass Arbeitnehmer an der Unternehmenführung beteiligt werden müssen.

Lösung zu Aufgabe 2: Jugendarbeitsschutzgesetz

Aussage 4 widerspricht dem JArbSchG. Zwischen Arbeitgeber und jugendlichem Arbeitnehmer darf *keine Vereinbarung* getroffen werden, die z. B. die *Arbeitszeitgrenzen* überschreitet. Eine 17-jährige Kellnerin darf nach 22 Uhr nicht mehr arbeiten.

Lösung zu Aufgabe 3: Entgeltfortzahlungsgesetz

Ziffer 3: Der Zeitraum, in dem das *Entgelt fortgezahlt* wird, beträgt *6 Wochen*.

Lösung zu Aufgabe 4: Inhalte des Berufsausbildungsvertrags

2. die Länge der Probezeit
4. die Dauer der täglichen (oder wöchentlichen) Ausbildungszeit
5. die Höhe der Ausbildungsvergütung

Lösung zu Aufgabe 5: Pflichten von Auszubildenden

Auszubildende müssen *3.* Geburtsdatum und Steuernummer für den Abruf der EL-StAM-Merkmale angeben (früher: die *Lohnsteuerkarte* abgeben), *4.* das *Berichtsheft* führen und *6.* am *Berufsschulunterricht* teilnehmen.

Lösung zu Aufgabe 6: Bestandteile des Berufsausbildungsvertrags

Gesucht war *Aussage 3*. Der *betriebliche Ausbildungsplan* dient zur Orientierung, welche Ausbildungsinhalte in der betrieblichen Ausbildung vermittelt werden sollen.

Lösung zu Aufgabe 7: Berufsausbildungsvertrag kündigen

Der Auszubildende kann mit einer *Frist von 4 Wochen* kündigen, wenn er die *Berufsausbildung aufgeben* oder sich für eine *andere Berufstätigkeit* ausbilden lassen will. *Aussage 3* ist richtig.

Lösung zu Aufgabe 8: Inhalte des Arbeitsvertrags

Im *Bundesurlaubsgesetz* ist festgelegt, dass der *Jahresurlaub* mindestens *24 Tage* betragen muss. *Aussage 3* ist nichtig. Alle anderen Vereinbarungen sind zulässig.

Lösung zu Aufgabe 9: Probezeit

Aussage 3 ist richtig. Im Arbeitsvertrag *kann* eine Probezeit, höchstens sechs Monate, vereinbart werden, die *Kündigungsfrist* beträgt dann *zwei Wochen*. Ein *Kündigungsgrund* muss nicht angegeben werden, anders als beim Ausbildungsvertrag.

Lösung zu Aufgabe 10: Kollektives Arbeitsrecht

Die *Betriebsvereinbarung* wird zwischen *Betriebsrat und Arbeitgeber* vereinbart und ist daher eine Regelung nach kollektivem Arbeitsrecht. *Aussage 5* ist richtig.

Lösung zu Aufgabe 11: Einzelarbeitsvertrag

Aussage 5 ist die einzige zutreffende Aussage. Beachten Sie zu Aussage 4, dass bei kurzen befristeten Arbeitsverträgen keine Urlaubsregelung notwendig ist.

Lösung zu Aufgabe 12: Wettbewerbsverbot

Aussage 4 ist richtig. Wenn der Mitarbeiter die Abläufe in der Branche gut kennt, stellt er einen Konkurrenten seines Arbeitgebers dar. Andere Geschäfte darf er tätigen.

Lösung zu Aufgabe 13: Personalakte einsehen

Der Mitarbeiter hat das Recht, in seine Personalakte einzusehen. *Aussage 1* ist richtig.

Lösung zu Aufgabe 14: Kündigung

a. Kündigungsfristen

   a. *Hans Rochmann* ist seit über *20 Jahren* bei der Bergthaler Büromaschinen GmbH beschäftigt, daher gilt für ihn eine Kündigungsfrist von sieben Monaten: *2014.10.31.*

   b. *Elfriede Sinzig* ist zwar seit ihrem 19. Lebensjahr bei der Bergthaler Büromaschinen GmbH beschäftigt, für die Berechnung der Kündigungsfrist gilt allerdings erst die Zeit *ab Vollendung des 25. Lebensjahres.* Daher ergeben sich sechs Jahre anrechenbare Zugehörigkeit und eine Kündigungsfrist von zwei Monaten: *2014.05.31.*

   c. *Armin Stanke* kann, da er das *25. Lebensjahr* gerade erst vollendet hatte, nach *§ 622 Absatz 1 BGB* mit *vier Wochen* zum 15. April gekündigt werden: *2014.04.15.*

b. Aussage 6 stellt das qualifizierte Arbeitszeugnis dar, da hier eine Leistungs- und Verhaltensbewertung vorgenommen wird.

Kollektives Arbeitsrecht

18

Kollektives Arbeitsrecht betrifft alle Vereinbarungen zwischen einer *Mehrzahl von Arbeitnehmern und Arbeitgebern.* Unterscheiden Sie dabei die *betriebliche Ebene* (Betriebsrat, Jugend- und Auszubildendenvertretung, Betriebsversammlung, Betriebsvereinbarungen) und die *überbetriebliche Ebene* (Tarifvertrag und Arbeitskampf).

18.1 Betriebliche Mitbestimmung

Die betriebliche Mitbestimmung ist umfassend im *Betriebsverfassungsgesetz* geregelt. Das wichtigste Organ der betrieblichen Mitbestimmung ist der *Betriebsrat.* Er kann in jedem Betrieb gebildet werden, in dem *mindestens fünf* wahlberechtigte Arbeitnehmer ständig beschäftigt sind. *Prüfungsaufgaben* zum Betriebsrat beziehen sich auf die *Wahl und die Rechte* des Betriebsrats. Er wird *alle vier Jahre* im Zeitraum März bis Mai gewählt.

Aus dem Betriebsrat ausgegliedert ist die *Jugend- und Auszubildendenvertretung* (JAV). Sie wird *alle zwei Jahre* im Zeitraum Oktober bis November gewählt und vertritt nicht nur die *nicht volljährigen Arbeitnehmer,* sondern auch *Auszubildende* und *Praktikanten* bis zum 25. Lebensjahr. Eine *JAV* kann in jedem Betrieb gebildet werden, in dem *mindestens fünf* wahlberechtigte Arbeitnehmer beschäftigt sind.

Unterscheiden Sie bei der Wahl zum Betriebsrat und zur JAV das *aktive Wahlrecht* (wer darf wählen) *und das passive Wahlrecht* (wer darf gewählt werden). Die folgende *Übersicht* zeigt Ihnen die *wichtigen gesetzlichen Regelungen* (Tab. 18.1):

© Springer Fachmedien Wiesbaden 2015
M. Wünsche, *Wirtschafts- und Sozialkunde (IHK),*
DOI 10.1007/978-3-658-06755-7_18

Tab. 18.1 Übersicht Wahl von Betriebsrat und JAV

	Betriebsrat	Jugend- und Auszubildendenvertretung (JAV)
Aktives Wahlrecht	wahlberechtigt sind alle Arbeitnehmer, die das *18. Lebensjahr* vollendet haben	Wahlberechtigt sind alle Arbeitnehmer, die das *18. Lebensjahr noch nicht* vollendet haben, und alle Auszubildenden, Umschüler, Praktikanten unter 25 Jahre
Passives Wahlrecht	wählbar ist jeder Arbeitnehmer, der das 18. Lebensjahr vollendet hat *und sechs Monate* dem Betrieb angehört	Wählbar ist jeder Arbeitnehmer, der das *25. Lebensjahr noch nicht* vollendet hat und nicht bereits dem Betriebsrat angehört
Amtszeit	*vier* Jahre (Wahl März bis Mai)	*Zwei* Jahre (Wahl Oktober bis November)

Musteraufgabe Wahl des Betriebsrats und der JAV

Die Belegschaft der Bergthaler Büromaschinen GmbH (ohne leitende Angestellte) setzt sich wie folgt zusammen:

Alter	Anzahl Arbeitnehmer	Anzahl Auszubildende, Umschüler, Praktikanten	weniger als sechs Monate Betriebszugehörigkeit
unter 18	12	6	4
18 - 25	53	8	2
25 und älter	161	4	12
	226	16	18

Wie viele Personen haben

a. das aktive Wahlrecht zum Betriebsrat?

b. das aktive Wahlrecht zur Jugend- und Auszubildendenvertretung?

c. das passive Wahlrecht zum Betriebsrat?

d. das passive Wahlrecht zur Jugend- und Auszubildendenvertretung?

Die *leitenden Angestellten* werden der *Arbeitgeberseite* zugerechnet und dürfen deshalb nicht an den Wahlen zur betrieblichen Arbeitnehmervertretung teilnehmen.

a. *214 Personen* haben das aktive Wahlrecht zum Betriebsrat. Ziehen Sie von den *226* Mitarbeitern die *12* Mitarbeiter ab, die *unter 18* sind.

b. *20 Personen* haben das aktive Wahlrecht zur Jugend- und Auszubildendenvertretung. Zu den *12* Mitarbeitern *unter 18* kommen die *8 Auszubildende, Umschüler und Praktikanten* hinzu, die das 25. Lebensjahr noch nicht vollendet haben.

c. *200 Personen* können zum Betriebsrat gewählt werden (passives Wahlrecht). Von den *214* Personen über 18 Jahre ziehen Sie die insgesamt *14* Erwachsenen (2 + 12) ab, die *weniger als sechs Monate* Betriebszugehörigkeit haben.

d. *65 Personen* können zur Jugend- und Auszubildendenvertretung gewählt werden (passives Wahlrecht). Das sind *alle Arbeitnehmer* (d. h. nicht nur Auszubildende, Umschüler, Praktikanten), *die das 25. Lebensjahr noch nicht vollendet haben.* Eine Sechs-Monatsfrist gilt bei der JAV-Wahl nicht. Ein Mitarbeiter kann *nicht gleichzeitig* Mitglied des Betriebsrats und der Jugend- und Auszubildendenvertretung sein.

Eine *mögliche Erweiterung* dieser Aufgabe ist die Frage, *wie viele Mitglieder* der *Betriebsrat* und die *Jugend- und Auszubildendenvertretung* bei den dargestellten Belegschaftszahlen haben muss. Dazu erhalten Sie in der Prüfungsaufgabe *§ 9 BetrVG* (Zahl der Betriebsratsmitglieder) bzw. *§ 62 BetrVG* (Zahl der Jugend- und Auszubildendenvertreter) mit abgedruckt und müssen nur anhand der Personenzahl die Anzahl der Betriebsrats- bzw. JAV-Mitglieder ablesen. In unserem Fall besteht der Betriebsrat aus *neun* Mitgliedern, die JAV aus *einer* Person.

Der *zweite Schwerpunkt* bei den Prüfungsaufgaben zur betrieblichen Mitbestimmung sind die *Rechte des Betriebsrats.* Unterscheiden Sie Mitbestimmungsrechte, Mitwirkungsrechte und Informationsrechte:

- *Mitbestimmungsrechte* bedeuten, dass der Arbeitgeber den Betriebsrat zur Entscheidung mit hinzuziehen muss.
- Bei den *Mitwirkungsrechten* muss der Betriebsrat angehört werden und seine Vorschläge sollen in die Entscheidung mit einbezogen werden.
- *Informationsrechte* betreffen betriebliche Vorgänge und Entwicklungen, über die der Betriebsrat zu informieren ist.

Die folgende *Übersicht* zeigt Ihnen die wichtigsten Bereiche, die von den Rechten des Betriebsrats betroffen sind (Tab. 18.2).

Tab. 18.2 Übersicht Rechte des Betriebsrats

Mitbestimmung	– Beginn und Ende der *täglichen Arbeitszeit*, Pausenregelung – Aufstellung des *Urlaubsplans*, Entscheidung über Betriebsferien – Maßnahmen der Unfallverhütung und der *Arbeitssicherheit* – Entscheidungen zur betrieblichen *Lohngestaltung* – *betriebliche Ordnung*: Stechuhren, Überwachungskameras, etc. – Grundsätze der *Personalbeurteilung*
Mitwirkung	– *Stilllegung* oder Verlegung von Betriebsteilen, *Sozialplan* – *Einstellung*, Gruppierung und Versetzung von Mitarbeitern – Einführung neuer *Arbeitsmethoden* – Anhörung bei Kündigung
Information	– *Wirtschaftliche Lage*: Produktion, Absatz, geplante Investitionen – gegenwärtige und zukünftige *Personalbedarfsplanung* – Anhörung in *persönlichen Angelegenheiten* der Mitarbeiter – Einsichtnahme in *Personalakten*, Überprüfung der Eintragungen

Einfachere Aufgaben zu den Rechten des Betriebsrats können Sie mit gesundem Menschenverstand und mit Hilfe dieser Übersicht gut beantworten. Bei *schwierigeren Aufgaben* erhalten Sie den entsprechenden *Paragrafen* des Betriebsverfassungsgesetzes in der Aufgabenstellung mit *abgedruckt*.

Musteraufgabe Rechte des Betriebsrats

Ordnen Sie den im Folgenden dargestellten Sachverhalten die Ziffern danach zu, ob der Betriebsrat der Bergthaler Büromaschinen GmbH ein

1. Mitbestimmungsrecht
2. Mitwirkungsrecht
3. Informationsrecht

hat.

Sachverhalte:

a. Zur Verbesserung der Arbeitssicherheit sollen in der Produktionshalle alle Arbeitsplätze durch Überwachungskameras erfasst werden.

b. Ein älteres Bürogebäude soll grundsaniert werden. Dabei sollen einige Zwischenwände entfernt werden, um mehrere kleine Büros zu einem Großraumbüro zusammenzufassen.

c. In einem Nebengebäude sollen zusätzliche Werkplätze für Auszubildende in technischen Berufen eingerichtet werden, damit die Qualität der Ausbildung gehoben werden kann.

d. Zwischen zwei Mitarbeitern der Abteilung Rechnungswesen kommt es häufiger zu Streitigkeiten, was der Geschäftsführung nicht verborgen geblieben ist.

e. Das System der flexiblen Arbeitszeit soll wieder abgeschafft werden, da in mehreren wichtigen Entscheidungssituationen die benötigten Mitarbeiter nicht mehr erreichbar waren.

a. *1. Mitbestimmungsrecht* in Fragen der *betrieblichen Ordnung*. Hier geht es wohl eher darum, die Mitarbeiter und ihr Arbeitsverhalten zu überwachen. Die Pflicht zur Einholung der Zustimmung des Betriebsrats soll verhindern, dass Überwachungseinrichtungen missbräuchlich zum Nachteil der Arbeitnehmer eingesetzt werden.

b. *3. Informationsrecht* bei Neu-, Um- und Erweiterungsbauten von Fabrikations-, Verwaltungs- und sonstigen betrieblichen Räumen. Hier zeigt sich die Schwierigkeit, das Informationsrecht vom *Mitwirkungsrecht* abzugrenzen, denn auf Basis der Information über solche Vorhaben hat der Betriebsrat auch das Recht, *Vorschläge und Bedenken* einzubringen.

c. *2. Mitwirkungsrecht* bei Einrichtungen und Maßnahmen der *Berufsbildung*. Hat der Arbeitgeber bereits Maßnahmen ergriffen und der Betriebsrat sieht darin eine Beeinträchtigung der Mitarbeiter, so gesteht ihm das Gesetz ein Mitbestimmungsrecht zu, d. h. ein Widerspruchsrecht.

Tab. 18.3 Übersicht Weitere Einrichtungen gemäß BetrVG

Einigungsstelle	Wird hälftig aus Betriebsratsmitgliedern und Arbeitgebervertretern gebildet, ein *unparteiischer Vorsitzender*
	soll bei Streitigkeiten *schlichten*, gelingt dies nicht, erfolgt die Schlichtung durch das *Arbeitsgericht*
Wirtschaftsausschuss	Ist *ab 100 Mitarbeitern* zu bilden
	berät wirtschaftliche Angelegenheiten mit dem Arbeitgeber und *unterrichtet* (informiert) *den Betriebsrat*
Betriebsversammlung	Wird vom Betriebsrat *vierteljährlich* einberufen
	Alle Arbeitnehmer des Betriebs sind teilnahmeberechtigt.
	Der *Arbeitgeber* ist einzuladen und hat (einmal jährlich) über das *Personal- und Sozialwesen* sowie über *wirtschaftliche Fragen* zu berichten

d. *3. Informationsrecht* in *persönlichen Angelegenheiten*, d. h. der Betriebsrat wird sich mit um eine *Lösung des Konfliktes* bemühen, um den sozialen Frieden wiederherzustellen.

e. *1. Mitbestimmungsrecht* in Bezug auf *Beginn und Ende der täglichen Arbeitszeit*. Eine allgemeine Aufgabe des Betriebsrats ist es, die Vereinbarkeit von *Familie und Erwerbstätigkeit* zu fördern. Auch die *Gleichberechtigung* von Mann und Frau sowie die Überwachung der *Einhaltung von Gesetzen* obliegt ihm. Ferner soll er als *Mittler zwischen Arbeitnehmer und Arbeitgeber* dienen.

Tatsächlich ist die *Abgrenzung der drei Rechte des Betriebsrats* schwierig, weshalb *Prüfungsaufgaben* dazu *eher selten* vorkommen. Das Betriebsverfassungsgesetz ist ein *Schutzgesetz*, es soll den Arbeitnehmer schützen. Versuchen Sie, anhand der *Stärke des Eingriffs* in die Belange des Arbeitnehmers abzuschätzen, ob der Betriebsrat nur zu *informieren* ist, ob seine beratende *Mitwirkung* erforderlich ist, oder ob er *zustimmen* muss.

Kommt es nicht zu einer Einigung zwischen Arbeitgeber und Betriebsrat, ist die *Einigungsstelle* anzurufen. Wird auch über die Einigungsstelle keine Einigung erzielt, entscheidet das *Arbeitsgericht* (Tab. 18.3).

Um die Mitbestimmung bzw. Zustimmung des Betriebsrats zu Maßnahmen der Geschäftsleitung zu vereinfachen, sieht das Betriebsverfassungsgesetz zusätzlich das Instrument der freiwilligen *Betriebsvereinbarung* vor, durch das vorab betriebliche Regelungen

Tab. 18.4 Übersicht Inhalte von Betriebsvereinbarungen

Maßnahmen zur Verhütung von Arbeitsunfällen und Gesundheitsschädigungen
Maßnahmen des betrieblichen Umweltschutzes
Errichtung von betrieblichen Sozialeinrichtungen
Maßnahmen zur Förderung der Vermögensbildung
Maßnahmen zur Integration ausländischer Arbeitnehmer sowie zur Bekämpfung von Rassismus und Fremdenfeindlichkeit im Betrieb

in bestimmten Bereichen getroffen werden können, die über die *tarifvertraglichen Regelungen* hinausgehen (Tab. 18.4).

Musteraufgabe Betriebsvereinbarung

Die Geschäftsleitung der Bergthaler Büromaschinen GmbH möchte mit dem Betriebsrat eine neue Betriebsvereinbarung abschließen. Welche der folgenden Regelungen kann nicht Bestandteil einer Betriebsvereinbarung sein?
1. Koordination der Urlaubsregelung
2. Regelung einer flexiblen Arbeitszeit
3. Regelung der Essenszeiten im Betriebsrestaurant
4. Betriebliche Altersversorgung
5. Festlegung von Regeln für Tarifverhandlungen

Sie erkennen an dieser Aufgabe, dass im Prinzip jeder Bereich, bei dem der Betriebsrat *Mitbestimmungs- oder Mitwirkungsrechte* hat, zum *Gegenstand einer Betriebsvereinbarung* werden kann. Einzig die Regeln für Tarifverhandlungen, *Aussage 5*, fallen *nicht* in den Zuständigkeitsbereich des einzelnen Arbeitgebers und des Betriebsrats, weil damit die *überbetriebliche Ebene* angesprochen wird.

18.2   Tarifvertrag und Arbeitskampf

Unterscheiden Sie die betriebliche Ebene von der *überbetrieblichen Ebene*. Arbeitgeber schließen sich auf der überbetrieblichen Ebene zu *Arbeitgeberverbänden* zusammen. Arbeitnehmer organisieren sich auf der überbetrieblichen Ebene zu *Gewerkschaften*. Zwischen Arbeitgeberverbänden und Gewerkschaften finden *Vertragsverhandlungen* statt, in denen allgemeine Regelungen über *Löhne und Gehälter, Arbeitszeit, Urlaub, Kündigungsfristen usw.* getroffen werden (Tarifverträge).

Unterscheiden Sie Manteltarifverträge und Lohn- und Gehaltstarifverträge. *Mantel- oder Rahmentarifverträge* sind i. d. R *längerfristig* und regeln *allgemeine Arbeitsbedingungen* wie Kündigungsfristen, Urlaubsanspruch, Arbeitszeit, etc.

Lohn- und Gehaltstarifverträge enthalten Lohn- und Gehaltssätze für die unterschiedlichen *Lohn- und Gehaltsgruppen*, auf Basis eines *Eck- oder Grundlohns*. Ihre Laufzeit beträgt meist *ein oder zwei Jahre*. Danach muss jeweils neu verhandelt werden.

Musteraufgabe Tarifautonomie

Die Tarifautonomie leitet sich aus der Vereins- und Koalitionsfreiheit nach Artikel 9 des Grundgesetzes ab. Welche der folgenden Aussagen zur Tarifautonomie ist zutreffend?
1. Tarifautonomie bedeutet, dass der Staat als hoheitliche Gewalt den Sozialpartnern gestattet, die Mitbestimmung in allen Unternehmen eigenständig zu regeln.

2. Tarifautonomie bedeutet, dass Arbeitgeber und Arbeitnehmer sich zu Verbänden zusammenschließen, deren Aufgabe es ist, die jeweiligen Interessen wahrzunehmen.
3. Tarifautonomie bedeutet, dass die Sozialpartner für alle Wirtschaftszweige und Beschäftigungsarten verbindliche Vereinbarungen über Löhne und Arbeitsbedingungen treffen.
4. Tarifautonomie bedeutet, dass jeder Arbeitgeber für seinen Betrieb Löhne und Gehälter autonom festsetzen kann.
5. Tarifautonomie bedeutet, dass jeder Arbeitnehmer mit seinem Arbeitgeber einen Einzelarbeitsvertrag vereinbaren kann.

Immer wieder richten sich Prüfungsaufgaben auf den Sachverhalt, dass der *Staat* eben *nicht* in Tarifverhandlungen *eingreifen darf.* Lassen Sie sich durch Aussage 2 nicht verwirren. *Aussage 3 ist richtig.* Unter *Tarif* versteht man nicht nur die Höhe der *Löhne und Gehälter*, sondern auch Vereinbarungen über die *Arbeitsbedingungen.*

Musteraufgabe Tarifverträge und Betriebsvereinbarungen

Bei kollektiven arbeitsrechtlichen Regelungen wird unterschieden zwischen Manteltarifverträgen, Lohn- und Gehaltstarifverträgen und Betriebsvereinbarungen. In welcher Zeile sind die Regelungen richtig zugeordnet?

	Betriebsvereinbarung	Manteltarifvertrag	Lohn- und Gehaltstarifvertrag
1.	Pausenregelungen	tarifliche Wochenarbeitszeit	allgemeine Regelungen zur Arbeitszeit
2.	Grundsätze zur Gestaltung des Arbeitsplatzes	Dauer des Urlaubs	Zuschlagsätze für Mehr-, Schicht- und Nachtarbeit
3.	Mindestlohn	Kündigungsfristen	Ecklöhne und Eckgehälter
4.	Flexibilisierung der Arbeitszeit	Mindesturlaub für Jugendliche	Lohn- und Gehaltsstufen
5.	Beginn und Ende der täglichen Arbeitszeit	Lohnfortzahlung im Krankheitsfall	Akkordrichtsätze

Zeile 1 ist falsch, weil *allgemeine Regelungen zur Arbeitszeit* im Manteltarifvertrag stehen. *Zeile 2* ist falsch, weil die *Zuschlagsregelungen* auch als längerfristige Vereinbarungen in den Manteltarifvertrag gehören. *Zeile 3* ist falsch, weil *in Betriebsvereinbarungen keine Löhne* und erst recht keine Mindestlöhne vereinbart werden können. *Zeile 4* ist falsch, weil der *Mindesturlaub für Jugendliche* im Jugendarbeitsschutzgesetz festgelegt ist. Daher bleibt *Zeile 5* als richtige Lösung. Tatsächlich kann im Manteltarifvertrag über die

Tab. 18.5 Übersicht Zustandekommen eines Lohn- und Gehaltstarifvertrages

1.	*Kündigung*	Fristgemäße Kündigung des bisherigen Tarifvertrags durch eine der Vertragsseiten (i. d. R die Gewerkschaften)
2.	*Verhandlungen*	Aufnahme der Verhandlungen durch die Tarifpartner (Beide Seiten haben dazu Tarifkommissionen mit Experten.)
3.	*Scheitern*	Erklärung des Scheiterns der Tarifverhandlungen durch eine der beiden Vertragsseiten, Anrufung der Schlichtungsstelle
4.	*Schlichtung*	Wird das Scheitern der Verhandlungen erklärt, ist vor einer Urabstimmung über einen Arbeitskampf ein Schlichtungsverfahren mit einem neutralen Schlichter möglich
5.	*Urabstimmung*	Scheitert das Schlichtungsverfahren, dann ist die Friedenspflicht aufgehoben, die Gewerkschaft führt unter ihren Mitgliedern eine Urabstimmung durch
6.	*Streik*	Stimmen mehr als 75 % der abstimmungsberechtigten Gewerkschaftsmitglieder für einen Streik, dann wird dieser beschlossen und durchgeführt
7.	*Aussperrung*	Von Arbeitgeberseite erfolgen daraufhin Aussperrungen der Arbeitnehmer von ihren Arbeitsplätzen. Die Aussperrung als Arbeitskampfmittel ist rechtlich sehr umstritten
8.	*Verhandlungen*	Unter dem Druck der Arbeitskampfmaßnahmen finden neue Tarifverhandlungen statt. Arbeitskampfmaßnahmen führen nicht nur betrieblich zu Gewinneinbußen, sondern richten auch volkswirtschaftlich Schaden an
9.	*Einigung*	Die Neuverhandlungen führen zu einer Einigung
10.	*Urabstimmung*	Die Gewerkschaftsmitglieder stimmen in einer Urabstimmung über den Einigungsvorschlag ab. Mindestens 25 % der abstimmenden Gewerkschaftsmitglieder müssen dem Ergebnis zustimmen, um den Streik beenden zu können
11.	*Neuer Vertrag*	Zwischen den Sozialpartnern wird ein neuer Tarifvertrag beschlossen und eingeführt. Nun gilt wieder die Friedenspflicht bis zum nächsten Scheitern der Verhandlungen

gesetzliche Regelung hinaus eine *Entgeltfortzahlung im Krankheitsfall* vereinbart werden. Prüfen Sie die Inhalte anhand der für Ihren Ausbildungsbetrieb geltenden Tarifverträge.

Das *Zustandekommen der Tarifverträge* geschieht durch *Verhandlungen* zwischen den *Sozialpartnern*, d. h. zwischen Arbeitgeberverband und Gewerkschaft. Um den Forderungen Nachdruck zu verleihen, hat jede der beiden Seiten anerkannte *Arbeitskampfmittel* zur Verfügung. Das *Bundesarbeitsgericht* hat diese Regeln in einer Reihe von *Grundsatzurteilen* konkretisiert. Die folgende *Übersicht* zeigt die wesentlichen Schritte, die bei Tarifauseinandersetzungen eine Rolle spielen können (Tab. 18.5).

Musteraufgabe Tarifauseinandersetzung

Die Bergthaler Büromaschinen GmbH ist Mitglied eines Arbeitgeberverbandes, der mit der zuständigen Gewerkschaft Tarifverhandlungen über einen neuen Lohn- und Gehaltstarifvertrag führt. Welche zwei der folgenden Aussagen stellen Möglichkeiten der Tarifauseinandersetzung nach den geltenden Regeln dar?

1. Sind die Verhandlungen gescheitert, können die Arbeitnehmer ohne Urabstimmung in einen unbefristeten Streik treten, um die Verhandlungen wieder in Gang zu bringen.
2. Vor einem Arbeitskampf müssen mindestens 75 % aller Arbeitnehmer der Bergthaler Büromaschinen GmbH diesem in einer Betriebsversammlung zustimmen.
3. Wird nach einer Urabstimmung ein Streik ausgerufen, müssen sich auch die nicht gewerkschaftlich organisierten Arbeitnehmer daran beteiligen.
4. Wird das Scheitern der Verhandlungen erklärt, ist vor einer Urabstimmung über einen Arbeitskampf ein Schlichtungsverfahren mit einem neutralen Schlichter möglich.
5. Wird das Scheitern der Verhandlungen erklärt, dürfen die Arbeitgeber den in ihrem Unternehmen beschäftigten Gewerkschaftsmitgliedern kein Entgelt mehr zahlen.
6. Haben während eines Arbeitskampfes Neuverhandlungen stattgefunden, müssen mindestens 25 % der abstimmenden Gewerkschaftsmitglieder dem Ergebnis in einer Urabstimmung zustimmen, um den Streik beenden zu können.

Aussage 4 und *Aussage 6* sind richtig. *Prüfungsaufgaben* zu den Tarifverhandlungen können Schritte aus dem Ablauf als *richtige oder falsche Aussagen* aufgreifen, nach der richtigen *Reihenfolge der einzelnen Schritte* fragen, oder **Begr***iffe und Sachverhalte zuordnen*

Tab. 18.6 Übersicht Wichtige Begriffe des Arbeitskampfes

Friedenspflicht	Verpflichtung der Sozialpartner, während der Laufzeit des Tarifvertrages keine Kampfmaßnahmen zu ergreifen
Schlichtungsstelle	Besteht aus Arbeitnehmervertretern und Arbeitgebervertretern und eventuell einem unparteiischen Vorsitzenden
Wilder Streik	Rechtswidrige befristete Arbeitsniederlegung in einem Unternehmen ohne Abstimmung mit der Gewerkschaft während der Laufzeit des Tarifvertrags, um Forderungen durchzusetzen
Schwerpunktstreik	In einzelnen Betriebe der Branche wird die Arbeit befristet niedergelegt, um Druck auszuüben und die Kosten gering zu halten
Warnstreik	Während der Tarifverhandlungen wird auf Betreiben der Gewerkschaft in allen Unternehmungen einer Branche die Arbeit für eine Stunde niedergelegt
Aussperrung	Während eines Streiks werden die Arbeitsverhältnisse aller Arbeitnehmer bestimmter Betriebe vorübergehend aufgehoben
Bummelstreik	Bewusst langsameres Arbeiten (Dienst nach Vorschrift), vor allem im öffentlichen Dienst beliebt

lassen. Die nachfolgende *Übersicht* erläutert Ihnen wichtige Begriffe des Arbeitskampfes (Tab. 18.6).

Insgesamt kommen Prüfungsaufgaben zum Thema Arbeitskampf eher selten vor.

18.3 Übungsaufgaben

Aufgabe 1: Wahl zur Jugend- und Auszubildendenvertretung

In der Bergner Büroservice GmbH sind folgende Mitarbeiter beschäftigt:

Arbeitnehmer:	17, davon	3 unter 18 Jahren,
		14 über 18 Jahren.
Auszubildende:	6, davon	2 unter 18 Jahren,
		3 über 18 und unter 25 Jahren,
		1 über 25 Jahren.

Wie viele Personen haben bei der Wahl zur Jugend- und Auszubildendenvertretung ein aktives Wahlrecht?

Aufgabe 2: Wahl und Rechte des Betriebsrats

Im Betriebsverfassungsgesetz sind Wahl und Rechte des Betriebsrats geregelt. Welche der folgenden Aussagen stellt die rechtlichen Regelungen des Betriebsverfassungsgesetzes richtig dar?

1. In jedem Betrieb muss unabhängig von der Mitarbeiterzahl ein Betriebsrat gewählt werden.
2. Der Betriebsrat muss je zur Hälfte aus weiblichen und männlichen Mitarbeitern bestehen.
3. Wahlberechtigt sind alle Arbeitnehmer mit vollendetem 21. Lebensjahr.
4. Ein Mitbestimmungsrecht hat der Betriebsrat bei sozialen Angelegenheiten, z. B. bei der Aufstellung des Urlaubsplanes.
5. Hat der Betriebsrat ein Mitwirkungsrecht, wird die betroffene Entscheidung erst mit seiner Zustimmung gültig, z. B. muss er jeder Kündigung zustimmen.

Aufgabe 3: Personalfragebogen

Die Personalabteilung der Bergthaler Büromaschinen GmbH hat einen neuen Fragebogen zur Personalbeurteilung entwickelt, der den modernen Entwicklungsstand der Psychologie berücksichtigt. In einem Meeting wird dieser Fragebogen dem Betriebsrat vorgelegt. Welche der folgenden Regelungen entspricht den Vorschriften des Betriebsverfassungsgesetzes?

1. Nach der Besprechung und Erörterung mit dem Betriebsrat kann der Fragebogen auch ohne ausdrückliche Zustimmung des Betriebsrats verwendet werden.
2. Der neue Personalfragebogen darf erst dann verwendet werden, wenn der Betriebsrat zugestimmt hat. Änderungsvorschläge des Betriebsrats sind zu berücksichtigen.
3. Wenn sich die Geschäftsführung und der Betriebsrat nicht über den neuen Personalfragebogen einigen können, muss weiterhin der bisherige Fragebogen verwendet werden.
4. Die Geschäftsführung kann sich an die Einigungsstelle wenden. Wenn die Einigungsstelle zustimmt, können die Unterlagen trotz der Bedenken des Betriebsrats verwendet werden.
5. Wenn sich Geschäftsführung und Betriebsrat nicht einigen können, muss binnen einer Woche das zuständige Arbeitsgericht zu einer Entscheidung angerufen werden.

Aufgabe 4: Zuständigkeit des Betriebsrats

Bei der Bergthaler Büromaschinen GmbH gibt es einen Betriebsrat.

a. In welchem der folgenden Fälle ist der Betriebsrat nicht zuständig?
  1. Um den jährlichen Auseinandersetzungen um die Urlaubsplanung zu begegnen, will die Geschäftsleitung allgemeine Grundsätze für die Urlaubsplanung aufstellen.
  2. Die Mitarbeiter der Bergthaler Büromaschinen GmbH fordern die Einrichtung einer Kantine, da es in der Umgebung keine ausreichenden Verpflegungsmöglichkeiten gibt.
  3. Aufgrund einer Software-Einführung kommt es vorübergehend zu einem erhöhten Arbeitsaufwand, der mit einer höheren Wochenarbeitszeit bewältigen werden soll.
  4. Die Bergthaler Büromaschinen GmbH möchte ins Ausland expandieren. Ein Gesellschafter hält das Risiko für untragbar und fühlt sich bei der Entscheidung übergangen.
  5. Die Bergthaler Büromaschinen GmbH möchte für alle Mitarbeiter gemeinsame Betriebsferien einführen. Viele Mitarbeiter fühlen sich dadurch beeinträchtigt.

b. Die Bergthaler Büromaschinen GmbH beabsichtigt, fünf neue Vertriebsmitarbeiter für den Außendienst einzustellen. Aus der Vielzahl an Bewerbern wurden fünf geeignete ausgewählt, für die nun Arbeitsverträge vorbereitet werden sollen. In welchem Umfang ist der Betriebsrat bei der Einstellung der neuen Mitarbeiter einzubeziehen?
  1. Dem Betriebsrat obliegt die endgültige Entscheidung, welche der Bewerber einzustellen sind und welche nicht. Er ist am Auswahlverfahren zu beteiligen.
  2. Die Einstellung von Mitarbeitern für den Außendienst ist keine betriebliche Entscheidung, bei der der Betriebsrat hinzugezogen werden muss.
  3. Der Betriebsrat hat nur bei Personalfreisetzungen ein Informationsrecht, nicht jedoch bei der Neueinstellung von Mitarbeitern.

4. Der Betriebsrat hat bei der Einstellung neuer Mitarbeiter ein Informations- und Zustimmungsrecht.

5. Der Betriebsrat ist über die Einrichtung der neuen Arbeitsplätze zu informieren.

Aufgabe 5: Betriebsversammlung

Der Betriebsrat der Bergthaler Büromaschinen GmbH hat eine Betriebsversammlung anberaumt. Wer darf an dieser Versammlung teilnehmen?

1. Alle Arbeitnehmer der Bergthaler Büromaschinen GmbH, nicht jedoch der Arbeitgeber.

2. Alle Arbeitnehmer der Bergthaler Büromaschinen GmbH und der Arbeitgeber.

3. Nur die Arbeiter der Bergthaler Büromaschinen GmbH.

4. Nur die Arbeitnehmer, die zum Zeitpunkt der Versammlung Pause bzw. frei haben.

5. Alle Arbeitnehmer des Betriebes mit Ausnahme der unter 18-jährigen Auszubildenden.

Aufgabe 6: Tarifautonomie

Welche der folgenden Erklärungen des Begriffs Tarifautonomie ist richtig?

1. Die selbstständige Festlegung von Löhnen und Gehältern durch die Arbeitgeber.

2. Die automatische Anpassung der Löhne und Gehälter an die Preisentwicklung.

3. Das Recht eines Betriebes, mit dem Betriebsrat Tarifvereinbarungen zu treffen.

4. Die Unabhängigkeit der Tarifpartner bei Tarifverhandlungen.

5. Das Recht des Staates, Löhne und Gehälter festzusetzen.

Aufgabe 7: Tarifverträge

Welche der nachfolgenden arbeitsrechtlichen Sachverhalte sind

1. im Manteltarifvertrag

2. im Lohn- und Gehaltstarifvertrag

3. weder im Manteltarifvertrag noch im Lohn- und Gehaltstarifvertrag geregelt?

Sachverhalte

a. Lohn- und Gehaltsstufen auf Basis des Ecklohns

b. Anzahl der Urlaubstage für den Jahresurlaub

c. Teilnahme der Auszubildenden am Berufsschulunterricht

d. Dauer der wöchentlichen Arbeitszeit

Aufgabe 8: Arbeitskampfmaßnahmen

Welche Arbeitskampfmaßnahmen werden in den dargestellten Sachverhalten angesprochen?

1. Wilder Streik
2. Warnstreik
3. Aussperrung
4. Schwerpunktstreik

Sachverhalte

a. Die Arbeitnehmer eines Unternehmens haben sich zu einer vierstündigen Arbeitsniederlegung entschlossen, um ihre berechtigten Forderungen durchzusetzen.

b. Um Druck auf den Arbeitgeberverband auszuüben und die Kosten gering zu halten, wird nur bei einer geringen Zahl wichtiger Zuliefererbetriebe die Arbeit niedergelegt.

c. Auf Betreiben der Gewerkschaft wird in allen Unternehmungen einer Branche die Arbeit für eine Stunde niedergelegt.

d. Während eines Streiks werden die Arbeitsverhältnisse aller Arbeitnehmer bestimmter Betriebe vorübergehend aufgehoben.

18.4 Lösungen zu den Übungsaufgaben

Lösung zu Aufgabe 1: Wahl zur Jugend- und Auszubildendenvertretung

8 Personen sind wahlberechtigt: *drei* Arbeitnehmer unter 18, *zwei* Auszubildende unter 18 und *drei* Auszubildende unter 25 Jahren.

Lösung zu Aufgabe 2: Wahl und Rechte des Betriebsrats

Richtig ist *Aussage 4*. Erst ab *fünf Mitarbeitern* (Aussage 1) kann ein Betriebsrat gewählt werden. Eine *Gleichberechtigungsregelung* (Aussage 2) enthält das BetrVG nicht. Die *Volljährigkeit* (Aussage 3) beginnt mit dem 18. Lebensjahr, und *Mitwirkung* (Aussage 5) bedeutet Anhörung, nicht Zustimmung.

Lösung zu Aufgabe 3: Personalfragebogen

Aussage 4 ist richtig. Siehe § 94 BetrVG. Eigentlich bezieht sich diese Aufgabe auf die Bedeutung der *Einigungsstelle*. Erst wenn hier keine Einigung erzielt werden kann, wird das *Arbeitsgericht* in Anspruch genommen.

Lösung zu Aufgabe 4: Zuständigkeit des Betriebsrats

a. *Aussage 4* ist der einzige Sachverhalt, bei dem der Betriebsrat nicht zuständig ist.
b. *Aussage 4* ist richtig. Es geht dabei vor allem um bestimmte *Richtlinien* bei der Einstellung von Mitarbeitern, damit das *Betriebsklima* nicht gefährdet wird.

Lösung zu Aufgabe 5: Betriebsversammlung

Aussage 2 ist richtig. Der *Arbeitgeber* ist einzuladen und hat über das *Personal- und Sozialwesen* sowie über *wirtschaftliche Fragen* zu berichten.

Lösung zu Aufgabe 6: Tarifautonomie

Aussage 4 ist richtig. Statt von *Tarifpartnern* wird gelegentlich auch von *Sozialpartnern* gesprochen. Gemeint sind Arbeitgeberverbände und Gewerkschaften.

Lösung zu Aufgabe 7: Tarifverträge

a. *2.* Die *Lohn- und Gehaltsstufen* stehen im Lohn- und Gehaltstarifvertrag.
b. *1.* Der *Urlaubsanspruch* und d) *1.* die *wöchentliche Arbeitszeit* sind im Manteltarifvertrag festgelegt.
c. *3.* Die *Berufsschulpflicht* steht im Berufsbildungsgesetz.

Lösung zu Aufgabe 8: Arbeitskampfmaßnahmen

a. *1. Wilder Streik*, der mit der Gewerkschaft nicht abgestimmt ist.
b. *4. Schwerpunktstreik*, das Durchhaltevermögen spielt eine entscheidende Rolle.
c. *2. Warnstreik*, um den Forderungen mehr Nachdruck zu verleihen.
d. *4. Aussperrung* als Kampfmittel der Arbeitgeber, alle Arbeitnehmer sind davon betroffen.

Teil IV
Steuern und Sozialversicherung

Allgemeine *Prüfungsaufgaben zum deutschen Steuersystem* beziehen sich darauf, welche Steuern den *Gemeinden* zustehen sowie auf die Auswertung statistischer Angaben. Bei der Umsatzsteuer ist vor allem die *Umsatzsteuer-Zahllast* zu ermitteln.

19.1 Das deutsche Steuersystem

Die Bundesrepublik Deutschland ist ein *föderales System*. Im *Grundgesetz* ist geregelt, *welcher Gebietskörperschaft* (Bund, Länder, Gemeinden) *welche Steuern zustehen*. Die folgende *Übersicht* zeigt Ihnen die wichtigsten deutschen Steuern mit der *Aufkommenshöhe 2013*. Insgesamt gibt es in Deutschland ca. 50 verschiedene Steuerarten (Tab. 19.1).

Die *gemeinschaftlichen Steuern* werden nach einem bestimmten *Schlüssel* auf Bund, Länder und Gemeinden verteilt. Es gibt zudem zwischen den Gebietskörperschaften umfangreiche Regelungen für einen *Finanzausgleich*. Die *vier aufkommensstärksten Steuern* (Lohnsteuer, Umsatzsteuer, Energiesteuer und Gewerbesteuer) machen über *70 %* des gesamten Steueraufkommens aus.

Musteraufgabe Gemeindesteuern

Das Steuersystem der Bundesrepublik Deutschland umfasst etwa 50 verschiedene Steuerarten. Welche Steuerart dient ausschließlich der Gemeindefinanzierung?

1. Die Grunderwerbsteuer
2. Die Grundsteuer
3. Die Lohnsteuer
4. Die Mineralölsteuer
5. Die Umsatzsteuer

© Springer Fachmedien Wiesbaden 2015
M. Wünsche, *Wirtschafts- und Sozialkunde (IHK)*,
DOI 10.1007/978-3-658-06755-7_19

Tab. 19.1 Übersicht Steuereinnahmen 2013 (in Mio. Euro)

Gemeinschaftliche Steuern von Bund, Ländern und Gemeinden	Einkommensteuer		
	Lohnsteuer	158.198	
	veranlagte Einkommensteuer	42.280	
	Körperschaftsteuer	19.508	
	Kapitalertragsteuern	25.923	245.909
	Umsatzsteuer		
	Mehrwertsteuer	148.315	
	Einfuhrumsatzsteuer	48.528	196.843
	Gesamt		442.752
reine Bundessteuern	Energiesteuer (früher Mineralölsteuer)	39.364	
	Tabaksteuer	13.820	
	Solidaritätszuschlag	14.378	
	Versicherungssteuer	11.553	
	Kraftfahrzeugsteuer	8.490	
	Stromsteuer	7.009	
	sonstige Bundessteuern	5.839	100.453
reine Ländersteuern	Grunderwerbsteuer	8.394	
	Erbschaftsteuer	4.633	
	sonstige Ländersteuern	2.696	15.723
reine Gemeindesteuern	Gewerbesteuer	43.027	
	Grundsteuer	12.377	
	sonstige Gemeindesteuern	1.145	56.549

Neben der *Gewerbesteuer* steht die *Grundsteuer* ausschließlich den Gemeinden zu. *Ziffer 2* ist richtig. Weitere Gemeindesteuern sind die Hundesteuer, die Jagdsteuer, die Zweitwohnsitzsteuer und die Vergnügungssteuer.

Musteraufgabe Steuersystem

Welche der folgenden Aussagen zum Steuersystem der Bundesrepublik Deutschland ist zutreffend?

1. Bei indirekten Steuern wird bei der Festsetzung des zu zahlenden Steuerbetrags die Leistungsfähigkeit des jeweiligen Steuerzahlers berücksichtigt.
2. Jeder Käufer einer bestimmten Ware muss unabhängig von seinem Einkommen den gleichen Umsatzsteuerbetrag zahlen.

3. Die Kraftfahrzeugsteuer darf ausschließlich für den Bau von Bundesautobahnen und die Förderung der technologischen Entwicklung bei Verbrennungsmotoren verwendet werden.

4. Das Steuersystem der Bundesrepublik Deutschland umfasst etwa zehn verschiedene Steuerarten, deren Aufkommen gleichmäßig auf die Bundesländer verteilt wird.

5. Der Steuertarif ist bei allen Steuern proportional aufgebaut.

Aussage 2 ist richtig. Die Höhe der Umsatzsteuer ist von der Höhe des Einkommens unabhängig. Allerdings gilt für bestimmte Waren ein *ermäßigter Steuersatz*, z. B. für Nahrungsmittel und Bücher. Damit sollen *einkommensschwache Bürger* eine Steuervergünstigung erhalten.

Bei *indirekten Steuern* (Aussage 1) sind Steuerzahler und Steuerträger nicht identisch. Die Umsatzsteuer ist ein gutes Beispiel dafür: Sie wird von den Unternehmen einbehalten und abgeführt. Belastet wird der Endverbraucher, der beim Einkauf zusätzlich Umsatzsteuer zahlen muss.

Aussage 3 ist falsch, weil keine Steuer grundsätzlich nur für bestimmte Staatsausgaben verwendet werden darf. Alle Steuereinnahmen fließen in den Staatshaushalt. Inzwischen gibt es jedoch Ausnahmen, wie z. B. die Ökosteuer.

Die *Einkommensteuer* hat einen *progressiven Tarifbereich* (Aussage 5). Dies bedeutet, dass mit zunehmendem Einkommen der Steuersatz steigt: Je höher das Einkommen, umso höher ist der Prozentsatz, der davon als Einkommensteuer ans Finanzamt abgeführt werden muss.

19.2 Umsatzsteuer

Die Umsatzsteuer besteuert *alle Lieferungen und sonstigen Leistungen*, die ein *Unternehmer im Inland* erbringt. Sie soll nur den *Endverbraucher* belasten. Erbringt ein Unternehmer *an einen anderen Unternehmer* eine Leistung, so muss das empfangende Unternehmen zwar Umsatzsteuer zahlen, kann sich die gezahlte Umsatzsteuer jedoch als *Vorsteuer* vom Finanzamt zurückholen. Die Umsatzsteuer wird auch als *Mehrwertsteuer* bezeichnet. Sie soll nur die *Wertsteigerung*, den Mehrwert besteuern. Das folgende *Rechenbeispiel* erläutert diesen Zusammenhang:

Ein *Landwirt* liefert an einen Müller Weizen im Wert von *1.000 €* (netto). Er erhebt *7 %* Umsatzsteuer, die er ans Finanzamt als einbehaltene Umsatzsteuer abführt. Der *Müller* zahlt an den Landwirt *1.070 €*. Er verkauft den gemahlenen (weiterverarbeiteten) Weizen für *1.300 €* (netto) an einen *Bäcker* und erhält von dem Bäcker zusätzlich *91 € Umsatzsteuer*. Der Müller gibt in seiner Umsatzsteuererklärung an, dass er 91 € Umsatzsteuer einbehalten und *70 € Vorsteuer* gezahlt hat; er führt den *Differenzbetrag* von *21 € ans Finanzamt* ab.

Der *Bäcker* backt aus dem Mehl Brötchen und verkauft diese für insgesamt *1.800 €* an *Endverbraucher*. Er behält von seinen Kunden zusätzlich insgesamt *126 € Mehrwert-*

steuer ein. Seine Umsatzsteuererklärung ans Finanzamt enthält 126 € einbehaltene Umsatzsteuer und *91 €* gezahlte Vorsteuer. Der Bäcker führt *35 € ans Finanzamt* ab.

Das *Finanzamt* hat von dem *Landwirt 70 €*, von dem *Müller 21 €* und von dem *Bäcker 35 €* Steuern erhalten, insgesamt 126 €. Die Endverbraucher wurden tatsächlich mit *126 €* Umsatzsteuer belastet.

Musteraufgabe Umsatzsteuer-Zahllast ermitteln

Die von der Bergthaler Büromaschinen GmbH erwirtschafteten Umsätze unterliegen sämtlich einem Steuersatz von 19 % Im Februar 2014 hat die Bergthaler Büromaschinen GmbH Umsatzerlöse in Höhe von brutto 4.824.974 € erzielt. Aus umsatzsteuerpflichtigen Aufwendungen ergab sich eine Vorsteuerbelastung in Höhe von 538.277 €.

Ermitteln Sie die Umsatzsteuerzahllast für den Voranmeldungszeitraum Februar 2014.

Die Umsatzsteuer-Zahllast für Februar 2014 beträgt *232.097 €*. Rechnen Sie zunächst aus den Umsatzerlösen die *abzuführende Umsatzsteuer* heraus und ziehen Sie davon die *gezahlte Vorsteuer* ab:

4.824.974 € entspricht 119 %

x entspricht 19 %

$$x = \frac{4.824.974 \cdot 19}{119} = 770.374 \, \text{Euro}$$

abzuführende Umsatzsteuer	770.374 Euro
Vorsteuerrückerstattungsanspruch	./. 538.277 Euro
Umsatzsteuerzahllast	232.097 Euro

Achten Sie bei solchen Aufgaben darauf, ob die Umsatzwerte *brutto oder netto* angegeben sind *oder* ob die zugehörigen *Steuerbeträge* genannt sind.

Weitere Aufgaben zum Thema Umsatzsteuer beziehen sich auf die Bestandteile einer Rechnung. Im *Umsatzsteuergesetz* ist exakt definiert, was eine *Rechnung* ist und welche Angaben sie enthalten muss:

Rechnung ist jedes Dokument, mit dem über eine Lieferung oder sonstige Leistung abgerechnet wird, gleichgültig, wie dieses Dokument im Geschäftsverkehr bezeichnet wird. Rechnungen sind auf Papier oder vorbehaltlich der Zustimmung des Empfängers auf elektronischem Weg zu übermitteln. Eine Rechnung muss folgende *Angaben* enthalten:

1. den vollständigen *Namen* und die vollständige *Anschrift* des leistenden Unternehmers und des Leistungsempfängers,

2. die dem leistenden Unternehmer vom Finanzamt erteilte *Steuernummer oder* die vom Bundeszentralamt für Steuern erteilte *Umsatzsteuer-Identifikationsnummer*,

3. das *Ausstellungsdatum*,

4. eine fortlaufende Nummer mit einer oder mehreren Zahlenreihen, die zur Identifizierung der Rechnung vom Rechnungsaussteller einmalig vergeben wird (*Rechnungsnummer*),

5. die *Menge und* die *Art* (handelsübliche Bezeichnung) der gelieferten Gegenstände oder den Umfang und die Art der erbrachten Leistung,

6. den *Zeitpunkt* der Lieferung oder sonstigen Leistung oder der Vereinnahmung des Entgelts,

7. das nach Steuersätzen und einzelnen Steuerbefreiungen aufgeschlüsselte *Entgelt* für die Lieferung oder sonstige Leistung sowie jede im Voraus vereinbarte Minderung des Entgelts, sofern sie nicht bereits im Entgelt berücksichtigt ist,

8. den *anzuwendenden Steuersatz* sowie den auf das Entgelt entfallenden *Steuerbetrag* oder im Fall einer Steuerbefreiung einen Hinweis darauf, dass für die Lieferung oder sonstige Leistung eine Steuerbefreiung gilt.

Musteraufgabe Rechnung

Sie überprüfen verschiedene Rechnungen aus dem Jahr 2014. Welche der folgenden Rechnungen entspricht nicht den Vorschriften des Umsatzsteuergesetzes?

1. Jahresverbandsbeitrag 10.763,00 €

2. Rechnungsbetrag 1190,00 € einschließlich 190,00 € Umsatzsteuer (19 %)

3. Rechnungsbetrag 2.500,00 € einschließlich 19 % Umsatzsteuer

4. Beratungshonorar 5.000,00 €, zuzüglich 19 % Umsatzsteuer 950,00 €, Rechnungsendbetrag 5.950,00 €

5. Summe gelieferter Waren 3.400,00 € zuzüglich 19 % Umsatzsteuer 646,00 €, Rechnungsendbetrag 4.046,00 €

In *Aussage 3* fehlt die Angabe des *Umsatzsteuerbetrags*, daher entspricht diese Rechnung nicht den Anforderungen des Umsatzsteuergesetzes. Auf Verbandsbeiträge (Aussage 1) wie z. B. auch auf Wohnungsmieten wird keine Umsatzsteuer erhoben. Es gibt in § 4 UStG eine lange *Liste von steuerbefreiten Umsätzen*. Auch dabei ist es inzwischen erforderlich, den Umsatzsteuerbetrag mit 0,00 € anzugeben.

Eine Prüfungsaufgabe kann auch so gestaltet sein, dass Sie eine *Rechnung* abgebildet haben und Sie den Fehler finden müssen. I. d. R fehlt der *Umsatzsteuerbetrag*. Achten Sie aber auch auf die *Steuernummer*, das *Ausstellungsdatum* und die *Rechnungsnummer*. Schauen Sie sich nach Ihrem nächsten Einkauf den Kassenzettel an.

19.3 Ökosteuer

Die Ökosteuer soll eine *Steuer auf den Energieverbrauch* sein. Das Steueraufkommen soll zudem die *Sozialversicherungsträger entlasten* und damit die Beitragssätze senken. Insofern stellt die Ökosteuer einen Verstoß gegen die Regel dar, dass Steuern nicht für bestimmte Staatsausgaben erhoben werden sollen. Ein *weiteres Ziel* der Ökosteuer soll die *Förderung energiesparender Technologien* sein.

Prüfungsaufgaben zur Ökosteuer oder *auch zu anderen Steuerarten* fordern von Ihnen kein gelerntes Fachwissen, sondern nur die *Auswertung* und Interpretation von *grafischen Darstellungen, Statistiken* oder *Zeitungsartikeln.*

Musteraufgabe Ökosteuer

In Deutschland sind in den letzten Jahren mehrfach Gesetze mit Zielrichtung „Ökologisierung des Steuerrechts" erlassen worden, um Anliegen der Umweltpolitik mit steuerlichen Maßnahmen zu verwirklichen und gleichzeitig den Arbeitsmarkt zu fördern. Die folgende Statistik zeigt Ihnen Aufkommen und Verwendung der Ökosteuer in Deutschland im Zeitraum 2001 bis 2005.

Jahr	Einnahmen (in Mio. Euro)	davon in die Rentenversicherung geflossen	zur Förderung erneuerbarer Energien verwendet
2001	11.800	11.200	200
2002	14.300	13.700	200
2003	18.700	16.100	100
2004	18.100	16.000	100
2005	17.800	15.900	100

Welche Schlussfolgerung können Sie aus der Statistik ziehen?

1. Im Jahr 2005 sind über 88 % des Aufkommens aus der Ökosteuer für die Förderung erneuerbarer Energien verwendet worden.
2. Auch wenn die Ökosteuer insgesamt umstritten ist, werden weitere Überlegungen zu einer „Ökologisierung" der Kraftfahrzeugsteuer angestellt.
3. Durch die Einführung der Ökosteuer konnte die Umweltbelastung in der Bundesrepublik Deutschland insgesamt deutlich reduziert werden.
4. Das Aufkommen aus der Ökosteuer ist seit 2003 gesunken.
5. Durch die Einnahmen aus der Ökosteuer konnten die Beitragssätze zur Rentenversicherung um 1,7 % gesenkt werden.

Richtig ist *Aussage 4.* Die Aussagen 2 und 5 sind zwar inhaltlich auch richtig, können aber aus der Statistik selbst nicht abgelesen werden. Der *Restbetrag*, der weder an die Rentenversicherung fließt noch zur Förderung erneuerbarer Energien verwendet wird, geht *in den Bundeshaushalt.*

Es hat seit 2005 zahlreiche gesetzliche Änderungen gegeben. Erinnert sei an den Regierungswechsel von Schröder nach Merkel, in dessen Folge sich einiges geändert hat, alte Regelungen verworfen wurden und neue Gesetze geschaffen und wieder geändert wurden. Zurzeit, d. h. seit einiger Zeit, wird das „Erneuerbare-Energien-Gesetz" (EEG) und die damit verbundene EEG-Umlage im Bundestag heftig diskutiert. Es wird von Ihnen in der WiSo-Prüfung nicht erwartet, dass Sie die aktuellen Diskussionen (oder gar die aus der jüngeren Vergangenheit) kennen. Ihre Prüfungsleistung besteht darin, vorgegebene Zahlen bzw. Informationen mit Aussagen zu vergleichen und die Aussage, die mit den angegebenen Zahlen zusammenpasst, als richtige Aussage zu markieren.

19.4 Übungsaufgaben

Aufgabe 1: Steuersystem der Bundesrepublik Deutschland

Welche der folgenden Aussagen zum Steuersystem der Bundesrepublik Deutschland ist nicht richtig?

1. Aufgrund des föderalen Systems der Bundesrepublik Deutschland werden Gemeinschaftssteuern, reine Bundessteuern, reine Landessteuern und auch Gemeindesteuern erhoben.
2. Die Einkommensteuer ist eine Gemeinschaftssteuer, die sich aus der Lohnsteuer, der veranlagten Einkommensteuer, der Körperschaftsteuer und der Kapitalertragsteuer zusammensetzt.
3. Die Gemeinschaftssteuern werden nach einem bestimmten Schlüssel auf Bund, Länder und Gemeinden verteilt.
4. Neben den Steuereinnahmen der Gebietskörperschaften werden über einen Länderfinanzausgleich die Unterschiede im Lebensniveau der einzelnen Länder ausgeglichen.
5. Die aufkommensstärksten Steuern sind die Steuern, die ausschließlich den Gemeinden zufließen, während die Gemeinschaftssteuern nur geringe Staatseinnahmen bewirken.

Aufgabe 2: Gemeindesteuern

Die Steuereinnahmen fließen dem Bund, den Ländern und den Gemeinden zu. Welche Steuer fließt nur den Gemeinden zu?

1. Grunderwerbsteuer
2. Kraftfahrzeugsteuer
3. Gewerbesteuer
4. Mineralölsteuer
5. Umsatzsteuer
6. Tabaksteuer

Aufgabe 3: Wirtschaftsstufen und Umsatzsteuer

Ein Bergbauunternehmen liefert an einen Stahlproduzenten Eisenerz im Wert von netto 100.000 €. Dieser produziert daraus Stahl im Wert von netto 150.000 €, der an ein Walzwerk geliefert wird. Das Walzwerk liefert Stahlbleche an ein Automobilunternehmen im Wert von netto 200.000 €. Das Automobilunternehmen produziert Fahrzeuge im Wert von 450.000 €, die an Autohändler geliefert werden. Die Autohändler verkaufen die Fahrzeuge an Endverbraucher und erzielen einen Umsatz von netto 650.000 €. Wie hoch ist die insgesamt an das Finanzamt abgeführte Umsatzsteuer bei einem Steuersatz von 19 %?

Aufgabe 4: Umsatzsteuer-Zahllast ermitteln

Die von der Bergthaler Büromaschinen GmbH erwirtschafteten Umsätze unterliegen sämtlich einem Steuersatz von 19 %. Im Januar 2014 hat die Bergthaler Büromaschinen GmbH Umsatzerlöse in Höhe von netto 4.644.400 € erzielt. Die umsatzsteuerpflichtigen Aufwendungen betrugen brutto 2.850.288 €.

Ermitteln Sie die Umsatzsteuerzahllast für den Voranmeldungszeitraum Januar 2014.

Aufgabe 5: Umsatzsteuergesetz

Die Umsatzsteuer ist eine der aufkommensstärksten Steuern in Deutschland. Welche der folgenden Aussagen zu den Vorschriften des Umsatzsteuergesetzes ist nicht zutreffend?
1. Unternehmer im Sinne des Umsatzsteuergesetzes ist, wer eine gewerbliche oder berufliche Tätigkeit selbstständig zur Erzielung von Einnahmen ausübt.
2. Die Einfuhr von Gegenständen aus dem Gebiet außerhalb der Europäischen Union (Drittlandgebiet) unterliegt der Einfuhrumsatzsteuer.
3. Unternehmer, die umsatzsteuerpflichtige Umsätze tätigen, haben das Recht, gezahlte Umsatzsteuer als Vorsteuer bei ihrer Umsatzsteuervoranmeldung abzuziehen.
4. Der Umsatzsteuer unterliegen Lieferungen und Leistungen, die ein Unternehmer im Inland erbringt, sofern es sich nicht um eine steuerbefreite Lieferung oder Leistung handelt.
5. Kleinunternehmer müssen laut der Regelung im Umsatzsteuergesetz nur alle zwei Jahre eine Umsatzsteuererklärung abgeben, da sie kaum Umsätze tätigen.

Aufgabe 6: Bestandteile einer Rechnung

Nach dem Umsatzsteuergesetz ist eine Rechnung jedes Dokument, mit dem über eine Lieferung oder sonstige Leistung abgerechnet wird. Welche der folgenden Angaben muss nicht auf einer Rechnung gemäß Umsatzsteuergesetz vermerkt sein?
1. Namen und Anschrift des leistenden Unternehmers und des Leistungsempfängers
2. Steuernummer oder Umsatzsteuer-Identifikationsnummer

3. Ausstellungsdatum, Entgelt und Zeitpunkt der Leistung, eindeutige Rechnungsnummer
4. Menge und Art der gelieferten Gegenstände oder Umfang und Art der erbrachten Leistung
5. Kundennummer des Leistungsempfängers
6. anzuwendender Steuersatz sowie Steuerbetrag

Aufgabe 7: Ökosteuer

Sie lesen in einem Zeitungsartikel:

Laut einer Umfrage unter der Bevölkerung wollen immer mehr Bürger wieder zurück zu mehr Kernenergie. Dieser Einstellungswandel ist jedoch keine Frage der Überzeugung, sondern der nicht mehr hinnehmbaren Kosten. Wie bei Bionahrung gilt auch für den Ökostrom: Maximal zehn Prozent darf die Wunschenergie teurer sein. Danach schlägt der Preis das eigentlich Erwünschte. 74 % der Befragten wollen angesichts der Energiepreise die Ökosteuer verringert sehen. Das Portemonnaie siegt doch über das Umweltbewusstsein.

Welche der folgenden Aussagen stellt den Inhalt des Gelesenen richtig dar?
1. Die Ökosteuer soll in Zukunft auch auf Bionahrung erhoben werden.
2. Da Kernenergie ökologisch unbedenklich ist, führen Investitionen zur Umweltentlastung.
3. Die von der Kernenergie verursachten ökologischen Kosten sind nicht mehr hinnehmbar.
4. Fast drei Viertel der Befragten wollen die Ökosteuer verringert sehen.
5. Die Einführung der Ökosteuer hat dazu geführt, dass Kernenergie um zehn Prozent teurer geworden ist.

19.5   Lösungen zu den Übungsaufgaben

Lösung zu Aufgabe 1: Steuersystem der Bundesrepublik Deutschland

Aussage 5 ist falsch. Die Gemeindesteuern machen nur einen geringen Anteil am Steueraufkommen aus. Alle anderen Aussagen sind richtig.

Lösung zu Aufgabe 2: Gemeindesteuern

Ziffer 3: Die *Gewerbesteuer* und die Grundsteuer fließen den Gemeinden zu.

Lösung zu Aufgabe 3: Wirtschaftsstufen und Umsatzsteuer

Die ans Finanzamt abgeführte Umsatzsteuer beträgt 123.500 €. Rechnen Sie vom Wert der an die Endverbraucher gelieferten Fahrzeuge 19 %.

Lösung zu Aufgabe 4: Umsatzsteuer-Zahllast ermitteln

Die *Umsatzsteuer-Zahllast* für Januar 2014 beträgt *427.348 €*. Achten Sie auf *brutto oder netto* und ob die Umsatzsteuer oder der Umsatz angegeben ist.

Lösung zu Aufgabe 5: Umsatzsteuergesetz

Aussage 5 ist falsch. *Kleinunternehmer* müssen überhaupt keine Umsatzsteuer einbehalten und abführen. Dies muss auf der *Rechnung* angegeben sein. Rein rechtlich sind sie zwar dazu verpflichtet, aber der Staat verzichtet auf die Durchsetzung seines Anspruchs. Die Gesetzesformulierung dazu lautet (in § 19 UStG): „Die … geschuldete Umsatzsteuer wird … nicht erhoben, wenn…"

Lösung zu Aufgabe 6: Bestandteile einer Rechnung

5. Die *Kundennummer* des Leistungsempfängers ist keine nach dem Umsatzsteuergesetz vorgeschriebene Angabe auf Rechnungen.

Lösung zu Aufgabe 7: Ökosteuer: Ökosteuer

Richtig ist *Aussage 4*. Lassen Sie sich durch Aussage 3 nicht verwirren: Das steht in dem kurzen Ausschnitt aus dem Zeitungsartikel nicht drin.

Einkommensteuer

Prüfungsaufgaben zum Thema *Einkommensteuer* beziehen sich vor allem auf die Unterscheidung von *Werbungskosten* und *Sonderausgaben*, ferner ist die *Lohnabrechnung* wichtig, insbesondere Inhalte der *Lohnsteuerkarte* und *Lohnsteuerklassen*. Es können auch *einfache Berechnungen* von Ihnen gefordert werden.

20.1 Grundlagen

Die Einkommensteuer ist eine *direkte Personensteuer*. Sie wird auf genau bestimmte, im Einkommensteuergesetz aufgezählte *Einkünfte* erhoben. Bei der Berechnung der Steuerschuld werden die *persönlichen Verhältnisse* des Steuerpflichtigen berücksichtigt: Auf Einkünfte unter einer bestimmten Grenze, dem *Grundfreibetrag*, wird keine Steuer berechnet. Es folgt eine *Progressionszone*, d. h. mit zunehmenden Einkünften steigt der Steuersatz. Ab einer bestimmten Einkunftshöhe wird der Steuersatz wieder *proportional*. Diese Einkunftsgrenzen werden jedes Jahr neu festgelegt.

Die folgende vereinfachte *Übersicht* stellt die *sieben Einkunftsarten* und die grundsätzliche *Berechnung der Einkommensteuerschuld* dar: (Tab. 20.1)

Bei den *Gewinneinkunftsarten* wird der *Gewinn* als Differenz zwischen *Betriebseinnahmen* und *Betriebsausgaben* besteuert, bei den *Überschusseinkunftsarten* der *Überschuss* der Einnahmen über die *Werbungskosten*. Dies sind nur unterschiedliche Begriffe für dieselben Sachverhalte: Kauft z. B. ein Vermieter einen Computer, sind dies Werbungskosten, bei einem Gewerbebetrieb Betriebsausgaben.

Die Einkommensteuer ist eine *Jahressteuer*, d. h. der Steuerpflichtige muss grundsätzlich nach Ablauf des Kalenderjahres eine *Steuererklärung* abgeben, und vierteljährlich

© Springer Fachmedien Wiesbaden 2015
M. Wünsche, *Wirtschafts- und Sozialkunde (IHK)*,
DOI 10.1007/978-3-658-06755-7_20

Tab. 20.1 Übersicht Ermittlung der Einkommensteuer

Gewinneinkünfte = Einkünfte aus:	*Überschusseinkünfte* = Einkünfte aus
Land- und Forstwirtschaft	Nichtselbstständiger Arbeit
Gewerbebetrieb	Kapitalvermögen
Selbstständiger Arbeit	Vermietung und Verpachtung
	sonstigen Einkunftsquellen
Betriebseinnahmen ./. Betriebsausgaben	Einnahmen ./. *Werbungskosten*
./. Freibeträge	
= *Gesamtbetrag der Einkünfte*	
./. *Sonderausgaben*, außergewöhnliche Belastungen, etc.	
= *Einkommen*	
./. Freibeträge	
= *Zu versteuerndes Einkommen*	
× Steuersatz	=*Tarifliche Einkommensteuer*
./. Steuerermäßigungen + Steuerzurechnungen	
= *Festzusetzende Einkommensteuer*	

die vom Finanzamt festgesetzte Einkommensteuer-Vorauszahlungen leisten. In der jährlichen Steuererklärung können *Angaben* gemacht werden, die aufgrund der persönlichen Verhältnisse des Steuerpflichtigen die *Steuerlast reduzieren*. Dazu zählen vor allem die *Werbungskosten* bzw. Betriebsausgaben und die *Sonderausgaben*.

Die *Lohnsteuer* ist eine *besondere Erhebungsform* der Einkommensteuer für Einkünfte aus *nichtselbstständiger Arbeit*. Bei Arbeitnehmern führt der Arbeitgeber die Einkommensteuer monatlich bei der *Lohnabrechnung* an das zuständige Finanzamt (Wohnsitzfinanzamt) des Arbeitnehmers ab (*Quellenabzugssteuer*). Auch Arbeitnehmer können nach Ablauf des Kalenderjahres eine *Einkommensteuererklärung* abgeben (früher: Lohnsteuerjahresausgleich), um *zusätzliche Belastungen*, z. B. für Berufskleidung, berücksichtigt zu bekommen. Sofern ein Arbeitnehmer auch Einkünfte *aus anderen Quellen* erzielt, z. B. aus der Vermietung einer Eigentumswohnung, *muss* er eine Einkommensteuererklärung abgeben.

Die Pflicht zur Abgabe einer Einkommensteuererklärung wird im Sprachgebrauch des Finanzamts als „*zur Einkommensteuer veranlagt*" bezeichnet. *Ehegatten* können sich gemeinsam zur Einkommensteuer veranlagen lassen (Ehegatten-Splitting). Daraus ergeben sich *Steuerspareffekte*, wenn einer der Ehepartner ein hohes und der andere ein niedriges Einkommen bezieht.

Musteraufgabe Einkunftsarten

Der deutschen Einkommensteuer unterliegen bestimmte Einkunftsarten. Ordnen Sie die Einkunftsarten den dargestellten Sachverhalten zu.

Einkünfte aus	Sachverhalte
1. Land- und Forstwirtschaft	a) Rentner Heinz Schönig verpachtet ein Grundstück an die Müller Heiztechnik GmbH.
2. Gewerbebetrieb	b) Der Geschäftsführer der Müller Heiztechnik GmbH bezieht ein Geschäftsführergehalt.
3. selbstständiger Arbeit	
4. nichtselbstständiger Arbeit	c) Das Ehepaar Schulze erhält Dividende aus einer Geldanlage in Aktien und Zinsen auf ihr Sparguthaben.
5. Kapitalvermögen	
6. Vermietung und Verpachtung	d) Der Landwirt Otto Suhlke verkauft einen Holzeinschlag aus einem zu seinem kleinen Hof gehörenden Waldstück.
7. sonstigen Einkunftsquellen	
	e) Der freiberufliche EDV-Berater Hans Dübel erhält ein Honorar für einen Beratungsauftrag.
	f) Die Bergthaler Wohnbau GmbH erzielt gewerbsmäßig Einkünfte aus einem Mietwohnobjekt.
	g) Bert Pfiffig hat günstig Aktien gekauft und nach drei Monaten zu einem wesentlich höheren Preis wieder verkauft.

a. *6.* Einkünfte aus Vermietung und Verpachtung. Als *Werbungskosten* kann Heinz Schönig alle Aufwendungen im Zusammenhang mit dem Pachtgrundstück abziehen.

b. *4.* Einkünfte aus nichtselbstständiger Arbeit. Der Geschäftsführer ist *Arbeitnehmer* und steht auf der Lohnliste der GmbH, *anders* als der *Gesellschafter einer OHG*, der Einkünfte aus Gewerbebetrieb bezieht.

c. *5.* Einkünfte aus Kapitalvermögen. Gewinn aus dem *Verkauf von Aktien* unterliegt *nicht* der Einkommensteuer, wenn zwischen Kauf und Verkauf mehr als ein Jahr liegt.

d. *1.* Einkünfte aus Land- und Forstwirtschaft. *Größere Betriebe* der Land- und Forstwirtschaft werden einkommensteuerlich als *Gewerbebetriebe* behandelt.

e. *3.* Einkünfte aus selbstständiger Arbeit. Die Abgrenzung zwischen *freiberuflicher Tätigkeit* und *Gewerbebetrieb* ist in der Gewerbeordnung geregelt.

f. *2.* Einkünfte aus Gewerbebetrieb. Da die Vermietung *gewerbsmäßig* betrieben wird, handelt es sich hier nicht um Einkünfte aus Vermietung und Verpachtung.

g. *7.* Einkünfte aus sonstigen Einkunftsquellen, früher als *Spekulationsgewinn* bezeichnet. § 22 EStG enthält eine *Auflistung* weiterer sonstiger Einkünfte.

Seit 2009 gilt für Einkünfte aus Kapitalvermögen die sogenannte „*Abgeltungsteuer*", d. h. Zins- und Dividendenerträge werden pauschal mit 25 % versteuert und damit gilt die Steuerschuld als abgegolten, d. h. die persönlichen Verhältnisse bleiben unberücksichtigt, es sei denn, man stellt einen Antrag auf Veranlagung, und dies sollte man dann tun, wenn der persönliche Steuersatz niedriger als 25 % ist.

Das Einkommensteuerrecht ist sehr umfangreich und komplex. *Prüfungsaufgaben* gehen daher nicht über das hinaus, was als *Grundwissen* von einem *Arbeitnehmer* erwartet oder mit gesundem Menschenverstand beantwortet werden kann.

20.2   Werbungskosten

Als Werbungskosten sind *alle nachweisbaren Aufwendungen*, die *zur Erzielung der Einkünfte* gemacht werden, von der jeweiligen Einkunftsart abziehbar. (Bei den Gewinneinkunftsarten spricht man von Betriebsausgaben.) Das Einkommensteuergesetz nennt *beispielhaft* folgende Werbungskosten:

- *Schuldzinsen*, Renten und dauernde Lasten, soweit sie mit einer Einkunftsart in wirtschaftlichem Zusammenhang stehen;
- *Steuern* vom Grundbesitz, sonstige öffentliche Abgaben und Versicherungsbeiträge, soweit solche Ausgaben sich auf Gebäude oder auf Gegenstände beziehen, die dem Steuerpflichtigen zur Einnahmeerzielung dienen;
- *Beiträge* zu Berufsständen und sonstigen Berufsverbänden, deren Zweck nicht auf einen wirtschaftlichen Geschäftsbetrieb gerichtet ist;
- erhöhte Aufwendungen für die *Wege* zwischen Wohnung und Arbeitsstätte;
- Mehraufwendungen, die einem Arbeitnehmer wegen einer aus beruflichem Anlass begründeten *doppelten Haushaltsführung* entstehen;
- Aufwendungen für *Arbeitsmittel*, zum Beispiel für Werkzeuge und typische Berufskleidung;
- *Absetzungen für Abnutzung* und für Substanzverringerung (Abschreibung).

Zur *Vereinfachung* des Besteuerungsverfahrens sieht das Einkommensteuergesetz *Pauschalen* für den Werbungskostenabzug vor, die *ohne weiteren Nachweis* abgezogen werden können: Bei Einkünften aus nichtselbstständiger Arbeit gilt für 2014 ein *Arbeitnehmer-Pauschbetrag* in Höhe von 1.000 €, bei Versorgungsbezügen 102 €, sofern nicht höhere Werbungskosten nachgewiesen werden.

Erhöhte Werbungskosten, z. B. Fahrtkosten bei größerer Entfernung, können vorab in die ELStAM (früher: auf der *Lohnsteuerkarte*) eingetragen werden und führen bei der Lohnabrechnung *sofort* zu einer *Minderung der Lohnsteuer*, und nicht erst bei Abgabe der Einkommensteuererklärung.

Musteraufgabe Werbungskosten

Harald Schlamberger ist Vertriebsmitarbeiter der Bergthaler Büromaschinen GmbH. Er ist 43 Jahre alt, ledig, und hat im vergangenen Jahr einen Arbeitslohn in Höhe von 28.000 € bezogen. Er hat an insgesamt 220 Arbeitstagen die Fahrtstrecke von seiner Wohnung zu seinem Arbeitsplatz mit seinen eigenen Pkw zurückgelegt. Die Entfernung beträgt 69 km.

Für seine Einkommensteuererklärung hat Herr Schlamberger die folgenden ordnungsgemäßen Belege gesammelt:

Gewerkschaftsbeitrag	234 Euro
Fachliteratur	443 Euro
Beiträge zur Berufsunfähigkeitsversicherung	730 Euro
Fachzeitschriften	173 Euro
Kosten berufliche Fortbildung	432 Euro
Pflegeversicherung	237 Euro
Kfz-Steuer für Pkw	310 Euro
Bewerbungskosten (Fahrkarte und Spesenabrechnung)	174 Euro

a. Welche Eintragung wird das Finanzamt auf keinen Fall anerkennen? Geben Sie den entsprechenden Betrag an.

b. Aufwendungen für die Fahrten zur Arbeitsstätte sind als Werbungskosten abziehbar. Ermitteln Sie anhand des folgenden Auszugs aus dem Einkommensteuergesetz, wieviel Euro als Fahrtkosten absetzbar sind.

Auszug aus § 9 EStG
Zur Abgeltung dieser Aufwendungen ist für jeden Arbeitstag, an dem der Arbeitnehmer die erste Tätigkeitsstätte aufsucht eine Entfernungspauschale für jeden vollen Kilometer der Entfernung zwischen Wohnung und erster Tätigkeitsstätte von 0,30 € anzusetzen, höchstens jedoch 4.500 € im Kalenderjahr; ein höherer Betrag als 4.500 € ist anzusetzen, soweit der Arbeitnehmer einen eigenen oder ihm zur Nutzung überlassenen Kraftwagen benutzt.

c. Ermitteln Sie für Herrn Schlamberger den Einnahmenüberschuss aus nichtselbstständiger Arbeit nach Abzug der ordnungsgemäß belegten Werbungskosten.

a. *310 €.* Das Finanzamt wird die Kfz-Steuer nicht akzeptieren, da *mit der „Kilometer-Pauschale"* alle Aufwendungen für die Fahrt zur Arbeit *abgegolten* sind. Sie lesen in dem Auszug aus § 9 EStG: „Zur Abgeltung..."

b. *4.554 €.* Sie rechnen *220* Arbeitstage mal *69 km* mal *0,30 €.* Beachten Sie, dass die *Grenze von 4.500 €* nicht gilt, wenn der Arbeitnehmer den eigenen Pkw benutzt. Daher wird in der Aufgabenstellung die Kilometerzahl so gewählt, dass der Betrag darüber liegt.

c. *26.544 €.* Die Beiträge zur *Berufsunfähigkeitsversicherung* und die *Pflegeversicherung* sind keine Werbungskosten, sondern *Sonderausgaben.* Die restlichen Beträge (ohne die Kfz-Steuer) addieren Sie auf (insgesamt 1.456 €) und ziehen Sie von dem Bruttoeinkommen in Höhe von 28.000 € ab.

Prägen Sie sich vor allem Gewerkschaftsbeiträge, Fachliteratur und Fachzeitschriften, Kosten für berufliche Fortbildung und Bewerbungskosten als *Werbungskosten* ein. Es sind *Aufwendungen zur Erwerbung, Sicherung und Erhaltung* der Einnahmen.

20.3 Sonderausgaben

Nachdem für jede Einkunftsart der Überschuss bzw. Gewinn durch Abzug der Werbungskosten bzw. Betriebsausgaben von den Einnahmen ermittelt wurde, können *vom Gesamtbetrag der Einkünfte* im Einkommensteuergesetz *genau bestimmte Kosten der Lebensführung* als *Sonderausgaben* abgezogen werden (vereinfacht):

- *Unterhaltsleistungen* an den geschiedenen oder getrennt lebenden Ehegatten bis zu 13.805 €;
- *Beiträge* zu den gesetzlichen Rentenversicherungen, zu berufsständischen Versorgungseinrichtungen, und zum Aufbau einer eigenen kapitalgedeckten *Altersversorgung*;
- *Beiträge zu Versicherungen* gegen Arbeitslosigkeit, zu Erwerbs und Berufsunfähigkeitsversicherungen, zu Krankenversicherungen, Pflegeversicherungen, Unfallversicherungen und Haftpflichtversicherungen sowie zu Risikoversicherungen, die nur für den Todesfall eine Leistung vorsehen;
- gezahlte *Kirchensteuer*;
- Aufwendungen für die *Berufsausbildung* bis zu 5.000 € im Kalenderjahr;
- 30 % des *Schuldgeldes* für eine vom Kind besuchte Ersatz- oder Ergänzungsschule.

Für jeden Steuerpflichtigen werden *36 €* als Sonderausgaben abgezogen, es sei denn er weist höhere Kosten nach. (*Sonderausgabenpauschbetrag*).

Beachten Sie, dass sich auch hier die Inhalte und Beträge *Jahr für Jahr ändern* können, und merken Sie sich vor allem, dass *Sozialversicherungsbeiträge, Haftpflichtversicherungsbeiträge und Kirchensteuer* abziehbar sind.

Musteraufgabe Sonderausgaben

Ein Mitarbeiter der Bergthaler Büromaschinen GmbH hat für seine Einkommensteuererklärung die Nachweise für die folgenden Ausgaben zusammengetragen.

Gewerkschaftsbeiträge	265 Euro
Sozialversicherungsbeiträge (Arbeitnehmeranteil)	4.640 Euro
Gezahlte Kirchensteuer	221 Euro
Beiträge zur Haftpflichtversicherung	370 Euro

Ermitteln Sie die Summe der Aufwendungen, die er als Sonderausgaben abziehen kann.

Er kann insgesamt *5.231 €* als Sonderausgaben abziehen. Die Gewerkschaftsbeiträge sind Werbungskosten. Bilden Sie die Summe der übrigen Beträge. Wichtig ist, dass Sie *gängige Werbungskosten und Sonderausgaben* kennen und richtig zuordnen können.

Eine dritte Art von Aufwendungen, zu denen es *selten* Prüfungsaufgaben gibt, sind die *außergewöhnlichen Belastungen*. Bei sehr hohen und unvorhergesehenen Kosten der Lebensführung ist ein Abzug vom Gesamtbetrag der Einkünfte in der Einkommensteuererklärung möglich. Dabei handelt es sich z. B. um *Ausbildungskosten* der Kinder, *Krank-heitskosten*, *Unfallkosten* oder auch *Prozesskosten*.

20.4 Lohnabrechnung

Der Arbeitgeber führt in der monatlichen Lohnabrechnung die Lohnsteuer und die Sozial-versicherungsbeiträge für den Arbeitnehmer ab. Der *Lohnsteuerabzug* sowie der Abzug des *Solidaritätszuschlags* und eventuell der *Kirchensteuer* richtet sich nach der in den ELStAM (früher: auf der *Lohnsteuerkarte)* eingetragenen *Lohnsteuerklasse*. In der Lohn-steuertabelle ist für jede Lohnsteuerklasse und Lohnstufe die Lohnsteuer ausgewiesen, die der Arbeitgeber bei jeder Lohnabrechnung vom Arbeitslohn einzubehalten hat. Folgende *Übersicht* zeigt Ihnen *vereinfacht* die einzelnen Lohnsteuerklassen: (Tab. 20.2)

In den ELStAM (früher: Auf der Lohnsteuerkarte) ist zudem die *Anzahl der Kinderfrei-beträge* eingetragen. Bei der Entscheidung, ob auf der Lohnsteuerkarte *Kinderfreibeträge* eingetragen werden *oder* der Arbeitnehmer *Kindergeld* bezieht, darf die jeweils *vorteil-haftere Lösung* gewählt werden.

Kinderfreibeträge machen dann Sinn, wenn die *Steuerersparnis* höher ist als das Kin-dergeld. Bei getrennt lebenden, unverheirateten oder geschiedenen Eltern darf jeder nur einen *halben Kinderfreibetrag* pro Kind ansetzen.

Musteraufgabe Lohnabrechnung

Elvira Sandmann arbeitet in der Personalabteilung der Bergthaler Büromaschinen GmbH. Sie verdient monatlich brutto 2.453 €. Sie ist alleinerziehende Mutter mit einem Kind und gehört keiner Religionsgemeinschaft an.

a. Welche Lohnsteuerklasse wird auf der Lohnsteuerkarte der Mitarbeiterin eingetragen?

1. Lohnsteuerklasse I
2. Lohnsteuerklasse II
3. Lohnsteuerklasse III
4. Lohnsteuerklasse IV
5. Lohnsteuerklasse V
6. Lohnsteuerklasse VI

Tab. 20.2 Übersicht Lohnsteuerklassen

I	Ledige
II	Alleinerziehende
III	Verheiratete
IV	Verheiratete, wenn der Ehegatte ebenfalls Arbeitslohn bezieht
V	Verheiratete, wenn der Ehepartner Lohnsteuerklasse III hat
VI	Für ein zweites oder weiteres Dienstverhältnis

b. Ermitteln Sie die Summe der monatlichen Steuerabzüge für Elvira Sandmann mithilfe des nachfolgenden Auszuges aus der Lohnsteuertabelle.

Kinderfreibetrag			0,00			0,50			1,00		
ab Euro	StKl	Steuer	SolZ	KiSt 8 %	KiSt 9 %	SolZ	KiSt 8 %	KiSt 9 %	SolZ	KiSt 8 %	KiSt 9 %
2.451	I	391,25	21,51	31,30	35,21	17,58	25,57	28,77	13,82	20,10	22,62
	II	358,58	19,72	28,68	32,27	15,86	23,08	25,96	12,19	17,73	19,95
	III	126,00	0,00	10,08	11,34	0,00	6,02	6,78	0,00	2,48	2,79
	IV	391,25	21,51	31,30	35,21	19,52	28,40	31,95	17,58	25,57	28,77
	V	739,16	40,65	59,13	66,52	-	-	-	-	-	-
	VI	771,33	42,42	61,70	69,42	-	-	-	-	-	-
2.454	I	392,16	21,56	31,37	35,29	17,63	25,64	28,85	13,86	20,17	22,69
	II	359,50	19,77	28,76	32,35	15,91	23,14	26,04	12,23	17,79	20,01
	III	126,66	0,00	10,13	11,40	0,00	6,08	6,84	0,00	2,52	2,83
	IV	392,16	21,56	31,37	35,29	19,57	28,47	32,03	17,63	25,64	28,85
	V	740,41	40,72	59,23	66,63	-	-	-	-	-	-
	VI	772,58	42,49	61,80	69,53	-	-	-	-	-	-

c. Frau Sandmann fährt mit ihrem Auto zur Arbeit und überlegt, wie sie die Fahrtkosten steuerlich geltend machen kann. Welche der folgenden Aussagen dazu ist richtig?

1. Die Fahrtkosten können als Werbungskosten immer erst nach Ablauf des Kalenderjahres in der Einkommensteuererklärung geltend gemacht werden.
2. Fahrtkosten können als Werbungskosten nur bis in Höhe der Arbeitnehmer-Pauschale abgesetzt werden, sofern sie durch entsprechende Belege nachgewiesen werden.
3. Fahrtkosten können als Werbungskosten nur geltend gemacht werden, wenn Frau Sandmann ein Fahrtenbuch führt und entsprechende Tankbelege vorlegen kann.
4. Mit Eintrag eines Freibetrags für erhöhte Werbungskosten in die Lohnsteuerabzugsmerkmale werden die Fahrtkosten schon bei der monatlichen Lohnabrechnung berücksichtigt.
5. Neben den nachgewiesenen Kosten für Benzin und Reparaturen können in der Einkommensteuererklärung auch die Kfz-Steuer und Versicherung abgesetzt werden.

a. *2. Steuerklasse II.* Als *alleinerziehender* Mutter steht ihr bei der monatlichen Lohnabrechnung zur Verfügung der *volle* Kinderfreibetrag.

b. *370,77 €*. Lesen Sie im Bereich *ab 2.451 €* für *Steuerklasse II* die *Steuer* in Höhe von *358,58 €* ab und rechnen Sie den *Solidaritätszuschlag* in Höhe von *12,19 €* bei 1,00 Kinderfreibetrag hinzu.

c. *Aussage 4* ist richtig. Früher wurde auf die Lohnsteuerkarte die *Zahl der Kinderfreibeträge* von der *Gemeinde* eingetragen, die ja die Lohnsteuerkarten ausstellte, und für einen *Freibetrag für erhöhte Werbungskosten* musste man einen Antrag beim *Finanzamt* stellen. Der Eintrag erhöhter Werbungskosten in die ELStAM führt bei der Lohnabrechnung zu einem *niedrigeren monatlichen Lohnsteuerabzug* und damit zu einem höheren Auszahlungsbetrag. Sinn macht dies, wenn dadurch auf die jährliche Einkommensteuererklärung verzichtet werden kann, da sonst keine über die *Arbeitnehmer-Pauschale* hinausgehenden Werbungskosten anfallen.

20.5 Übungsaufgaben

Aufgabe 1: Einkunftsarten

Elvira Sandmann ist Mitarbeiterin der Bergthaler Büromaschinen GmbH. Welche zwei der genannten Einnahmen von Elvira Sandmann gehören auch zu den Einkünften aus nichtselbstständiger Arbeit?

1. Dividenden aus einer Geldanlage in Aktien
2. Kindergeld
3. Krankengeld
4. Urlaubsgeld
5. Weihnachtsgratifikation
6. Zinsen auf Sparguthaben

Aufgabe 2: Einkommensteuer

Für ihre Einkommensteuererklärung hat Elvira Sandmann die folgenden Informationen zusammengetragen:

Einnahmen aus nichtselbstständiger Arbeit	23.500 Euro
Werbungskosten	1.300 Euro
Sonderausgaben	5.100 Euro
steuerpflichtige Einkünfte aus Kapitalvermögen	4.200 Euro

a. Berechnen Sie das zu versteuernde Einkommen von Elvira Sandmann.
b. Ermitteln Sie anhand des nachfolgenden Auszugs aus den Einkommensteuertabellen die tarifliche Jahres-Einkommensteuer für Elvira Sandmann.

Einkommen	Steuer	Einkommen	Steuer	Einkommen	Steuer	Einkommen	Steuer
bis		bis		bis		bis	
21.276	3.202	21.564	3.282	21.852	3.363	22.140	3.444
21.312	3.212	21.600	3.292	21.888	3.373	22.176	3.454
21.348	3.222	21.636	3.302	21.924	3.383	22.212	3.464
21.384	3.232	21.672	3.312	21.960	3.393	22.248	3.475
21.420	3.242	21.708	3.322	21.996	3.403	22.284	3.485
21.456	3.252	21.744	3.332	22.032	3.414	22.320	3.495
21.492	3.262	21.780	3.343	22.068	3.424	22.356	3.505
21.528	3.272	21.816	3.353	22.104	3.434	22.392	3.515

Aufgabe 3: Werbungskosten und Sonderausgaben

Welche der folgenden Aussagen zu Sonderausgaben und Werbungskosten ist richtig?

1. Werbungskosten sind alle Ausgaben, die direkt für die Berufsausübung anfallen. Ausgaben für Fortbildungsmaßnahmen und für Bewerbungen sind Sonderausgaben.
2. Werbungskosten können mit dem tatsächlichen, nachweisbaren Betrag in voller Höhe geltend gemacht werden. Bei den im Einkommensteuergesetz abschließend aufgezählten Sonderausgaben gibt es beschränkt und unbeschränkt abzugsfähige Ausgaben.
3. Sonderausgaben sind alle Aufwendungen für die Zukunftssicherung, die man dem Finanzamt nachweisen oder glaubhaft machen kann.
4. Die im Einkommensteuergesetz genannten Sonderausgaben können nur bis in Höhe der Pauschalbeträge abgezogen werden, wenn ordnungsgemäße Belege dafür vorliegen.
5. Als Werbungskosten können nur die im Einkommensteuergesetz genannten Aufwendungen bis zur angegebenen Höhe abgesetzt werden.

Aufgabe 4: Lohnsteuerabzugsmerkmale

Jasmine Bergner hat sich nach Abschluss ihrer Ausbildung erfolgreich bei der Bergthaler Büromaschinen GmbH beworben und gibt zur Einstellung ihre Identifikationsnummer und ihr Geburtsdatum an, wodurch der Arbeitgeber per Internet geschützten Zugriff auf die persönlichen Lohnsteuerabzugsmerkmale von Jasmine erlangt, die er für die Lohnabrechnung benötigt.

a. Welche der folgenden Angaben wird in die ELStAM-Datenbank eingetragen?
   1. Familienstand
   2. Lohn- bzw. Gehaltsgruppe
   3. Steuerklasse
   4. Steuersatz

b. Wer ist für die Bildung und die Änderung der Lohnsteuerabzugsmerkmale zuständig?

1. Arbeitsamt
2. Finanzamt
3. Gemeindebehörde
4. Krankenkasse

c. Welche Angabe wird vom Arbeitgeber in die ELStAM eingetragen?

1. Beiträge zur Unfallversicherung
2. Jahresbruttoeinkommen
3. Lohn- und Gehaltsvorschüsse
4. Spenden des Arbeitnehmers
5. keine

d. Jasmine möchte auf der Lohnsteuerkarte einen Freibetrag für erhöhte Werbungskosten eintragen lassen. An wen muss sie sich wenden?

1. Arbeitgeber
2. Finanzamt
3. Gemeindebehörde
4. Steuerberater

20.6 Lösungen zu den Übungsaufgaben

Lösung zu Aufgabe 1: Einkunftsarten

Zu den Einkünften aus nichtselbstständiger Arbeit gehören auch *4. Urlaubsgeld* und *5. Weihnachtsgratifikation*. Sie werden wie das Gehalt ausgezahlt.

Lösung zu Aufgabe 2: Einkommensteuer

a. *21.300 €*. Addieren Sie die beiden Einkunftsbeträge und ziehen Sie davon die Werbungskosten und die Sonderausgaben ab.

b. *3.212 €*. Sie finden den Wert in der zweiten Zeile der zweiten Spalte. Ohne die richtige Berechnung in a) können Sie diese Aufgabe nicht lösen.

Lösung zu Aufgabe 3: Werbungskosten und Sonderausgaben

Aussage 2 ist richtig. Die Aufzählung der Werbungskosten im Einkommensteuergesetz ist nur beispielhaft. Bei den Sonderausgaben ist die Aufzählung abschließend.

Lösung zu Aufgabe 4: Lohnsteuerkarte

a. *3. Steuerklasse*. Weitere Eintragungen in den Lohnsteuerabzugsmerkmalen sind die Anzahl der *Kinderfreibeträge*, der *Kirchensteuerabzug* (d. h. auch die Religionszugehörigkeit) und evtl. die Beiträge zu einer privaten Krankenversicherung.

Früher wurde auf die Lohnsteuerkarte die komplette *Jahreslohnabrechnung* mit Bruttoarbeitslohn, einbehaltener Lohnsteuer, Kirchensteuer, Solidaritätszuschlag und weitere Arbeitgeberleistungen, z. B. für Fahrten zwischen Wohnung und Arbeitsstätte eingetragen, die abgeführten *Sozialversicherungsbeträge* jedoch *nicht*. Dies entfällt mit Einführung des ELStAM-Verfahrens.

b. *2.* Das Finanzamt, genauer das Wohnsitzfinanzamt des Arbeitnehmers. Die *Gemeindebehörde* stellte früher die Lohnsteuerkarte aus, das muss sie nun nicht mehr.

c. *5.* Der Arbeitgeber trägt in die ELStAM gar nicht ein, er ruft nur die Informationen ab, die er für die Lohnabrechnung braucht. Das *Jahresbruttoeinkommen* und die einbehaltenen und ans Finanzamt abgeführten *Steuerbeträge* (Lohnsteuer, evtl. Kirchsteuer, Solidaritätszuschlag) sowie alle weiteren vom Arbeitgeber an den Arbeitnehmer erbrachten Leistungen stehen in der monatlich vom Arbeitgeber zu erstellenden Lohnsteuervoranmeldung, die er an sein Betriebsstättenfinanzamt schickt. *Spenden* kann ein Arbeitnehmer erst bei der Einkommensteuererklärung geltend machen, sofern sie abzugsfähig sind. Die Beiträge zur Unfallversicherung werden alleine vom Arbeitgeber bezahlt, haben mit der Lohnabrechnung nichts zu tun.

d. *2. Finanzamt.* Es gibt eine Reihe weiterer vorab *eintragbarer Ermäßigungen* (Freibeträge), z. B. *Pauschalbeträge* bei Behinderung oder für Hinterbliebene, auch bestimmte regelmäßig anfallende *Sonderausgaben* und *außergewöhnliche Belastungen* können vorab den Lohnsteuerabzug mindern.

Sozialversicherung

Prüfungsaufgaben zum Thema *Sozialversicherung* fordern zum einen die richtige *Zuordnung von Versicherungsleistungen* zu den Trägern der Sozialversicherung, zum anderen beziehen sie sich auf *Zuständigkeit und Leistungen* der einzelnen Träger. Es gibt auch Aufgaben mit *Berechnungen.*

21.1 Grundlagen

Die Sozialversicherung ist eine *staatlich streng geregelte Fürsorge* für wichtige Risiken und wird von *selbstverwalteten Versicherungsträgern* organisiert. Es werden die folgenden fünf Säulen der Sozialversicherung unterschieden (Tab. 21.1):

Zweck der Sozialversicherung ist es, auch den *Beziehern niedriger Einkommen* einen *Versicherungsschutz* zu gewähren. Aus dem jährlichen *Beitragsaufkommen* sollen die *Ausgaben desselben Jahres* gedeckt werden. Daher besteht zur Sicherung der Einnahmen für sehr weite Bevölkerungskreise *Versicherungspflicht.* Durch die Versicherungspflicht wird auch eine Unterscheidung von Personen mit hohen und niedrigen Risiken verhindert.

Die *Leistungen* der Sozialversicherungsträger werden als *Sachleistungen* oder als *Geldleistungen* erbracht. Sachleistungen sind für alle Versicherten *anforderungsgerecht,* unabhängig von der Höhe ihrer erbrachten Beitragszahlungen. Geldleistungen wie *Rente oder Krankentagegeld* richten sich in ihrer Höhe *nach den erbrachten Beiträgen.*

Zu den Aufgaben der Sozialversicherung gehört auch die Finanzierung von Maßnahmen zur *Vorsorge* (Prävention) und zur *Wiederherstellung der Arbeitsfähigkeit* (Rehabilitation).

© Springer Fachmedien Wiesbaden 2015
M. Wünsche, *Wirtschafts- und Sozialkunde (IHK),*
DOI 10.1007/978-3-658-06755-7_21

Tab. 21.1 Übersicht Säulen der Sozialversicherung

Krankenversiche-rung	Pflegeversiche-rung	Rentenversiche-rung	Unfallversiche-rung	Arbeitslosenver-sicherung
Krankenkassen, Knappschaft	Pflegekassen (bei den Krankenkassen geführt)	Deutsche Rentenversicherung (früher LVA, BfA)	Berufsgenossenschaften	Agenturen für Arbeit
Heilmittel, Krankenpflege, Vorsorge- und Rehabilitations-maßnahmen Mutterschaftsgeld Familienhilfe	Je nach Pflegestufe: Leistungen zur häuslichen und zur stationären Pflege	Rente, Altersruhegeld, Rehabilitationsleistungen	Unfallverhütung, Heilbehandlung, Berufshilfe, Verletztengeld, Hinterbliebenenrente	Arbeitslosengeld, Arbeitsförderung, Wintergeld, Winterausfallgeld, Kurzarbeitergeld

Die *Beiträge* werden als *Prozentsätze der Bruttolöhne bzw. -gehälter* berechnet. Der *Grundsatz*, dass dabei Arbeitgeber und Arbeitnehmer jeweils *die Hälfte* des Beitrags entrichten, wird an mehreren Stellen *durchbrochen*. So trägt der Arbeitgeber die Beitragszahlung für die *Unfallversicherung* an die Berufsgenossenschaft alleine.

Seit 2005 zahlen *Arbeitnehmer* zusätzlich *0,4%* ihres Einkommens als *Zahnersatzabsicherung* und weitere *0,5% Sonderbeitrag* an die *Krankenversicherung*. Die Arbeitgeber werden dadurch um 0,45% entlastet.

Seit 2005 entrichten *kinderlose Arbeitnehmer* einen um *0,25 Prozentpunkte* höheren *Pflegeversicherungsbeitrag*. Damit wurde die Forderung nach einer Berücksichtigung von *Kindererziehungszeiten* beim Pflegeversicherungsbeitrag umgesetzt.

Musteraufgabe Zuordnung von Leistungen zu Trägern

Die gesetzliche Sozialversicherung in der Bundesrepublik Deutschland setzt sich aus insgesamt fünf Säulen zusammen. Ordnen Sie die zuständigen Sozialversicherungsträger den dargestellten Sachverhalten zu.

1. Arbeitslosenversicherung
2. Krankenversicherung
3. Pflegeversicherung
4. Rentenversicherung
5. Unfallversicherung

a) Rente wegen Minderung der Erwerbsfähigkeit durch einen Arbeitsunfall
b) Übernahme der Operationskosten für eine Herzoperation
c) Berufsberatung und Vermittlung von Ausbildungsstellen
d) Rente wegen Erwerbsunfähigkeit aufgrund eines Herzinfarkts
e) Gewährung eines Zuschusses für Kosten der Heimunterbringung

a. *5*. Alle Leistungen, die im Zusammenhang mit einem *Arbeitsunfall* entstehen, werden von der *Berufsgenossenschaft*, dem Träger der *Unfallversicherung* gezahlt. Einem Arbeitsunfall gleichgestellt ist ein Unfall auf dem Weg zur Arbeit oder von der Arbeit nach Hause (*Wegeunfall*).

b. *2*. Krankheits- und *Heilbehandlungskosten* werden von den *Krankenkassen* übernommen. Achten Sie bei Prüfungsaufgaben darauf, ob die *Verletzung* im Zusammenhang mit der *Erwerbstätigkeit*, z. B. auf dem Weg zur Arbeit, *oder* in der *Freizeit*, z. B. bei einer sportlichen Betätigung, geschieht.

c. *1*. Die örtlichen *Agenturen für Arbeit* (früher Arbeitsämter) bieten *Leistungen* an *und* ergreifen *Maßnahmen*, um *Arbeitssuchende* wieder in Arbeit zu bringen, aber auch um jungen Menschen den *Berufsstart* zu erleichtern.

d. *4*. Bei einer *Rente wegen Erwerbsunfähigkeit* hängt es von dem Grund für die Erwerbsunfähigkeit ab, ob die *Rentenversicherung oder* die *Berufsgenossenschaft* zahlt. Die Bundesversicherungsanstalt für Angestellte (*BfA*) und die Landesversicherungsanstalten (*LVA*), die bisher für Arbeiter zuständig waren, sind 2005 unter dem neuen Namen „*Deutsche Rentenversicherung*" zu einem Träger zusammengefasst worden, um mehr Wirtschaftlichkeit, Effektivität und Bürgernähe zu erreichen.

e. *3*. Bei der *Pflegeversicherung* werden drei Pflegebedürftigkeitsstufen unterschieden: *erhebliche* (I), *schwere* (II) *und schwerste* (III) *Pflegebedürftigkeit*.

Musteraufgabe Befreiung von der Versicherungspflicht

In der Personalabteilung der Bergthaler Büromaschinen GmbH wird bei einigen neu eingestellten Arbeitnehmern geprüft, ob sich diese von der Versicherungspflicht in der Krankenversicherung befreien lassen können. Für welchen Arbeitnehmer trifft dies zu?

1. Armin Bossler, Lagerarbeiter, monatliches Bruttogehalt 1.700 €, hat Rückenprobleme.
2. Erich Falkmann, Controller, monatliches Bruttogehalt 5.700 €
3. Isolde Gündler, kfm. Auszubildende, Ausbildungsvergütung 723 € brutto pro Monat
4. Katharina Wegrich, Außendienstmitarbeiterin, monatliches Bruttogehalt 2.850 €, hat eine private Krankenzusatzversicherung abgeschlossen.
5. Hans Pflauberg, Buchhalter, monatliches Bruttogehalt 2.200 €

Die *Beitragsbemessungsgrenze* ist die Einkommenshöhe, bis zu der die Beiträge zur Sozialversicherung maximal berechnet werden. Ein Arbeitnehmer, der ein *Bruttoeinkommen oberhalb* der *Versicherungspflichtgrenze* erhält, ist *nicht mehr pflichtversichert* und kann sich daher freiwillig privat versichern. Auch ohne Kenntnis der genauen Höhe dieser beiden vom Gesetzgeber jährlich angepassten Grenzen konnten Sie erkennen, dass nur der *Controller Erich Falkmann* mit einem deutlich höheren Einkommen gemeint sein konnte. *Aussage 2* ist richtig. Das Bestehen einer privaten *Krankenzusatzversicherung* (Aussage 4) hat für die Versicherungspflicht *keine Bedeutung*. Ihr Sinn liegt ausschließlich darin, Leistungen zu erhalten, die von den gesetzlichen Krankenkassen nicht gewährt werden.

21.2   Krankenversicherung

Aufgaben speziell zum Thema Krankenversicherung beziehen sich auf die *Leistungen* oder verlangen die *Berechnung* der *Beitragshöhe* oder des *Beitragssatzes*.

Musteraufgabe Krankenversicherung

Welche der folgenden Aussagen zur gesetzlichen Krankenversicherung ist zutreffend?
1. Abhängig Beschäftigte und auch Selbstständige sind aufgrund des Solidarprinzips unabhängig von der Höhe ihrer Einkünfte krankenversicherungspflichtig.
2. Die Beiträge zur Krankenversicherung werden vom Arbeitnehmer gezahlt und richten sich nach der Höhe des Bruttolohns.
3. Das Krankengeld für Arbeitnehmer ist unabhängig vom Verdienst und wird vom Arbeitgeber mit dem Arbeitslohn ausbezahlt.
4. Zu den Leistungen der Krankenversicherungen gehört auch die Finanzierung von Maßnahmen zur Früherkennung von Krankheiten.
5. Zu den Leistungen der Krankenversicherung gehören auch Leistungen, die der Erhaltung, Besserung und Wiederherstellung der Erwerbsfähigkeit dienen.

Aussage 4 ist richtig. Auch unter dem Gesichtspunkt der Kostensenkung ist es für die Krankenkassen sinnvoll, *Maßnahmen* zu finanzieren, die der *Früherkennung* von Krankheiten oder der *Vorsorge* dienen. Daher werden von den Krankenkassen z. B. auch *Kuren* übernommen. Informieren Sie sich über das Leistungsspektrum Ihrer Krankenversicherung.

Musteraufgabe Krankenversicherungsbeitrag

Katharina Wegrich ist Mitarbeiterin der Bergthaler Büromaschinen GmbH und bezieht ein monatliches Bruttogehalt von 2.850 €. Sie ist 34 Jahre alt, ledig und hat keine Kinder. Ihre Krankenkasse erhebt den einheitlichen Beitragsatz von 15,5 %. Einen kassenindividuellen Zusatzbeitrag erhebt die Krankenkasse von Frau Wegrich nicht.

Ermitteln Sie die Höhe des Krankenversicherungsbeitrags, der Frau Wegrich in der Lohnabrechnung von ihrem Bruttolohn abgezogen wird.

Beachten Sie dabei, dass der Arbeitnehmeranteil um 0,9 % höher ist als der Arbeitgeberanteil, was bei der Lohnabrechnung mit berücksichtigt wird.

Bei der Berechnung des vom Arbeitgeber abzuführenden Krankenversicherungsbeitrags müssen Sie beachten, dass der Arbeitnehmer *0,9 % alleine* trägt und der Restprozentsatz hälftig von Arbeitgeber und Arbeitnehmer getragen wird. Daher werden Frau Wegrich *8,2 %* ihres Einkommens als Krankenversicherungsbeitrag abgezogen, das sind *233,70 €*.

Ab 2015 soll der Beitragssatz auf 14,6 % gesenkt werden, der dann wieder wie früher hälftig von Arbeitgeber und Arbeitnehmer zu tragen ist. Das Krankenversicherungsrecht hat sich in den letzten Jahren so sehr verkompliziert, das tiefergehende Fragen dazu in der WiSo-Prüfung nicht zu erwarten sind.

21.3 Pflegeversicherung

Die Pflegeversicherung wurde 1995 als fünfter Zweig der Sozialversicherung eingeführt, um eine *Vorsorge* für eventuell anfallende Pflegekosten zu *erzwingen*. Sie deckt nicht die gesamten Pflegekosten ab, sondern soll nur unterstützend wirken. Der *Leistungsumfang* richtet sich nach dem Grad der *Pflegebedürftigkeit*.

Musteraufgabe Pflegeversicherung

Bei der Feststellung der Pflegebedürftigkeit sind bestimmte wiederkehrende Verrichtungen im Ablauf des täglichen Lebens maßgeblich, die von der pflegebedürftigen Person nicht mehr allein bewältigt werden können. Ordnen Sie die Verrichtungen den genannten Bereichen der Pflegebedürftigkeit zu.

Verrichtungen

1. Einkaufen
2. Hilfe beim An- und Auskleiden
3. Kämmen
4. Kochen
5. Mundgerechtes Zubereiten der Nahrung
6. Reinigen der Wohnung
7. Wäsche und Kleidung reinigen

Bereiche

a) Ernährung
b) Körperpflege
c) Mobilität

a. *5*. Mundgerechtes Zubereiten der *Nahrung* gehört zur Ernährung
b. *3*. *Kämmen* gehört zur Körperpflege und
c. *2*. Hilfe beim An- und Auskleiden zur *Mobilität*.

Leistungen bei *häuslicher* Pflege werden in Sachleistungen (von ambulanten Pflegediensten) und Geldleistungen (Pflegegeld) unterschieden. Ferner werden Zuschüsse z. B. für den pflegegerechten Umbau der Wohnung gewährt. Der Umfang der Leistungen richtet sich nach der Pflegestufe. Die Pflegeperson (d. h. die pflegende Person) soll unterstützt werden. So werden z. B. Ersatzpflegekräfte bei kurzzeitiger Verhinderung gestellt. Für die Unterbringung in einem Pflegeheim zahlt die Pflegekasse je nach Pflegestufe einen Teil der Kosten.

Musteraufgabe Pflegeversicherungsbeitrag

Katharina Wegrich ist Mitarbeiterin der Bergthaler Büromaschinen GmbH und bezieht ein monatliches Bruttogehalt von 2.850 €. Sie ist 34 Jahre alt, ledig und hat keine Kinder. Der allgemeine Beitragssatz ihrer Pflegekasse beträgt 2,05 %. Ermitteln Sie die Höhe des Beitrags zur Pflegeversicherung, der Frau Wegrich in der Lohnabrechnung von ihrem Bruttolohn abgezogen wird.

Beachten Sie dabei, dass kinderlose Arbeitnehmer einen um 0,25 Prozentpunkte höheren Pflegeversicherungsbeitrag leisten müssen, der ausschließlich vom kinderlosen Mitglied allein getragen wird.

Der *allgemeine Beitragssatz* von inzwischen 2,05 % (seit Januar 2013) wird *hälftig* von Arbeitgeber und Arbeitnehmer gezahlt. Auf den Arbeitnehmeranteil von *1,025 %* schlagen Sie *0,25 Prozentpunkte* auf, da Frau Wegrich *kinderlos* ist. Sie muss daher *1,275 %* ihres Bruttoeinkommens als Arbeitnehmeranteil an die Pflegeversicherung zahlen, *36,33 €*.

21.4 Unfallversicherung

Den Beitrag zur Unfallversicherung zahlt der *Arbeitgeber alleine*. Träger der Unfallversicherung ist die jeweilige *Berufsgenossenschaft*. Die Höhe des Beitrags richtet sich nach der *Risikoklasse*. Betriebe mit erhöhter Unfallgefahr müssen höhere Beiträge entrichten. *Prüfungsaufgaben* zur Unfallversicherung richten sich vor allem auf den *Wegeunfall*.

Musteraufgabe Unfallversicherung

In welchem der folgenden Sachverhalte ist die Unfallversicherung zuständig?
1. Ein Auszubildender stürzt nach der betrieblichen Weihnachtsfeier betrunken eine Treppe hinunter und erleidet schmerzhafte Prellungen und Verletzungen.
2. In der Frühstückspause rutscht ein übermütiger Mitarbeiter das Treppengeländer im Bürogebäude herunter, stürzt und verletzt sich schwer.
3. Ein Arbeitnehmer geht von seiner Wohnung zum Bahnhof, um sich eine Monatskarte für die anschließende Fahrt zur Arbeitsstelle zu kaufen. Er stürzt und verletzt sich erheblich.
4. Ein Auszubildender macht auf dem Weg zur Berufsschule einen Umweg, um seine Freundin zu besuchen, und erleidet einen Autounfall, bei dem er schwer verletzt wird.
5. Ein Arbeitnehmer, der an einem freien Tag neue Berufskleidung einkaufen gehen will, rutscht auf eisglattem Gehweg aus und bricht sich ein Bein.

Die gesetzliche Unfallversicherung schützt alle Arbeitnehmer, die einen *Arbeitsunfall* erleiden, der in einem *ursächlichen Zusammenhang* mit ihrem Arbeitsverhältnis steht. Einzig *Aussage 3* stellt einen Arbeitsunfall bzw. Wegeunfall dar. Bilden Arbeitnehmer eine

Fahrgemeinschaft, so ist der notwendige Umweg, um Arbeitskollegen abzuholen, auch von der Unfallversicherung als Wegeunfall *abgedeckt*.

Der Arbeitgeber muss Arbeitsunfälle *der Berufsgenossenschaft* unverzüglich *anzeigen*, weil sie später zu *Erwerbs- bzw. Berufsunfähigkeit* führen können und damit *Rentenansprüche* des geschädigten Arbeitnehmers bewirken.

21.5 Übungsaufgaben

Aufgabe 1: Aussagen zur Sozialversicherung

Welche der nebenstehenden Aussagen zur Sozialversicherung treffen auf die

1. Arbeitslosenversicherung
2. Krankenversicherung
3. Pflegeversicherung
4. Rentenversicherung
5. Unfallversicherung

zu?

a) Ein Angestellter kann aus dieser Versicherung ausscheiden, wenn sein Verdienst über der Versicherungspflichtgrenze liegt.
b) Die Beiträge werden vom Arbeitgeber allein getragen.
c) Träger ist die Bundesagentur für Arbeit.
d) Die Beitragshöhe richtet sich u. a. nach der Gefahrenklasse des Betriebs.
e) Sie übernimmt u. a. die Kosten für Berufsberatung.
f) Sie belastet die versicherten Arbeitnehmer mit dem höchsten Beitragssatz aller Zweige der Sozialversicherung.

Aufgabe 2: Schadenshaftung

Ein Mitarbeiter der Bergthaler Büromaschinen GmbH hat auf dem Kundenparkplatz kurzfristig eine Aluminiumleiter abgestellt, die durch einen unerwarteten Windstoß umfällt und den Pkw eines Kunden beschädigt. Wie ist die Rechtslage?

1. Ein Windstoß ist höhere Gewalt, niemand haftet für den Schaden.
2. Der Mitarbeiter muss für den Schaden aufkommen, da er ihn verursacht hat.
3. Der Kunde trägt den Schaden, da das Parken dort auf eigene Gefahr erfolgte.
4. Die Bergthaler Büromaschinen GmbH meldet den Schaden ihrer Haftpflichtversicherung.
5. Der Sachverhalt muss der Berufsgenossenschaft gemeldet werden.

Aufgabe 3: Beitragsbemessungsgrenze

Welche der folgenden Aussagen zur Beitragsbemessungsgrenze ist zutreffend?

1. Die Beitragsbemessungsgrenze schützt Lohnempfänger mit niedrigem Einkommen vor übermäßiger Belastung durch Sozialversicherungsbeiträge.
2. Die Beitragsbemessungsgrenzen in der Sozialversicherung werden i. d. R jährlich an die allgemeine Einkommensentwicklung angepasst.

3. Die Beitragsbemessungsgrenze bestimmt die Obergrenze, bis zu der die Sozialversicherungsträger die Beitragssätze zur Sozialversicherung anheben dürfen.
4. Ein Arbeitnehmer, der mit seinem monatlichen Einkommen die Beitragsbemessungsgrenze überschreitet, muss die Beiträge zur Sozialversicherung alleine tragen.
5. Die Beitragsbemessungsgrenze ist für alle Zweige der Sozialversicherung gleich hoch.

Aufgabe 4: Personalzusatzkosten

Neben den Kosten für Löhne und Gehälter entstehen der Bergthaler Büromaschinen GmbH Personalzusatzkosten, die sich in die drei Gruppen gesetzliche, tarifliche und freiwillige Sozialleistungen einteilen lassen. Welche drei der nachfolgend aufgelisteten Personalzusatzkosten gehören zu den gesetzlich vorgeschriebenen Sozialleistungen?
1. Entgeltfortzahlung im Krankheitsfall
2. Zuschuss zum Berufsverbandsbeitrag
3. Betriebliche Altersversorgung
4. Beitrag zur Berufsgenossenschaft
5. Freizeitausgleich bei Schichtarbeit
6. Arbeitgeberanteil zur Sozialversicherung
7. Zuwendung bei Dienstjubiläum
8. Fahrgeldzuschuss (Jobticket)

Aufgabe 5: Krankenversicherung

Welche der folgenden Aussagen über die Beitragsaufbringung für die gesetzliche Krankenversicherung ist zutreffend?
1. Der Beitragssatz zur gesetzlichen Krankenversicherung wird jährlich vom Gesetzgeber neu festgelegt und ist für alle Krankenkassen gleich hoch.
2. Liegt das Einkommen eines Arbeitnehmers über der Versicherungspflichtgrenze der Krankenversicherung, kann er aus der gesetzlichen Krankenversicherung austreten.
3. Liegen die von einem Arbeitnehmer in Anspruch genommenen Leistungen der Krankenkasse über der Beitragsbemessungsgrenze, muss er den Beitrag allein tragen.
4. Die Beiträge zur gesetzlichen Krankenversicherung werden vom Nettolohn berechnet.
5. Der Arbeitgeber trägt bis zu einem Monatsverdienst von 600 € den Beitrag allein.

Aufgabe 6: Pflegeversicherung

Welche der folgenden Aussagen zur Pflegeversicherung ist zutreffend?
1. Die Pflegeversicherung gilt nur für Pflichtversicherte in der Unfallversicherung. Sie deckt das finanzielle Risiko eines notwendigen Daueraufenthalts in einem Pflegeheim ab.

2. Die Pflegeversicherung ist eine Pflichtversicherung für die gesamte Bevölkerung. Sie soll die häusliche Pflege und die Pflegebereitschaft der Angehörigen unterstützen.
3. Die Pflegeversicherung gilt für alle sozialversicherungspflichtigen Arbeitnehmer. Sie deckt die Kosten für eine eventuell notwendige stationäre Pflege vollständig ab.
4. Die Pflegeversicherung gilt nur für privat Krankenversicherte, die pflegebedürftig werden und seither keinen Anspruch auf Leistungen aus der Sozialversicherung hatten.
5. Die Pflegeversicherung gilt nur für Pflichtversicherte in der Krankenversicherung. Sie dient der Kostenentlastung im Gesundheitswesen und der besseren Verteilung der Leistungen.

Aufgabe 7: Unfallversicherung

In welchem der folgenden Fälle übernimmt die gesetzliche Unfallversicherung die Kosten?
1. Vorsorgeuntersuchungen zur Früherkennung von Krankheiten
2. Krankenhausaufenthalt nach einem Skiunfall
3. Krankenpflege nach einem Unfall bei einer privaten Weiterbildungsmaßnahme
4. Verletztenrente nach einem Betriebsunfall, der zur Erwerbsunfähigkeit führte
5. Ergonomisch ausgelegter Bürostuhl zur Vorbeugung von Bandscheibenschäden

---

21.6   Lösungen zu den Übungsaufgaben

Lösung zu Aufgabe 1: Aussagen zur Sozialversicherung

a. *2.* Krankenversicherung. Er kann sich privat krankenversichern.
b. *5.* Unfallversicherung, getragen von den Berufsgenossenschaften.
c. *1.* Arbeitslosenversicherung, früher Bundesanstalt für Arbeit.
d. *5.* Unfallversicherung. Ein Dachdecker zahlt mehr als ein Einzelhändler.
e. *1.* Arbeitslosenversicherung, vermittelt Stellen und Qualifizierungsmaßnahmen.
f. *4.* Rentenversicherung. Die Beiträge fließen im gleichen Jahr als Renten ab.

Lösung zu Aufgabe 2: Schadenshaftung

Aussage 4 stellt die Rechtslage richtig dar. Die Bergthaler Büromaschinen GmbH haftet gemäß BGB *schon bei Vertragsverhandlungen*, auch für ihre Mitarbeiter.

Lösung zu Aufgabe 3: Beitragsbemessungsgrenze

Aussage 3 ist richtig. Mit dem allgemeinen Anstieg des Einkommens soll auch die Grenze, ab der ein Arbeitnehmer von der Versicherungspflicht befreit wird, steigen.

Lösung zu Aufgabe 4: Personalzusatzkosten

Die *Ziffern 1, 4 und 6* stellen gesetzlich vorgeschriebene Leistungen dar. Aufgaben zur Unterscheidung von *tariflichen und betrieblichen Leistungen* kommen nicht, da dies von der *Ausgestaltung des Tarifvertrags* abhängt.

Lösung zu Aufgabe 5: Krankenversicherung

Aussage 2 ist richtig. Unterscheiden Sie Versicherungspflichtgrenze und Beitragsbemessungsgrenze. Er kann sich freiwillig weiterversichern oder privat krankenversichern. Private Krankenversicherungen sind risikobezogen, einkommensunabhängig und rücklagebildend.

Aussage 1 ist deshalb falsch, weil die Anpassung der Beitragssätze nicht jährlich erfolgen muss, auch wenn in den letzten Jahren sehr häufig Änderungen vorgenommen wurden.

Lösung zu Aufgabe 6: Pflegeversicherung

Aussage 2 ist richtig. Beachten Sie, dass die Leistungen aus der Pflegeversicherung *nur unterstützend* wirken und nicht die gesamten Kosten decken. *Pflegekosten* können bei der Einkommensteuer als *außergewöhnliche Belastungen* abgesetzt werden.

Lösung zu Aufgabe 7: Unfallversicherung

Nur bei einem *Betriebsunfall oder Wegeunfall* ist die Berufsgenossenschaft zuständig. Hier ist *Aussage 4* richtig. Der verletzte Arbeitnehmer erhält eine *Erwerbsunfähigkeitsrente*. Bei einer beruflich bedingten *Weiterbildungsmaßnahme* (Aussage 3) zahlt die Berufsgenossenschaft die Heilbehandlungskosten nach einem Unfall.

Sachverzeichnis

The manufacturer's authorised representative in the EU is Springer
Nature Customer Service Centre GmbH, Europaplatz 3, 69115 Heidelberg,
Germany. If you have any concerns regarding our products, please
contact ProductSafety@springernature.com

Printed and bound by CPI Group (UK) Ltd, Croydon, CR0 4YY
30/04/2026
02100569-0003